中国社会科学院　学者文选

虞 愚 集

中国社会科学院科研局组织编选

中国社会科学出版社

图书在版编目（CIP）数据

虞愚集／中国社会科学院科研局组织编选．—北京：中国社会
科学出版社，2009.12（2018.8 重印）
（中国社会科学院学者文选）
ISBN 978－7－5004－8096－9

Ⅰ．①虞…　Ⅱ．①中…　Ⅲ．①社会科学—文集　Ⅳ．①C53

中国版本图书馆 CIP 数据核字（2009）第 158227 号

出 版 人	赵剑英
责任编辑	周兴泉
责任校对	李　莉
责任印制	郝美娜

出　　版	中国社会科学出版社
社　　址	北京鼓楼西大街甲 158 号
邮　　编	100720
网　　址	http：//www.csspw.cn
发 行 部	010－84083685
门 市 部	010－84029450
经　　销	新华书店及其他书店

印刷装订	北京市十月印刷有限公司
版　　次	2009 年 12 月第 1 版
印　　次	2018 年 8 月第 2 次印刷

开　　本	880×1230　1/32
印　　张	15.5
字　　数	371 千字
定　　价	89.00 元

出 版 说 明

　　一、《中国社会科学院学者文选》是根据李铁映院长的倡议和院务会议的决定，由科研局组织编选的大型学术性丛书。它的出版，旨在积累本院学者的重要学术成果，展示他们具有代表性的学术成就。

　　二、《文选》的作者都是中国社会科学院具有正高级专业技术职称的资深专家、学者。他们在长期的学术生涯中，对于人文社会科学的发展做出了贡献。

　　三、《文选》中所收学术论文，以作者在社科院工作期间的作品为主，同时也兼顾了作者在院外工作期间的代表作；对少数在建国前成名的学者，文章选收的时间范围更宽。

中国社会科学院

科研局

1999 年 11 月 14 日

目　录

编者的话 ……………………………………………………（1）

因明　名学

因明学发展过程简述 …………………………………………（1）

因明的基本规律 ………………………………………………（43）

印度逻辑推理与推论式的发展及其贡献 ……………………（66）

试论因明学中关于喻支问题

　　——附论法称对"喻过"的补充 ……………………（83）

试论因明学中关于现量与比量问题 …………………………（96）

法称在印度逻辑史上的贡献 ………………………………（113）

法称的生平、著作和他的几个学派

　　——重点介绍《量释论》各章次序所引起的争论 ……（130）

因明在中国的传播和发展 …………………………………（147）

玄奘对因明的贡献 …………………………………………（169）

中国名学沿革大概 …………………………………………（188）

中国名学之总评 ……………………………………………（191）

佛　学

印度佛教思想史略 ……………………………………（195）

宗教的科学研究 ………………………………………（344）

释迦牟尼所处的社会和他的思想学说中几个显著的

　特色 …………………………………………………（367）

玄奘在中印文化交流史上的主要贡献 ………………（386）

文学艺术

变文与中国文学 ………………………………………（421）

试论屈原作品 …………………………………………（431）

杜甫在诗的形式方面的创造 …………………………（457）

汉字的书法艺术 ………………………………………（468）

作者论著目录 …………………………………………（474）

作者年表 ………………………………………………（477）

编 者 的 话

　　虞愚先生（1909—1989）原名德元，字竹园，号北山，是中国现代著名的佛学家、因明家、诗人和书法家。他生前任中国社会科学院哲学研究所研究员、中国社会科学院文学研究所兼职研究员、中国社会科学院研究生院教授、国务院古籍整理小组成员、中国佛教协会常务理事、中国佛学院院务委员、中国佛教文化研究所特约研究员、中国文化书院学术委员、中国书法家协会理事、厦门大学哲学系和历史系兼职教授、中国逻辑史研究会顾问、中国海交史研究会顾问等。

　　虞愚先生原籍浙江山阴，生于福建厦门。少年时期在厦门敦品小学、同文中学读书，后转入南京支那内学院学习。1930年于上海大夏大学预科毕业。1934年于厦门大学教育学院心理系毕业后即留校任预科理则学教员。翌年赴南京任监察院编审。沪战爆发后返厦。洎厦门沦陷子身辗转，由港、粤转汉入渝，继续在监察院工作，兼任汉藏教理院文学、哲学课程。1941年后，历任贵州大学理则学讲师、副教授。1943年任国立厦门大学中文系副教授，1945年升为教授，新中国成立后兼任逻辑教研组组长。1956年奉调进京，撰著斯里兰卡佛教大百科全书条目，同时兼任中国佛学院教授。1982 年调到中国社会科学院哲学研究所任研究员。

虞愚先生一生对因明学的发展作出了重要贡献。他中学时期开始阅读梁启超、章太炎等的有关佛学著作，不仅能领悟其中的意蕴，还常常为之动情。19 岁时到南京从欧阳竟无先生研习因明唯识之学。在厦大读书期间，经太虚法师介绍到闽南佛学院兼课，有机会研读大量因明典籍，对因明义理深有体会。1934 年发表第一篇论文《因明学发凡》，以后陆续出版《因明学》（1937 年）和《印度逻辑》（1939 年）两本著作，对推动因明学的理论探索和普及因明知识起了一定的作用。20 世纪 50 年代至 60 年代中期，他是我国因明学领域里发表论文最多的一位学者，同时在中国佛学院讲授印度佛学史和因明课程。"文化大革命"十年，因明几近亡绝。从 70 年代中期开始，虞愚先生为抢救因明和发展因明做了大量的、卓有成效的工作。1982 年，他同几位因明专家一起发出了"抢救因明遗产、推动因明发展是当前学术界和出版界的一项重要而急迫的任务"的呼吁，受到中国社会科学院和中央领导同志的高度重视。1983 年，他不顾年迈体弱，长途跋涉，欣然参加并主持了在敦煌、酒泉两地召开的全国首次因明学术讨论会。他在会议开幕式上即兴吟诗："燕南雁北群贤集，握手敦煌喜可知。绝学相期同发越，高文何止闯藩篱。由来后浪推前浪，自是多师为我师。玄奘法称遥可接，冥探正理报明时。"这次会议开得圆满成功，对因明学术研究有很大推动作用。他先后为中国社会科学院哲学所举办的佛学讲习班和中外逻辑史讲习班主讲了"因明发展史"和"因明著作讲解"等多门课程，并且培养了中国第一个汉传因明的硕士研究生，协助指导了中国第一篇关于因明的博士论文。虞愚先生更加勤奋地进行因明研究和撰述，发表了多篇有影响的学术论文，主编了

《中国逻辑史资料选》因明卷。"绝学相期同发越，冥探正理报明时。"虞愚先生1983年写的这些诗句，充分表达了这位年逾古稀的老专家对抢救和发展因明的志愿和信心。

虞愚先生在研究因明的同时，也探讨中国古代名辩学和亚里士多德逻辑学。20世纪30—40年代，他出版了《中国名学》一书，发表了有关《墨经》逻辑体系和亚氏演绎逻辑的论文。《中国名学》一书，直到80年代台湾仍在印行。虞愚先生精通古代世界三大逻辑系统，对因明、名学和逻辑做了比较研究。他指出，印度因明、西方逻辑和中国名辩学在其各自历史发展中所得的思维形式及规律基本一致，但趋向各有侧重，进展也不尽相同。他认为对三者进行比较研究有助于促进它们各自的全面发展。虞愚先生的这些见解是非常正确的。

虞愚先生对唯识学和印度佛教史都有深入的研究。他总结多年的教学经验，撰写了《印度佛教思想史略》书稿。他发表的《唯识学的知识论》、《唯识心理学大意》等文章，受到了同行们的重视。

在哲学领域，虞愚先生的探索涉及西洋哲学和中国哲学，在20世纪30年代出版了《怎样辨别真伪》一书。

虞愚先生对中国文学有很深的造诣，从屈赋，到杜诗，他都有独到的见解。他先后在大学和科研单位主讲过先秦文学史、杜诗研究、佛典翻译与中国文学等课程或专题，撰写了有关书稿和论文。虞愚先生长于古诗词。他在少年英彦之时，即已诗才横溢。近代著名学者陈衍主编《石遗室诗话续集》，曾选收虞愚先生佳作十余首，并赞曰："若令王文简、沈文悫见之，不知当若何倾倒矣。"其中《雨后即事》首二句"雨过花添色，风来竹作声"，乃先生9岁时联句，后来大画家丰子恺特为此诗作漫画一幅。虞愚先生一生赋诗作联数百首，出版了《虚白楼诗集》

（1943 年）和《虞愚自写诗卷》（1989 年）两本诗集。他主张作诗必须具备"大、深、新、雅"四要素。所谓"大"，是先立乎其大旨；所谓"深"，是反映事件最基本的矛盾；所谓"新"，是充分体现时代精神；所谓"雅"，即臻于完美的艺术形式。他的诗词刚柔兼备，浓淡相宜，情真意切，振人胸愫，是真正的文学佳品。

虞愚先生是当代著名的书法家。他从小酷爱书法艺术，少年即负书名。17 岁时为"五洲大药房"书写巨幅招牌，一时名噪厦门。19 岁时为南普陀寺书写的碑刻，迄今尚存。当时书坛名宿欧阳祯曾以"好向浮屠寻智永，相期名世并欧虞"的诗句赠予少年虞愚。为了提高书艺，他遍访书法名家求教，曾得于右任、曾熙大师的指点和弘一法师的启迪。他于魏碑用功甚勤，又专心临摹《三希堂法帖》，常用"骏马秋风冀北，杏花春雨江南"来比喻北碑和南帖。他认为，碑字刚健，帖字婀娜，唯能两妙具兼，方是佳境。先生以聪慧的天资和过人的功力，综合南帖北碑之精华，形成了健峭清逸、笔断意连、虚实相生、布局有致的独特风格。于右任大师早年在虞愚先生临摹的法帖上题词相勉："竹园弟以青年而精研佛学，作书复又天才，勉之勉之，他日皆当大成也！"抗战前，虞愚先生书写的文天祥《正气歌》被选入在南京举办的全国美展。抗战胜利后，他又以"辉光天在抱，钩索月窥椽"一联荣获在上海举办的书法评展的第一名。他汇集自己钻研书法的心得，于 1937 年出版了《书法心理》一书。新中国成立后，他的书名日著，名人雅士皆以获其墨宝为荣。他的墨迹不仅遍及八闽家山，大江南北，而且远涉南洋，东渡扶桑。1986 年夏，他以中方审查委员的身份访问日本，参加日本高野山金刚寺为纪念弘法（空海）大师而举办的日中青少年竞书大会，并作《中国书道之艺术》专题讲演，受到广泛好评。厦门大学和福建师范大学多次请虞愚先生作书艺示范，并拍成电视，以供书法爱好者观摩学习。

虞愚先生的一生，既爱抽象思维，又不薄形象思维。他认为，科学求真是理智边事，艺术求美是情感边事。执其两端，性质迥异；合其两端，树立一圆满之人生，犹如鸟之双翼，车之两轮，缺一不可，分割不得。正是基于上述认识，他把抽象思维和形象思维和谐地结合了起来，在因明、佛学、诗词、书法诸多领域里均有创获，为我国学术和艺术的发展都作出了令人瞩目的贡献。

今年是虞愚先生百年诞辰，特编辑《虞愚集》以为纪念。

在编辑过程中，我们得到中国社会科学院哲学研究所的大力支持；虞愚先生的女儿虞琴女士为本书撰写了《作者年表》。在此一并表示衷心的感谢！

编者　邵波　刘培育

2009 年 3 月于北京

因明学发展过程简述[*]

　　列宁关于逻辑的格（即关于推论的形式）曾经写道："人的实践活动必须亿万次地使人的意识去重复各种不同的逻辑的格，以便这些格能够获得公理的意义。这点应注意。"① 印度因明基本是属于形式逻辑的，它的推论形式与基本规律，当然也是通过人的不断实践过程，才把它们固定下来的。

　　印度称学术为"明处"或简称为"明"，如中国的"学"，或西洋之 alogy。印度逻辑（Indian logic）佛家称为"因明"，它是从印度尼也耶学派及佛家各大论师，通过辩论逐步发展而建立起来的。在外学方面，则渊源自尼也耶学派足目。尼也耶学派的根本经典为《尼也耶经》，相传为阿格沙巴达·乔答摩所著。这个人在汉文古籍中通称为足目。所以称为"足目"者，因为相传阿格沙巴达·乔答摩常用他的眼睛注视他的脚，这是一个传说的绰号②，而印度常简称为乔答摩，现代学者有的认为这个名本

---

　　* 本文原载《现代佛学》1957 年第 11 期，1958 年第 1—2 期。后收入刘培育等编的《因明论文集》，甘肃人民出版社 1982 年出版。——编者
　　① 列宁：《哲学笔记》，人民出版社 1960 年版，第 203 页。
　　② 见 Keith, *Indian Logic and Atomism*, pp. 19—20。

属一个人，阿格沙巴达是他的名，而乔答摩是他的种族；但也有认为是两个人的。阿格沙巴达或乔答摩究竟是一个人的名字或两个人的名字，现在已不可考了。

梵音"尼也耶"（nyaya），汉译为"正理"，这个词的本义是"引导"的意思。凡是引导到一论题或结论为一理论，就称为"尼也耶"。一个理论当然有正确的也有错误的，尼也耶原义虽为理论，但通常是指"真理"而说的，所以汉文译这个词为正理，而《尼也耶经》汉译为《正理经》。

《正理经》为尼也耶派根本经典，分为五卷。其目次如下：

卷一　体系中十六范畴

卷二　疑惑、论证四种工具

卷三　自我、身体、感觉及其对象、认识及心理

卷四　意志、过失、轮回、人类活动的善恶果报、苦及最后解脱，然后转入错误理论以及全体与部分

卷五　非真实、反对及谴责敌论者各种论点①

中国吉藏《百论疏》一书中，所谓摩醯首罗（大自在天）外道十六谛，即相当于《尼也耶经》卷一体系中十六范畴。这十六范畴依英译名称，不完全和吉藏的《百论疏》相同。今天看来，卷一的十六范畴，绝大多数是有关古代印度逻辑宝贵材料，影响于佛家因明至巨。现在先将十六范畴顺着次序解释如下，我们可以看出因明学的建立，是有它的历史根源的。

一、知识工具，旧译为"量"。能知的主观（量者）从它而知道对象是什么"所量"，就叫做知识工具。尼也耶派一向主张知识工具有四种：（一）感觉知识（旧译"现量"），（二）推理知识（旧译"比量"），　（三）譬喻知识（旧译"譬量"），

---

① Keith, *Indian Logic and Atomism* pp. 176—177.

（四）闻知知识（旧译"声量"）。《正理经》说："感觉知识是生于根"（生理基础）与境（外界）相接触的知识。感觉知识主要特征有三：（1）无误；（2）决定；（3）不可显示。"无误"，就是说不是错误的知识。"决定"的意思是说这种知识，直取外界本身，毫无增加或减少。"不可显示"的意思，是说离开概念只有与外界相接触的纯感觉。推理的知识是根据与一事实相关联的现象而对它下判断。例如：看见此山有烟（现象）而断定此山有火。这样比量中计有三部分：（1）对它下判断（此山）；（2）所下判断（有火）；（3）判断的根据（有烟），三部分以第三为最重要。譬喻知识是由与已知东西的相似点进一步了解未知的东西。如人没有看见水牛而听说水牛有似家牛，后来看见一个动物，有似家牛，而知道这个动物就是所谓水牛。闻知知识是自可信之人的言说的知识。到了 6 世纪，新因明大师陈那所著《集量论》直探知识本源，仅存纯感觉知识和推理知识两种。因为知识对象不外特殊（自相）和一般（共相）两种，所以能知的量，也不可能减少或增加。就是从纯感觉知识和推理知识本身来说，他的看法根本也和尼也耶派不同。这个问题将来拟另撰《纯感觉知识与推理知识》专题，详为讨论。

　　二、知识对象，旧译"所量"。所量是对能量而说。能知的主观，即有觉之实（自我）为能量，知识的对象叫做所量。所量的范围相当宽，包括尼也耶派所说的有我、身、根、境、觉、意、作业、烦恼、彼有、果、苦和解脱。

　　三、疑问。看见东西不清楚，把这个东西当做那个东西，或者不同的意见发生抵触而要做决定的时候就有疑问。如《荀子·解蔽》篇所说："冥冥而行者，见寝石以为伏虎也；见植林以为后人也"，就是个明显的例子。

　　四、目的。人们常常为了从事某事或者是为了放弃某事而有所作为，这某事，就称为目的。

五、见边，义译为譬喻，也就是例证。《正理经》上说："凡圣见解一致的事例，叫做见边。"后来无着解释更明显，他说："立喻者谓以所见边与未所见边和合正说。"师子觉说："所见边谓已显了分，未所见边谓未显了分；以显了分显未显了分，令义平等，所有正说，是名见边。"

六、公共真理，音译为悉檀。悉檀有四：（一）萨瓦坦出拉悉檀，任何学派以及自己学派没有观点抵触的理论。（二）普拉提檀出拉悉檀，相近学派所许可而其他学派不许可的理论。（三）阿底羯拉那悉檀，指如果许可这一理论而其他理论也随之而成立。（四）阿乌拍迦玛悉檀，这是指善于辩论的人，常常利用敌人的理论不加以评论而引申它的意义，结果暴露了敌人理论的谬误。

七、推论式部分，把自己或别人的议论分为宗、因、喻、合、结五部分，就是推论式，简称为五分论式：

（一）宗——命题

（二）因——理由

（三）喻——说明的例证

（四）合——应用

（五）结——结论的陈述

再以五分论式举例如下：

（一）宗：此山正燃着火。

（二）因：因为它有烟。

（三）喻：分同喻异喻。同喻：凡有烟必有火，如厨房。

异喻：凡无火必无烟，如湖。

（四）合：此山也是这样。

（五）结：所以此山正燃着火。

这五分论式，乃乔答摩把过去十分推论式精简而来①。推论的基础在于普遍必然的关系，这种关系，叫做回转，如有烟和有火的相回转，有烟为所回转，有火为能回转。有烟为有火所回转，这就是说每有烟的事例一定为有火的事例。由此而对于此有烟的山下一判断说它有火，但是这回转有正反两方面，在正面凡有烟的事例如厨房，必定有火；在反面，凡无火者如湖也一定无烟，前者以山为正证，后者以山为反证。推论式中喻分同喻异喻，正是所以表明普遍必然关系为推论的根本，而喻中明言"有烟就有火"与"无火就无烟"的原则，正显示出推理的普遍性。至于如厨房如湖，不过是举例来表明原则的意义。

八、间接论证，是对直接论证而说的。从一个判断推出另一个新判断来的叫做直接论证；从两个或两个以上的判断推出来的新判断，叫做间接论证。间接论证经常运用一种反面证明，如要证明"人是具有文化的动物"论题的正确，而先假定"禽兽是有文化的动物"，但假使"禽兽是有文化的动物"，为什么它们不能创造生产工具，也没有发达的意识思维呢？由此反证："人是具有文化的动物"的正确性。间接论证是比较复杂的推论过程，也可以说是可靠的理论的压缩。

九、真理的决断，由踌躇考虑避免各种错误，然后得到真理的决断。

十、讨论，简称为论式说。如两家持不同之论式、立不同之说，一家主张"诸法有我"，一家主张"诸法无我"，有我、无我，就是所谓论式说。我们根据逻辑法则反复推论以判定其真伪，就叫做讨论。

---

① 拙作《印度逻辑推理与推论式的发展及其贡献》，《哲学研究》1957 年第 5 期。编者注：此文已收入本书。

　　十一、无理性争辩，即辩论的目的不在辨别真伪而在于淆乱是非以取得胜利，就叫做无理性的争辩。相传希腊有师徒两个人立约，传授诉讼方法。契约中载明学费的一部分待毕业后学徒出席法庭而获胜诉时补缴。学徒毕业以后，很久未与人讼。老师就以追缴学费诉之于法官。老师说，如我胜诉，依法他应付诉费；如果我败诉，就是他胜诉，依原契约他应缴费。学徒反诉说，如果老师胜诉，就是学徒败诉，那么，依原契约不须补缴学费；如果老师败诉，那么，依法更无须缴费了。法官竟无所适从。其实，学费之讼，首先应当分析胜诉为"已胜"、"将胜"的不同。契约中的"胜诉"系指"已胜"而言。将胜未胜，自不足为理由的根据。所以师徒之说，都是属于无理性的争辩，均应驳斥。待师败诉以后，另行起诉，就可以判令其徒依原契约补缴学费了。

　　十二、破坏性批评，指辩论目的只在破坏敌方言论而自己并没有提出任何主张，就叫做破坏性批评。如杂家《尸子》记载："楚人有鬻矛与盾者，誉之曰：'吾盾之坚，莫能陷也'。又誉其矛曰：'吾矛之利，于物无不陷也'。或曰：'以子之矛陷子之盾，何如'？其人弗能应也。"这是破坏性批评很明显的例子。

　　十三、错误理由。这方面《正理经》分有五大类：

　　（一）不定。因为"中词"（理由）有问题，使结论无法获得或导致多种结论，叫做不定。此中又分为三种：

　　1. 普遍：其中"中词"太大，即"中词"（理由）不但同品有，异品也有。如说："此山有火"命题，"因为它是所知"，但是这"所知"的中词（理由）太大，不但有火的同品如厨房是所知，就是无火的异品如湖，也是所知，所以用"所知"不能一定作为"此山有火"命题的理由。

　　2. 不普遍：其中"中词"太小，这就是说"中词"（理由）

不但异品没有，就是同品也没有。如说，"声音是永久的，因为它是可闻"。但是这"可闻"的中词（理由），只有声音上有，声音以外任何对象再没有一件是可闻的。假如提出这样命题，不但"不能永久"异品方面与"可闻"这个中词没有联系，就是其他"永久"同品方面与"可闻"这个中词，也没有联系。异品的作用在"止滥"与中词没有联系当然是正确的，但同品与中词没有联系，就无从决定了。换句话说，中词太小，就是缺乏正面例证的谬误。

3. 无定：其中"中词"不能证实，如立"人为万物之灵"命题，"因为上帝所创造"为理由（中词）。但是"上帝所创造"这个中词，是不能证实的。我们要牢牢记住：印度逻辑必须用已证实的中词（理由）来证明尚待证实的命题。

（二）相违。即所用的中词（理由）只能成立相反的命题，不能成立原来的命题，叫做"相违"。如说"声音是永久的，因为它是产物"。但是"因为它是产物"的中词（理由），恰恰成立"声音是不能永久的"命题，不能成立"声音是永久的"命题。又如说，"这动物是马，因为它有角"。但是"因为它有角"这个中词（理由），恰好成立"这动物不是马"的命题。

（三）不成。谓非真实理由（中词）用它来成立命题，叫做"不成"。不成分析起来有三种：

1. 所依不成：这就是命题的"主词"有问题或不存在，使"中词"无所依靠。如说"天空莲花是香的，因为这是一朵莲花"。但是"天空莲花"并不存在，命题的主词既有问题，还说什么"这是一朵莲花"，又依着什么而立？所以叫做"所依不成"。

2. 中词自身不成：这是说"中词"不包括在命题之内，不能用它来做推理的根据。如说"那湖是实在的，因为它有烟"。

但是"有烟"这个中词，并不在"那湖是实在的"命题之中。

3. 回转性不成：凡"中词"与命题的关系根本不存在，或者中词与命题的联系虽然伴随着，但必受某种条件的限制，都叫做回转性不成。前者如说"那山有火，因为它有金烟"。但是"因为它有金烟"这个中词，在印度是不存在的。后者如说"那山有烟，因为它有火"，这种推论，事实上必受着某种条件的限制，因为只有湿薪的火才有烟呢！此种错误与中词太大，似易相混，但仍有区别。"中词太大"，是说中词与命题虽有联系，却失之过宽。这是说，中词与命题不一定有真正普遍的联系。

（四）平衡理由。指一个理由（中词）成立这样命题，同时另有理由证明其命题的反面，这种情况叫做"平衡理由"。如说"此山有火，因为它有烟"；另一个说"此山无火，因为它仅有石头"。前一命题指有草木之山而说，后一命题指纯石头之山而说，所以各能成立。如《列子·汤问》篇记载："孔子东游见两小儿辩斗，问其故？一儿曰：我以日始出时去人近而日中时远也。一儿以日初出远而日中时近也。一儿曰：日初出大如车盖，及日中则如盘盂，此不为远者小而近者大乎？一儿曰：日初出沧沧凉凉，及其日中如探汤，此不为近者热而远者凉乎？孔子不能决也。"这段故事所提出两个相反命题，从今天天文学、物理学看来，当然都有错误，但在当日的两个小儿和孔子的科学水平，却成了"平衡理由"。

（五）自违。指用一个理由（中词）来和一个经验相反的命题相推论，叫做"自违"。如说："火是冷的，因为它是一种质，如水"。这类错误与"平衡理由"不同，因为"自违"命题本身已经与经验相违反；"平衡理由"则各具有理由成立相反的命题。

十四、故意的曲解，谓利用双关语来打击别人，叫做"故

意曲解"。这是因推理上所用的语言而生者。但是各国语言互异，所以言语上之曲解自有不一致之点。《尼也耶经》多就梵语而言，其能通用汉语，则有如下两种情况：（一）故意用另一意义来解释。如《韩非子·说林上》说："有献不死之药于荆王者，谒者操之以入。中射之士问曰：'可食乎？'曰：'可'。因夺而食之。王大怒，使人杀中射之士。中射之士使人说王曰：'臣问谒者，曰可食，臣故食之，是臣无罪，而罪在谒者也；且客献不死之药臣食之，而王杀臣，是死药也，是客欺王也。夫杀无罪之臣，而明人之欺王也，不如释臣'。王乃不杀。"这是利用"可"和"不死"两名歧义来解释的一个例子。（二）取一个字太宽的意义来解释。如《三国志》："吴使张温聘蜀，问秦宓曰：'天有头乎？'宓曰'有。'温曰：'在何方？'宓曰：'诗云，乃眷西顾，以此推之在西方。'温曰：'天有耳乎？'宓曰：'天处高而听卑，诗云，鹤鸣于九皋，声闻于天。'温曰：'有足乎？'宓曰：'诗云，天步艰难，无足何以步之？'温曰：'天有姓乎？'宓曰；'姓刘。'问'何以知？'曰：'天子姓刘以此知之。'"此中"头"字、"耳"字、"足"字、"姓"字，都是用广义进行曲解。用哲学上的意义来曲解，如说物质是永恒的东西，罗衣是物质，所以罗衣也是永恒的东西。其实"物质"有哲学的意义，也有平常的意义。"物质是永恒的东西"，此中"物质"所采取的是哲学的意义；而"罗衣是物质"，这"物质"所采取的是织物的意义，不能混为一谈。

十五、**无效的抗议**，指用荒唐的理由推出错误论题，叫做**"无效的抗议"**。

十六、**谴责的原由**，是指辩论时设各种谴责的原由，稍犯错误，就算是失败。这在《正理经》中列有二十二项（龙树《方便心论》从之），除理论上的错误外，多属辩论的过失。如辩论时使对方无言可答，或不能了解；又如讲话语无伦次，没有意义，或者是所说太多或太少，也算是失败。

以上十六个基本概念（范畴），拉达克里希南博士认为前九个基本概念较后七个基本概念更有严密的逻辑性。后者具有防止错误知识的消极作用，与其说它们是建设真理的武器，不如说它们是消灭错误的武器①。我们觉得拉达克里希南这种看法，还可以商榷。因为《尼也耶经》卷一体系中十六个范畴，前面九个范畴所讨论的不外乎知识的来源、命题的种类、推理式部分等等；后面七个基本概念，是说明讨论的性质的。如无理性争辩、破坏性争辩、错误理由、故意的曲解、无效的抗议和谴责的原由，特别在"错误理由"中具体地分析：不定、相违、不成、平衡理由和自违五种，其逻辑性之严密，较之前面九个范畴，似有过之而无不及。再从影响于佛家因明来看，如"普遍：其中'中词'太大"，就是因明的"中词"过于广泛致可适用于两个对抗性的大词时谬误（玄奘译为"共不定"）之所本。"不普遍：其中'中词'太小"，就是因明"中词"过狭，致不能适用于"大词"，或其相反的"大词"时谬误（玄奘译为"不共不定"）之所本。"平衡理由"，就是因明"两种谬误的矛盾命题，即命题及其相反命题，各有显然健全的理由支持之"的谬误（玄奘译为"相违决定"）之所本。至于"相违"一类错误，佛家因明更具体地分析有四种：（一）中词与大词相矛盾时的谬误（玄奘译为"法自相相违"），（二）中词与大词的含义相矛盾时的谬误（玄奘译为"法差别相违"），（三）中词与小词相矛盾时的谬误（玄奘译为"有法自相相违"），（四）中词与小词之含义相矛盾时的谬误（玄奘译为"有法差别相违"）。"不成"一类错误，

---

① Radhakrishnan, *Indian Philosophy*, Volume two, p. 33.

佛家因明也很具体地分析有四种：（一）双方都认为中词缺乏真实性时的谬误（玄奘译为"两俱不成"）；（二）一方认为中词缺乏真实性时的谬误（玄奘译为"随一不成"）；（三）中词的真实性有疑问时的谬误（玄奘译为"犹豫不成"）；（四）当中词是否从属于小词发生疑问时的谬误（玄奘译为"所依不成"）①。这一方面充分说明了佛家因明学继承了古代尼也耶派逻辑的遗产；另一方面也可以看出，佛家因明学对于尼也耶派的逻辑学说不但有所继承，同时也有所发展，有所改造；其内容之精密，也远在尼也耶派之上。这些，都是我们研究因明学发展过程所必须注意的。

尼也耶派哲学思想成立的年代，窥基《因明入正理论疏》曾经说道：

> 因明者为破邪论，安立正道。劫初足目，创标真似；爰暨世亲，咸陈轨式。

劫初是难以稽考的远古的名词，足目（乔答摩）究竟生于什么年代，的确很难断定了。至于《正理经》是不是一人一时之作，也不易论断。现在所能知道的，是《正理经》的注释，现存的最早的为伐兹耶雅那（Vatsyayana）所著。伐兹耶雅那既有《正理经》注释，那么，在伐兹耶雅那之前，《正理经》已经完成，这是可以肯定的。伐兹耶雅那生在陈那之先，即约在公元后 4 世纪的后半期，也是可以肯定的。还有龙树的《回诤论》和《广破论》中曾驳斥正理派学说，《正理经》中也有反驳佛家中观宗龙树学说的。龙树为公元 3 世纪之人，生南印度之贝拉尔 Berar 婆罗门家。从反面推测，《正理经》的出世，当在 3 世纪

---

　　① Satischandra Vidyabhuasna, *A History of Indian Logic*, Chapter Ⅲ, Systematic Buddhist Writers on Logic, Dignaga, pp. 293—295.

与 4 世纪之间。

《正理经》出世在 3 世纪与 4 世纪之间，年代不为不早，所发生的影响也是非常长远的，不仅是佛家因明学而已。的确像贾瓦哈拉尔·尼赫鲁先生近著《印度的发现》所说："正理（尼也耶）派所采用的方法是分析的，逻辑的。实际上，正理的意义就是逻辑，也就是正确推理的科学。它在许多方面与亚里士多德的三段论法相类似，虽然二者之间也存在着基本上的不同。正理派所包含的逻辑的原理为其他的一切哲学各派所接受，而且在整个远古和中世纪时期，直到今天在印度学校和大学中都把教授正理派哲学当做一种智力锻炼。印度的现代的教育把它取消了，可是，凡是用旧式方法教授梵文的地方，正理派哲学还是课程中间的主要部分。人们不但把它当做哲学研究必须的准备工夫，而且也是每一个受过教育的人必须的智力训练。它在旧式印度教育计划中所占地位的重要性，至少与亚里士多德的逻辑在欧洲教育中相等"①。

在内学方面，因明学则渊源佛陀四记问等。世人多以佛教尚空谈，多不务实际，这在佛陀以后的流弊诚有此倾向，但在原始佛教却不是这样。印度前总理尼赫鲁说得最透辟："佛陀曾经屡次警告人们不要在形而上学的各种问题上作学究式的争辩。据说他曾经说过：'人在说不出所以然的事情上应该不发言'。真理要在人生本身中去寻求，而不是在人生领域以外的各种事件的争辩中去寻求，因为那些事情不是人类理智所能及的。……在经验世界中，纯有的概念是不能理解的，因此置之不论。同样的，造物主——上帝的观念也是一个不能用逻辑来证明的假定，所以也

---

① 　Jawaharlal Nehru, *The Discovery of India*, Ch. V, Through the Ages, XIV, The Six Systems to Philosophy.

置之不论。"① 佛陀在世时，有一位鬘童子提出下列问题问佛：

世无有常，世有底，世无底？命即是身，为命异身异？如来终，如来不终，如来终不终，如来亦非终亦非不终耶？

佛陀认为讨论这些问题，徒劳无益，打了一个极生动的譬喻：

……犹如有人，身被毒箭，因毒箭故，受极重苦，彼有亲族怜念愍伤，为求利义饶益安隐，便求箭医。然彼人者，方作是念：未可拔箭，我应先知彼人如是姓，如是名，如是生，为长短粗细，为黑白，不黑不白；为刹利族、梵志居士工师族，为东方南方西方北方耶？未可拔箭，我应先知，彼弓为柘为桑为概为角耶？未可拔箭，我应先知弓扎为是牛筋为獐鹿筋为是丝耶？未可拔箭，我应先知弓色为黑为白为赤为黄耶？未可拔箭，我应先知，弓弦为筋为丝为纻为麻耶？未可拔箭，我应先知，箭竿为木为竹耶？未可拔箭，我应先知，箭缠为是牛筋为獐鹿筋为是丝耶？未可拔箭，我应先知，箭羽为鹯鹭毛为雕鹫毛为鹍鸡毛为鹤毛耶？未可拔箭，我应先知，箭镝为齐为锌为矛为铍刀耶？未可拔箭，我应先知，作箭镝师如是姓，如是名，如是生，为长短粗细，为黑白，不黑不白？为东方西方南方北方耶？彼人竟不得知于其中间而命终也②。

这段譬喻，真是确切极了。可见，佛陀认为，不要在世界有始无始、有边无边、身体和生命是一是异这些问题上兜圈子；凡是形而上学的各种问题，"非梵行本，不趣智，不趣觉，不趣涅槃者，一向不说"。那么，佛陀是不是对于任何问题都不作正面的

① Jawaharlal Nehru, *The Discovery of India*, X, Buddhist Philosophy.
② 《中阿含经》卷六十《例品箭喻经》第十。

答复呢？却又不然。主要看提出问题的性质。《集异门论》八卷说得最明显：

> 四记问者：一、应一向记问，二、应分别记问，三、应反诘记问，四、应舍置记问。云何应一向记问？答：若有问言：……苦、集、灭、道是圣谛耶？一切行无常耶？一切法无我耶？涅槃寂静耶？如是等法，有无量门，应一向记，是名应一向记问。云何应分别记问？答：云何为法？得此问时，应分别记。法有多种：或过去，或未来，或现在，或善，或不善，或无记，……如是等法，有无量门，应分别记，是名应分别记问。云何应反诘记问？答：若有问言：为我记说法，得此问时，应反诘记。法有多种，汝问何法？为过去，为未来，为现在？为善、为恶、为无记？如是等法，有无量门，应反诘记问，是名应反诘记问。云何应舍置记问？答：若有问言：世间有边耶？无边耶？亦有边亦无边耶？非有边非无边耶？……于如是等不应理问，应舍置记，……是名应舍置记问。

这四记问已开因明学之端。佛灭后五百年，论法初行，散见四阿含及各种小乘经论，当时但言"论法"，并没有因明名称。"论"是指论议，立论者和敌论者各申自己的主张；"法"是法则或规律，用它来判定是非曲直。到了公元 3 世纪（佛灭后七百年），龙树生南印度的贝拉尔婆罗门家，皈依佛教后，大弘般若之学。苏联科学院院士沏尔巴茨基教授在 1927 年列宁格勒出版的《佛家涅槃概念》一书中，认为龙树应列入人类伟大哲学家之一，这与其说是印度学家的工作，还不如说是一般哲学史家的工作。他说："龙树的奇异文章风格总是令人感到有趣味、大胆，使人无法回答，有时也仿佛骄傲。"他把龙树哲学的观点来和现代英国绝对论者布拉得烈（1846—1924 年）与德国黑格尔的哲学观点互相比较说："布拉得烈对于日常世界中差不多一切的概念，如事物和性质、关系、空间与时间、变化、因果、动作和自我等，都一一加以驳斥，与龙树的否定论正相吻合，这是很令人注意的。从印度人的观点来看，布拉得烈可以说是一个纯正的中观派的哲学家；在这些相同之外，我们在黑格尔的辩证法和龙树的辩证法之间或者可以发现更要大的亲切的类似。"① 龙树所说的"八不"法门，从事物的本身具有运动变化的原因并不待外铄，"涅槃与世间，无有少分别"。把真实世界与现象世界统一来看，都富有辩证的意义。他的辩证法思想，具体表现在《中论》、《大智度论》等著作中，容另文专论之。其有关因明著作，有《方便心论》，这部论为后魏吉迦夜（Ci-cia-ye）译为汉文，可惜译文拙涩不能达意。这部论共四章，现在参照英译略为介绍如下：

第一章，辩论的说明（旧译为"明造论品"），析为八节：（一）譬喻，分正喻或同喻，负喻或异喻。（二）教义真理或结论，又分为知觉、推理、比较与经典。（三）语言卓越，指所用文字，既非不适当，亦非过多，其理由及譬喻，均善于表达。（四）语言瑕疵，指语言不适当或一字多义，或异字同义等。（五）推理知识，分为先天、后天与平常所看到三种。（六）适当或应时的语言。（七）谬论。（八）谬误理由的采用。

第二章，被击败论点的解释（旧译为"明负处品"），析有九节：（一）不易理解；（二）不善巧；（三）隐秘；（四）陈述过少；（五）陈述过多；（六）毫无意味；（七）不及时；（八）不连贯；（九）伤及命题。

---

① Th. Stcherbatsky, *The Conception of Buddhist Nirvana*, ⅩⅨ. European Parallels, pp. 51—53.

第三章，真理的解释（旧译为"辩证论品"），主要是对待舆论的认可。

第四章，类同语或牵强附会的类比，析有八节：（一）增多对比；（二）损减对比；（三）无法质问对比；（四）非理由对比；（五）同存对比；（六）互缺对比，（七）疑问对比；（八）相反譬喻对比。

可见龙树《方便心论》所说的四品，较之四记问当然更具体了①。龙树子弟提婆（圣天）约生于 320 年，所造《百论》、《外道小乘四宗论》等，专重破敌的方法，但对因明学的贡献，终不及龙树为大，这里不拟多谈。佛灭后八百年，弥勒（约生于 400 年）《瑜伽师地论》问世，才开始有了因明的名称，这是我们研究因明发展过程所必须注意的。《瑜伽师地论》第十五卷说："云何因明处？谓于观察义中诸所有事。所建立法（后陈宾辞名所立），名观察义。"如立声是无常，或立声是常，常或无常的宾辞，即立敌争论之所在。"能随顺法（宗、因、引、同、异、现、比、教八支）名诸所有事。诸所有事，即是因明。"从此以后，因明这一名称，就确定了。《瑜伽师地论》第十五卷又陈述了七因明：

第一，论体性，指辩论的题目。析有六种：（一）言论；（二）尚论；（三）诤论；（四）毁谤论；（五）顺正论；（六）教导论。

第二，论处所，指辩论的地点。也有六种：（一）于王家；（二）于执理家；（三）于大众中；（四）于贤哲者前；（五）于善解法义沙门婆罗门前；（六）于乐法义者前。

----

① 参考后魏吉迦夜汉译《方便心论》一卷，大正新修《大藏经》第三十二卷及英译本。

第三，论所依，指辩论的方法，析有十种。就所成立义有二种：（一）自性（主词）；（二）差别（宾词）。就能成立法有八种：（一）立宗；（二）辩因；（三）引喻；（四）同类；（五）异类；（六）现量；（七）比量；（八）正教。

第四，论庄严，指辩论者应具备的条件。略有五种：（一）善自他宗；（二）言具圆满；（三）无畏；（四）敦肃；（五）应供。若有依此五论庄严兴言论者，复有二十七种称赞功德：（一）众所敬重；（二）言必信受；（三）处大众中都无所畏；（四）于他宗旨深知过隙；（五）于自宗旨知殊胜德；（六）无有僻执，于所受论情无偏党；（七）于自正法及毗奈耶，无能引夺；（八）于他所说速能了悟；（九）于他所说速能领受；（十）于他所说速能酬对；（十一）具语言德令众爱乐；（十二）悦可信解此明论者；（十三）能善宣释义句文字；（十四）令身无倦；（十五）令心无倦；（十六）言不謇涩；（十七）辩才无尽；（十八）身不顿悴；（十九）念无忘失；（二十）心无损恼；（二一）咽喉无损；（二二）凡所宣吐，分明易了；（二三）善护自心，令无忿怒；（二四）善顺他心，令无愤恚；（二五）令对论者，心生净信；（二六）凡有所行，不招怨怼；（二七）广大名称，声流十方。

第五，论堕负，指被击败的论点。谓有三种；（一）舍言，谓立论者以十三种谢对论者，舍所言论；（二）言屈，指立论者为对论者之所屈服；（三）言过，谓立论者为九种过，污染其言。

第六，论出离，指参加辩论会。谓立论者先应以彼三种观察，观察论端，方兴言论，或不兴论，名论出离。三种观察者：（一）观察得失；（二）观察时众；（三）观察善巧及不善巧。

第七，论多所做法，指辩论者的信心。（一）善自他宗；

（二）勇猛无畏；（三）辩才无竭①。

因明学是从单纯的辩论术到逻辑的逐渐发展的过程。弥勒《瑜伽师地论》所论七因明，正是古代因明学中辩论术部分的极其概括的总结。至于我们要知道《瑜伽师地论》逻辑部分的材料，就必须将《摄抉择分中菩萨地之七》证成道理的五种清净相与七种不清净相，做一番具体的分析。

所谓证成道理，是说经过推理或各种论证而成立的道理。什么是证成道理？论上很明显地说：

> 证成道理者，谓若因若缘，能令所立所说所标义得成立，令正觉悟，如是名为证成道理。

这里所谓若因若缘，指因（理由）与喻（例证）而言。因为因喻正是论题的论据和论证。所谓所立、所说、所标，指论题（宗）而言。所谓令正觉悟，就是悟他，因为用论据和论证来成立论题，目的就是使别人能得到正确的理解。证成道理是属因明学中逻辑的部分，那是无可怀疑的。不过证成道理在《瑜伽师地论》又分有两种。论上说：

> 又此道理略有二种：一者清净，二者不清净。由五种相名为清净；由七种相名不清净。云何由五种相名为清净？一者现见所得相，二者依止现见所得相，三者自类譬喻所引相，四者圆成实相，五者善清净言教相。

什么是"现见所得相？"论上说：

> 现见所得相者，谓一切行皆无常性，一切行皆是苦性，一切法皆无我性，此为世间现量所得，如是等类是名现见所得相。

佛家把一切物质心理现象、一切事情、一切关系、乃至一切道理，都叫做"法"。这些现象、事情、关系等，又都不是固定

---

① 弥勒造，唐玄奘译：《瑜伽师地论》卷十五。

的东西，所以又叫做"行"。行就是变动不居的意思。这里所谓一切行皆无常性等，这是世间现量可以感到的。所以名为现见所得相者，因为依据死生无常逼迫各种痛苦，有所为作不得自在、无我等性，名为世间现量所得。

什么是"依止现见所得相"？论上说：

> 依止现见所得相者，谓一切行皆刹那性，他世有性，净不净业无失坏性，由彼能依粗无常性现可得故，由诸有情种种差别依种种业现可得故，由诸有情若乐若苦净不净业以为依止现可得故，由此因缘于不观见可为比度，如是等类是名依止现见所得相。

所谓依止，是说此相微细，虽非现见所得，但依靠粗现见所得相。从思想意识上推论，比知一定有微细相故。此相第一，说明一切行都是刹那性；第二，说明他世有性；第三，说明净不净业无失坏性。如一期生死是粗无常，必依微细刹那无常。既然有能依粗的无常性，比知必有刹那细的无常性。理由很简单，因为粗无常由细无常积累而来的。又如现见有情种种苦乐被过去善恶诸业所决定，同理类推，现在有情所造的善恶业，比知将来有苦乐性。又如观见有情所受苦乐依善恶业，比知净不净业，必当牵果，无有失坏。

什么是"自类譬喻所引相"？论上说：

> 自类譬喻所引相者，谓于内外诸行聚中引诸世间共所了知所得生死以为譬喻；引诸世间共所了知所得生等种种苦相以为譬喻；引诸世间共所了知所得不自在相以为譬喻；又复于外引诸世间共所了知所得衰盛以为譬喻，如是等类，是名自类譬喻所引相。

这里所谓自类，就是同类的意思。同类相引，以此例彼，名自类譬喻所引相。"谓于内外诸行聚中引诸世间共所了知所得生死以为譬喻"，是重新用粗无常喻细无常，名为自类；"引诸世间共所了知所得生等种种苦相以为譬喻"，是重新用粗行苦来喻细行苦，名为自类;① "引诸世间共所了知所得衰盛以为譬喻"，也是重新举粗相衰盛以喻细无常，名为自类。

什么是"圆成实相"？论上说：

圆成实相者，谓即如是现见所得相，若依止现见所得相，若自类譬喻所得相，于所成立决定能成，当知是名圆成实相。

依前面三理，立义决定，名圆成实相。可知此中圆成实相，专对所立命题决定能成而言。这和瑜伽学派三性中的圆成实性，指依他起性无我、无法二空所显的空性有本质的不同。

什么是"善清净言教相"？论上说：

善清净言教相者，谓一切智者之所宣说，如言涅槃究竟寂静，如是等类，当知是名善清净言教相。

善清净言教相，表示与世间一般学说有别。证如实理，名一切智。善清净言教相，即此一切智者所说的道理。如说涅槃寂静道理，即其一例。梵云涅槃，此翻圆寂。圆谓圆满，不可增减，寂谓寂静，不可变坏，指真实世界而言。成唯识论，分析涅槃有四种：　（一）自性涅槃，本性清净，常恒无转，无起灭故。（二）有余依涅槃，烦恼既尽，苦依未灭故。（三）无余依涅槃，烦恼既尽，苦依亦灭故。（四）无住涅槃，二障俱空，生死涅槃，两都不住，悲愿无尽，用而常寂故。四涅槃中，初一为真如，后三种皆择灭，运无漏慧灭烦恼故，真如始显。

其次，云何七种相名不清净？论上说：

一者此余同类可得相，二者此余异类可得相，三者一切同类可得相，四者一切异类可得相，五者异类譬喻可得相，

---

① 以下似漏掉了对"引诸世间共所了知所得不自在相以为譬喻"一句的解释。——编者

六者非圆成实相，七者非善清净言教相。

什么是"此余同类可得相"？论上这样解释：

> 若于此余同类可得相及譬喻中有一切异类相者，由此因缘，于所成立非决定故，是名非圆成实相。

同品一分有，可以作正证故云"此"；同品一分非有，不能作正证故云"余"。即同品一分有一分非有，叫做此余同类可得相。因为异品遍有，则不能发挥反证的作用，故云"譬喻中有一切异类相"。总之，此余同类可得相及譬喻中有一切异类相，即"同分异全"的谬误。例如：

> 声音非力的产物
>
> 因为它不是永恒
>
> 它不像闪电，不像虚空，而像个盆子。

这里若不是永恒，举闪电为正证那是对的，但是举虚空为正证就不对了。（印度古代多数学派，都承认有纯粹的虚空，它和包含其中的物质变化无关，不会有不是永恒的意义。）同品一分有一分非有，正是说明此余同类可得相。至于异喻说，若不是非力的产物看出它一定是永恒，举盆子做反证是全不对的，正是说明譬喻中有一切异类相，不是永恒做理由，本来闪电和盆子都是正证，那么，我们可以检举它"不定"的错误说：究竟是像盆子不是永恒，所以声音并不是非力的产物呢？还是像闪电不是永恒，所以声音非力的产物呢；论上所说："由此因（因）缘（喻），于所成立非决定故，是名非圆成实相"，正是这个意思。试图解如下：

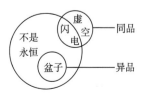

什么是"此余异类可得相"？论上这样解释：

> 又于此余异类可得相及譬喻中有一切同类相者，由此因缘，于所成立不次定故，亦名非圆成实相。

异品一分非有，可以作反证故云"此"；异品一分有，不能做反证故云"余"，包括反正两面，简称为"此余异类可得相"。同品定有，正能够发挥正证的作用，故云"譬喻中有一切同类相"。总之，此余异类可得相及譬喻有一切同类相，就是"异分同全"的谬误。例如：

> 声音是力的产物，
>
> 因为它不是永恒，
>
> 像一个盆子，不像闪电，也不像虚空。

此推论式中，假使非力的产物看出它一定是永恒的，举虚空做反证，那是对的。但是举闪电做反证就不对了。异品一分非有一分有，正是说明"此余异类可得相"。至于同喻方面说：假使不是永恒看出它一定是力的产物，并举盆子来做正证，都是完全正确的，也正是说明譬喻中有一切同类相。不是永恒做理由，本来盆子和闪电，都是正证。如果这样，那么，我们可以检查这推论式的错误说：究竟是盆子不是永恒，所以声音是力的产物呢？还是像闪电不是永恒，所以声音非力的产物呢？论上说："由此因缘，于所成立不决定故，是名非圆成实相"，正是这个意思。试图解如下：

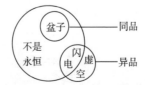

什么是"一切同类可得相"？论上这样解释：

> 若一切法，意识所识性，是名一切同类可得相。

前面说过，佛家把一切物质心理现象、一切关系、乃至一切道理，都叫做法。世亲《大乘百法明门论》以五位、百法综合分析一切法。

《大智度论》卷三十说得最精简："复次，离有为法，则无无为。所以者何？有为法实相，即是无为，无为相者，则非有为"。佛家认为一切法都是第六意识所缘虑的对象，所以如立：

　　声音是永恒，

　　因为它是可知的，

　　像虚空，又像个盆子。

这个论例就犯了"共不定"的谬误。因为可知的（即意识所识性），这个理由或中词太宽，不但永恒的同品如虚空，是可知的；就是非永恒的异品如盆子，也是可知的。如果用可知为理由来作为声音是永恒的论据，那么我们可提出疑问：究竟是像虚空是可知的，所以声音是永恒呢？还是像盆子是可知的，所以声音不是永恒呢？试图解如下：

什么是"一切异类可得相"？论上说：

　　　　若一切法相性业法因果异相，由随如是一一异相，决定展转各各异相，是名一切异类可得相。

这是说宇宙万有各有它的相性业法因果差别之相。如色是可见的，声是可闻的，香是可嗅的，味是可尝的等，因果性相辗转各异，彼此不容混淆。根据这个道理，如立：

　　声不是永恒

　　　　因为它是可闻的

　　　　像一个盆子，又像虚空

　　那就犯了"不共不定"的谬误。因为"可闻的"这个理由
或中词，找不到同喻，只有异喻。我们知道，除了声音以外，其
他都不是可闻的，所以说"一切异类可得相"。

　　什么是"异类譬喻所得相"？这一个不清净相，论上没有详
释。现在仍举一例来说明：

　　　　声音是永恒

　　　　因为它是产物

　　　　像虚空，又像闪电，像盆子

这个推论式"因为它是产物"为理由或中词，用虚空做同喻，
用闪电和盆子做异喻；但是这"它是产物"理由，只能在闪电
和盆子体现出来，而不能在虚空体现出来，所以叫做"异类譬
喻所得相"。

　　什么是"非圆成实相"？论上说：

　　　　非圆成实故，非善观察清净道理，不善清净故，不应
　　修习。

非圆成实相，因支不具，理由不充足，不应修习。因明学中的
"两俱不成"、"随一不成"、"犹豫不成"、"所依不成"皆属之。

　　什么是"非善清净言教相"？论上这样解释：

　　　　若非善清净言教相，当知体性皆不清净。①

　　证成道理中五种清净相与七种不清净相，以上均依原文举例
一一加以分析。再从影响于后期的因明学来看，现见所得相，依
止现见所得相，自类譬喻所引相与圆成实相，充实了推理知识
（比量）的内容；善清净言教相，充实了绝对知识的内容；此余

────────────

　　①　参照《瑜伽师地论》卷七十八，及唐道伦撰《瑜伽师地论记》。

同类可得相及譬喻中有一切异类相，就是当中词可纳于大词相同的一部分事物及与大词相异的全部事物时的谬误（玄奘译为"同品一分转异品遍转"）之所本；此余异类可得相及譬喻中有一切异类相，就是当中词可纳于与大词相异的一部分事物及与大词相同的全部事物时（玄奘译为"异品一分转同品遍转"）之所本；一切同类可得相，就是从尼也耶派错误理由中"中词"太大演进而来；一切异类可得相，就是从尼也耶派错误理由中"中词"太小演进而来；异类譬喻所得相，就是"中词与大词相矛盾时"① （玄奘译为"法自相相违"）之所本；非圆成实相，概括了四"不成"；非善清净言教相，概括了其他谬误。总之，《瑜伽师地论》证成道理中五种清净相和七种不清净相，已超出"七因明"范围。七因明讨论辩论的题目、地点、方法，辩论者应具备的条件，怎样参与辩论会及辩论者的信心，都是辩论术的中心问题，至于五种清净相与七种不清净相，绝大部分都是有关逻辑学上知识的分析与错误理由的分析的问题。从七因明到五种清净相与七种不清净相，很明显地看出因明学在弥勒时代已从单纯的辩论术到逻辑学的逐渐过渡。

无著（约 405—470 年）学承弥勒。他的因明材料，散见《显扬圣教论》、《大乘阿毗达摩集论》二书中。《显扬圣教论》模仿瑜伽体制，《大乘阿毗达摩集论》才开始有自己的创见。《大乘阿毗达摩集论》称因明为论轨，《显扬圣教论》又称为论议，都是沿袭着论法的概念。无著的逻辑（因明）观点，除了留心于证明理论之外，基本上和弥勒相差不远。他认为一个证明可再分为：（一）命题，（二）理由，（三）譬喻，（四）应用，

① Satischandra Vidyabhuasna, *A History of Indian Logic*, Chapter 11, Early Buddhist Writers on Logic, pp. 251—264.

（五）结论，（六）知觉，（七）比较，（八）经典。前面五个部分构成一个推理程序。无著推理形式与弥勒也有些不同。根据弥勒的看法：一个论题是由一个理由及两个譬喻来证实的。真实的理由和譬喻不是需要根据（一）事实或知觉、（二）推理，就是需要根据（三）圣言。类比或比较是可以省略的。弥勒的推论形式说明如下：

（一）声音不是永恒。

（二）因为它是一种产物。

（三）像一个盆子，但不像虚空。

（四）一种产物像一个盆子不是永恒。

（五）反之，一个永恒的东西像虚空就不是一种产物。

至于无著的推理形式是这样：

（一）声音不是永恒。

（二）因为它是一种产物。

（三）像一个盆子（但不像虚空）。

（四）因为一个盆子是一种产物它不是永恒，声音也是这样，它是一种产物。

（五）所以，我们知道声音不是永恒。

无著的弟弟世亲（约 410—490 年）被称为千部论师。这是形容他是一位多产的作家。《阿毗达摩俱舍论》三十卷，无疑是他一部最著名的小乘佛家著作。关于他的因明著作，传有《论式》、《论轨》、《论心》三部书。世亲原学小乘，晚年由于他哥哥无著的启发，才由小乘思想进入大乘思想。从印度佛教史看来，世亲思想转变过程，大略可分为四个时期：（一）小乘有部时期；（二）大乘唯识时期；（三）法华涅槃时期；（四）他力净土时期。他的因明学的著作，流传下来的太少。在唐人注疏中，只有《论式》书名，为《因明正理门论》所称引；《论轨》

一书，经吾师吕秋逸先生考订，就是西藏所翻释的《解释道理论》①。至于《论心》一书，则不知下落。《论式》与《论心》这两部书失传，对于研究中古印度因明学是一种损失。当时还有《如实论》一书，相传也是世亲所造。这部论分为三章：第一章，五段推论式；第二章，相似的答复；第三章，被击败的论点。

其次，世亲认为推论式有两种形式：如果在辩论的时候，就需要运用五段推论式；如果是寻常因由，运用二段推论就够了。现在把两种形式陈列如下：

五段推论式：

（一）声音不是永恒。

（二）因为它是一种产物。

（三）凡产物皆非永恒，像一个盆子，它是一种产物和不是永恒。

（四）声音是一种产物的实例。

（五）所以声音不是永恒。

二段推论式：

（一）声音不是永恒。

（二）因为它是一种产物②。

陈那（约450—520年）佛灭后九白余年，诞生于南印度婆罗门族，在犊子部出家，后来跟世亲学习，对于大小乘经典都能融会贯通，特别是对因明学，不但有深刻的研究，而且有重大的贡献。史学家称他为"中古逻辑之父"，洵非过誉。陈那因明学主要著作计有：《集量论》、《因明正理门论》（英译为《逻辑入

---

①　参见吕澂《佛家逻辑》，《现代佛学》1954年第2期。

②　Satischandra Vidyabhuasna, *A History of Indian Logic*, Chapter 11.

门》)、《因轮抉择论》（英云《九个理由的逻辑》，这部论具体分析了推论式中中词与大词九种可能的关系)、《集量论解释》、《对象与思想研究》、《〈对象与思想研究〉注释》、《三世研究》。

按陈那的因明学研究，约分二期，前期以逻辑为中心，《因明正理门论》是前期的代表作。这部论分为上下两篇。上篇专论能立及似能立。分为二章：第一章明他比量，分为四节：第一，宗及似宗；第二，因及似因；第三，喻及似喻；第四，简短的结论。第二章论自比量，也分为四节：第一，二量；第二，现量；第三，似现量；第四，比量及总结。下篇，能破及似能破。分为三章：第一章，能破。第二章，似能破，分析十四过类：（一）同法相似，（二）异法相似，（三）分别相似，（四）无异相似，（五）可得相似，（六）犹豫相似，（七）义准相似，（八）至非至相似，（九）无因相似，（十）无说相似，（十一）无生相似，（十二）所立相似，（十三）生过相似，（十四）常住相似。后进行小结①。第三章，负处，略分为三：第一，略似破诸说；第二，略堕负等说；第三，结指前过。最后以颂作结。欧阳竟无大师在《因明正理门论叙》中，曾把这部论的重点以及和入论与法称的同异，都做了极其扼要的叙述：

> ……文分立破二门，立分真立立具。且初真立者，乐成所立，不成能立，背此为似，有五相违：现比世间自语自教。《入论》则同。然宗过有九，能别所别俱及相符。四不成过《入论》则增，《门论》则无，此其所以异者。《门论》义摄而略，《入论》作法而详也。如宗违因，《门论》既破，《入论》无文，非是师资故相矛盾。宗法彼此极成方生忆念，依此忆念方生了智，依此了智方能成宗。故背初相

---

① 参照宇井伯寿《因明正理门论解说》，第 506 页。

犯四不成：两俱随一犹豫所依。有体无体与宗相顺，背亦有过。依后二相而制九轮，二八为正因，翻彼立相违，余皆为不定。然四六翻因演四相违，共不共外演三分遍，与违决不决。《入论》则同，法称独缺。法称所以独缺者，根本克实之谈也。《入论》所以相同者，作法取详之旨也。立敌有差别，因于初相增立四违，同品唯分有，因于后二备详分遍，岂是师资故相矛盾？昔时由因而见边，忆取助成故同品如昔而以因合宗；今日立宗而索证，设式简滥，故异品例今而宗先因后，翻此合离有颠倒过。若缺离合有无合不离过；若背宗因随一或俱有不成及三不遣过。如是十过，《入论》无异，法称有增，增三犹豫不成、三犹豫不遣及缺合缺离。法称所以有增者，盖亦作法之求备也，岂亦师资故相矛盾？

次谈立具，为现比量。现量有四义：（1）五识无分别，（2）五俱意识，（3）贪等自证分，（4）定中离教分别。比量有二义：（1）现比之作具远因；（2）忆念之作者近因。悟自悟他咸归一致，清净所趋非唯兴净，以是读能立似立门。

能破似破门者，能破有六类：一支缺，缺一有三、缺二有三而无全阙。二宗过，三不成，四不定，五相违，六喻过。似破建类，足目《正理》凡二十四，《如实》所列为十二，《方便心论》亦列二十。天主《入论》摄入立中曾无一列。因明所需，若论克实即一能立已摄无余。然立破迭为宾主，即《方便》必辟四门。譬如立支，唯一宗因已堪自悟，以故尼乾、法称废喻有文；然必悟他，他非易了，故凡孤证未足畅情，既不废喻，以是对治相违及与不定喻又须二。此亦如是，立破既开四门，似破须更列类，陈那《理门》酌古准情，刊以定类列为十四：缺宗有一曰常住，缺因有三曰至不至无因第一无生，缺喻有二日生过第三所作，不成有四日无说第二无异第二可得第一所作。不定有九日同法异法分别犹豫及与义准一三无异第一可得第二元生，相违有一日第二所作。除其所复正符十四，以是读能破似破门。……①

陈那后期仿《阿毗达摩集论》体裁，从他自己所著的因明瑜伽各书提炼剪裁为《集量论》以知识论为中心。这部论著共分六章：第一章说到知觉作用；第二章说到为自己而推理；第三章说到为他人而推理；第四章说到理由或中词的三种特征以及陈那已驳斥过的要把比较作为单独的证明方法的主张；第五章驳斥了口证；第六章说到三段推论式。这部论著无疑的是陈那伟大而不朽的著作。

继承陈那因明学前期的思想，有商羯罗主；继承陈那因明学后期思想而发扬光大的有达玛诘（法称）。

商羯罗主的历史，已不可考。根据窥基《因明大疏·序言》知道他是陈那的学生。又说："菩萨之亲，少无子息。因从像乞，便诞异灵。"② 推测他的族姓，当出自婆罗门。商羯罗主有无其他因明学著作，不得而知。单从《因明入正理论》一书看来，主要内容是讨论：（一）真能立，（二）似能立，（三）二真量，（四）二似量，（五）真能破，（六）似能破。他对于陈那后期量论部分，极少论及，可能是陈那前期的学生。陈那在南印度讲学时间较长，商羯罗主也很可能是南印度人。

至于法称（约生于620—680年），乃陈那再传弟子。公元7世纪中叶生于南鸠陀摩厄国，后来到摩竭陀跟护法学习。他在因明学方面写了许多有价值的著作。威提布萨那《印度逻辑史》

---

① 见欧阳竟无《藏要一辑叙》。
② 窥基：《因明入正理论疏》，第6页。

曾经这样描绘："他是一位伟大的教师和辩证法学家，他的声誉充满着地球的每一个角落，同时，他像一个狮子，压倒如像王一般的辩论者。"他所著八部论，是研究因明学所必读：（一）《释量论》，（二）《量决定论》，（三）《正理一滴论》（英译为《逻辑一滴》）。以上三部论都是解释陈那《集量论》六章的要义，不过依广、中、略的不同，所以写成三部书。（四）《因论一滴论》，解释推理知识中理由的条件（英译为《理由一滴》）。（五）《辩论的方法》，解释为他人而推理。（六）《成他相续论》（英译为《相续的证明》）成立唯识道理并立其他有情。（七）《关系的研究》。（八）《关系研究的注释》。这八部论以《正理一滴论》一书流传最广，因为这部论有梵文原本与日、俄、英、法、德等文字翻译，并有苏联科学院院士彻尔巴茨基（Th. Stcherbatsay）《佛家逻辑》巨著中的介绍（详第二册中），研究起来比较方便。

这部论分为三章：第一章知觉，又分为四类：（一）五官知觉，（二）心理知觉，（三）自我意识，（四）沉思圣者知识。

第二章为自己而推理，说明理由或中词必须具备三个形式或特征：

（一）整个的小词必系于中词，例如：

此山有火。

因为它有烟。

像一个厨房，但不像一个湖。

在这个推论"烟"的中词，必须与"山"的小词有联系。

（二）中词所指一切事物必须和大词所指的事物相一致。如上面推论，从"烟"这个中词所举的厨房和"火"的大词是一致的。

（三）凡与大词不同的东西一定不会和大词相一致。如上面

推论，"湖"的例子与"火"无涉，就不会与"烟"的中词相
一致。

其次，法称分析了中词对大词的关系又有三类：（一）同一
性，（二）结果，（三）未见或非知觉。未见又分为十一种：1.
未见其同一性，2. 未见其果，3. 未见其遍或总，4. 已见的与同
一性相反，5. 已见异果，6. 已见的与联系相反，7. 已见的与结
果相反，8. 已见的与总的相反，9. 未见其因，10. 已见的与因
相反，11. 已见的果与因相反。

第三章，用于他人的推理，说明这种推理的特点在于用语
言宣告中词的三个形式，对他人进行说服。其次，说明这种推
理可分为二类：（一）积极的或同的，（二）消极的或异的。
例如：

> （一）声音不是永恒。
>
> 　　因为它是一种产物。
>
> 　　凡是产物都不是永恒，像一个盆子。（积极）
>
> （二）声音不是永恒。
>
> 　　因为它是一种产物。
>
> 　　永恒的就不是产物，像虚空。（消极）

关于论题方面：他认为一个小词和它的相应的大词联合在一起，
构成一个命题。这个命题是尚待证明的，就叫做论题。其次，错
误的论题他分析有四种：（一）论题与知觉相矛盾；（二）论题
与推理相矛盾；（三）论题与概念相矛盾；（四）论题与自己的
陈述相矛盾。

关于中词或理由方面：他认为中词或理由必须保持上面所说
的三个特征。违反了任何一个特征，中词或理由就有不能证明、
不能决定和矛盾的错误。第一类"不能证明"的错误有四，已
如上述。第二类"不能决定"的错误有二：（一）中词或理由过

于广泛（玄奘译为"共不定"）。（二）中词或理由过于狭小（玄奘译为"不共不定"）。第三类"矛盾"的错误：中词与大词相矛盾（玄奘译为"法自相相违"）。

关于譬喻方面：法称仍分为同喻与异类两类，但同喻的错误分有九种，异喻的错误也分有九种[1]。

可见，法称对于论题（宗）、论据（因）、论证（喻）的错误的分析和陈那及商羯罗主，都有所不同。错误的论题，陈那《因明正理门论》只分五种相违，商羯罗主的《因明入正理论》增加了四种不成；但法称只保留知觉相违、推理相违和自语相违三种，另外加上概念相违一种。错误的论据或理由，陈那与商羯罗主都主张不能证明有四种、不能决定有六种、矛盾有四种；而法称除不能证明保留原来的四种外，不能决定保留两种，矛盾的只保留一种已如上述。错误的论证或譬喻，陈那与商羯罗主一致主张同喻有五种，异喻也有五种；法称却主张似同喻应分九种，似异喻也应分九种。总之，法称对于论题与论据错误的分析，都相对地减少，而对论证错误的分析，却又相对的增加。一方面它本身意味着因明学到了法称时代，已摆脱辩论术的藩篱；另一方面意味着因明学逻辑的成分加强并向知识论（量论）方面推进，使因明学建立在更巩固的知识的基础上。最令人注目的就是：法称对陈那所提出的"矛盾并非错误"与"中词与大词的隐义相矛盾"被列为"谬误"，都进行了有力的批判：

第一，陈那把"矛盾并非错误"（玄奘译为"相违决定"），列为"不定谬妄"的一种。这种谬妄：就是论题及其相反论题，同时各有显然正确的理由支持它。例如，胜论师对弥曼差论者说：

---

[1]　Dharmakirti, Nyaya—bindu（A Drop of Logic）.

声音不是永恒，

因为它是一种产物。

像一个盆子。

弥曼差论者回答说：

声音是永恒，

因为它是可闻的，

像声性。

根据胜论与弥曼差论二学派各自的教义，用在上述情况，以为都是正确的。但是他们导致矛盾的结论，不能决定，所以结果是错误的。

法称在《正理一滴论》否认"矛盾并非错误"的谬妄。理由是：它既非从推理的关联而发生，甚至也不是基于经文。一个正确理由或中词，必须与大词有同一性、结果或非知觉的关系，也必须导致一正确的结论。

两个互相矛盾的结论，不可能有正确的理由来支持。两套不同的经典也不可能有任何帮助来建立两个矛盾的结论，由于一个经典不能抹杀知觉和推理；而它的权威，就在于确定超感官的对象。矛盾并非错误的谬妄，所以是不可能的。

第二，中词与大词对立是错误的一种，称为矛盾（玄奘译为"法自相相违"），那是陈那和法称所公认的。中词与大词隐义的对立（大词若是含糊），在陈那《因明正理门论》中作为另一种错误，叫做隐义的矛盾（玄奘译为"法差别相违"）。法称在《正理一滴论》中否认这种观点，他主张这第二种矛盾已包含在第一种之中。

第二种矛盾或隐义的矛盾，例子是这样：

眼等为他物所用，

因为它是组合物，

像床、坐位等等。

这里大词"他物"是含糊的，由于它可以指组合物（如假我），也可以指非组合物（如灵魂）。中词与大词之间所以成为矛盾是：假如"他物"这个字，在数论发言人是以"非组合物"的意义上来理解它；但在佛家是以"组合物"的意义上来理解它，这样推理，就在中词与大词本义或隐义之间造成矛盾。

法称在《正理一滴论》中认为，这种情况是属于第一种或固有矛盾。一个字作为命题中的大词，只容有一种意义，假使字面的意义与蕴藏的意义之间有含糊的地方，那么，真正的意义从上下文是可以确定下来的。假使蕴藏的意义才是真正的意义的话，中词与大词之间还是固有的矛盾。

法称不许有"矛盾并非错误"的谬妄，他认为理之是非，应以知觉（现量）推理（比量）为断，而推理之所以有力量，就在于确定超感官的对象。这种看法是非常精确的。因为人类认识过程：根境接触而有初步认识，属于知觉阶段；把知觉之所得，加以比较，分析与综合，抽象与概括，属于推理阶段。如果只停留在知觉阶段，认识很显然是不够全面，不够深化了，所以必须从知觉提高到推理。推理阶段当然就超乎感官的对象了。其次，法称也不许有"中词与大词的隐义相矛盾"存在。因为作为论题的大词，只容有一种真正的意义，他要求推论过程中，一个对象要保持其与自身的同一，不许另外的对象来代替，所使用的概念要有确定的意义，绝不许以相似的字面来掩饰。这种看法也是非常正确的。

此外，法称对于譬喻的功用也有独特的见解。他主张譬喻在推论式中不是重要部分，因为它已经包含在中词之中。在推论上，此山有火，因为它有烟，如厨房，其实"烟"这个词已含有火，包括厨房及其他有烟的东西，所以譬喻在任何情况下都是没有必要的。虽然，譬喻之所以有价值，就在于它通过一种特殊的，因而是更明显的方式指出一般命题包含些什么东西[①]。我们觉得法称这种看法，还值得商榷。拙作《印度逻辑推理与推论式的发展及其贡献》[②] 文中，已略陈愚见，这里就不重述了。总之，法称可以说给中古因明以光彩的结束，也是因明可以和近代逻辑比较研究最好的途径。

根据以上所说，因明学发展过程大致可归为五个时期：

第一，佛陀启示人们知其然而不知其所以然的事情，不应该发言。真理要在人生本身去寻求，而不是在人生以外去寻求。不作无谓的争辩，《四记答问》、《论法》已露因明的端倪。

第二，佛灭度后七百年，尼也耶派《正理经》完成，所说十六范畴中讨论到知识的来源，命题的种类，推论式的部分，无理性破坏性争辩以及错误理由等问题，特别是错误理由的具体分析，对于佛家逻辑（因明）有很大的影响。而和《正理经》注释同时的龙树《方便心论》，讨论到知识的来源，同样注意到感觉、推理、譬喻等问题，可以见出彼此有互相启发的地方。

第三，佛灭度后九百年，弥勒《瑜伽师地论》，开始有了因明的名称，并认为因明是研究"观察义中所有诸事"。论中所讨论"七因明"固然纯是辩论术中心问题，但论中所引的五种清净相与七种不清净相，基本是逻辑问题。弥勒时代可看出因明学已从单纯的辩论术而向逻辑的逐渐过渡。

第四，佛灭度千年，无着、世亲兄弟都留心到因明，可惜世亲《论式》和《论心》二书没有流传下来，无由窥其全豹。至于陈那在因明学的贡献，可以说是结束了一个旧的时代，又开辟

[①]　Keith, *Indian Logic and Atomism* pp. 109—110.

[②]　见本书第 66 页。

了一个新的时代。他前期的代表作，是以"逻辑"为中心；后期的代表作，是以"量论"为中心。在陈那时代，可以看出因明学又从逻辑转到知识论。

第五，佛灭度后千一百年，法称的因明学已摆脱辩论术的羁绊，使逻辑与知识论紧密地结合在一起，他把逻辑部分抉择的更精纯，逻辑的基础——知识论树立的更巩固。

我们可以用这样一句话来说明因明学的发展：它们从单纯的辩论术而逻辑而知识论的逐渐发展过程。

关于因明学发展过程，我们已说出一个轮廓了。现在剩下一个问题，那就是中国汉族因明学发展的概况以及我们应怎样来研究因明学的问题了。

中国汉族的因明学是随着慈恩宗而成长起来的。但汉文翻译的印度因明学原著远远赶不上藏文译的因明学那样丰富。从后魏吉迦夜等译《方便心论》与《回诤论》、陈真谛译《如实论》，是印度比较初期的因明作品，传入汉族之始。到了唐太宗贞观三年（629），玄奘法师冒禁出长安，到印度留学，经过十七个寒暑，遍历五印度各国，中间留中印度摩竭提的那烂陀（Nalanda）的佛教大学，跟首座戒贤受学一共有五年，毕业后五印诸王争先供养，其共主戒日王敬礼尤至。当他临回国时，在戒日王所主持的曲女城无遮大会上立了一《真唯识量》，经过十八天，没有人能改动它一个字，创造了运用因明宗、因、喻三支推论式的光辉典范。这是东方逻辑发展史上的一件重大的事情。贞观十九年（645）正月回到长安，贞观二十一年就开始翻译商羯罗主《因明入正理论》，贞观二十三年又翻译陈那《因明正理门论》，可见他对于因明学的重视。这也是因明学输入汉地比较完备的时期。《入论》译出，奘师门下视同拱璧。玄奘复以因明要义传授给他的弟子文轨和窥基等。文轨《因明入正理论疏》，颇存奘师

口义，原有三卷，流传到日本残存初分，其第三卷宋初改题为
《因明论理门十四过类疏》，在我国发见。抗日战争以前，南京
支那内学院曾经根据善珠《明灯抄》、明诠《大疏里书》、藏俊
《大疏钞》等书所引的有关文轨的材料，订正残本第一卷文句，
并辑出第二卷和第三卷佚文，再依过类疏补其残缺，按照《因
明入正理论》原文排比，基本上已恢复了文轨《庄严疏》的真
面目①。窥基在玄奘法师门下，是一位后起之秀，窥基传中曾
说道：

> ……西明寺测法师（指圆测），于唯识论讲场得计于阍
> 者赂之以金，潜隐厥形，听寻联缀亦疏通论旨，犹数座方
> 毕。测于西明寺，椎集僧称讲此论。基闻之，惭居其后，不
> 胜怅快。奘勉之曰："测公虽造疏，未达因明。"遂为讲陈
> 那之论。基大善三支，纵横立破述义命草，前无与比②。

从这段话看来，足征窥基的因明是有师承的。我们从他重要著述
《成唯识论述记》与《因明入正理论疏》可以看出奘基二师对于
因明的贡献：

第一，在立论者的生因与敌论者的了因，各分出言、智、义
而成六因。《因明入正理论疏》卷二说："生因有三：一言生因，
二智生因，三义生因。言生因者，谓立论者立因等言，能生敌论
决定解故"；"智生因者，谓立论者发言之智正生他解"；"义生
因者，谓立论者言所诠义……为境能生敌证者智。"了因亦有
三：一言了因，二智了因，三义了因。"言了因者，谓立论主能
立之言。由此言故，敌证二徒，了解所立"。"智了因者，谓证
敌者能解能立言，了宗之智"。"义了因者，谓立论主能立言下

---

① 《因明入正理论文轨疏》，校者附记。
② 赞宁等：《唐京兆寺大慈恩寺窥基传》，《宋高僧传》卷四。

所诠之义，为境能生他之智了。"又说："分别生了，虽成六因，正意唯取言生智了。由言生故，敌证解生。由智了故，隐义今显。故正取二，为因相体，兼余无失。"

第二，宗的构成分出宗依、宗体。如立"声是无常"论题，声是主词，无常是宾词，都可以称为宗依，因为主词宾词，都是论题所依的条件。把声与无常合在一处互相限制不相离性，称为宗体。因为只说声而不说无常，不知声是怎样；但说无常而不说声，不知无常所属的是什么。以声为主词，表示不是指瓶花等等；以无常为宾词，表示不是指可闻、悦耳等等；互相限制不相离性，才是宗体。

第三，每一过类都分为全分一分，又将全分一分分为自、他、俱。例如论题与知觉相矛盾的错误（玄奘译为"现量相违"），析为全分四句：（一）违自现非他例，如胜论师对大乘立，"同异大有非五根得"。（二）违他现非自例，如佛家对胜论立："觉苦欲嗔非我现境"。（三）自他现俱违例，如云："声非可闻"。（四）自他俱不违例，如云："声是无常"。一分亦析为四句：（一）违自一分非他例，如胜论立："一切四大非眼根境"。（二）违他一分非自例，如佛家对胜论立："地水大三非眼根境"。（三）自他俱违一分例，如胜论师对佛家立："色声香味皆非眼见"。（四）自他俱不违例，如佛家对数论立："汝自性我体皆转变无常"。其他过类，亦分全分一分两种四句。此种分析可能发自奘师，极变化于窥基。如依《因明大疏》分析，在错误论题中，有违现非违比，乃至违现非相符；有违现亦违比，乃至违现亦相符；错综配合，总计合有二千三百零四种四句。这样分析，善于灵活运用在进行立破相对的关系上，是有些帮助；但在过类中，有的可以配合，有的不好配合，不善运用的话，不好配合而勉强去配合，界限就搞不清了。

第四，为照顾立论者发挥自由思想，打破顾虑，《因明大疏》提出寄言简别的办法。寄言简别大略分为三种：

（一）若自比量，以许言简，表示自许，无他随一等过。如《瑜伽师地论》记立自比量说：

〔如我所言〕过未无法亦应名法——宗

有所持故——因

如现在法——喻

（二）若他比量，用汝执等言简，无违宗等失。如《因明正理门论》述记二卷说：

〔汝　执〕神我是无——宗

不可得故——因

犹如兔角——喻

（三）若共比量，用真性等言简，无违世间、自教等失。如《掌珍论》说：

〔真　性〕有为空——宗

缘生故——因

如　幻——喻

这里所谓自比量，意思是说所立论题，遇到敌者袭击，立诸者设量抢救。所谓他比量，意思是说针对敌论者的论点，实行突破。所谓共比量，意思是说，提出论据和论证来证明论题的正确性。这种寄言简别的办法，是护法、清辩的创造，但奘基二师都有进一步的发挥。

后来基师的弟子慧沼（650—714 年）著有《因明入正理论义断》二卷和《纂要》二卷、《续疏》一卷，来简别文轨等异义。跟着有他的弟子智周（668—723 年）著有《因明入正理论前记》二卷、《后记》二卷、《略记》一卷，使因明学与慈恩宗紧密地结合起来，因明变为治法相唯识的工具，因为像《成唯

识论》、《掌珍论》等，处处运用因明，不通因明，也没有可能
研究唯识或法相。只因慈恩宗弘扬的地区偏在河洛一带，给他宗
竞起的机会，在窥基时代已酝酿华严宗学说，此外还有比较适合
中国汉族特有根基的净土宗、禅宗的学派起来与慈恩宗竞争，慈
恩宗骤然衰落①，因明学也就无人过问了。基师《因明大疏》反
沦落到日本。到了光绪年间石埭杨仁山居士，始从日本南条文雄
氏得《因明大疏》、《成唯识论述记》。清末民初随着唯识法相的
研究，有些人对于因明学也逐渐重视起来。但一方面，因古译著
艰深，即使一般有心向往的人也会望而却步；一方面又因缺乏正
确新例现实意义不大，不易引起读者兴味，所以欲得一理想的因
明学，非经学者一番努力不可。

中华民族是一个有光荣的革命传统和善于抉择继承历史遗产
的优秀民族。在过去漫长的年代中，祖先们创造了光辉灿烂的文
化，随着人民政权的建立，我们成为祖国文化遗产的合法继承
者。根据毛泽东同志所指示的原则，来研究我国丰富而伟大的文
化遗产问题已经提到今天的议程上来。我们既有权利也有义务，
运用正确的历史观点和科学方法，把因明学遗产整理出来。这不
但是佛教学者，值得研究的项目之一；也是一般逻辑学者，值得
研究的项目之一。

1952 年，苏联《哲学问题》杂志关于逻辑问题讨论的总结
中指出："思维的形式和规律既不是基础上面的上层建筑，所以
没有阶级性，而具有全人类的性质。思维的逻辑构成、它的各种
形式（概念、判断、推论）以及这些形式在发生作用方面的规
律，对于各个阶级的代表人物是完全一视同仁的，……思维的形
式和规律是某种客观现实的反映，是人们的实践活动重复了亿万

---

① 吕澂：《慈恩宗（下）》，《现代佛学》1953 年第 10 期。

次的结果。"① 这个结论是正确的，但还没有得到有力的论证，如果我们能从印度因明学来帮助阐明这个结论，那么，逻辑规律与形式的全人类性问题，可以提供一个有力的论证。因为印度因明、西洋逻辑、中国名学三者在其历史发展过程中，互不相谋，而所得规律与形式，基本上却是一致的。这又是研究因明学另一个值得努力的方向了。

---

① 斯特罗果维契著，曹葆华等译：《逻辑》，三联书店 1954 年版，第 336 页。

因明的基本规律*

一　命题的构成及规律

因明从其学科的性质而言，亦属形式逻辑的范畴。它是研讨命题的结构及命题与命题蕴涵的关系。

逻辑是以命题为单位，判断结果之表现于语言文字者统称曰"词"或"命题"。小词和大词连在一起构成一个命题；一个命题提供证明的，是一个论题，因明则谓之"宗"。命题的构成必须具备三个要素，就是主词、宾词和系词。主词是判断的对象的规定，宾词是对象规定的规定，系词则联络主词和宾词的离合关系形成一个命题。在印度，因明名称比较多，主词、宾词各有三名，计有三对：

$$
主词三名
\begin{cases}
有法\cdots\cdots\cdots法 \\
自性\cdots\cdots\cdots差别 \\
所别\cdots\cdots\cdots能别
\end{cases}
宾词三名
$$

---

　　*　本文原载《现代佛学》1950年第9—11期。后收入《因明论文集》时编者有删节。本书依《因明论文集》排印。——编者

（一）"有法"与"法"对

主词所以名"有法"，因主词含有宾词的意义的缘故。至宾词所以名"法"者，盖法有二义：（1）能持自体；（2）轨范他解，即事物共相。因明"有法"及"法"的意义稍有不同。如立"声是无常"命题，声为"有法"，无常为"法"。声持自体，能有无常诸余法义，一切皆通，故名"有法"。无常不然，具轨持义，要有屈曲，但是"法"名。《大疏》说得好："初之所陈，前未有说，径廷持体（或作庭。径廷，直也，与屈曲反），未有屈曲，生他异解。后之所陈，前已有说，可以后说分别前陈，方有屈曲，生他异解（如本来执'声'，新悟'无常'，故曰异解）。其异解生，唯待后说。故初所陈，唯具一义，能持自体，义不殊胜，不得'法'名。后之所陈，具足两义，能'持'复'轨'，义殊胜故，独得'法'名。后之所陈，能有后法，故名有法。"

（二）"自性"与"差别"对

如前命题，声只称自体之名，尚未彰显何等之义理，故名"自性"。至于无常，乃望声自性而有分别之意义，同时望其他之外物，亦能贯通，故名差别。《大疏》说："诸法自相唯局自体，不通他上，名为自性。如缕贯华，贯通他上，诸法差别义，名为差别"，就是这个意思。但是"自性"、"差别"二者不同。《大疏》又分为三："今凭因明，总有三种：一者局通。局体名自性，狭故；通他名差别，宽故。二者先后，先陈名自性，前未有法可分别故；后说名差别，以前有法可分别故。三者言许，言中所带名自性，意中所许名差别，言中所申之别义故。"

（三）"所别"与"能别"对

如前命题，声是所别，无常是能别，能别于声故。《大疏》说："立敌所许，不诤先陈，诤先陈上有后所说，以后所说别彼先陈，不以先陈别于后说，故先陈自性名为所别，后陈差别名为能别"。

总之，第一对，表示主词对通于他体而为主词所有之义。第二对，表示主词局于自体而宾词通于其他方面。第三对，表示宾词虽通其他方面，然不通其他方面之全体。

"命题"或"宗"，所以必须主词、宾词、系词者，因为缺乏"主词"，判断之对象无由而知。缺乏"宾词"，对象之规定漫无限制。缺乏"系词"，离合的关系不明，缺一不可。所以，孙卿说："词者，兼异实之名以论一意者也。"穆勒说："执两端而离合之者也。"此语甚精。一个命题中的单独主词或单独宾词，在因明的规定必须具备两个条件：1. 立敌两方共同承认；2. 具有同一之意义。这两个条件在形式逻辑似不甚注意，其实这是一个命题的结构必须先决的问题。假使主词或宾词不是立敌两方共同承认有，就无法进行讨论。假使主词或宾词没有同一意义或内涵，各有所指，讨论起来，又如何有结果？因明注意到命题中单独主词或单独宾词的共同承认有和同一意义的问题，的确实有必要，特别是讨论到比较专门的问题，或一名含有多义的问题。一般情况，单独的主词或单独的宾词分开的时候，不一定会发生争论，必由"系词"联络"主词"与"宾词"构成一个命题，为立论者所许，论敌所不许，才发生争论。不然，就有许多谬误的命题或"似宗"发生了。今依次说明命题规律并举例说明：

1. 论题与知觉相矛盾的谬误（玄奘译"现量相违过"）——如说"声非所闻"命题。声是所闻，这是世人的知觉可以证明的，现在反说"声非所闻"，有违背知觉之处，所以说是论题与知觉相矛盾的谬误。

2. 论题与推理相矛盾的谬误（玄奘译"比量相违

过")——如立:"茶杯是万古常存的"命题。任何事物都是变化的,茶杯不会万古常存。茶杯在达到某一限度以前虽在不改变质的范围内进行,但茶杯是各种条件配合而成,是一直在变化着,可能有一些指痕出现,磁底光泽暗淡了,茶杯的用途可能发生变化等等。现在说茶杯是万古常存,违反了真正理由,所以叫做论题与推理相矛盾的谬误。

3. 论题与一己的信仰或主义相矛盾的谬误(玄奘译:"自教相违过")——譬如物理学家说:"原子是不可分裂的。"平常人以为原子是一种极细的实体不可分裂不可通过的。现代物理学者则不以此说为然。从物理学上看,原子不是这样简单的东西,它们也许像太阳系的繁复而充满极微细并含有电荷的粒点,它以为每一个原子都有一个阳荷的核子而于某距离上有一个或一个以上的电子围绕之,一切电子都是阴荷的。如果物理学家主张"原子是不可分裂的",这便犯了论题与一己的信仰或主义相矛盾的谬误。

4. 论题与公共意见相矛盾的谬误(玄奘译"世间相违过")——如儒家之书《大学》是至德以为道本(明明德止于至善,至德也),《儒行》是敏德以为行本,《孝经》是孝德以知逆憨,此三书实儒家的总持。假使在封建社会里,有人主张"百行不以孝为先",便犯了论题与公共意见相矛盾的谬误。因明在论题上提出这种逻辑谬误,不是束缚人类思想,要随俗浮沉,正意味着在某一种阶级社会里,立"宗"应注意到公正意见问题,更不是不许谈高深学理。在因明立"宗",若自比量中加"自许言"简,他比量中加"汝执言"简,共比量中加"真性言"(真性按之实际之意)简,虽违反公共意见,亦不为过。所以《大疏》说:"凡因明法,所能立中,若有简别便无过失。若自比量,以自许言简,显自许之,无他随一等过。

若他比量，汝执言简，无违宗等失。若共比量，以胜义言简，无违世间自教等失。随其所应，各有据简，此比量中，有简别，故无诸过。"这很详细地解释了"简别语"的功用，即简寓有先行声明的意思。

5. 论题与一己的陈述相矛盾的谬误（玄奘译"自语相违过"）——如说："他的母亲是石女。"这个论题主词与宾词互相矛盾。主词既说他的母亲是明知有子，复说石女，又是明知不能生育。以他的母亲为主词是说明其对象，石女是宾词是说明其对象的规定。对象与其规定不相随顺，主词宾词自相乐反，所以说是论题与一己的陈述相矛盾的谬误。又如现代实用主义者，极力主张凡真理都是相对的非绝对的，随时变化并非一成不变。这种主张如用因明来衡量，其论题就犯了论题与一己的陈述相矛盾的谬误。因为主张"凡真理都是相对的"，试问这个道理为绝对的真呢？还是相对的真呢？他假如说这个道理是绝对的真，那么，真理亦有非相对，那就不得谓之"凡"了。还有，假若实用主义者所说的真理自是相对，别人所说的真理是绝对，实用主义者胡说绝对是相对，实用主义者的真理成为相对，别人的真理倒成了绝对，岂不是又违反了宾词都是相对吗？从宾词上说，亦有与一己的陈述相矛盾的谬误。

6. 论题与不共许的大词相矛盾的谬误（玄奘译"能别不极成过"）——既无异论题与不共许的宾词相矛盾的谬误。如中医对西医说："脚气病是湿气。"这个论题脚气病的主词是西医所承认的。然湿气这一宾词，西医则不承认。换言之，即西医根本不承认"湿气"这回事，以不共有的"大词"（即宾词）来成立论题，所以叫做论题与不共许的大词相矛盾的谬误。遇到这种情况，不是压制中医不许主张"脚气病是湿气"的论题，而是说，要用充足理由先解决"什么是湿气"的问题。

7. 论题与不共许的小词相矛盾的谬误（玄奘译"所别不极成过"）——即论题与不共许的主词相矛盾的谬误。如有神论者对科学家立"鬼是痛苦"的论题，"痛苦"这个宾词科学家可以承认（如胃痛、牙痛之类），然"鬼"这个主词却非科学家所共许有，所以说是犯了论题与不共许的小词相矛盾的谬误。又如耶稣教徒对道家立："上帝是永恒的"论题。"上帝"这个小词，道家不共许有，亦属与不共许的小词相矛盾的谬误。

8. 论题与不共许的小词及大词相矛盾的谬误（玄奘译"俱不极成过"）——换句话说，即论题的主词与宾词皆非对方所承认。如有神论对科学家立："鬼死了变聋"论题。"鬼"这个主词，科学家不承认，"聋"这个宾词，亦非学家所许有，用两个不共许的主词和宾词来成立论题，所以叫做论题与不共许的小词与大词相矛盾的谬误。

9. 众所共许命题的谬误（玄奘译"相符极成过"）——如立"声是所闻"、"人皆有死"的命题，无论何人均无是非然否之辩。彼此既无是非然否之辩，即众所许，又何须以论据（因）论证（喻）以证明乎？未立之先，已经共认，即再立之，了无新义，立同不立，费词何用？因为主张各有不同，方须证明，今既共许，则无须更说了。

以上九种谬误论题（宗过），论题与知觉相矛盾、论题与推论相矛盾、论题与一己的信仰或主义相矛盾、论题与公共意见相矛盾，论题与一己的陈述相矛盾、论题与不共许的小词及大词相矛盾，以及众所共许的命题的谬误，皆合论题的两端的谬误，至于论题与不共许的大词相矛盾和论题与不共许的小词相矛盾的谬误，乃指论题的一端的谬误。无论两端或一端，都是论题的要素，所以皆属于论题的谬误。

二 命题与命题的蕴涵关系

命题的构成及正确命题应避免九种谬误，已如上述。但逻辑学不仅是研究命题的结构，还要研究命题与命题蕴涵的关系，此而不讲，仍未尽逻辑学之能事。所谓研究命题与命题蕴涵的关系，其关键即在成立其中一个命题之后，我们能否根据它来推论另一命题，命题间专注重在意义上相依的关系而置其他，所以称这种关系为蕴涵关系。无论演绎归纳，都是注重这种关系。

逻辑学之事不外演绎与归纳，此固尽人而知。演绎推理，只能把"大前提"到"结论"，说得井井有条，丝毫不紊。至于大前提之确实与否，吾人仍无从断定。换言之，即吾人不能一定说所根据的大前提是靠得住的。因此，有人批评演绎有"窃取论点"之病。而归纳推理是根据某类对象中一部分对象的基本属性和因果联系之研究而做出有关此类所有对象的全般的结论。但是人类的认识是无限的，无论何种归纳的结论，都不会是最后的结论。所以列宁说："以最简单的归纳方法所得到的最简单的真理，总是不完全的，因为经验总是未完成的。"[1] 可见归纳推理充其量只能达到概然律。那么，我们如之何而后可呢？关于此，非几句话所能尽。我们列中西逻辑推理方式先作比较：

西洋演绎推理合"大前提"、"小前提"、"结论"三者而成，其式如下：

　　大前提（普遍的原则）——凡有文化者皆属有智慧动物

　　小前提（联系的事实）——中国人为有文化者

---

① 列宁：《哲学笔记》，人民出版社1960年版，第191页。

　　结论（特殊的事件）——故中国人为有智慧动物

　　印度逻辑——因明有"宗"（论题）、"因"（论据）、"喻"（论证）三支，其式如下：

　　　　宗——中国人为有智慧动物

　　　　因——以有文化故

　　　　喻 {
　　　　　　同喻 {
　　　　　　　　若有文化见彼是智慧动物（同喻体）
　　　　　　　　如印度人等（同喻依）
　　　　　　}
　　　　　　异喻 {
　　　　　　　　若非智慧动物见彼无文化（异喻体）
　　　　　　　　如禽兽等（异喻依）
　　　　　　}
　　　　}

　　中国墨子推理只合"小故"（小前提）、"大故"（大前提）二者而成，其式如下：

　　　　小故——中国人（宗依）是有文化（因）

　　　　大故——凡有文化皆属智慧动物（同喻体）

　　墨子之推理，初因，次喻体，不须先立因明之"宗"，或后加演绎之结论也。虽有小前提、大前提而无结论，然彼先小前提后大前提，中词（指有文化）一名相抵，结论已在其中矣。三支所用三词（大词、中词、小词）同。而西洋逻辑三词皆两见〔指智慧动物（大词）、有文化（中词）、中国人（小词）各二见〕。因明之宗依"中国人"但一见，墨子则"有文化"两见，余皆一见。故此三种推理方式，在自己寻求知识而言，墨子最为简捷，然建设言论举以晓喻他人（他比量），借正证有反证无，使所立论题（宗）颠扑不破，则又须以因明之三支为最谨严矣。演绎推理与墨辩，斯其短于因明也。

　　因明与演绎推理虽同为三部所组成，惟其次序略有不同。演绎推理的三段论法，先示大前提，次示小前提，后示结论。而因明三支先示立论宗旨，相当结论；次示立论所依据之理由，相当小前提；后举比喻以证宗，其喻体略当大前提，喻依则为其所独有，并含有归纳之意味，此其不同也。三段论法意在示立说原因与归结之关系，唯先列大前提，后出结论，未免有窃取论点之嫌。如云中国人是否为有智慧动物，由小前提之介绍，中国人与有文化虽有联系，但有文化是否即为有智慧动物，尚无凭籍。则凡有文化皆属有智慧动物，从何说起耶？立者既不能尽取世界上属有文化现象而一一验之，则凡有文化皆属有智慧动物，又何所据以言"凡"耶？既言凡矣，则是智慧动物抑非智慧动物未定之中国人，不得不包括在内。根据以推论的普遍的原则之大前提尚不可恃，由大前提所得之结论，复安足问耶？又既言有文化皆属有智慧动物矣，中国人为有文化之一，具有智慧动物之性，当不能超出其他有文化之外。循此推理，非有既知推求未知，直以既知包括未知也。因明论未知者曰宗，谓尚待证明之论题；举已知者曰喻，谓众所共知之例证；已知未知共通之点曰因，谓据以证明之理由。证明方式，先据论题，次示论据，后举例为证，可谓顺思想进行之自然程序。且喻体，采用假言判断"若是某某见彼某某"，不用全称肯定判断，自无窃取论点之嫌也。

（一）中词三特征

复次，印度逻辑——因明以中词三个特征（玄奘译"因之三相"），作辨别真伪之准绳，实可补充充足理由律之不及。

1. 整个小词必系于中词（玄奘译"遍是宗法性"），即研究属性的关系。如提出"中国人是有智慧动物"的论题，"以有文化故"为论据，第一要研究使整个中国人（小词）必系于有文化（中词），换言之，有文化这个中词彼此必须共同承认于中国人这个小词有遍满性质之意。假使所举中词，不是与所立主张的小词有必然的联系，我们根本就不用它来成立论题的。因为中词与小词如无必然联系，则陷"不成"（无法证实）的谬误。如对方不承认中国人是有文化，就可以不承认中国人是智慧动物，此第一特征，质言之，即共同承认中国人具有文化此一属性而已。

2. "中词"所指的事物必与"大词"所指事物相一致（玄奘译"同品定有性"）。如前例，"中国人"与"智慧动物"分开，本彼此共同承认，然二者联合起来构成一命题，以"智慧动物"为"中国人"的宾词，则为立论者所许，而非论敌所许，双方争执，就在这一点。今论敌虽不承认中国人是智慧动物，然中国人是有文化则彼此共同承认，遂以共同承认有文化此一中词，联系到论题的主词（小词）上，成立不共同承认论题的宾词（大词）说；中国人是有文化，若是有文化见彼是智慧动物为同喻体，又以印度人为同喻依，则中国人是智慧动物，可以无疑矣。以"智慧动物"此一大词为"中国人"的宾词。从前论敌不许，至此亦无异议，因为论题所依据的理由正确与否一定要举例为证，免使论敌驰于想象。能得事实于当前，此为研究因果性之关系，中国人是智慧动物此一论题虽未经论敌承认，但以有文化为理由，且有同类的印度人作正证，那么中国人是智慧动物已有成立可能。盖印度人同是有文化为中国人的真正联系的事实，理由非常充足，联系的事实所举的例证与论题的宾词（大词），一点也没有违背，所以说中词所指一切事物必与大词所指事物相一致。质言之，即所举同类的例证，一定要和论题的宾词成正相关是也。

3. 凡与大词相异的事物，必不与中词相一致（玄奘译"异品遍无性"），《墨经》与穆勒名曰差异法。如前例，有文化为智慧动物之理由，具举有同类的印度人为正证，则中国人为智慧动物固可成立矣。但深恐有文化此一中词范围太宽，能溢于异类事物之中，世界上如有虽属有文化而非智慧动物，那么对方可以依此而出"不定"的谬误说：中国人固有文化所以是智慧动物呢？还如某某是有文化而非智慧动物呢？所以更须举与论题异类事物，如禽兽等与论题的宾词（大词）站在相反的地位，反证若非智慧动物见彼无文化，即可正证若是有文化者之必是智慧动物，所以说凡与大词相异的事物，必不与中词相一致。这样限制，理由之正确，更为明显。总而言之，一个论题必须具备此三个特征。缺乏第一特征，中词不是论题的主词（小词）上决定有的某德，不成与论题有关的理由，那么对方利用这一点，就可以推翻全案。缺乏第二特征，不能决定论题的宾词（大词）之是。缺乏第三特征，不能免去与论题的宾词反面之非，致真去伪。这三个特征都非常重要，所不同者，前一特征，考定论题中主词之属性关系；后二特征，研究论题宾词正反的因果关系耳。试图如下：

以上中词的三个特征不仅说明命题本身的结构，并且说明命题与命题间的蕴涵关系。假使缺乏第一特征，则发生"不成"的谬误；缺乏第二、第三特征，则有"不定"及"相违"的谬误。今举例说明如下，以知中词三特征在证明上是如何的重要。

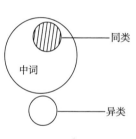

（二）中词的谬误

1. 不成者，就是所举的理由（中词）不能成立论题。前面说过，中词须具备三个特征，成立论题，才能无误。现在缺乏第一特征，所以名为不成，也就是无法证明。不成有四：

（1）中词双方咸认为缺乏真实性时的谬误（玄奘译"两俱不成"）——如立鳝是鱼论题，以生息陆地故为理由（中词）。然生息在陆地这个中词，双方咸认为缺乏真实性。换言之，即立敌两方咸认为生息在陆地此一中词与论题的主词（小词）鳝是毫无关系的。

（2）中词唯一方认为缺乏真实性的谬误（玄奘译"随一不成"）——如立人性是善论题，以上帝所造故为理由（中词）。然"上帝所造"此一中词唯有神论者所许，科学家不许，所以说是中词唯一方认为缺乏真实性时的谬误。因明认为理由（中词）必须立论者和论敌两方咸认为真实的。

（3）中词的真实性有疑问时的谬误（玄奘译"犹豫不成"）——如立隔岸有火论题，以"仿佛有烟"为理由（中词）。理由必须以坚定的语气出之，方能成立论题，今仿佛是有烟故此一中词本身既犹豫不决，便令人对论题也发生疑问；既不能令人生决定解，所以中词的真实性有疑问的谬误，自当避免。

（4）当中词是否属于小词发生疑问时的谬误（玄奘译"所依不成"）——如立灵魂是清净论题，以上帝所赋予故为理由（中词）。但"灵魂"此一小词无神论者根本不承认，还谈什么上帝所赋予呢？还有，无神论者也不承认有上帝，还谈什么赋予呢？这就是上帝所赋予此一中词，是否属于灵魂此一小词发生疑问的谬误。

2. 不定者，意思是说：用此"中词"虽能成立论题，但不一定能成立正面的论题，故名"不定"。因为"中词"必须同品有，异品无，方能成立论题。今缺乏中词后二特征，同异品中中词都和它发生关系，或不发生关系，没有楷准，故名"不定"。不定的谬误有六：

（1）中词过于广泛，致可系属于两个矛盾的大词时的谬误（玄奘译"共不定"）——如立中国人是有智慧的动物论题，以有两眼故为理由，同喻如印度人，异喻如鸡犬。但是有两眼故的中词范围太宽，于同品印度人及异品鸡犬皆悉遍有，不能为中国人是有智慧动物论题之理由。我们可以指出不定说：究竟如印度人有两眼故，所以中国人是有智慧的动物呢？抑如鸡犬有两眼故，所以中国人非智慧的动物呢？

前主观唯心论者贝克莱（1689—1757 年）主张"存在即被觉知"，换言之，吾人所知之境即意象或观念，此意象由吾心造不托本质而起，意象外别无本质。西洋学者鲜能从逻辑方面指出其谬误者。其实，贝克莱主张正犯"中词过于广泛致可系属于两个互相矛盾的大词时"的谬误。盖如谓身外之境，即系意象，许被觉知故，则中词有"不定"过，以世间真无之物，如龟毛兔角等一经思及，亦可成为意象或观念，此被觉知故之中词，于同异类皆共遍有，理由过于广泛，故为不定说。为如龟毛兔角，许被觉知故，身外之境非意象呢？抑如山河大地等，许被觉知故，身外之境是意象呢？可知贝克莱谓"存在即被觉知"，充其量只能谓凡为吾人所知者，必构成吾人之意象，或意象唯是实体之反映，断不足证明宇宙一切悉皆意象，此意象别无本质，更不能说此意象不托本质而起了。

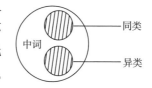

试图如右：

（2）中词过狭，致不能系属于"大词"或其相反的大词时的谬误（奘译"不共不定"）——如立声是永久存在的命题，以耳所闻性为中词。然此所闻性中词，唯声上有，声外一切皆非所闻，若立此者，不唯不能永久存在于异类，无此中词，即除声以外，所余永久存在的同类亦无此"中词"。异类远离中词固属需要，同类远离中词则无从决定。质言之，即缺乏中词之第二特征而言，由是同异类中中词悉皆非有，为作不定云：为如空等体是永久存在性非所闻，而声为所闻，故不能永久存在呢？抑如瓶等体是不能永久存在，非所闻性，而声为所闻，体即永久存在耶？缺第二特性，故名中词过狭，致不能系属于大词或其相反的大词时的谬误。试图如下：

（3）当中词可纳于与大词相同之一部分事物及与大词相异之全部事物时的谬误（奘译"同品一分转异品遍转"）——如立黛玉是不能生育论题，以是女子为中词，同喻如女子，异喻如男子。然是女子这个中词，只可容纳与大词相同不能生育一部之女子，不能容纳能生育之女子，但可容纳与大词相异全部之男子。质言之，即同分（同品一分有一分非有）异全（异品有）之过也。

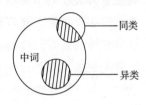

试图解如右：

（4）当中词可纳于与大词相异之一部分事物及与大词相同之全部事物时的谬误（奘译"异品一分转同品遍转"）——如立林和靖是男子命题，以不能生育故为中词，同喻如男子，异喻如女子。此不能生育之中词虽可容纳与大词相同全部之男子，然不能容纳与大词相异全部之女子，以女子亦有一部分不能生育故。质言之，即异分（异品一分有一分非有）同全（同品有之过也）。

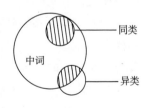

试图解如右：

（5）当中词可纳于与大词相同及相异之一部分事物时的谬误（奘译"俱品一分转"）——如立孔子是男子论题，以是教师故为理由（中词），同喻如男子，异喻如女子。然以是教师故此一理由（中词），可纳于与大词相同如其他男子之一部分，亦可纳于与大词相异如其他女子之一部分，因男女皆有一部分是教师，一部分非教师也。试图解如右：

（6）两无谬误的矛盾论题。即论题及其相反命题各有显然健全的理由支持之的谬误（奘译"相违决定"）。今如有人主张云：因为某种理由，所以甲是

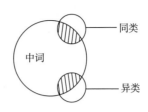

乙。另一人作相反的主张云：因为某种理由，所以甲不是乙。假使这个主张其中一个理由健全推论无误，另一个或则理由不健全，或则推论有过失，那么前一主张当然可以摧伏后一主张，而是非的判分亦不成问题。两无谬误的矛盾论题则不然，两个相反的主张各具显然健全之理由支持，各合推论的规律，无从判定其一是一非。如《列子·汤问》有一段话：

> 孔子东游，见两小儿辩斗，问其故，一儿曰："我以日始出时去人近，而日中时远也。"一儿曰："我以日初出远，而日中时近也。"一儿曰："日初出如车盖，及日中则如盘盂，此不为远者小而近者大乎？"一儿曰："日初出沧沧凉凉，及其日中如探汤，此不为近者热而远者凉乎"？孔子不能决也。

此中所说的理由从现代科学看来，当有不精审之处，但在当时的知识程度，确已认为这两种主张均属无懈可击，至少在孔子认为是如此。因此是两无谬误的矛盾论题。

关于事实的认识，可做真正两无谬误的矛盾论题，殆未必有。但是价值的衡量，则几于无一不可以作两无谬误的矛盾论题看待。斯大林说得最透辟：

> 我想起十九世纪五十年代的俄国形而上学家，他们执拗地向当时的辩证家询问雨对于收获是有益的还有害的，要求他们给一个"斩钉截铁的"答案。辩证家们毫无困难地证明了这样提问题是完全不科学的，在天旱的时候雨是有益的，而在多雨的时候却是无益而且甚至有害的。因此，要求

对这种问题给一个"斩钉截铁"答案，是显然的愚蠢。雨之为物，能润湿干燥的土地，保护播种并使种子能生长；也能淹没禾稼，所以我们可以主张天旱的时候雨是有益的，他方面又可以主张在多雨的时候，却是无益而且甚至有害的。这两种主张皆持之有故，言之成理，不能判别其为一是而一非。

又如姚燧《寄征衣》（越调凭阑人）云：

> 欲寄君衣君不还，不寄君衣君又寒。寄与不寄间？妾身千万难。

一方面主张君衣欲寄因为君寒故，他方面亦主张君衣不寄，因为君不还故。此亦两无谬误的矛盾论题之一例。

吾人对于事物的价值欲作公正的衡量，应当善用两无谬误的矛盾论题。我们根据某一些条件，考察其有益，而根据另一些条件，考察其无益的，而且甚至有害的。一个思虑不容易周到，所以他人若有反对的主张应竭诚欢迎，藉以补助自己思虑之所不及，并以补救自己的偏见。

两无谬误的矛盾论题，以其无法判别是非，故称之为"不定"过。此所云"不定"过者，即两者孰是孰非不能确定也。然因明亦不欲令其终于不定，亦许用他种理由予以论定，至于吾人衡量时之运用两无谬误的矛盾论题，更非欲显示其是非不定，不过欲藉其各有是处，只有辩证地思考，才可能正确地提出和解决这个问题而已。

两无谬误的矛盾论题的效用，略当孙卿所谓"兼权"。事物一经兼权，其善恶可以毕露，利害可以并陈，即其积极的与消极的价值可以全部把握了。但知道了事物的有善有恶有利有害而迷其所取舍，不能作究竟的抉择，则是非陷于不定而兼权反为赘疣，所以必须更进一步"兼权"之后，继以孙卿所说的"熟计"。所谓熟计，亦即普通所说的权衡轻重。兼权的结果，既将事物的各种价值罗列眼前，我们便可以于其善恶之中比较其大小，于其利害之中比较其轻重，更可以依其善恶利害的大小轻重估其应得的价值，这样熟计之，才不蔽于一曲。

3. 相违者，意思是说：假使以原有中词不能成立原有论题，反能成立与原有相反的论题，故名相违。因为中词一定须同有异无，方无谬误。不然，同无异有，中词和原有论题乖反，适成相反的论题，此亦缺乏中词后二特征而来，故成相违。相违有四：

（1）中词与大词相矛盾时的谬误（奘译"法自相相违"）——如立神仙不死命题，以有生故为中词。然此有生故之中词，反能成立神仙必死的论题，不能成立神仙不死之论题。盖有生之物，见彼必死也。

（2）中词与大词的意许相矛盾时的谬误（奘译"法差别相违"）——如古代印度数论立眼等必为他用论题，以积聚成的为中词，如卧具等。"他"这个大词，数论言内所含蕴之意，在非积聚成之"神我"所用；然无神论仍用其中词，以乐其"他"之言内所含蕴之意之非云：

眼等但为积聚成之假我所用，决不为非积聚性之神我所用——宗

因为积聚成故——因

如卧具等——喻

盖积聚成的卧具，既为积聚成眼等身体所用，则积聚成之身体亦决为积聚成的"假我"用，决不为非积聚成的"神我"所用。反之，神我既本有常住而非积聚成，则不能用于眼等。夫何以故？现见卧具但为积聚成的身体所用故。积聚成的卧具既但为积聚成的身体所用，则积聚成身体，又岂为神我所用哉？况果有神我，而神我既不须卧具，又何须用身体耶？

（3）中词与小词相矛盾时的谬误（奘译"有法自相相

违")——如一神论者立灵魂是永存的论题，非物质故为理由（中词），如心为例证。然用非物质故为中词，适成相反的论题：汝之灵魂应非灵魂，非物质故，如心。盖心非物质心非灵魂，灵魂非物质灵魂亦应非灵魂也。

（4）中词与小词之意许相矛盾时的谬误（奘译"有法差别相违"）——如前中词，即于前论题小端之意许作"不灭"解，亦能成立与此相反论题，作非不灭解。今遂破云，灵魂非不灭，非物质故，如心。盖心非物质心非不灭，灵魂非物质，灵魂亦应非不灭也。此量如站在唯物观点提出，尤为有力。

以上所说中词的特征及应避免"不成"、"不定"、"相违"各种谬误，是论证或推理重要的规律。

（三）同喻及异喻的谬误

现在还要讨论如何避免同喻及异喻各种谬误，因为喻体与大前提有关，喻依与归纳问题有关也。

1. 同喻体及同喻依的谬误有五：

（1）与中词不相同之一例的谬误（奘译"能立法不成"）——如立蚂蚁是昆虫论题，因为能合群故为中词，若能合群者见彼是昆虫为同喻体，如蜘蛛为同喻依。蜘蛛是昆虫与论题的大词是相合的，然蜘蛛无合群性却与中词不合，所以说是与中词不相同之一例的谬误。

（2）与大词不相同之一例的谬误（奘译"所立法不成"）——如立蚂蚁是昆虫论题。以能合群故为中词，若能合群者见彼是昆虫为同喻体，如马等为同喻依。马有合群性固与中词相合，然马非昆虫，与大词不合，所以说是与大词不相同之一例的谬误。

（3）与中词或大词均不相同之一例的谬误（奘译"俱不成"）——如立猫为家畜论题。以驯性故为中词，若是驯性者见彼是家畜为同喻体，譬如猛虎为同喻依。然猛虎既非驯性即与中词不同，非家畜又与大词不同。

（4）明示"中词"与"大词"间缺乏普遍联系之一同喻的谬误（奘译"无合"）——如立屋宇是不能永存论题，以造作成故为中词，比如卧具为例证。此式未将中词与大词普遍的联系说出，只举卧具为例，不能作有力的证明。质言之，即缺乏"若是造作成的见彼不能永存"之同喻体的联系之说明也。

（5）明示中词与大词之间具有倒置联系之一同喻的谬误（奘译"倒合"）——如立孔子必死论题，以是人故为中词，若是死者见彼是人为同喻体，如孟子荀子为同喻依。本来同喻体中，应当先说中词后说大词，因为大词外延一定比中词宽。我们只能说："若是人者，见彼必死"，却不能说"若是死者见彼是人"，因为禽兽昆虫等也会死，然却不是人，所以，在同喻体结构中，若先合大词后合中词，就犯了明示中词与大词之间具有倒置联系之一同喻的谬误。

2. 异喻原有简滥的作用。凡举与中词异类之例证，必须与论题的宾词（大词）居于相反之地位，以作反证，故异喻体及异喻依亦有五种谬误均应避免，今依次胪列：

（1）与大词相矛盾之事物并非不相同之一例的谬误（奘译"所立不遣"）　　如立声是常在论题，以无体质故为中词，若非常在见彼非无体质为异喻体，如原子等为异喻依。异喻的作用原为简滥，所以必须与同喻相反，此异喻依之原子，与中词（无体质）是相异，堪作异喻。然原子是常在与论题的大词（宾词）却是相同了。所以说是与大词相矛盾并非不相同之一例的谬误。如立蚂蚁是昆虫论题，以能合群故为中词，若非昆虫见彼不能合群为异喻体，如蟋蟀为异喻依。蟋蟀与中词合群是相异，然蟋蟀仍属昆虫与论题大词并非不相同了。其过同上。

（2）与中词相矛盾之事物并非不相同之一例的谬误（奘译"能立不遣"）——如立蚂蚁为昆虫论题，以能合群故为中词，若非昆虫见彼不能合群为异喻体。如马等为异喻依。马与大词昆虫固然相异，然与能合群与中词并无不同，所以说与中词相矛盾并非不相同之一例的谬误。

（3）与中词及大词均非不相同之一例的谬误（奘译"俱不遣"）——如立声是常的论题，以无体质为中词，若非常在见彼非无体质为异喻体，如虚空为异喻依。然虚空之一例既是无体质，即与中词并无不同；虚空是常在，与大词又无不同，所以说与中词及大词均非不相同之一例的谬误。

（4）明示"中词"与"大词"间缺乏分离做法说明之一异喻的谬误（奘译"不离"）——如立金刚石是可燃论题，以炭素物故为理由（中词），比如冰雪为异喻依。此式未将中词与大词分离之关系说出，只举冰雪为例，不能作有力之反证。质言之，即缺乏"若不可燃见彼非炭素物"异喻体做法之说明也。

（5）明示中词与大词之间并无颠倒分离之一异喻的谬误（奘译"倒离"）——同喻正证，先中词后大词，以见"说因（中词）宗（大词）所随"。异喻反证，先大词后中词，以见"宗（大词）无因（中词）不有"。不然，同喻则有"倒合"之过，异喻则有"倒离"之过也。如立某甲必死论题，因为是人为中词，若不是人见彼不死为异喻体，比如石火等为异喻依。异喻规律应先说大词后说中词，故应言"若不死都不是人"，而今却说"若不是人都不死"，但禽兽虽非人类，仍不免一死，所以说是明示中词与大词间并无颠倒分离之一异喻的谬误。

以上所说中词的各种谬误，是"比量"在辨别真伪上重要的规律。但是这种用已知的经验比知未知的事物，充其量只能得宇宙间一切事物的共相（普遍）而已。至于自相（特殊）则毫无所与，所以我们除了"共相"还要知道"自相"。

何谓自相？《集量论》说："诸法实义，各附己体为自相。"（此法字泛指宇宙间一切事物，略当英文的 Things 字）。自相有二义：一约世俗，凡有体显现，得有力用，引生能缘者，只谓自相。二约胜义，凡离假智及诠，恒如其性，谓之自相。质言之，自相即宇宙间一切事物之本来面目而已。但是这种自相，瑜伽学派认为唯属自内证智之所证知，绝非思虑名言之所能表诠。假使思虑名言能得事物之自相，那么如火以烧物为它的自相，说火的时候火就应烧口；思火想火的时候，就应烧脑。我们说火时口并不被烧，思火或想火时，脑亦并不被焚，可知所思所说并非火的自相，只是贯通诸火（厨火、灯火以及山野之火）为彼共相。

何谓共相？《集量论》说："假立分别，通在诸法为共相。"《大疏》说"以分别心假立一法，贯通诸法，如缕贯华"。比如说："花"，遮余非花，一切桃李等都包括在内。乃至说"人"，遮余非人，一切智愚贤不肖都包括在内。贯通诸法表示不唯在一事体之中，逻辑上名曰"概念"。概念者何？概括的观念也〔concept（con = together，cept = to take）〕，有集取之义，即将数种观念比较分别其属性之共通与不共通者，集其共通者而取之以成一概念也。例如桃李梅菊等花之属性，互有异同，择其同而舍其异者，总名之曰花。花之一名，即一概念也。但是这些概念唯是假立，起初并非实有，思想及文字语言所能办到，唯此而已。关于此，或许有人会说：假使说火不得火之自相，那么唤火亦可得水。同样，唤水也可以得火，因为都不能得到自相。这种说法是不对的。须知一切语言文字有遮功用，也有表的功用。说火的时候除掉不是火，非得火之自相，而所以得火又不得水者，正因为一切语言、文字有表的功用，所以只能得于火，不会得于水。依瑜伽学派的道理，假名不能诠表实相，更有四重意义："一者若谓名能诠实，于一实事，得有多名，名既成多，事亦应多，事既非多，名唯假立。"如《尔雅》说："犬未成豪曰狗。"《说文》说："犬，狗之有县蹄者也。"依前说狗是犬之一种，依后说犬是狗之一种，可知狗犬的概念都是假立的。"二者若谓名能论实，于一实事，可有异名，名既有异，实亦应异；今事非异，名唯假立。"比如江淮河汉都是水的异名，峰峦岭岫都是山的异名。若许名称其实，一个物体上哪容有这许多名呢？不过立这许多的名都要观察这个物体上所应有的义，不是漫无限制而已。其实何尝有一定呢？须知所说这应有的义是观察所得的是由"想心所"（ideation）的，都是意识所增益的，这义不是实有的物，实有的物是要离了意识的增益方能达到，这义既不是实有，依义而立的名，当然亦非实有了。所以说一切名都是假立的。"三者名能诠实，若谓名先于实，由此名故，则实未生时，名亦不起，世间诸法要先有实，后乃起名。实之不存，名亦何有？名且不有，何能诠真？"假使说名先于实，因名得实，不应道理。"四者若谓名后于实，能诠实者则名所计实，何于未起名时，实觉不起？依事起名，名之所诠要仍彼名与实无关。"比如马之一名，在未成立之时，见者并不作"马"想，必经种种之分析综合，将见此为哺乳类，此为有蹄类，此能负重而疾走诸判断，意识上才会起"马"的感觉，感觉以后，对于别人才会说道："这是马呀"，"这是马呀"！这样看来，名先于实，则名且不生；名后于实，则实觉不先名而起，所以我们虽依事起名，但名之所诠还是假名于实无关。所谓"名无得物之功，物无当名之兆"。略同此意。从此可知，思想所能想到，语言所能说到的都不是事物之自相。

然则欲知"自相"又当如何耶？在瑜伽学派看来，吾人欲知自相，只有凭着"现量"，量是规矩绳墨准确刊定之义，凡构成知识之过程及知识之本身悉名曰量。现量有三义：欧阳竟无先生有言：“事本现在，不由乎人望后扳前。事自现成，不由乎人逞私营己。事原显现，不由乎人索隐钩深”①。《因明入正理论》云：“此中现量，谓无分别。若有正智于色等义，离名种等所有分别，现现别转，故名现量。”无分别者，非取全无，唯指能量智于所量境，远离依他起上假施设之一切名言分别，一切种类分别，比量三相之诸门分别，名无分别。若有正智于色等义者，此中有二要义：一能量智正，言正简邪，即现量智，须拣迷乱无记等。二所量境真，色等谓所量，义即是境，即现量境，等者等取声、香、味、触及法，此拣空华毛月等，虽无分别，非现量故。离名种等所有分别者，此正解释前无分别义，此中分别略如上述。文中言等，即等此也。三种分别但于色等义上，貌似显现证知而不如于境之自相，增益有故，非真实有，若离此者，方现量境。离谓远离，释前无分别之“无”也。现现别转者，韩清净释云：“谓现量智，刹那刹那，相续生起，此中刹那，唯约现在双简过去未来，即瑜伽论所谓‘非己思应思’之义也。由现量智，从种生现，才生即灭，实无住义。种各别生，现非一体，是故说言现现别转。转，生起义。谓现量智，从种生现，及托色等为缘而生。此智生起，由不共缘，各别能证诸法一一自相。如是自相，不通余有，故名为别。”

总之，印度逻辑（因明）以现量比量为依归，盖由所量之境不外“自”、“共”二相故。宇宙间一切事物之实义各附己体为自相；能知之者曰现量。假立分别通在一切事物为共相，能知之者曰比量。前者乃“感性”所有事，后者乃“理性”所有事。知识之中除“自”、“共”二相外，更无量境，故能知之量，亦莫由成三。

---

① 欧阳渐：《竟无诗文》，《心史叙》，第4页。

印度逻辑推理与推论式的发展及其贡献[*]

稍为涉猎过古代中印文化交通史的人大概都知道：玄奘去印度留学临回国时，在戒日王所主持的无遮大会上，立了一"真唯识量"①，经过十八天，没有人能改动它一个字，创造了运

---

　　① 玄奘"真唯识量"原文是这样：

　　〔真故极成〕色定不离眼识——宗（论题）

　　〔自许〕初三摄眼所不摄故——因（论据）

　　若自许初三摄眼所不摄者见其不离眼识——同喻体，如眼识——同喻依（正论证）

　　若离眼识，见其非自许初三摄眼所不摄者——异喻体，如眼根——异喻依（反论证）

　　此三支推论式（比量）论题主词前，加"极成"两个字，以有所对故。因为玄奘于无遮大会上立量，对象有小乘各种学派和一般人，如果只说"色"，就各有各的见解，说"极成色"就知道是尽人所知的"色尘"（sight object）。系宾词说："定不离眼识"，也许有人以为"论题与世间相违"，因为世间现见"色尘"与"眼识"为二故。玄奘加"真故"两个字，表示是站在"胜义谛"提出这个论题。论据是说明色尘之所属。玄奘自宗瑜伽学派，把宇宙万物归纳为十八界，复分六类，每类有三种：就是根、尘、识。色尘定本离眼识，根就不一定，所以说"初三界摄"；又简别说："眼（根）所不摄。"其次，小乘与其他学派，认为"根"是能知，大乘以"眼识"（consciousness dependent upon sight）为"能知"，玄奘立这个量用初三摄为论据，无非是想启发对方，了解能知与所知是同体不离了。

用印度逻辑宗、因、喻三支推论式的光辉典范。但是印度逻辑宗、因、喻三支推论式，是公元6世纪印度逻辑泰斗陈那把它肯定下来的。这种推论式，他是否有所继承，有所发展呢？如有继承，他是怎样继承？如有发展，他又发展了什么？到了公元7世纪中叶，达玛诘（法称）坚决主张譬喻在推论式中不是重要的部分，这种主张是不是还值得商榷？如果譬喻不能废除，还需要采用宗、因、喻三支推论式，其理由和现实意义又是怎样？这篇论文就是想粗略地来讨论这些问题。

从印度逻辑角度看，根据中词的三个特征的充足理由使对方对所立的论题，有决定而正确的理解，叫做推理（比量）。不过，印度逻辑把推理分为两类：一、自己了解事物的正反联系的作用，叫做自身推理（玄奘译为："为自比量"）。二、把事物正反联系传授给别人，或是提出论题，用正确的理由和例证来加以推论，叫做为人推理（玄奘译为"为他比量"）。这两类推理的性质，基本是一样的，不过自身推理偏重用思维，而为人推理偏重用语言而已。

为人推理主要既是以语言做媒质，来提出自己的主张，用正确的理由和例证来加以推论，运用起来，当然要有一定的做法，也就是说需要有一定的推论式。印度尼也耶学派的首领阿格沙巴达·乔答摩把过去推论式十个部分改为五分推论式，新印度逻辑学家陈那又把它精简改为三支推论式。由十分推论式改为五分推论式，由五分推论式又精简成为三支推论式，这不仅是形式上的简化，实际上也意味着在性质上有所改变了。现在，先从尼也耶派谈起，我们就不难看出印度逻辑推理与推论式是怎样发展起来的。

阿格沙巴达·乔答摩虽然是站在尼也耶派的首位，关于逻辑的推理一般地有联系的重要学说的材料是很有限的；但是他对推论式学说的证明，是有很大的价值的，因为他指出单纯的辩论术到逻辑的逐渐发展的过程。《尼也耶经》的注释者伐兹耶那在这方面和乔答摩站在同等的地位。他阐述乔答摩所评述过的推理的过程方面，肯定地指出推理的过程是极端细致的，不容易了解的；而且只有博学和有才能的人才能够掌握它。这样的自白是有重要的意义的，因为它使我们体会到发现逻辑推论的确切内容的初步知识是多么困难，即使乔答摩在世时，逻辑推论的正式程序已经稳固地建立了。

乔答摩主张把推论式分为五部分：

一、命题（宗）

二、理由（因）

三、例证（喻）

四、应用（合）

五、结论（结）

但伐兹耶那昭示我们别的学派把推论式增加到十个部分。这样的区分，很有可能是代表乔答摩以前流行着的一种观点。而乔答摩对于推论式的贡献包括扬弃五部分，因为这五部分在结论方面，正如乔答摩的注释者所指出，并没有正当的地位，它们仅仅在讨论"论题"时，扮演某种角色。这些角色是：

一、求知的愿望

二、质疑

三、对于解答问题可能性的信心

四、达到结论所抱的目的

五、消除疑问

从上述十个部分，我们得到一个用正规方式探讨逻辑过程的发展和以前讨论问题的缩影；同时，可以看出扬弃那些与达到结论没有直接关系的五个部分，是一个重要的发展。

在各学派较后期的逻辑，它们把乔答摩的逻辑体系用形式逻辑的推论式表达如下：

> 这山有火。
>
> 因为它有烟。
>
> 所有有烟是有火，如厨房。
>
> 此山也是这样（有烟）。
>
> 所以此山有火。

这样的推论，必然是依靠着肯定一个存在着烟和火之间的普遍联系。但是我们是否能把这个概括（法则）归功于乔答摩一个人呢？当然不能。乔答摩仅仅制定这样的原则：那就是理由证明所要成立的命题，是通过相类似的例证，不是通过不相类似的例证。举例要具有那理由的特征，因为它和命题相类似，或者是举例没有具备那理由的特征，因为它和命题不相类似。

我们不可能来反对这样的结论说：上列推论式的第三部分不过是一个例证；或者说：那原先的程序（指乔答摩的五分推论式）并不知道对一个普遍规律的公式化。这样的看法得到下列的证实：一、经过不少的困难，例证是和真正普遍的命题一致起来的事实。二、乔答摩推论式程序的第四和第五部分的原文是：

> "这样是这个"（如此是此）
>
> "所以这样"（所以如此）

乔答摩特别指出在应用的时候，结论是依靠着例证，而这是由"这样"（如此）这个字充分证实。而"这样"这个字，必须引证于"如"（as），如第三部分例证所举的厨房；同时在第五部分"这样"（如此）这个字，又必须说明它是引证到第三部分的"例如"。换句话说：第四部分"这样"是代表着"烟"，第五部分"这样"是代表着"火"，无论烟和火都与第三部分厨房的例证有密切的联系。

伐兹耶那虽构思多种推论式，特别是他的注释《正理经》第五册的第一个 Ahnika，他的最大的贡献就是采取以下形式观察到厨房有烟同时也有火。关于推理可以通过一个普遍的命题这一回事，这个学派尚未体会到，因为它的推理还停留在米尔（J. S. Mill）所认可的"从特殊到特殊"的类比方式。我们可以看出，这样推论方式的来源是归因于用一命题解释另一命题的努力过程，先陈述命题；追求作出这个命题的理由，说明论据，探究理由的确实性，引用一个熟悉的因而是贴切有力的例证，然后强调命题与例证的相类似，最后做出结论。

乔答摩对于推论式的理论的另一个重要贡献，就是他指出推理（比量）是依赖于知觉（现量），而把推理分为三类：——"有前"，"有余"和"平等"（见同故比）。

推理（pūrvavat）——是从后部到前部，从结果到原因。

推理（cesavat）——是从前部到后部。从原因到结果。

推理（samanyato drstam）——仍旧不可理解，它可能是以相类似性为推理的基础。

以上三类，如根据伐兹耶那，则有两种解释。第一种解释：

推理（pūrvavat）——是"如以前"，是从因到果。这样一来，从看到云就推论到会下雨。

推理（cesavat）——是从果到因，如从洋溢的河流，推论到已经下过雨。

推理（samanyato drstam）——见同故比。用一个例子说明，它和上面的两种都不同，就是根据一般物体之改变位置，是因为有了移动。既然观察太阳在一天的行程中位置不同，所以它也是有移动的。此中所说，从现代的科学看来，地球绕日而转，有自转环转之别，由东西自转分昼夜，环转一周约为三百六十五日，分四时十二月，显然有不正确之处。但在当时的知识程度，已认为根据一般物体因有移动故位置有所改变，因而作出太阳也是有移动的结论。

伐兹耶那的第二个解释是：

推理（pūrvavat）——作为一种根据过去关于两种事物同时发生的经验，如烟与火，这类推理，我们后来仍然采用。虽然，我们亲眼看到这两种事物同时发生的情况。

推理（cesavat）——是通过淘汰的证明（Proof by elimination）。我们证明声音是一种"质"，从而指出它必须是一种实体（实），或是一种属性（德），或是一种动作（业），同时指出它不能是在先或是在后，所以它必须是属性（德）。现代物理学告诉我们：声音的物理的基础，是一种纵波的能力，赖有弹力之物质媒质为之传播。在标准情况下，声音在空气里的传播速率，大约为每秒钟 1087 呎，至于我们日常所以听到音调之有分别，是因为每秒钟之振动次数多寡不同的原故。由于当时科学水平，证明声音这物理现象是属性，当然是很含混的。

推理（samanyato drstam）——是关于原因与结果是不能够看到的，是一种不能够用视觉的东西，只有通过理智的某部分的抽象相类似而被证明是存在的。这种推理，他举一个例子来说明：就是"自我"或"灵魂"是被证明存在的。因为在事实上，欲望等是质，而质必须是存在于某种实体，这实体就是"自我"或"灵魂"。今天看来，肯定欲望等是质已有问题，从而推论它存在于某种实体，这实体就是"自我"或"灵魂"，当然更不可靠了。

乔答摩对于推理三个词汇与伐兹耶那不同，而伐兹耶那的两个解释又不同。这个事实，根据吉斯（keith）的研究，认为可以理解为在乔答摩以前这个学派——尼也耶派，流行着多种不同的看法，或者是在乔答摩与他的信徒（指伐兹耶那）中间存在着一个相当时间的距离。而在这个期间，对于乔答摩的格言的各种不同的解释就相继出现了。这种推测，我们是可以同意的。

乔答摩与伐兹耶那对术语的解释，当然是反映了他们的研究水平。早期尼也耶派对科学地处理这些问题，没有作出多大的进展，我们不感到惊奇。胜论学派（Vaisesika）喀南达（Kana-da），他的兴趣主要是在真实方面，对于推理学说几乎没有什么补充。在他的著作的重要部分，说及五分论式这个专门术语，它表示着推论式的各部分，在内容上，是指举例。这个事实很明显地看出他所认识的逻辑和乔答摩差不多。他个人兴趣是集中阐明事物的真正关系，他给原因和结果的逻辑关系提供了基础。这些事物的真正关系为因果、关联、对抗及附属。他以为推理可以从果到因或从因到果[1]。

在陈那以前，佛家方面也是通用五分论式。马鸣（Asvagho-sa）《大庄严论》就是一个明显的例子。一直到陈那手里，他才把宗、因、喻、合、结的五分推论式，精简为宗、因、喻的三支式。根据前例，假使运用陈那三支作法，就可以这样表达：

此山有火（宗）

因为它有烟（因）

若是有烟，就看出有火（同喻体），如厨房（同喻依）

若是没有火，就看不到有烟（异喻体），如江河（异喻依）

陈那对于保持同喻和异喻极感兴趣。这虽然是受乔答摩的影响，但是三支作法"盖历久研求，至约至精，乃成定式"[2]。不

---

① Keith, *Indian Logic and Atomism*, chapter Ⅲ. Interence and comparison pp. 85—93.

② 吕澂：《因明纲要》。

能只看做五分论式形式上的精简，把结、合两部分取消而已。我们要知道：三支作法里，因的一支体现了中词的第一个特征"整个的小词必系于中词"，玄奘译为"遍是宗法性"，就是必遍有法（小词）皆具此因（中词）。如上例，就是说：整个"此山"这个小词与"烟"这个中词必须有联系。同喻体和同喻依体现了中词的第二个特征："中词所指一切事物必与大词所指事物相一致"，玄奘译为"同品定有性"。如上例，就是说：从"烟"这个中词所举出的厨房的正证，一定要和"火"这个大词相一致。异喻体和异喻依体现了中词的第三个特征："凡与大词相异之物必不与中词相一致"，玄奘译为"异品遍无性"。如上例，就是说：江河这个例证与"火"这个大词绝对相离，当然不会和"烟"这个中词相一致。这样理由（因）的作用，就充分得到发挥，足以成立推理（比量），用不着再说其他部分了。可见，三支推理的特点，在于表明正确的论据（正因）应具备了理由或中词的三个特征，玄奘译为"因之三相"①。

　　其次，过去印度逻辑学家以厨房、江河为喻体，陈那以"若是有烟就看出有火"为喻体，而不以厨房、江河为喻体，但名厨房、江河为喻依。因为理由是否正确，依厨房和江河更加明显了。所以以厨房名同喻依，以江河名异喻依。陈那与过去印度逻辑学家的看法有天渊之别，我们真应当留意了。陈那以厨房为同喻依，以江河为异喻依，大有意义，因为假使没有厨房作正证，怎样去证实"若是有烟就看出有火"？异喻亦然，假使没有江河作反证，又怎样去证实"若是没有火就看不到有烟"？陈那虽然以喻包括到中词之中，但是仍用三支论式，并保存喻依，可见陈那用心之精密了。到了公元 7 世纪中叶，达玛诘（汉译法

---

① Radhekrishnan, *Indian Philosophy*, Vol. III. pp. 78—79.

称）在他所著《正理一滴论》析为三部分来代替陈那的《集量论》的六章，那就是"知觉"（现量）、"自身推理"（为自比量）和"为人推理"（为他比量）。他主张譬喻在推论式中不是重要部分，因为它已经包含在中词之中。在推论上，此山有火，因为它有烟，如厨房。其实"烟"这个词已含有火，包括厨房及其他有烟的东西，所以譬喻在任何情况都是没有必要的。虽然，譬喻之所以有价值，就在于它通过一种特殊的，因而是更明显的方式指出一般命题包含些什么东西①。

　　达玛诘坚决主张譬喻在推论式中不是重要的部分，并且更换了推论式的次序，将相当于大前提的部分移到最前面，可能是企图从"从特殊到特殊"的类比推理发展到"从一般到特殊"的演绎推理。但是印度逻辑推论式经常是从断案（宗）开始的。它和演绎推论从大前提开始毕竟还有一定程度的距离。如果说譬喻在推论中不是重要的部分，就无异说"特殊"在推论上没有什么价值，那么，推论就难免有不够具体的毛病了。而且，特殊和一般本来是互相联系不可分割的，分割就脱离了客观真理。客观真理是表现于一般与特殊的一致性的。没有特殊，一般就不存在；没有一般，也不会显出特殊。如果是随顺自身推理的性质，运用独立思考，把思考的对象了然于胸中，譬喻不必突出地表现出来，也未尝不可；但是为人推理，主要是用语言做媒质，提出自己的主张来加以反复论证，如果缺乏同喻依，就无从表明中词所指一切事物一定和大词所指事物相一致；如果缺乏异喻依，就无从表明凡与大词相异之物必不与中词相一致。总之，缺乏譬喻（特殊）就等于削弱甚至于没有说服力量了。

　　形式逻辑演绎推理所采用的三段论法是从两个前提得出一个

---

　　① Keith, *Indian Logic and Atomism.* pp. 100—110.

结论（断案）的一种推理，而且两个前提中的一个是全称判断。

凡有烟者（中词）必定有火（大词）——大前提（普
遍的原则）

此山（小词）有烟（中词）——小前提（联系的事实）

故此山（小词）有火（大词）——结论（特殊的事例）

演绎推理是以大前提开始的。从一般到特殊这种推理方法导
源于希腊之亚里士多德，但并不是三段论法唯一的结构方法。在
墨子，推论次序是主张从小前提开始的。近代章太炎先生说：

辩说之道，先见其旨，次明其抵，取譬相成，物固可
形。因明所谓宗、因、喻也。印度之辩，初宗、次因、次喻
（兼喻体喻依）。大秦之辩，初喻体（近人译为大前提），次
因（近人译为小前提），次宗，其为三支比量一矣。《墨经》
以因为故，其立量次第：初因、次喻体、次宗，悉异印度、
大秦。《经》曰："故，所得而后成也。"《说》曰："故：
小故，有之不必然，无之必不然。体也，若有端。大故，有
之必然，无之必不然，若见之成见也。"夫分于兼之谓体。
无序而最前之谓端。特举为体，分二为节之谓见。（皆见
《经上》及《经说上》。本云："见：体、尽。"《说》曰：
"见，时者体也。二者，尽也。"案：时读为特，尽读为节。
《管子·弟子职》曰："柎之远近，乃承厥火。"以节为烬与
此以尽为节同例。特举之则为一体，分二之则为数节。）今
设为量曰：声是所作（因），凡所作者皆无常（喻体），故
声无常（宗）。初以因，因局，故谓之小故。无序而最前，
故拟之以端。次以喻体，喻体通，故谓之大故（犹今人译
为大前提者）。此凡所作，体也。彼声所作，节也，故拟以
见之成见（上见谓体，下见谓节。）因不与宗相贴切，故曰
有之不必然。无因者，宗必不立，故曰无之必不然。喻体次

因以相要束，其宗必成，故曰有之必然。验墨子之为量，固有喻体无喻依矣。①

依章太炎先生的解释，可见墨子的推论式是从小前提再进到大前提，然后得出结论。这样次序，也不失为推论中的一种方法，因为在考虑普遍的原则之前，应当有引起那个原则发生思考的联系的事实，我们先观察事实，然后再用普遍的原则去适用这个事实。如用前例，墨子推论式就可以表达：

　　山是有烟——小故，（小前提）

　　凡有烟的都是有火——大故（大前提）

　　故山有火

在这样的推论式，首段是从小前提（因）开始的。至于从断案开始，最明显的莫过于印度逻辑的三支推论式，它先提出命题，相当于断案；次示理由，相当于小前提；最后假设一个推论的原则为喻体，指定若干事物为喻依；同时喻体和喻依又有同异之分，来体现中词的后两个特征，就不是"大前提"所能包括了。章太炎先生说："喻体通，故谓之大故，犹今人译为大前提者。"我们认为，如果说墨子所说的"大故"相当于"大前提"倒还贴切，如果说喻体等于大前提，就有商榷的地方。因为大前提所采用的是全称判断形式，而印度逻辑喻体原来所采用的是假言判断形式②。我们结合上面的例子来看，就很容易了解。"凡有烟的地方都是有火"，此种判断叫做全称肯定判断。如用公式表示：

_____

①　章炳麟：《国故论衡·原名》。

②　商羯罗主著，玄奘译：《因明入正理论》明明说："若是所作，见彼无常，如瓶等者，是随同品言。若是其常，见非所作，如虚空者，是远离言。"可见印度逻辑在喻体结构，原来所采用是假言判断形式，而不是全称判断形式。

所有的 S 都是 P（凡甲皆乙）

此种全称肯定判断的特征是：其中凡有烟的地方，这个主词采取其全部外延，而宾词对于主词这一概念所包括的一切对象，则肯定具有有火的属性。至于印度逻辑同喻体所采用的不是全称肯定判断，而是假言判断，如用公式表示，一般是这样的：

若 S 是 P，则 S_1 是 P_1（若甲为乙，则甲$_1$ 为乙$_1$）

假言判断是这样的判断，其中主词与宾词间的联系是依存于某种条件。换句话说，假言判断是现象之间所存在的现实联系的反映。用上面的例子："若是有烟就看出有火"，由此可知，假言判断是复杂判断，它是由两个判断压缩而成的。前一判断（若是某地方有烟）规定后一判断（则某地方有火）之为正确判断的条件。规定条件的前一判断，叫做前件（又称理由），由前一判断推出来的后一判断，叫做后件（又称结果）。后件之成立常假前件以为媒。唐人不知印度逻辑喻体原来是采用假言判断形式来表示，把"若是有烟就看出有火"改为"诸有烟者皆有火"。"诸"是一切的意思。"一切有烟的地方都是有火"，采用全称肯定判断形式，反而会使人家怀疑论题的主词已经包括了喻依，喻依自可不说了。还有，喻体改用全称肯定判断对"宗"和"因"来说，也有些突然，因为未经归纳推理手续，怎样得到"一切有烟的地方都是有火"的普遍的原则呢？如果采用假言判断形式，用"如果它怎样就看出它怎样"就完全符合立论者的原意了。印度逻辑推论方式唯取所知或经验为限，喻体不采用全称判断形式。一采用全称判断形式，喻依反成"蛇足"了。我们要知道，就是形式逻辑，非经"科学归纳法"从所观察过的对象现象的本质属性和因果关系研究，也不轻易作出关于那所观察的对象现象的全称判断结论。例如，根据非本质的属性或非因果关系研究而作出这样的全称判断结论："一切东西都是上帝创造的"、"所有的文学家都是懒散的"、"凡天鹅都是白的"，就必然犯了"急遽概括"的逻辑错误。根据它来推论特殊事例的大前提尚且不可靠，从大前提所得到的结论，还会正确吗？可见演绎的大前提必须由科学归纳法而得，没有严格执行科学归纳，则演绎的大前提就失之空了。

其次，印度逻辑三支推论式，兼举正证和反证，都排除了论题的主词所指的部分，但是形式逻辑就不排除。因为形式逻辑演绎推理是"从一般到特殊"，归纳推理是"从特殊到一般"。当人们进行归纳以求结论的时候，并未曾预计将来演绎到什么，既得到结论，命题可由此演绎的，就运用归纳的结论作为普遍的原则。例如普遍观察山、厨房等有烟，见其都有"有火"之性，于是总结说"凡有烟者必定有火"。归纳的时候，既没有预计将来由此演绎"此山有火"，当然不会预先除去"此山"。普遍的原则既经确立，可由此以推论"此山有火"；也可以由此推理"厨房有火"。既为山等普遍的原则，如果必须预先除去论题的主词部分，那么遇有火的例子，就应该全部排除，这样一来，归纳将无法进行，而普遍的原则也无从建立起来了。

印度逻辑三支推论式的特点是"从特殊到特殊"，当推论时，先提出论题说："此山有火"，已经知道所要推论的论题是什么。换句话说，就是先知道所应当排除的是什么；并且，提出"此山有火"正要展开争论。立论者谓有火，而敌论者未许。有火无火，尚待证明。立论者如果悍然把同喻也列到里面，当然是不可能的事，所以在形式逻辑对论题的主词的部分，势有不可除，而在印度逻辑对论题的主词的部分，势有不得不除了。

印度逻辑三支推论式特点既在从特殊到特殊，所以印度逻辑所举的喻依和宗一个样，也可以自成推论。如前立"此山有火"

论题，正证取厨房而除了山，他时更立"厨房有火"论题，正证取山而除了厨房，因为譬喻就是发挥印度逻辑所谓"以极成（共认）立未极成"的作用，可见立喻不能无依。不然的话，就有缺正证和缺反证的谬误。

印度逻辑三支推论式，先示论题（宗），次出论据（因），后举论证（喻），所谓顺思想进行的自然程序。这种论式也是通过人类无数次的实践，才把它的形式固定下来。如果我们留心的话，时常可以发现许多精密的理论或事实，有意无意是暗合了印度逻辑三支的推论式：

> 马克思学说是万能的——论题（宗）
>
> 就是因为它正确。它十分完备而严整，它给予人们一个决不同任何迷信、任何反动势力、任何为资产阶级压迫所作的辩护相妥协的完整世界观。马克思的学说是人类在 19 世纪所创造的优秀成果——德国的哲学、英国的政治经济学和法国的社会主义的当然继承者。[①]——论据（因）

又如：

> 人口增长不足，而且不能是在社会发展过程中决定社会制度性质，决定社会面貌的主要力量。——论题（宗）
>
> 如果人口的增长是社会发展中的决定力量，那么较高的人口密度就必定会产生出相当于它的较高形式的社会制度。——论据（因）
>
> 可是事实上却没有这样情形……比利时人口密度比美国高至 19 倍，比苏联高至 26 倍，但美国在社会发展程度上高于比利时，而苏联比之比利时更是高出一整个历史时代。因

---

① 列宁：《马克思主义的三个来源和三个组成部分》，《列宁选集》第 2 卷，人民出版社 1972 年版，第 441—442 页。

为比利时还是资本主义制度占统治，而苏联却已消灭了资本主义并确立了社会主义制度。[①] ——论证（喻）

又如：

抗日战争是持久战，最后胜利是中国的——论题（宗）

日本的军力、经济力和政治组织力是强的，但其战争是退步的、野蛮的，人力、物力又不充足，国际形势又处于不利。中国反是，军力、经济力和政治组织力是比较地弱的，然而正处于进步的时代，其战争是进步的和正义的，又有大国这个条件足以支持持久战，世界多数国家是会要援助中国的。——这些，就是中日战争互相矛盾着的基本特点。这些特点，规定了和规定着双方一切政治上的政策和军事上的战略战术，规定了和规定着战争的持久性和最后胜利属于中国而不属于日本。[②] ——论据（因）

又如：

美方对待我方的战俘是非人道的——论题（宗）

因为根据此次美方遣返的病伤战俘的统计：被遣返的我方被俘人员绝大多数是面黄肌瘦，身体虚弱。重病和重伤的比例极大，据某医院统计：在内科病人中患呼吸系统的占80%，而其肺结核患者，又占76%；在外科病人截肢人数占伤员人数28%，尤其惊人的是因冻伤而截肢的人数竟占冻伤人数92%。这就说明了我方被俘人员在美国战俘营中，不但没有得到应有的医药治疗，没有得到起码的营养而是受

---

① 斯大林：《辩证唯物主义与历史唯物主义》，《列宁主义问题》，人民出版社1955年版，第707页。

② 毛泽东：《论持久战》，《毛泽东选集》（一卷本），人民出版社1966年版，第439—440页。

到虐待和摧残。① ——论据兼论证（因喻）

以上各例，有的具备三支，有的论证的部分被省略掉。现在要问：运用印度逻辑三支推论式，是不是需要都说出来呢？关于这个问题，我们认为要看在那一种情况而定。如果在展开辩论的场合，或者对方已达到一定的理论水平，一般地说，提出论据之后，真能做到和想要举的正面例证相合，或者是和想要举的反面例证相离，换句话说，对方已经明白由论据想举的譬喻与所立论题的宾词可能达到合离的程度，论证就没有必要一一都举出来，有时连正证也可以不举，可以随时随地掌握情况，灵活运用了。但是，如果要依印度逻辑严格执行"证明"的过程，那么，论据是否正确，就要依据以上所说的"理由或中词的三个特征"一一加以检查。因为如果缺乏第一特征，就会发生"不成"的错误；缺乏第二、第三特征，就会发生"不定"与"相违"的错误。印度逻辑关于"不成"过析有四个、"不定"过析有六个、"相违"过析有四个，内容相当丰富而精密，可以补形式逻辑充足理由律之不足。具体分析起来，只好另写专题去讨论了。

总之，印度逻辑三支推论式是由三个部分组成的，就是宗、因和喻。宗就是论题，因就是论据，喻就是论证。三者缺一或其含义不明，都不能算作完整的推论式。

一论题　　是我们要讨论的命题或主题，其正确性是需要用其他判断来加以证明的。

二论据——是这样的一种判断，它是被引用来作为论题的充足理由以证实论题的正确性的判断。

三论证——是引用正证与反证的判断，来证明论题与论据之间的合离的关系。

---

①　1953 年 5 月 5 日《人民日报》第 1 版新闻消息。

论题是解决"要证明什么"的问题;论据是解决"用什么来证明"的问题;论证是解决"怎样去证明"的问题。三者构成了印度逻辑的推论式,就是所谓比量三支。所以印度逻辑的三支推论式,也可以说是通过正确的论据与论证来证明某一论题的逻辑证明过程。

试论因明学中关于喻支问题*
——附论法称对"喻过"的补充

一 喻支在推论上的地位

梵语乌陀诃罗喃〔udaharana（example）〕汉语翻为喻。若依梵语义译应云见边。由此比况令宗成立究竟名边；他智解起能照宗极名见。所以无着说："立喻者谓以所见边与未所见边和合正说。"师子觉解释更为明显："所见边者谓已显了分；未所见边者谓未显了分。以显了分显未显了分，令义平等，所有正说，是名立喻。"现在是顺着汉语翻译为喻的。喻就是譬喻比况的意思。由此譬况，共许二立（能立与所立），晓明所立论题。《墨经·小取》篇说："譬也者，举他物而以明之也。"举他物以明此物，正是譬喻的意义。《说苑》说惠施一段故事，解释譬喻的功用，至为明显：

　　梁王谓惠子曰："愿先生之言事则直言耳，无譬也。"
　　惠子曰："今有人于此而不知弹者，曰：'弹之状何若？'应

---

* 本文原载《现代佛学》1958 年第 8 期。后收入《因明论文集》。——编者

曰：'弹之状如弹'，则谕乎？"王曰："未谕也。"于是更应曰："弹之状如弓，而以竹以为弦，则知乎？"王曰："可知矣。"惠子曰："夫说者固以其所知谕其所不知而使人知之。今王曰无譬，则不可矣。"

因明学三支推论式，喻居其一，它在推论上的重要性可以想见了。因支是这样的一种判断，它是被引用来作为论题的充足理由，以证实论题（宗）的正确性的判断。后举同喻异喻，就是引用正证与反证的判断，来证明论题与论据之间的合离的关系，使论题的正确性更加明显起来，所以除因支外更立喻支。欧阳竟无先生在《藏要一辑叙》中说得好：

> 譬如立支，唯一宗因已堪自悟，以故尼乾法称废喻有文。然必悟他，他非易了，故凡孤证，未足畅情，既不废喻，以是对治相违及与不定喻又须二。

剋实而谈，喻支显示了中词或理由后两个特征。即第一个"整个的小词必系于中词"（玄奘译为"遍是宗法性"）的特征，只解决中词与小词的关系。更用同喻和异喻，中词后两个特征才能发挥尽致，所以譬喻也包括在中词之中。陈那废合结二支，只保存宗、因、喻三支，正因为宗立论题，因出论据，后举同异二喻，得以看出（一）中词所指一切事物必与大词所指事物相一致（玄奘译为"同品定有性"）；（二）凡与大词相异之物必不与中词相一致（玄奘译为"异品遍无性"）。这样疑难的问题已经解决，而知识的明辨也非常周到，所以合结二支就没有作用了。因喻两个概念，虽然都是沿袭着旧称，但是它的含义，古师和陈那就大不相同，试表解如下，以资比较：

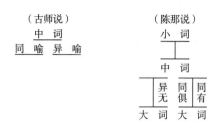

二　错误譬喻的具体分析

陈那、商羯罗主认为喻支的错误有十种，归为两类：（一）似同法喻，（二）似异法喻。

（一）似同法喻，析有五种：1. 能立法不成，2. 所立法不成，3. 俱不成，4. 无合，5. 倒合。窥基《因明大疏》对这五种都有扼要的解释。他说：

> 因名能立。宗法名所立。同喻之法，必须具此二。因贯宗喻。喻必有能立（中词），令宗义方成。喻必有所立（大词），令因义方显。今偏或双于喻非有，故有初三。喻以显宗，令义见其边极。不相连合，所立宗义不明，照智不生，故有第四。初标能以所逐（《前记》说：即说因宗所逐也，因为能立故）。有因，宗必定随逐。初宗以后因，乃有宗以逐其因。返复能所，令心颠倒，共许不成，他智翻生，故有第五。

现在依次分析如下：

1. 与中词不同类之一例（玄奘译为“能立法不成”），如声论对胜论立：

> 声音是永恒，

　　　　因为它是无形的，

　　　　若是无形的看出它是永恒，像原子。

这里"原子"不能充作同喻，因为它不是无形的，这叫做排斥中词的谬误。还有"无形的"这个中词，也可以成立不是永恒，像心理现象是无形的，但不是永恒，这里是分析喻过所以不说。又如：

　　　　知觉是无效的（大词），

　　　　因为它是健全知识的源泉（中词），

　　　　像梦（同喻）。

这个同喻是缺乏中词的，因为"梦"并非健全知识的源泉。

　　2. 与大词不同类之一例（玄奘译为"所立法不成"），如立：

　　　　声音是永恒，

　　　　因为它是无形的，

　　　　若是无形的，看出它是永恒，像智慧。

这里"智慧"不能充作同喻，因为它不是永恒，这叫做排斥大词的谬误。又如：

　　　　推理是无效（大词），

　　　　因为它是健全知识的源泉（中词），

　　　　像知觉（同喻）。

这个同喻是缺乏大词，因为知觉并不是无效。

　　3. 与中词及大词都不同类之一例（玄奘译为"俱不成"），如立：

　　　　声音是永恒，

　　　　因为它是无形的，

　　　　若是无形的，看出它是永恒，像一个盆子。

　　这里"盆子"不能充作同喻，因为它既非无形又非永恒，这叫做排斥中词与大词的谬误。又如：

> 上帝是不存在的（大词），
>
> 因为它并非通过感官而能得到了解（中词），
>
> 像一个瓶（同喻）。

这里例证缺乏大词和中词，因为"瓶"既属存在又是通过感官能得到了解。

4. 显示中词与大词间缺乏普遍联系之一同喻（玄奘译为"无合"），商羯罗主《因明入正理论》说：

> 无合者，谓于是处，无有配合。但于瓶等，双现能立所
>
> 立二法。如言于瓶，见所作性，及无常性。

"谓于是处，无有配合"，就是中词与大词之间缺乏普遍联系的说明。因明学推论式主要分为三段：

> 声是无常——宗
>
> 所作性故——因
>
> 若是所作见彼无常——（喻体），如瓶等——（喻依）

"无合"就是缺乏喻体。只说瓶见所作性及无常性，也就是说：在瓶等虽双现能立（中词）所立（大词）二法，不能证明声所作性定是无常。例如说，"若是所作见彼无常"以为喻体，使中词与大词之间关系明确，再举瓶等为喻依，来作事实的证明，那么，对方觉得瓶等有所作性、无常性就紧密地连在一起，声音当然也是这样了。总之，没有喻体的说明，中词与大词之间的关系不明，就是"无合"的谬误。

5. 显示中词与大词之间具有颠倒联系之一同喻（玄奘译为"倒合"），如立：

> 声音（指内声）不是永恒，
>
> 因为它是一种力的产物（指体力与智力的结合），
>
> 若不是永恒，看出它是一种力的产物，像一个盆子。

这里"盆子"不能充作同喻，因为它虽然具有"不是永恒"与"一种力的产物"，但是大词与中词的联系却是颠倒的。这就是说：一种力的产物一定不是永恒，但不是永恒并不限于一种力的产物。这叫做颠倒联系的谬误。在梵语叫做 viparitanvaya。

（二）似异法喻也有五种：1. 所立不遣，2. 能立不遣，3. 俱不遣，4. 不离，5. 倒离。窥基《因明大疏》对于这五种也各有扼要的解释：

> 异喻之法，须无宗因。离异简滥，方成异品。即偏或双，于异上有，故有初三。要依简法，简别离二（异喻须离宗及因故）。令宗决定，方名异品。既无简法，令义不明，故有第四。先宗后因，可成简别。先因后宗，反立异义。非为简滥，故有第五。

现在依序分析如下：

1. 与大词相矛盾之事物并非异类之一例（玄奘译为"所立不遣"），如立：

> 声音是永恒，
>
> 因为它是无形的，
>
> 若非永恒，看出它不是无形的，像原子。

"原子"虽然是永恒，但并非无形的。换句话说，用原子作异喻，只能除遣"无形的"这个中词，但不能除遣"永恒"这个大词。因为声论、胜论两个学派都认为原子既是永恒又是有形的，这叫做异喻包含大词的谬误。又如立：

> 海绵应是生物，
>
> 因为它是动物，
>
> 若不是生物，看出它不是动物，像一朵花。

"花"虽然不是动物但系生物，这就是说，用"花"来做异喻，只能除遣"动物"这个中词，但不能除遣"生物"这个大词，所以也是属于与大词相矛盾之事物并非异类之一例。

2. 与中词相矛盾的事物并非异类之一例（玄奘译为"能立不遣"），如立：

声音是永恒，

因为它是无形的，

若非永恒，看出它不是无形的，像智慧。

"智慧"虽然是无形的，但不是永恒。这就是说，用智慧来做异喻，只能除遣"永恒"这个大词，却不能除遣"无形的"这个中词。因为声论、胜论二学派，都认为智慧不是永恒又是无形的。这叫做异喻包含中词的谬误。又如立。

海绵应是动物，

因为它是生物，

若不是动物，看出它不是生物，像一朵花。

"花"虽然不是动物，但系生物，这就是说，用花来做异喻，只能除遣"动物"这个人词，却不能除遣"生物"这个中词，所以也是属于异喻包含中词的谬误。

3. 与中词及大词均非异类之一例（玄奘译为"俱不遣"），例如：

声音是永恒，

因为它是无形的。

若非永恒，看出它不是无形的，像虚空。

用"虚空"来做异喻依，既不能除遣"无形的"这个中词，也不能除遣"永恒"这个大词。因为"虚空"当时都认为既是永恒又是无形的。这叫做异喻包含中词与大词的谬误。又如立：

海绵应是生物，

因为它是动物。

若不是生物，看出它不是动物，如犬。

"犬"不能充作异喻，因为犬是生物，不除遣大词，同时是动物，又不除遣中词；所以也属于异喻包含中词与大词的谬误。

4. 显示中词与大词之间缺乏分离作法说明之一异喻（玄奘译为"不离"），如声论对胜论立：

声音是永恒，

因为它是无形的，

像一个盆子。

因明推论式，在这个异喻体应说："若不是永恒，看出它是有形的"，反显若是无形的一定是永恒的，这里只举像一个盆子为异喻依，这叫做异喻没有离言的谬误。

5. 显示中词与大词之间颠倒分离之一异喻（玄奘译为"倒离"），如立：

声音不是永恒，

因为它是一种产物，

若不是一种产物，看出它是永恒，像虚空。

异喻离作法的说明，应当说："若是永恒看出它不是一种产物"，"才能显出"一种产物的中词与异品无涉，确为不是永恒的理由。这里说，若不是一种产物看出它是永恒，却是先离中词而后离大词，便不能返显一种产物为声音不是永恒的理由，这叫做异喻颠倒否定的谬误。

三　简短的结论

根据以上对"喻过"的具体分析，在这里可以得出如下三点结论：

第一，同喻法在推论上是发挥正证的作用，就应当联合中词和大词。否则就会犯"排斥中词的谬误（能立法不成）"，"排斥大词的谬误（所立法不成）"或"排斥中词与大词的谬误（俱不成）"。同喻是由正面论证，如果以反证作正证，就必然会犯排斥中词与大词的谬误。异喻法在推论上是发挥反证的作用，就应当远离大词和中词，否则就会犯"包含大词的谬误（所立不遣）"，"包含中词的谬误（能立不遣）"，或"包含中词与大词的谬误（俱不遣）"。异喻本来是由反面来论证，假如以正证作反证，就必然犯"包含中词与大词的谬误"。

第二，同法喻正因为是发挥正证的作用，所以到了陈那时代的今因明学，在提出中词或理由之后，必须有合作法的说明。换句话说，就必须有同喻体来做推论上的肯定原则。异法喻正因为是发挥反证的作用，所以到陈那时代的今因明学，在提出同喻之后，又必须有离作法的说明。换句话说，就必须有异喻体来做推论上的否定原则。不然的话，中词与大词之间正反的关系就不明确了。

第三，同法喻根据"说因宗所随"的原则，应先合中词，后合大词；看出什么地方有了中词，什么地方便有大词。异法喻则根据"宗无因不有"的原则，应先离大词，后离中词；看出什么地方没有大词，什么地方便没有中词。不然的话，同喻就会犯颠倒肯定的谬误（倒合）；异喻就会犯颠倒否定的谬误（倒离）。

以上关于喻过两类十种，我们从三方面说出它基本精神之所在。现在要附带讨论的，就是陈那、商羯罗主以后，法称 Dharmakirta 对于喻支如何看法和对喻过如何进行补充的问题了。

附论法称对"喻过"的补充

公元 7 世纪中叶，法称在所著《正理一滴论》析为三部分来代替陈那《集量论》的六章，那就是"知觉（现量）"、"自身推理（为自比量）"和"为人推理（为他比量）"。他主张譬喻在推论式中不是重要部分，因为它已经包含在中词之中。

例如在"此山有火，因为它有烟，如厨房"这一推论，其实"烟"这个词已含有火，包括厨房及其他有烟的东西了，所以譬喻在任何情况下都是没有必要的。虽然，譬喻之所以有价值，就在于它通过一种特殊的、因而是更明显的方式指出一般命题包含些什么东西①。这在"自身推理"方面可以那么说。如果是"为人推理"，喻支终未能废，缺乏譬喻（例证）就等于削弱甚至于没有说服力量了。陈那与商羯罗主的同异喻中是着重"排斥"（excluded）和"包含"（included）的，换句话说，着重肯定的一面。其实，带有疑问不定性质，同样也是错误的。所以法称《正理一滴论》，在同喻加上"大词的真实含有疑问"、"中词的真实含有疑问"、"大词与中词的真实都有疑问"三种。在异喻加上"大词的除遣含有疑问"、"中词的除遣含有疑问"、"大词与中词的除遣都含有疑问"三种。这一点可能是受尼乾学派（Jaina）悉檀西那提婆迦罗（Siddhasena Divakara，生卒约为480—550）的影响。因为悉檀氏在《入正理论》中早有这种主张②。其次，陈那、商羯罗主喻体方面只提"无合"、"倒合"、

---

① Keith, *Indian Logic and Atomism*, pp. 109—110.

② S. Vidyabhusana, *History of Indian Logic*, Ch. Ⅲ Jaina writers on Systematic Logic，——Siddhasena Divakara pp. 174—180.

"无离"、"倒离"的错误；法称在同喻上加上"中词与大词没有必然的联合"一种，在异喻上加上"大词与中词没有必然的分离"一种。这样，同喻过和异喻过就各有九种了。现在将法称在同喻过所加的四种①分述如下：

1. 大词的真实含有疑问之一同喻，如立：

　　此人是多情的，

　　因为他是一个演说家，像街上的人。

"街上的人"不能充作同喻，因为他是否多情，还有问题。这就是大词的真实含有疑问。

2. 中词的真实含有疑问之一同喻，如立：

　　此人终有一死，

　　因为他是多情的，像街上的人。

这个同喻，中词的真实含有疑问。这就是"街上的人"是否多情还有疑问。

3. 大词与中词的真实都含有疑问之一同喻，如立：

　　此人非全知者，

　　因为他是多情的，像街上的人。

这个同喻，大词与中词的真实都含有疑问。这就是"街上的人"是否多情的及非全知者，都有问题。

4. 大词与中词没有必然的联合之一同喻，如立：

　　此人是多情的，

　　因为他是一个演说家，像在摩竭陀国的某人。

虽然在摩竭陀国的某人，可能是演说家及多情的，然而在演说家（中词）与多情的（大词）之间，并没有普遍必然的联合。这叫

---

① S. Vidyabhusana, *History of Indian Logic*, Systematic writers on Buddhist Logic—Dharmakirti, pp. 309—318.

做缺乏联系的谬误，梵语称为 ananvaya。

　　同样，异喻方面的错误，法称也加上四种①，现在再分述如下：

　　1. 大词的除遣含有疑问之一异喻，如立：

　　　　迦必罗 Kapila 及他人不是全知或绝对可靠，

　　　　因为他们的知识经不起全知者和绝对可靠的考验，

　　　　一个教天文学的人是全知者和绝对可靠，像雷沙哈
（Risahha）、巴雷哈马那（Vardhamana）及其他。

这里"雷沙哈、巴雷哈马那及其他"，不能充作异喻，因为他们对"不是全知和绝对可靠"这个大词能否除遣是有疑问的。

　　2. 中词的除遣含有疑问之一异喻，如立：

　　　　一个具有三种吠陀知识的婆罗门不应信任某某人，

　　　　因为他们可能没有离欲，

　　　　受信任的人一定要离欲，如乔答摩及其他法律的制
定者。

这里"乔答摩及其他法律的制定者"不能充作异喻，因为他们是否离欲，还有疑问。

　　3. 大词与中词的除遣都含有疑问之一异喻，如立：

　　　　迦必罗及其同伴没有离欲，

　　　　因为他们有希求之心贪婪之心，

　　　　离欲之人一定没有希求之心贪婪之心，像雷沙哈及其
同伴。

　　这里"雷沙哈及其同伴"不能充作异喻，因为他们是否离欲和没有希求之心贪婪之心，都有疑问。

　　4. 大词与中词没有必然分离之一异喻，如立：

———————

　　① Th. Stcherbatsky, *Buddhist Logic*, Ch. Ⅲ, Syllogism, pp. 242—251.

　　　　他没有离欲，

　　　　因为他会说话，

　　　　离欲一定不会说话，像一块石头。

"一块石头"不能充作异喻，因为"离欲"这个大词和"不会说话"这个中词，没有必然的相离。

试论因明学中关于现量与比量问题[*]

一　前言

梵文波罗麻那〔pramana（ten means of knowledge）〕，旧译为量。凡是获得知识的手段、知识的过程以及知识的本身，在古代印度叫做量。佛家陈那、达摩诘（法称）在这方面有更进一步的发挥，他们都有量论的专门著作，当中特别详于应用牵涉到建设言论，就属于因明学的范围。他们的重点放在立破的依据，使因明学建立在更巩固的知识论的基础之上。因而，不但和尼也耶派所谈的不同，就是和佛家经论内明也有区别。

二　尼也耶派的量论

古代印度称量的很多，有现量、比量、比喻量、声量、世传量、义准量、多分量、无体量等各种说法。佛灭度后约七百年，尼也耶派公认知识的标准源泉有四类：即现量、比量、譬喻量、

　＊　本文原载《现代佛学》1958 年第 12 期。后收入《因明论文集》。——编者

声量。现在将尼也耶派对于量的性质、构成条件与种类，先作扼要的介绍，然后转入佛家因明学者的量论，可以看出因明学家的量论是有所继承、有所批判、也有所创造。

量的定义，根据《尼也耶经》注释家伐兹耶那（Vatsyaya-na）谓为"能知的主观由之而知的对象为量"。所以量是指知识的来源或知识的方法。尼也耶派认为一切意识情态属于自我，一切意识情态总构为觉，自我为实体，觉为这实体的属性。换句话说，尼也耶派认为我的性质，实指了知情态。而工具或作用则为心，心为作用，乃为工具。《尼也耶经》解释觉为智为知。一切知识的构成条件有四：

（一）为量者——就是能知的主观，即指有觉之实（自我）。

（二）为所量——就是所知的对象事物。

（三）为量果——就是觉的结果，也就是上面二者结合而生的结果。

（四）为量——就是知识的方法。

尼也耶派所承认的四量中以现量最为重要。伐兹耶那曾经这样说："当人们对一事物从声量得到知识的时候，他也许还想从比量来审知；当人们对一事物已经从比量得到知识，他也许还想直接看到这个事物。但是假如这个人已经直接看到这事物，那么，他就满足而再无须他求了。"这说明其他知识如比量、譬喻量、声量，都需要依赖他项知识来检验，而现量是对于事物最直接知识，就不需要他项知识来检验。至于非世间现量，当下即是空诸依傍，更不需要依靠先有的知识了。

（一）**现量，是由根与境相接触的知识。**无误、决定并不可显示。无误，就是说不是错误的知识。决定，就是说这种知识直接取诸外界，毫无增减。不可显示，就是说离开概念。由此，现量又分为二：1. 依其不可显示，就有无分别现量；2. 依其决定，就有有分别现量。无分别现量，就像婴儿初次看见花瓶，视之为白，触之为坚，只纯粹了知，离开概念。这可以说是与外界初接触时的纯感觉。再进一步，对外界不但了知其相，而且有了概念，这也就是我们日常对于外物的具体经验，这种知识决定毫不增减。所谓有分别现量，就是指此而言。无分别现量虽然显示物的自相和共相，但却是离开概念。有分别现量这种知识，则具备了概念。

"全体与部分知觉是现量一个困难问题"的提出。《尼也耶经》曾说：有人主张现量也就是比量。好像人们看见树，实指看见树的一部分，其他则得之于比量。而树的一部分，不过是树的全体的象征。这种见解，尼也耶派不以为然，尼也耶派认为我们不但对于"白"有现量（部分），就是对于"白马"也有现量（全体）。人们不仅认识部分为实在，并且认为全体也是实在。好像石头，不但"白"和"坚"为实在，"石头"也是实在。因此，现量有两种：无分别现量，给我们一种没有概念的独立知感，有"牛性"的知感，也有和合知感联合各分子构成"此牛是黄"的判断，就是有分别的现量。

总之，尼也耶派无分别现量，不仅有自相（如黄）之知，并且有共相（如牛性）之知。换句话说，就是无分别现量是指各种分子（如黄、如牛性）各各独立，未加联合；而有分别现量，就将所别与能别（牛是黄）联合为一。

尼也耶派后期，也有主张在日常知识中有分别现量为人们所认识；无分别现量仅由比量而知其存在。分别现量不但构成日常经验，而且有自证之知。如有"白马"之知，也有自知"有白马"之知。

（二）**比量的基本原理**。早期尼也耶派仅说"由与喻的相同，不由喻的不同而因证成宗"。这里所谓喻系指特殊的事例

（如厨房），而比量乃由两个（如厨房与山）的相同性质而得结论（故此山有火）。这种说法，乃从特殊到特殊的类比推理。至于根据与一事实相关联的现象而对它下判断，并从中词与大词之间看出普遍的、始终如一的、或不可分割的联系，这恐怕是受新因明学家陈那之说的影响，早期尼也耶派并没有看到这一点。

《尼也耶经》分比量为三类：1. 有前（purvavat），2. 有余（cesavat），3. 平等（samanyats drstam）。

"有前"谓从果到因。"有余"谓从因到果。"平等"谓可能以相类似为推理基础。《尼也耶经》注释家伐兹耶那对此有两种不同解释：一谓"有前"指自因推果，如人见黑，当知必雨。"有余"指由果推因，如见江中满新浊水，当知上源必有雨。"平等"指由二事的相类似而推知，如根据一般物体的改变位置，是因为有了移动，而观察太阳在一天的行程中位置不同，推知它也有移动。二谓"有前"指由以前的经验而推知，如由过去知烟与火之相连，现在隔岸有烟，比知有火。"有余"指通过淘汰的证明，如声音或为一种实体，或为一种属性，或为一种动作，既然知道它不是实体，也不是动作，所以声音一定是属性。"平等"指通过感觉可见之事的某部分的抽象相类似而证明不可感觉之事，如知斧头工具须有工匠，推知心为工具也必须有作者，这作者就是"自我"或"灵魂"。

依比量说，知识的真似，在乎理由的正确与否。正确的理由必须遵守中词三条规律，违背这三条规律就会产生谬误。尼也耶派谈错误的理由有不定、相违、不成、平衡理由和自违五类（详拙作《因明学发展过程简述》一文中，这里就不重复了）。

（三）比喻量，是由与已知物的相似而知未知物。《尼也耶经》说："将一可能说明事件自身与既知者的类似而推定之，叫做比喻量。"如人未见水牛而闻其有似家牛，后于森林看见一动物有似家牛而知道这就是所谓水牛。比喻量主要有二：1. 关于未知物的知识（闻其似家牛）；2. 见其相似点。早期尼也耶派论师注重前者，后期尼也耶派论师注重后者。比喻量所得的知识，为"名称与实物一致的知识"。如见一动物，因闻水牛似家牛而知这就是所谓水牛。这种知识乃在一物的名称与所名的实物能生联系，而其所以有此联系乃因此物和一已知的实物相似的缘故。

（四）**声量，指真知之得自可信人的言说。**这可信之人深知真理，并以正确的方式来表达。所以声量的价值在乎说者的真诚和表达能力。胜论不立声量，弥罗差派所谓声量仅指吠陀（Veda）经典。尼也耶派声量所包括比较广，无论属何种姓的人，有可信言说都可以为声量。如人迷了路，而问当地老人亦自可信，亦属此类。可信之言可分为二类：一谓可见境，如医师说某药可医某种病；二谓不可见境，如行善得升天，此则为仙圣所言。

三　弥勒的量论

佛灭度后九百年的弥勒，他认为一个论题是由一个理由及两个譬喻来证明的。真实的理由和譬喻不是需要根据现量、比量，就是需要根据正教量。他在《瑜伽师地论》卷十五分析现量、比量、正教量相当详尽。

> 现量者，谓有三种：（一）非不现见；（二）非已思应思；（三）非错乱境界。

"非不现见现量"者，复有四种：谓诸根不坏、作意现前相似生故，超越生故，无障碍故，非极远故。相似生者，谓欲界诸根于欲界境，上地诸根于上地境，已生已等生，若生若起，是名相似生。超越生者，谓上地诸根于下地境，已生等如前说，是名超越生。无障碍者，复有四种：（一）非复障所碍；（二）非隐障所碍；（三）非映障所碍；（四）非惑障所碍。复障所碍者，谓黑暗无明暗，不澄清色暗所复障。隐障所碍者，谓或药草力……之所隐障。映障所碍者，谓少小物为广多之所映障，故不可得。……所谓日光映星月等，又如月光映夺众星。……无常苦无我作意，映夺常乐我相。……惑障所碍者，谓幻化所作，或色相殊胜，或复相似。或内所作目眩惜生梦、闷醉、放逸，或复颠狂，如是等类，名为惑障。若不为此四障所碍，名无障碍。非极远者，谓非三种极远所远。（一）处极远，（二）时极远，（三）损减极远。如是一切，总名"非不现见"；非不现故，名为现量。

"非已思应思现量"者，复有二种：（一）才取便成取所依境，（二）建立境界取所依境。才取便成取所依境者，谓若境能作才取便成取所依止。犹如良医授病者药，色香味触皆悉圆满，有大势力，成熟威德，当知此药色香味触，才取便成取所依止。药之所有，大势威德，病若未愈，名为应思；其病若愈，名为已思。……建立境界取所依境者，谓若境能为建立境界取所依止。如瑜伽师，于地思惟水火风界。若住于地，思惟其水，即住地想，转作水想。若住于地，思惟火风，即住地想，转作火风想。此中地想，即是建立境界之取，地者，即是建立境界取之所依。……此中建立境界取所依境，非已思惟。非应思惟，地等诸界。解若未成名应思惟，解若成就，名已思惟。如是名为"非已思应思现量"。

"非错乱境界现量"者，谓或五种：（一）想错乱者，谓于非彼相起彼相想。如于阳焰，鹿涡相中，起于水想。（二）数错乱者，谓于少数起多数增上慢。如医眩者，于一月处，见多月象。（三）影错乱者，谓山余形色，起余形色增上慢。如于旋火，见彼轮形。（四）显错乱者，谓于余显色，起余显色增上慢。如迦末罗病，损坏眼根，于非黄色，悉见黄相。（五）业错乱者，谓于无业事，起有业增上慢。如结拳驰走，见树奔流。……若非如是错乱境界，名为现量。

比量者，与思择俱。已思应思所有境界。此复五种：（一）相比量，（二）体比量，（三）业比量，（四）法比量，（五）因果比量。

"相比量"者，谓随所有相状相属。或由现在，或先所见推度境界。如见幢故，比知有车；山见烟故，比知有火；以角辈等，比知有牛；以肤细软、发黑、性躁、容色妍美，比知少年；以面皱发白等相，比知是老。……如是等类，名相比量。

"体比量"者，谓现见彼自体性故，比类彼物不现见体。或现见彼一分自体，比类余分。如以现在比类过去，……或以现在近事比远……又以一分成熟，比余熟分，如是等类，名体比量。

"业比量"者，谓以作用比业所依。如见远物无有动摇，鸟居其上，由是等事，比知是杌；若有动摇等事，比知是人。广迹住处，比知是象；曳身行处，比知是蛇；若闻嘶声，比知是马；若闻哮吼，比知狮子；……若见是处，草木滋润，茎叶青翠，比知有水；若见热灰，比知有火；丛林掉动，比知有风。……如是等类以业比度，如前应知。

"法比量"者，谓以相邻相属之法，比余相邻相属之法。如属生故，比有老法；以属老故，比有死法。以属有色有见有对，比有方所及有形质；属有为故，比知生住异灭之法；属无为故，比知无生住异灭法，如是等类，名法比量。

"因果比量"者，谓以因果辗转相比，……如见丰饮食，比知饱满；见有饱满，比丰饮食。若见有人食不平等，比当有病；现见有病，比知是人食不平等。见有静虑，比知离欲；见离欲者，比有静虑。……如是等类，当知总是因果比量。

"正教量"者，谓一切智所说言教，或从彼闻，或随彼法。

四　佛家因明学者陈那与法称的量论

弥勒所分析的现量和比量，虽阐因明之学，但他所宗实兼内明的现量和比量；至于正教量，则纯属内明，与严格的因明学无关了。

佛家因明学到了陈那，直探知识本源，又重在立破依据，唯立现比二量。因为所量之境不外自相与共相两种。事物的本身或者它特定的意义，各依附着它的本身而不通到其他方面的，就叫做自相（特殊）。譬如风声，无关其他的声音，就是事物的本身。只指风声，不指与其他共通之点，这就叫做特定的意义，都是属于自相。假如事物和它的意义可以贯通其他方面，如缕贯华，那就是共相。譬如声的概念，通于人声、鸟声、树声、风声、雨声等等。又如"不是永恒"，通于瓶盆以及草木鸟兽，都是属于共相（一般性质）。认识"特殊"的智慧是现量。正因为它对于现在事显现证知的缘故。认识"一般"的智慧是比量。因为它有待推比而决知的缘故。在知识领域，除了特殊之事和一般之理，再也没有可知之境，所以能量的知慧，也不容增加或减少。

从这里可以看出尼也耶派另立比喻量和声量的荒谬性。"比喻量"的内容，人说未见水牛而听说它有似家牛，后来看见一动物有似家牛，而知此物即所谓水牛。但是，必须曾经见过家牛，后来见一动物才知是水牛；这曾经见过的就涉及现量范围，无须另立比喻量。在《集量论》第四章说到，理由或中词的三种特征，以及那已驳斥过要把比较作为单独证明方法的主张，批判比喻量的大意是这样。至于"声量"系指真知之得自可信人之言说。假使是指说者的可信，那么，它是属于比量；假使是指所说事情的可信，那么它又是属于现量；所以也无须另立声量。《集量论》第五章驳斥了口证，批判声量的大意是这样的。

商羯罗主《因明入正理论》说：

> 此中现量，谓无分别。若有正智于色等义，离各种等所有分别，现现别转，故名现量。

这样看法，系根据他的老师陈那《因明正理门论》而来。陈那说：

> 此中现量除分别者，谓若有智于色等境，远离一切种类名言假立无异诸门分别。由不共缘，现现别转，故名现量。

现在合并起来，据它们的含义解释一下：

这里的"此中"，是指现量和比量中的现量。"五分别"与"除分别者"，是同一个意义，都指能取智对所取境，离开所有错误的分别。"若有正智于色等义"就是"谓若有智于色等境"。这里面包含着两种意义：（一）能量智正。窥基《因明大疏》这样解释：若有正智，简彼邪智。谓患医目见于毛轮、第二月等；虽离名种等所有分别而非现量。故《杂集》云现量者，自正明了无迷乱义。此中正智，即彼无迷乱离旋火轮等。（二）所量境真。《大疏》说："言色等者，等取香等，义谓境义。离诸膜障"。"离名种等所有分别"，和"离一切种类名言假立无异诸门分别"同。《大疏》这样解释："此所离也。谓有于前色等境上，虽无膜障，若有名种等分别，亦非现量。故须离此名言分别，种类分别，诸门分别"。"现现别转故"与"由不共缘现现别转"是同一意义。《因明正理门论》这样解释："不共缘等"指"五根各各明照自境，名之为现，识依于此，名为现现。各别取境，名为别转。境各别故，名不共缘。"现量略有四类：（一）五识身。（二）五俱意。谓五识缘境时，皆有意识与之俱起，由意引五，令趣境敌，容是现量。（三）诸自证。谓一切心心所之自证分（陈那说一切心心所各各有相见自证三分。自证是体。相见，即一体上所起二用。相分现似外境，见分缘之。俱时自证亦缘见。然见缘相通现、比、非量。自证缘见，则唯是现量）。（四）修定者。谓定中意识是现量。文轨《庄严疏》说："五根照境分明名之为现。五根非一故云现现。依五现根别生五识，故云别转。"后三类所以亦列入现量，《庄严疏》这样解答："以同缘意识，自证，定心各无分别，亦是正智于色等境离名种等诸分别故。"不过，别转的意义略有不同，前一，以五根五识各别取境不相贯通叫做别转；余三，以各附体缘，不贯多法，叫做别转。

以上是陈那因明学上现量的内容。

佛灭度后千一百年，法称的因明学尽量摆脱辩论术的羁绊，使逻辑与知识论紧密地结合在一起，他把逻辑部分抉择的更精纯，逻辑的基础——知识论树立得更巩固。就是对现量问题，他也有进一步的发挥。《正理一滴论》第一章这样说：

谈到人类运用完全或有效的知识而达到一切对象有两种：（一）知觉（现量）；（二）推理（比量）。知觉这种知识，它是通过感觉等等，它据说超越了预想并避免错误。预想是指似是而非的幻象的经验。这种幻象看过去好象已能够应对和接触到的那样真实。譬如一棵树的影子会现出树的本身；或者一条绳子会现出蛇形。错乱是由黑暗、迅速的动作、乘船旅行、摇动等等这些原因所引起的。例如对乘船旅行的人说：两岸的树看来好象是动的。知觉有四种。（一）五官的知觉（五根现量）；（二）心的知觉（意识现量）；（三）自我意识（自证现量）；（四）沉思圣者知识（瑜伽现量）。知觉对象，一如它的本身；而推理对象，一如它的同类。例如一条牛，我看过去是特别一条牛，它具有某些和其他的牛不同的特性，而我推论一条牛是一般的牛，则具有一些其他的牛所共有的特性。这就是说：知觉是个别的知识，而推理是一般的知识。随着一个对象的远近，知觉因之而不同，这就是说，知觉一个对象的特殊性格，这种性格证明对象是绝对真实的。因为它指出对象具有某种实际功效，而这种性格也指出知觉是真实知识的源泉，因为它真实的和所接触的事物相适应的。

由此看来，尼也耶派和佛家旧说都着重在感官和它们的对象接触的关系上来解释现量。陈那用"现量，除分别"（见《因明正现门论》）来说明现量的特质，逾越这界限便不是真正现量而成为比量了。因为名言（概念）是将同类现象或对象分别其属性之共通的和不共通的，集其共通的而取之以成一个概念。例如桃李杏梅等花的属性，互有异同，择其同而舍其异，总名之曰花，花之一名，就是一概念的代表。概念必经比量乃获构成，那是可以肯定的。陈那用"除分别"这一条件来规定现量的性质，可以说是他的创见。以后其他学派都提到这一点。离哪些是分别呢？就是上面所说的"名种等"。名，是单独概念。例如"此牛叫做吉祥"，这吉祥就是单独概念。单独概念所指的是某一特定的对象，个别的对象。种，是种类概念。如说"这个牛是家牛"或者说"这个牛是野牛"等就是种类分别。等是等其属性（德）和动作（业）。如说"白牛"，是指它的属性；说"耕牛"或"奔牛"，是指它的动作。陈那说："于诸种声（名），说为家牛；于诸功德声，说为白物（如经言'大白牛'等），于诸作业声，说为能饮；于诸实事声，说为有角。"此等（白物、能饮、有角，）随一（与牛）相属，皆成差别（种类分别）。余复有以一空无异门差别一切义者（一空无异门，兼指一空门与无异门。一空门唐译为"诸门"。基师说：种类同故，名为无异，种类别故，说为诸门），若离此（名言、概念）等分别，乃为现量。到了法称，提出构成真现量的另一个必要条件，那就不是错误。怎样是错误呢？根据法称的意见，要从内在原因、外在原因所发生的错觉来加以区别。有的错误是由于外在的原因，像黑暗见物不明；或由迅速的动作，如旋转火焰以为是火轮；都是明显的例子。有的错误乃由内在原因和外在原因而起的。像乘船旅行的人，两岸的树看过去好像是动的。其次，法称也注意到客观对象问题，他认为随着一个对象的远近，知觉（现量）因之而不同，这说明了现量是受着对象本身位置的限制，也就是说有空间的局限性。假如不论空间的远近而所得的知识都是正确的话，那已经是涉及推理（比量）而不是知觉（现量）之所有事了。《佛地论》卷六说："诸法实义，各附己体为自相（特殊），假立分别，通在诸法为共相（一般）。"这是从对象现象本身与分别来区别自相和共相。法称主张"自相因为远近的关系，明昧的程度就不一样"，就更加确切了。

人类的正确知识，除了现量，就只有比量。现量以纯感觉为主（有时亦称知觉知识），范围狭隘，假使仅仅靠现量而舍其他，人们知识的领域就非常缩小了。比量范围较广，通于概念、判断、推理各部分。什么叫做比量呢？商羯罗主《因明入正理论》说：

> 言比量者谓借众相而观于义。相有三种，如前已说。由彼为因，于所比义有正智生；了知有火，或无常等，是名比量。

比量是依靠中词或理由的三个特征（因之三相），使敌论者对所立论题（宗义）有决定智生，了解"隔岸有火"或者"声是无常"等，叫做比量。但是因有知觉（现量）推理（比量）不同，所以果也有火与无常的区别。例如：过去在厨房等处，见火有烟，而在沧海澼洋等处就不会看到，明确了烟与火有因果必然的联系，后来看到隔岸烟起，审此宗智，忆念到前知，合为比度，决定隔岸也是有火，这个决定智之果，就是知觉，由于了解烟与火的联系是从知觉因而起的。又如：我们曾经知道"产物"和"不是永恒"（无常）有必然的联系，后来听到含有"不是永恒"动物等声、风铃等声、击鼓吹贝等声，忆念前知根据它来推论，决定声音也不是永恒，这个决定智，则是推理。由于了解"不是永恒"，是被决定于"产物"，是从推理而得不是从知觉而得。我们要知道无论从知觉或从推理来审了宗智，都是远因，因为它们不亲生智的缘故。忆因之念，才是近因，由回忆才知道中词与大词有必然联系，正面了解"有烟"应"有火"、"产物"应"不是永恒"，反面也明确无火就无烟，永恒就不是产物。可见决定智（果）实合审宗智和忆因念远近二因而生。现在把比量成立过程，试表解如下：

$$
\begin{array}{l}
（一）\ 审宗智\text{———}远 \\
（二）\ 忆因念\text{———}近
\end{array}\left.\right\}\text{—因}
$$

$$（三）\ 决定智\text{———}\ \text{—果}$$

可见比量是从因立名，关键在乎因。因是真比量，果也是真比量；因是似比量，果也是似比量。

比量析有两类：（一）为自比量（自身推理），自己了解事物逻辑上关联的作用；（二）为他比量（为人推理），就是把这逻辑上关联的作用传授给别人，这里指运用论据与论证证明某一论题的正确性使人信服。这两种推理的性质，基本是一致的；不过为自比量偏重在自己运用独立思维，而为他比量则是依据独立思维用语言文字来表达而已。

法称在《正理一滴论》第二章，对"为自比量"讲的比较具体，现在译述如下：

法称对为自比量被定义为经由、理由或中词带有三个形式或特征而得到的推理知识。例如此山有火，因为它有烟，此山有火知识得来是通过有烟，而烟就是理由或中词。

法称认为理由或中词带有三个形式特征，就是：（一）中词必须寓于小词；（二）中词必须只寓于与大词同类的事物；（三）中词必不寓于与大词异类的事物。这种看法和尼也耶派、佛家陈那等是一致的。不过，中词对大词的关系，法称分析有三类：

（一）同一性（identity），例如：

这是一棵树，因为它是醒沙巴（树名）。

（二）结果（Effect），例如：

这是有火，因为有烟。

（三）非知觉（非现量）分析有十一种：

1. 未见其同一性。例如：

这里没有烟，因为没有见到。

（固然烟是具有这种性质，如果它是存在，它就可被觉知）。

2. 未见其果。例如：

这里不存在烟的性能不受阻碍的原因，因为这里没有烟。

3. 未见其偏或总。例如：

这里没有醒沙巴，因为根本没有树。

4. 已见的与同一性相反。例如：

这里没有冷的感觉，因为有火。

5. 已见异果。例如：

这里没有冷的感觉，因为有烟。

6. 已见的与联系相反。例如：

即使过去实体的毁灭并不确定，因为它依存于其他原因。

7. 已见的与结果相反。例如：

　　这里不存在冷的性能不受阻碍的原因，因为有火。

8. 已见的与总的相反。例如：

　　这里没有寒冷的感觉，因为有火。

9. 未见其因。例如：

　　没有烟，因为没有火，

10. 已见的与因相反。例如：

　　他身上毛发并没有悚然，因为也坐在火旁。

11. 已见的果与因相反。例如：

　　这里没有任何人身上毛发悚然，因为这里有烟。

　　法称认为自身推理（为自比量）应具备中词或理由的三个特征，而中词视其与大词有必然的联系，又分为三类：就是以上所说的同一性，结果和非知觉。第一类、同一性，应用于肯定判断（肯定判断中所指明的是对象有一定的属性，即指明对象是什么）但它是使用概念的"外延"关系（所分的种类）来判断。如说"这是一棵树，因为它是醒沙巴"。这就是说，醒沙巴属于树的一类，就含有树的意义。第二类、结果，也是应用于肯定判断。但它是依据经验从果推因来作判断，如说，"这里有火，因为有烟"。这就是从经验上认识烟是有火的结果，从而由烟就推出它的原因火来。第三类、非知觉，全部应用于否定判断。否定判断中所指明的是对象没有一定的属性。换句话说，就是指明对象不是什么。吾师吕秋逸先生说："人们思维作否定判断的时候，对于所否定的事物必须有过经验，这样从清晰的记忆意识到现在不能再发现它，才决定说它没有。否则，像时间、地点乃至它本身都很遥远的境界，即使未曾发现也不能判断它的有无，作了判断也没有意义，因为无法作检验的缘故。"法称的非知觉，就是指这种情况依之而分析了十一种，使否定判断愈加明确起来。总之，法称把中词视其与大词有必然的联系分为三类，对我们理解"为自比量"这一方面，是有很大启发的作用。

最后谈一谈能量、所量、量果问题。佛家因明学者认为现量、比量的智体就是量果。既不同于尼也耶派以有觉之实（自我）为能量，以所知的对象为所量，由上面二者结合为量果；也不同于小乘以根为能量，境为所量，依据所起之心及心所为量果。因为佛家因明学者认为智为能量，境为所量，由能量智能证能观——事的自相和——理的共相，这能量智本身就是量果。理由是，因为能量的作用，假使它能符合境界得到正确的了解，就算有了结果，像用尺（能）量绢布（所）时，量完绢布就知道若干尺寸（果），所以能量指过程言，量果指结束言。

《因明入正理论》说："如有作用而显现故，亦名为量。"这里所谓作用，就是能量。佛家主张"一切法无我"，以有作用，便有主宰，所以只说"如有作用"。所谓显现，就是能量。如有作用，指见分而说，名为能量；影像显现，指相分而说，名为所量。能量所量都是依智体而得名，所以说"亦名为量"。试表解如下：

作用（能量）——见分
显现（所量）——相分

五　简短的结论

过去印度把获得知识的手段、知识的过程以及知识的本身，统称为量。尼也耶派认为知识的构成条件有四：即量者、所量、量果、量。知识的来源也有四：即现量、比量、比喻量、声量。佛家弥勒，认为一个论题是由一个理由两个譬喻来证明，而理由与譬喻非根据现量比量，即根据正教量。不仅他所说的正教量，就是现量比量的一部分，也不尽是因明学范围。因为因明现量比量是作为立破的依据，必须立敌极成而后可，涉及立敌不同的教义，就无法得到共许。陈那直探知识的本源，唯存现比二量。因为所量之境不外自相（特殊）和共相（一般）两种，所以知识的来源也不可能增加或减少。法称循着这样分类，不过他对于"为人推理"（为他比量）过类有所废，也有所立，可能是受公元6世纪中叶耆那教逻辑学者悉檀犀那提婆迦罗（Siddhasena Divapara）入正理论的影响；对于"自身推理"（为自比量）在中词与大词的关系上有进一步的发挥而已。

总之，人类认识外界事物的最初阶段，是先通过感官而来——赤白、圆方、冷热、硬软等等的感觉。在重复这些感觉的知识以后，我们把感觉到的东西利用思维的力量，加以比较、分析与综合，抽象与概括，然后才可以揭示出周围世界的规律性。如果只停留在纯感觉或知觉阶段，我们的认识显然不够全面，不够深化了。所以必须从纯感觉或知觉提高到推理。法称《正理一滴论》说，"推理之所以有力量，就在于超感官的对象"。这句话的意义是很深远的。但是要从纯感觉或知觉进而为推理，要从个别的知识进而为一般的知识，那是要实践来引导的。实践是引导认识的线索。假若不与实践的问题结合起来，我们要认识周围的世界是无法解决的；而认识周围的世界之主体的人，绝不是离开社会的个人，必然是社会的人和阶级的人。这些问题，过去因明学者受了一定的历史条件和一定的事情所限制，就有待我们进一步批判和钻研了。

法称在印度逻辑史上的贡献[*]

法称（Dharmakirti）出生于南印度侏陀摩尼（Trimalaya，或作提学摩罗 Tirumalla）的一个婆罗门家庭，受过婆罗门的教育，后来对佛学发生兴趣，为在家信徒。他决心向世亲的及门弟子求教，亲访当时著名佛教学术中心那烂陀。当时世亲高足护法（Dharmpala）年事虽高，但还健在。法称遂就护法求教，旋以对逻辑问题深感兴趣。而陈那已逝世，遂向陈那及门弟子自在军（Lsvarasena）学习。传说法称十分聪明，他学陈那《集量论》一遍，就见与师齐；学第二遍，便超过老师而与陈那比肩；到第三遍，终于发现陈那学说的缺点。自在军觉得他成绩优异，鼓励他为《集量论》作注。

以后，法称也和当时一般学者一样，以从事著述、讲学以及参加公开辩论等终其一生。最后在羯凌迦（Kalingga）一所他自己创建的学院中，在弟子们的随侍下逝世。

尽管法称的弘传工作规模很大，成就也很高，但他毕竟无法阻止佛教在本土日趋衰微，不过起了一些延缓作用而已。佛教在

---

* 本文原载《哲学研究》1989 年第 2 期。——编者

印度的命运已成定局，最有才能的人，也扭转不了历史的趋向。婆罗门复兴运动的巨匠鸠摩梨罗（Kumarila）和商羯阿阇梨（Sankara-acarya）的时代正在到来。据传说，法称曾经和他们在公开辩论中进行过论战，并取得胜利。但这只不过是法称的门徒事后的设想与虔诚的愿望。同时这种想法，无异是间接承认这一个事实，就是说，这两个婆罗门巨匠已经遇不到像法称这样足以和他们抗衡的对手了。佛教在印度本土之不免衰落及其在若干边疆地区之持续存在，究竟还有哪些更深刻的原因，还弄不清楚。不过有一点是历史学家共同的说法，就是佛教到了法称时代，已不可能再上升，已经不是像无著、世亲时代那样昌盛了。一般已经离弃了这个哲学批判的悲观的宗教，转而走向婆罗门的众神崇拜去了。佛教已经开始向北方流传，到西藏、蒙古以及其他国土中另辟新的家业。

佛教在印度前途黯淡，法称似乎已预感到。他的弟子中无人能够充分理解他的学说，足以继承他的重任。这一点也使他感到悲伤。陈那门下没有知名弟子，再传之后，才有后继人出现。法称的情况也是一样，他的真正继承人，也是在再传之后才有法上（Oharmottara）。法称的直接弟子帝释慧（Devendrabuddhi）是个艰苦向学的人，但限于天资，不能充分把握陈那和法称本人的认识论的逻辑的精义微言。从法称的一些感慨遥深的诗篇中，不难看出他的这种悲观心情。

法称的大著中有一篇作为引首的偈颂，其中第二章颂是对他的批评而发，据说是随后加进去的。在这里他这样写道：

　　人类多半习惯于陈言猥谈，而不肯探抉精微。对于深邃的词旨，不但不肯有所用心，甚至还要满怀憎恨、嫉妒，所以我也无心为这般人的利益而有所述作。但是在我的这本书中，我的心却感到满足。因为我生平所好就是对一切嘉言美词作深长的思索，通过这本书，我的素怀得以畅达了。

在这本书最后第二颂里，法称又说：

> 我的书在这世界找不到一个不感困难就能把握其中深义的人。看起来，它只会被我自身所吸收，在我自身中消失，有如河川入海那样被吸收进既而消失了。纵使有一些天赋智力并不寻常的人，也不能探测它的深度。纵使有一些勇气非凡敢于思维的人，也不能窥见它的最高真理。

在各种名诗选集中，还有一诗章，语意与此相似，因而被认为是法称的手笔。在这章诗里，诗人把自己的作品比拟为一个找不到如意郎君的美人。他写道：

> 造物者究竟是如居心，一定要造出这一件美的形象！他不借用尽美的素材，他不辞辛劳！人们本来一直是安静生活着的，他偏要在他们的心中燃起一点心灵之火！而她呢？也只落得苦恼万分，因为人世间永远找不到配得上她的夫婿！

法称个人的性格，据说是非常高傲而自负的。对于庸俗以及假充博雅的人，他极端鄙视。依据多罗那他（Daranatha）的记载，法称完成了他的大著之后，曾拿给当时的学者看，可是没有得到丝毫的赏识与善意。他的论敌们据说还把他的书页，拴在一只狗的尾上，让狗在街上乱跑，书页也纷纷散落。可是法称却这么说："正如这只狗四处驱驰一样，我的著作也将在全世界散播开来。"

法称的逻辑著作有七种，即有名的七论，为我国西藏作为世界研究佛家逻辑——因明的根本典籍。"七论"虽然原为评释陈那作品而作的注疏，但其地位实已驾乎陈那原著之上。这七部论中以《量评释论》（*Pramanbeartiha*）为主要的一部，号为法称因明体系的"身体"，其余六部是其从属，称为"六足"。"七"这个数字是有意思的，因为一切有部（Sarvastivada）的阿毗达摩也是以主要的一部论《发智论》为首，而其他六论：《集异门足论》、《法蕴足论》、《施设足论》、《识身足论》、《品类足论》、《界身足论》为足。法称的意思很明显，他想以逻辑学和认识论的研究来代替早期佛教的旧哲学。法称给陈那的《集量论》做的是带有批评性的注释，即对原书有肯定、有补充，也有订正。书名即叫《量评释论》，是颂体。《集量论》原为六品，《评释》把原来的组织略加变动而成为四品，一是成量品，二是现量品，三是为自比量，四是为他比量品。后人因为法称对于第三品作了注，想必很重要，于是把它置于卷首，遂把原书的次序改动了。

另外，法称采取《量评释论》中一些精华写了《量抉择论》，分量适中，梵本已失，只有藏译流传于世。又有《正理一滴论》是他学说提要性的著作，相当简略。以上三书是法称逻辑学说中心。三者内容同属一类，不过有广中略不同而已。此外，法称还有几个因明专题研究的著作。如对比量的因（在比量中因是重要部分），就写了《因一滴论》；论逻辑关系，关于概念方面，写了《观相属论》；怎样认识别人的存在，写了《成他身论》；讨论艺术的，写了《议论正理论》。

除了《正理一滴论》以外，其他各论都未发现梵文原本。但都有藏文译本收在丹珠尔中。藏文佛藏中还收有传为法称的其他著述，如诗集圣勇《本生鬘论》的疏和《律经》的疏等，这些著述是否真是法称所写，尚难断定[①]。

法称的著作影响极大。对他的著作进行注疏，现存于西藏就有十五家、廿一部、四百余卷之多。近五六十年来，各国研究因明多取材于法称的著作，特别是比较精要的《正理一滴论》一书，因为有梵文原本，意义明确，有俄、德、法、日等文字的翻

---

① 参见 Stcherbatsky: *Buddhist Logic*, Introduction.

译，还有各种专题研究。我们论法称在因明的贡献，也以《正理一滴论》的现量、为自比量、为他比量三方面为依据。

一、对于陈那现量学说的肯定和补充——印度各学派对于量各有一种看法。佛家因明在陈那之前也区分为现、比、声三量。陈那直探知识本源，又重在立破依据，唯立现、比二量。因为所量之境不外自相与共相两种。事物的本身或者它特定的意义，各依附着它的本身而不通到其他方面的，就叫做自相（特殊）。譬如风声，无关其他的声音，就是事物的本身，只指风声，不指与其他共通之点，这就叫做特定的意义，都是属于自相。假如事物和它的意义可以贯通其他方面，如缕贯华，那就是共相。譬如声的概念，通于人声、鸟声、树声、风声、雨声等等；又如"不是永恒"，通于瓶盆以及草木鸟兽，都是属于共相（一般性质）。认识"特殊"的智慧是现量。正因为它对于现在事物显现证知的缘故。在知识的领域，除了特殊之事和一般之理，再也没有可知之境，所以能量的智慧，也不容增加或减少。

商羯罗主《因明入正理论》说："此中现量，谓无分别。若有正智于色等义，离名种等所有分别，现现别转，故名现量"。

这种看法系根据陈那《因明正理门论》而来。陈那说："此中现量除分别者，谓若有智于色等境。远离一切种类名言，假立无异诸门分别。由不共缘，现现别转，故名现量。"

现在依据它们的含义合并起来解释一下：

这里的"此中"，就是指现量。"无分别"与"除分别者"是同一个意义，都指能取智对所取境，离开所有错误的分别。"若有正智于色等义"就是"谓若有智于色等境"。这里面包含两层意义：（一）能量智正。窥基《因明大疏》这样解释："若有正智，简彼邪智。谓患瞖目见于毛轮、第二月等；虽离名种等所有分别而非现量。"故《杂集》云现量者，自正明了无迷乱义。此中正智，即彼无迷乱离旋火轮等。（二）所量境真。《大疏》说："言色等者，等取香等义谓境义，离诸膜障。""离名种等所有分别"和"离一切种类名言假立无异诸门分别"同。《大疏》这样解释："此所离也，谓有于前色等境上。虽无膜障，若有名种等诸门分别，亦非现量。故须离此名言分别，种类分别等取诸门分别。""不共缘等"指五根各各明照自境，名之为现，识依于此，名为现现，各别取境，名为别转。境各别，名不共缘。

　　法称认为构成真现量的另一要素，是不错乱。怎样叫不错乱呢？法称认为要从内外因所发生的错觉去加以分析。如眼睛有了翳障便见着空华，生热病的人见闻有时会错乱，这是由于内因而产生的错觉；又如见了旋转的火焰以为是火轮，这是由于外因而产生的错觉；又如乘船旅行，两岸的树木好像是动的，这又是兼内外因所引起的。真正的现量一定要离开这些错觉，这是法称对陈那现量学说的补充。

　　二、法称对陈那为自比量因三相说的补充——人们的正确知识，除了现量，只有比量。现量以纯粹感觉或知觉为主，范围较狭，量通于推理的绝大领域。陈那在《集量论》中把推理分作两大类：为自己而推理，叫做为自比量；提出自己的论题而加以论证的，叫做为他比量。这两类推理的性质、成因都一样，不过为自己而推理重点在于思维，为别人而推理重点在于语言，形式上有所不同。

　　为自己而推理就是经由理由或中词带有三个形式或特征而得到的推理知识。例如：此山有火，因为它有烟。此山有火知识之得到是通过烟推论而来，而烟就是理由或中词。

　　理由或中词具有三个形式或特征，有如下述：

　　（一）中词必须寓于小词，例如：

此山有火，

因为它有烟，

像一个厨房，但不像一个湖。

在这个推论中必须"山"上有"烟"。

（二）中词必须只寓于大词同类的事物，例如上面推论"烟"寓于"一个厨房"，这就是同类的事物，它包含有火。

（三）中词必不寓于与大词异类的事物。例如"烟"必不寓于"一个湖"，它是含有火的异类事物。

具备三个形式或特征的中词又有三种，这些都从中词和所要判断的"大词"的有无关系上来区分。

（一）同一性（自性的），例如：这是一棵树，因为它是醒莎帕（Simsapa，树名）。

（二）结果（果性的），例如：这里有火，因为有烟。

（三）非知觉（不可得的），分析有十一种：

1. 未见其同一性。例如：这里没有烟，因为没有见到（固然，烟具有这种性质，如果它是存在，它就可以被人看见）。

2. 未见其果，例如：这里不存在不受阻碍性能烟的原因，因为这里没有烟。

3. 未见其遍或总。例如：这里没有醒莎帕，因为根本没有树。

4. 已见的与同一性相反。例如：这里没有冷的感觉，因为有火。

5. 已见异果。例如：这里没有冷的感觉，因为有烟。

6. 已见的与联系的相反。例如：即使过去实体的毁灭并不确定，因为它依存于其他原因。

7. 已见的与结果相反。例如：这里不存在不受阻碍性能冷的原因，因为有火。

8. 已见的与总相反，例如：这里没有寒冷的感觉，因为有火。

9. 未见其因。例如：没有烟，因为没有火。

10. 已见的与因相反。例如：他身上毛发并没有悚然，因为他坐在火旁。

11. 已见的果与因相反。例如：这里没有任何人身上毛发悚然，因为这里有烟。

以上十一种格式经常在思维领域运用，使否定判断愈加明确，所以是属于为自比量的差别。

三、法称对陈那为他比量说的删削和补充——为人推理被定义做三种形式的语言上中词的说明，这就是当推理用语言文字展开时，目的在于产生使他人信服，那就是被看做对他人的推理。

推理是一种知识，语言文字这里被叫做将结果归于原因的推理。虽然语言文字本身不是知识，但是会产生知识。为人推理有两种，即正的或同类及负的或异类，如下例：

（一）声音不是永恒，因为它是一种产物。凡是产物都不是永恒，像一个盆子。（正）

（二）声音不是永恒，因为它是一种产物。不是永恒，一定不是一种产物，像虚空。（负）

论题，小词与大词的关系有待证明，如此山有火，因为它有烟。在这推论中，"山"是小词，它有待证明有"火"，火，就是大词。小词和大词连在一起，构成一个命题。一个命题有待证明，就是一个论题。

论题的错误，陈那析有五种：

（一）论题与知觉相矛盾（奘译"现量相违"）；

（二）论题与推理相矛盾（奘译"比量相违"）；

（三）论题与一已知的信仰或主义相矛盾（奘译"自

教相违");

（四）论题与公共意见相矛盾（奘译"世间相违"）；

（五）论题与一己知的陈述相矛盾（奘译"自语相违"）。

商羯罗主增加了四种，即：

（六）论题与不共许的大词相矛盾（奘译"能别不极成"）；

（七）论题与不共许的小词相矛盾（奘译"所别不极成"）；

（八）论题与不共许的小词及大词相矛盾（奘译"俱不极成"）；

（九）众所公认的命题的谬误（奘译"相符极成"）。

法称认为论题的谬误只有四种：

（一）知觉，例如说：声音是听不见的。

（二）推理，例如说：声音是永恒。

（三）概念，例如说：月亮不是月亮。

（四）自己的陈述，例如说：推理非知识的源泉。

中词的谬误。我们上面已谈到中词须具有三个特征，如果三个特征中任何一个特征有三种情况（即无法证实、不能决定、相互矛盾）之一，那就是中词的谬误。

（一）无法证实（奘译"不成"），例如：

1. 声音是永恒，因为它是可见的。声音可见，双方都不承认（奘译"两俱不成"）。

2. 树木有知觉，因为如果把树皮剥脱就会枯死。对方不承认这一种树的特殊死法（奘译"随一不成"）。

3. 此山有火，因为它有雾气。雾气为火的事实，还有疑问（奘译"犹豫不成"）。

4. 灵魂是周遍一切，因为它到处可以觉察。灵魂是否到处可以觉察，两者有无必然联系（奘译"所依不成"）。

以无法证实，法称对陈那的剖析都肯定下来。

（二）不能决定（奘译"不定"）。例如：

1. 声音不是永恒，因为它是可知的。可知的过于广泛，因为它包含永恒和不是永恒的东西（奘译"共不定"）。

2. 某人是全知，因为他是一个演说家。这个理过狭，因为演说家不一定是全知或非知的。

法称对陈那"不定"过只保留以上二种。至于 3. 同品一分转异品遍转；4. 异品一分转同品遍转；5. 俱品一分转；6. 相违决定过四种，法称从删，并对相违决定一过，进行批判。

（三）相互矛盾（奘译"相违"）。陈那剖析有四种：

1. 中词与大词相矛盾（奘译"法自相相违"）；

2. 中词与大词的隐义相矛盾（奘译"法差别相违"）；

3. 中词与小词相矛盾（奘译"有法自相相违"）；

4. 中词与小词的隐义相矛盾（奘译"有法差别相违"）。

法称只保留两种。例如：

1. 声音是永恒，因为它是一种产物。

这里"产物"与"永恒"不一致。这就是中词与大词相矛盾。

2. 声音不是永恒，因为它是一种产物。

这里"产物"，对"不是永恒"并非相矛盾。

论证的谬误，陈那析有两类：正证（奘译"同喻"）；反证（奘译"异喻"）。

正证析有五种，法称又增加四种，共有下列九种：

1. 声音是永恒，因为它是无形的，像动作。"动作"不能充作正证，因为它不是永恒，这就是它排斥了大词。

2. 声音是永恒，因为它是无形的，像原子。"原子"不能充作正证，因为它是有形的，这就是它排斥了中词。

3. 声音是永恒，因为它是无形的，像一个盆子。"盆子"不能充作正证，因为它既非永恒也非无形，这就是它排斥了大词和中词。

4. 此人是多情的，因为他是一个演说家，像街上的人。"街上的人"不能充作正证，因为他是否多情，还有问题。这就是大词的真实含义有疑问。

5. 此人终有一死，因为他是多情的，像街上的人。这个正证，中词的真实含义有疑问，这就是街上的人是否多情还有问题。

6. 此人非全知者，因为他是多情的，像街上的人。这个正证，大词和中词的真实都含有疑问。这就是"街上的人"是否多情的及非全智的，都有问题。

7. 此人是多情的，因为他是一个演说家，像某一个人。这个正证没有联合说明，因为是多情及是一个演说家之间并没有不可分割的联系。

8. 声音不是永恒，因为它是一种产物，像一个盆子。这个正证含有缺乏联系的谬误。本来联系应明示，一切产物不是永恒，像一个盆子。

9. 声音是一种产物，因为它不是永恒。一切不是永恒的事物是产物，像一个盆子。这个正证含有颠倒联系的谬误，真正联系必须明示如下·一切产物都不是永恒，像一个盆子。

同样的，反证的谬误，法称也析有九种：

（一）与大词相矛盾之事物并非不相同之一例的谬误（奘译"所立不遣"）。如立声是常在论题，以无体质故为中词，若非常在见彼非无体质为异喻体，如原子为异喻依。异喻的作用原为简滥，所以必须与同喻相反。然此异喻依之原子，与中词（无体质）都是相异。似堪作异喻。然原子是常在与论题的大词（宾词）却是相同了。所以说是与大词相矛盾并非不相同之一例的谬误。又如立蚂蚁是昆虫论题，以能合群故为中词，若非昆虫见彼不能合群为异喻体，以蟋蟀为异喻依，蟋蟀与中词合群是相异，然蟋蟀仍属昆虫与论题大词并非不同，其过同上。

（二）与中词相矛盾之事物并非不相同之一例的谬误（奘译"能立不遣"）。如立蚂蚁为昆虫论题，以能合群为中词。若非昆虫见彼不能合群为异喻体，如马等为异喻依，马与大词昆虫固然相异，然与能合群与中词并无不同，所以说是与中词相矛盾并非不相同之一例的谬误。

（三）与中词及大词均非不相同之一例的谬误（奘译"俱不遣"）。如立声是常在的论题，以无体质为中词，若非常在见彼非无体质为异喻体，如虚空为异喻依。然虚空之一例既是无体质，即与中词并非不同。虚空是常在，与大词又无不同。所以说当与中词及大词均非不相同之一例的谬误。

（四）明示中词与大词间缺乏分离作法说明之一异喻的谬误（奘译"不离"）。如立金刚石是可燃论题。以炭素物故为理由（中词），如冰雪为异喻依。此式未将中词与大词分离之关系说出，只举冰雪为例，不能作有力之反证。质言之，即缺乏"若不可燃见彼非炭素物"异喻体作法之说明。

（五）明示中词与大词之间并无颠倒分离之一异喻的谬误（奘译"倒离"）。同喻正证，先合中词后合大词，以见"说因（中词）宗（大词）所随"。异喻反证，先离大词后离中词，以见"宗（大词）无，因（中词）不有"。不然，同喻有"倒合"之过；异喻则有"倒离"之过。如立彼山有火论题，因为立有烟为理由（中词），若是有烟见彼有火，如厨房。如若是无火见彼无烟，如江海。今若言"若是无烟见彼无火，"则犯中词与大词间并无颠倒分离之说明的谬误，因无火一定无烟，无烟未必无火也。

以上五种为陈那所剖析，法称亦另加四种：

（六）大词的除遣含有疑问之一异喻。如立：迦必罗（Kapila）及他人不是全知或绝对可靠，因为他们的知识经不起全知者和绝对可靠的考验，一个教天文学的人是全知者和绝对可靠，像雷沙哈（Risahha）、巴雷哈马那（Vardhamana）及其他，这里雷沙哈、巴雷哈马那及其他，不能充作异喻，因为他们对"不是全知和绝对可靠"这个大词能否除遣是有疑问的。

（七）中词的除遣含有疑问之一异喻。如立：一个具有三种吠陀知识的婆罗门不应信任某某人，因为他们可能没有离欲。受信任的人一定要离欲，如乔答摩及其他法律的制定者。这里"乔答摩及其他法律的制定者"不能充作异喻，因为他们是否离欲，还有疑问。

（八）大词与中词的除遣都含有疑问之一异喻。如立：迦必罗及其同伴没有离欲，因为他们有希求之心贪婪之心。离欲之人一定没有希求之心贪婪之心，像雷沙哈及其同伴。这里"雷沙哈及其同伴"不能充作异喻，因为他们是否离欲和没有希求之心贪婪之心，都有疑问。

（九）大词与中词没有必然分离之一异喻。如立：他没有离欲，因为他会说话。离欲一定不会说话，像一块石头。"一块石头"不能充作异喻，因为"离欲"这个大词和"不会说话"这个中词，没有必然的相离。

法称把《正理一滴论》析为三部分代替陈那《集量论》的六章，他曾主张譬喻在推理中不是重要部分，因为它已包含在中词之中。例如："此山有火。因为有烟，如厨房"。这一推论，其实"烟"这个中词已含有火，包括厨房及其他有烟的东西了。所以譬喻是没有必要的。譬喻之所以有价值，就在于通过一种特殊的、因而是更明显的方式指出一般命题包含些什么东西。这在

"为自己推理"（为自比量）是这样的。如果是"为别人推理"（为他比量），喻支终未能废，因为缺乏譬喻（例证）就等于削弱甚至于没有说服力了。陈那与商羯罗主的同异喻中都是着重"排斥"（excluded）和包含（included）的。换句话说，着重肯定的一面。其实带有疑问不定的性质，同样也是错误的。所以法称在《正理一滴论》中，同喻又加上"大词的真实性含有疑问"、"中词的真实性含有疑问"、"大词与中词的真实性都含有疑问"三种。在异喻又加上"大词的除遣含有疑问"、"中词的除遣含有疑问"、"大词与中词的除遣都含有疑问"三种。这一点可能是受尼乾学派悉檀西那提婆迦罗（Siddhasena Divakara，约480—550年）的影响。因为悉檀氏《入正理论》中早有这种主张。

其次，陈那、商羯罗主在喻体方面只有"无合"、"倒合"、"无离"、"倒离"的错误，法称在同喻又加上"中词与大词没有必然的联合"一种，在异喻又加上"大词与中词没有必然的分离"一种。这样，同喻过和异喻过就各有九种了。这是法称的贡献。

最后讨论一下法称对陈那的批判。中词与大词对立是错误的一种，叫做矛盾（奘译"相违"），那是陈那和法称所公认的。中词与大词的隐义（意许），即大词假若是含糊，在陈那《正理门论》中作为另一种错误，叫做隐义的矛盾。法称在《正理一滴论》中，否认这种观点。他主张这第二种矛盾已含在第一种之中。

第二种隐义的矛盾，例子是这样：

　　　　眼等必为他物所用，
　　　　因为它是组合物，
　　　　像一张床、坐具等。

这里大词"他物"是含糊的，由于它可以指组合物（如身体），也可以指非组合物（如灵魂）。中词与大词之间所以构成矛盾：是假如"他物"这个字，在发言人（指数论学派）是以"非组合物"（uncomposite thing）来理解它；但在听者（指佛家）是以"组合物"（composite thing）的含义来理解它，就在中词与大词的隐义造成矛盾。

法称在《正理一滴论》中，认为这种情况是第一种或固有的矛盾（中词与大词相矛盾），因为一个字同为论题的大词，只容有一种意义，假使字面的意义与隐藏的意义之间有含糊之处，那么真正的意义从上下文是可以确定下来的。假使隐藏的意义才是真正的意义的话，中词与大词之间还是固有的矛盾。

陈那又论述另一种谬误，叫做"矛盾并非错误"，他把这列入"不能决定谬误"之中。这种谬误就是"论题及其相反论题各有显然正确的理由支持它"（奘译"相违决定"）。例如：

一个胜论派（Vaisesiha）哲学家说：

声音不是永恒，因为它是一种产物。

一个弥曼差（Mimansaka）论者回答：

声音是永恒，因为它是可闻的。

根据胜论与弥曼差论二学派各自的教义，用在以上的情况认为都是正确的，但昂它们导致矛盾的谬误，不能决定，所以结果是错误的。

法称在《正理一滴论》中否认有"矛盾并非错误"的谬妄，理由是：它既非从推理的联系而发生，甚至也不是基于经文。一个正确理由或中词必须与大词有同一性、结果或非知觉的联系，也必须导致一正确的结论。

两个互相矛盾的结论，不可能都有正确的理由来支持，两套不同的经典也不可能有任何帮助来建立两个矛盾的结论，由于一个经典不能抹杀感觉和推理，而推理之所以有力量，就在于确定超感官的对象，所以"矛盾并非错误"的谬误是不可能的。

法称这一批判是非常精辟的，值得好好的体会。但是，我们觉得，两个相反的主张各具有显然健全的理由来支持它，各合推论的规律，因而无从判定其是非，在事实的判断验未必有，但是价值的判断，则几乎无一不可作两无谬误的矛盾论题看待。

如姚燧《寄征衣》（越调凭阑人）云："欲寄君衣君不还，不寄君衣君又寒。寄与不寄间，妾身千万难"。一方主张君衣欲寄，因为君寒故；他方又主张君衣不寄，因为君不还故。此亦两个相反的主张，各具显然健全的理由支持。

我们认为对于事物的价值欲作公正的衡量，应当善于运用两无谬误的矛盾论题。根据所有条件，考察其无益的而且甚至有害的方面。所以他人若有反对的主张应竭诚欢迎，借以补充自己思虑所不及，并以之补救自己的偏见。

两无谬误的矛盾论题，以其无法判定是非，故称之为"不定"过（即两者孰是孰非不能确定）。然而因明不是令其终于不定，须用全面看问题予以论定。至于我们衡量两无谬误的矛盾论题时，更非欲显示其是非不定。不过欲藉其有是处，只有辩证地思考，才能正确地提出和解决这个问题而已。

两无谬误的矛盾论题的效用，略当孙卿所谓"兼权"，事物一经兼权，其善恶可以毕露，利害可以并陈，即其积极与消极的价值可以全部把握了。只知道事物的有善有恶、有利有害而迷其所取舍，不能作究竟的抉择，则是非陷于不定而兼权反为赘疣，所以必须更进一步"兼权"之后，继以孙卿所说的"熟计"。所谓"熟计"，亦即普通所说的权衡轻重。兼权的结果，即将事物的价值罗列眼前，我们便可以于善恶之中比较其大小，于其利害之中比较其轻重，更可以依其善恶利害的大小轻重估其应得的价值。这样熟计之才不薮于一曲。

　　总之，我们从法称的生平、著作及其对陈那逻辑学说的删削、补充、订正和批判，他在印度逻辑史上所作的贡献，不难想见。陈那逻辑学说在印度逻辑史上是一座高峰，法称又是一座高峰，这两座高峰闪耀着光辉。我们要善于继承这一优良传统，吸取其合理的核心，把逻辑学、比较逻辑或世界逻辑的研究工作推向前进！

法称的生平、著作和他的几个学派 [*]

——重点介绍《量释论》各章次序所引起的争论

　　佛家逻辑（Buddhist logic），一称因明（Hetuvidya），是印度逻辑史上一个重要的学派。这一学派，我们知道它是属于逻辑体系和认识论。它在公元六七世纪产生于印度，是杰出的佛家逻辑学者陈那（Dignāga 480—550）和法称（Dharmakirti 约 620—680）所开创的。他们的逻辑著作在印度逻辑史上发挥了继承和发展的作用。他们所继承的是什么，佛家逻辑文献虽有记载，但我们了解得不够全面；而他们的著作，却启发了后代佛家逻辑的发展。北传佛教为他们的著作写出了很多的注疏。这些逻辑文献都是研究印度逻辑史所必须掌握和了解的重要的资料。

　　陈那和法称的著作出世，在佛家逻辑史上出现了两座高峰。即公元 6 世纪陈那创造性地把印度逻辑从论法发展到量论，他的立论精密，远远地超过了前人而自成体系，出现了佛家逻辑第一座高峰。威利布萨那博士（Dr. S. Vidyabhushan）的《印度逻辑史》极推崇陈那的著作，称陈那为"中古逻辑之父"。公元 7 世纪法称继陈那之后，建立一个认识论逻辑的体系（a system of e-

---

　　* 本文原载《现代佛学》1962 年第 1 期。——编者

pistemological logic），这又是一座高峰。法称这个学术体系的火炬，照明了从 7 世纪到 12 世纪佛家逻辑的道路。关于陈那在佛家逻辑史上的伟大成就，由于玄奘法师之汉文翻译及《正理门论》（陈那八论之一）之弘传，已为众所周知之事。而法称的著作及其学派的发展的文献，幸保存在我国藏文的译典中，而且弘传未衰。我以未谙藏文，现在仅就苏联科学院彻尔巴茨基院士（Th. Stcherbatsky）① 和伏士特里考夫先生（Wr. A. Vostrikov）研究有关法称逻辑问题所积累的成绩，结合自己的体会，有重点地来介绍法称的生平和他所有逻辑著作的主要内容、《量释论》各章的次序以及为法称著作进行注疏的几个重要的学派。

一　法称的生平

法称生于印度南方突利玛拉耶（Trimalaya）（提鲁玛拉 Tirumalla）一个婆罗门的家庭并受过婆罗门教育。后来他对佛学发生了兴趣，想从世亲一位及门的弟子护法得到教义，而到了那烂陀，礼护法为师，跟他出家学习。法称对逻辑问题特别发生兴趣。这时逻辑学家陈那已不在世。法称改师自在军（Išvarasena），跟自在军一道研究陈那的逻辑。法称不久对陈那著作的理解超过了他的老师。据说自在军承认法称比他自己更加了解陈那。法称在他的老师的赞同下，开始用容易记忆的偈颂形式写了关于陈那主要著作的注疏。

法称尽毕生的心力从事佛家逻辑的研究、著述、教学与公开辩论。他死在羯凌迦（Kalinga）地方的一所由他所建立的寺院中，寺院的周围尽是他的弟子。

---

① 参照 Th. Stcherbatsky, *Buddhist Logic*, Vol. 1, pp. 34—47。

尽管法称尽力阐扬佛家逻辑而不断成功地扩大了佛学范围，但他只能暂时阻止而不能完全挽回佛教在印度走向下坡路。这个时代的印度，正是以古玛雷拉（Kumarila）和善伽拉加雷耶（Sankaracarya）为首努力复兴婆罗门教——反佛教的浪潮正在到来。据说法称曾经以公开辩论的形式和婆罗门辩论过，并且胜利过。另一种说法，则是婆罗门的领袖们从来没有遇到法称反对过。这些说法，只能反映出法称个人对佛教的衰落趋势显得无能为力。历史学家一致告诉我们：法称时代的印度佛教，除婆罗门教的复兴外，加上教内对教理的研究和宗教仪式——秘密教的兴起更形复杂，佛教已不像无著、世亲兄弟时代那样的纯洁与勃勃有生气。同时，这个带有世界性的佛教已转向印度近邻各国传播，并通过各国社会的内因获得了不同情况的发展。

逻辑是人类实践的产物，它本身就是一种思想斗争的武器，是各个敌对学派所争取利用以立己破敌的思想武器。佛家逻辑一代大师的法称，他为缺乏充分了解他的逻辑体系到能继承他事业的弟子而感到悲哀。正如陈那没有著名的弟子一样，陈那的继承者法称是在一个世纪以后才出现的。法称真正的继承者法上也一样地是在一个世纪以后才出现的。当时法称的及门弟子帝释慧（Devendrabuddhi）虽然是一个忠心耿耿和勤学的人，但是限于天资，不足以担当法称的继承者。他既不能充分了解先人陈那的全部思想，也不能理解法称自己先验认识论的体系。因此法称在某些诗句中流露出悲观心理的最深挚感情。

在法称的伟大著作第二部分里，有一首作为导言的诗篇；对这诗篇有人认为是后来加进去的，是作为对批评他的人的一个答复。他说："人类大半耽于陈腐之言，他们不讲求精巧。他们根本不顾深刻的教诲，他们充满憎恨和嫉妒的丑行。所以我不为他们的利益而写作。然而我的心在我的著作中感到满足，因为通过它我对每一善而美的言辞都经过深刻和长久的思考，这里充满着热爱。有这些我已经感到愉快。"又说："我的著作在这个世界上将找不到一个合适的很容易理解它深义的人。它将由我本人所吸收和消失，正如一条河流流到海洋中被海洋所吸收和消失一样①。那一些没有赋予他们伟大理智力量的人，完全不能测量它的深度！就是思想卓越而大胆的人，也不能领悟它的最高的真理。"② 这充分反映了法称自己为得不到得力的能继承他的学说的弟子而悲哀。同时，也反映他忠实于自己的写作事业而内心充满着自信。也曾有过为法称的著作得不到人们尊重而惋惜的诗人，在诗篇里描述法称的遭遇。诗人把法称的成功著作得不到知音比作女子找不到称心的郎君，从而寄托于诗篇以抒发其不平之情。其中有："造物者创造这美人，她已在平静地生活着的人们心里燃起一支智慧的火焰。但美人却十分怅惘，因为她（当时）找不到真正爱她的未婚夫！"

法称对在逻辑学方面的造诣，非常自负和自信，他对虚伪学者极其轻视。我国西藏史学家达纳那塔（Taranatha）告诉我们说："当法称完成他的伟大著作之后，他把自己的著作拿给当时的学者们看，可是得不到赞赏和推许。甚至和法称敌对的人竟然把法称著作的书页拴在狗的尾巴上，让狗在各街道奔跑，书页纷

① 西藏译文指出，与其阅读《倍耶伊瓦》（*Payaiva*），不如阅读《沙雷伊瓦》Saridiva。见 Th Stcherbatsky, *Buddhist Logic*, Introduction p. 36, 1.

② 阿勃兴纳瓦古朴达（Abbinavagupts）在这些话中发现"施力莎"（slesa）这个字，好像不是作者的本意。注疏家没有提到它。比较获万尼耶洛伽（Dhvanyaloka）的注疏第217页就知道了。根据耶玛雷（Yamari's）解释"阿脑巴底沙克知希"（analpa-dhi-saktibhih）应分析为"阿亚希"（s-ahi）与"欧巴底沙克知希"（alpa-dhi-aktibhih）。它的意思将是："它的深度怎样能被很少知识或根本没有知识的人所理解呢？"这一点将说明帝释慧的无能。

纷散落。法称在这个侮辱面前却说："我的著作正如这条狗穿过各街道一样，将传播全世界。"

二　法称的著作

法称写过七部著名的逻辑的著作，即被称为"七论"（Seven Treatises）者是。"七论"，已经成为世界学者研究印度逻辑的基本文献，都保存在我国藏文译典中，我们不能不感谢先辈译师之努力为我们留下这个鸿文瑰宝的遗产。

法称的这些著作，原来是作为陈那逻辑著作的详细注疏的，但法称的卓越见解与精确性，却超过了陈那的原作。七部著作中的《量释论》是最主要的一部。这一部是他逻辑学说体系的"身体"，其他六部论是这个身体的附属部分称"六足"。以"一身六足"来说明法称著作的一个主要部分和六个次要部分，像北传的佛典一切有部阿毗达摩论部一样，也曾将《发智论》和《法蕴足论》等称为"一身六足"。但根据布席顿（Bu-ston）对法称著作的分类，　"认为前三种著作是'身体'，后四种是'足'。"本来法称的《量释论》、《量决定论》和《正理一滴论》都是发挥陈那《集量论》（*The Pramanasamuccaya*）六章的要义，不过有广、中、略的不同，而其余四部论乃是对逻辑的专题进行讨论。所以布席顿的看法是有道理的。

法称所著的七论，虽有主要次要之分，写作形式和章次组织也各有不同，但内容都是互相联系的。同时，也很显然地看出法称对逻辑研究的看法：他认为逻辑与认识论的研究须代替早期佛教旧的哲学。

第一部《量释论》（*Pramāna-vārtika*），包含四章：研究推理、知识的真实性、感官的知觉和推论式。以易于记忆的诗体写成。约两千个颂。

第二部著作是《量决定论》(*Pramāna-viniścaya*)，内容是第一部著作的概要。它是以偈颂和散文写成的。占一半以上的偈颂是取材于《量释论》的。

第三部《正理一滴论》(*Nyāyabindu*)，是与《量决定论》同样主题而进一步的概括，都分成三章，用来讨论感官的知觉、推理和推论式①。

以下四部著作的主要内容是阐述特别问题：

第四部《因论一滴论》(*Hetubindu*)，是逻辑理由简略的分类。

第五部《观相属论》(*Sambandha-parikṣā*)，是关系问题的探讨——富有作者自己的评述，以颂体写成的简短论文集。

第六部《论议正理论》(*Codanā-prakarāna*) 是论述关于辩论进展的艺术的论文集。

第七部《成他相续论》(*Santānāntara-siddhi*)，是用来反对"唯我论"(Solipsism) 关于他心的存在的论文集。

除了《正理一滴论》而外，其他著作都没有梵文本，但它们在我国西藏丹珠尔译文中都可以找到。在西藏的文献中，还有署法称名字的一些其他的著作，例如《修罗迦得格玛勒》(*śuara's Iātaka mālā*) 注疏和《毗奈耶—修多罗》　(*Vinaya Sūtra*) 注疏。但它们究竟是不是属于法称的著作，现在尚不能断定。

---

① 参见拙译威利布萨那博士所著《法称〈逻辑一滴〉的分析》，见《因明论文集》，第329—337页。

三　关于《量释论》各章的次序

　　法称的第一部著作《量释论》共分四章，是用偈颂的形式写成的，需要辅以注疏。但他自己只为《量释论》的第一章——推理的一章做了注疏；其余三章注疏的任务，就交给他的弟子帝释慧去做。但帝释慧不能全部完成老师交给他的任务。达纳那塔曾经这样说："帝释慧为法称的《量释论》三章作注疏，头两次所作的都被谴责，到了第三次所作的也只有一半得到法称的同意。"法称最后说："这个原文的全部意旨帝释慧并没有全部用上，但是基本事实的意义是正确地处理了。"

　　《量释论》阐扬陈那《集量论》六章的要义，是讨论佛家逻辑的作品。这样作品，章次的安排应按照自然次序，便于依照次序开展逻辑主要问题的讨论。照一般习惯是先论知觉，次论推理，后论推论式。但法称的《量释论》的章次的安排却出乎常规，这令人感到奇异，也和法称自己的第二、第三部著作不一样。例如他的《量决定论》、《正理一滴论》这两部节录性论著的章次安排是和一般自然次序一样的，首先一章论知觉，其次二章论推理和推论式，这和陈那的著作比较相一致。《量释论》章次的安排是把推理放在第一章，第二论知识的真实性，第三论感官的知觉，第四论推论式。这样次序似乎是倒置的。再如法称《量释论》第二章论知识的真实性的一整章，如果只包含注释陈那《集量论》开头那个颂的话，那么，把论知识的真实性放在第一章是更应该的。我们知道，陈那《集量论》一开头的归敬偈颂，是表示对佛陀的礼赞，把佛陀称为"具体表现的逻辑"〔Embodied Logic（Pramāṇa-bhuta）〕，这样的内容如放在第一章处理，则整个大乘佛陀论，所有关于论绝对的、遍知者的存在的证明也都放在这个项目之下来讨论是比较合适的。

这部著作如以论述知识的真实性这章开始，以及论及遍知者的存在开始，然后转到知觉、推理和推论式的讨论，在安排次序上是较符合读者的要求的。

法称《量释论》的章次是从推理开始，把知识的真实性一章置于推理与知觉之间，把感官的知觉放在第三位来处理，以及把推理用其他的两章从推论式分离开来。这不仅违反了印度哲学的全部结构的习惯，而且违反了要讨论的问题的性质。也正由于如此，产生了后代意识上的分歧，也是自然的。首先是反映印度的和我国西藏的逻辑学家们的注意和争论，有的认为把《量释论》原来各章次序改变成为自然的次序；有的主张保持传统的次序。伏士特里考夫对法称《量释论》章次安排的原因作如下的看法外，并对这部论第二章"知识的真实性"也提出了他的看法①。

（一）关于维护传统次序所依据的事实，不外是如此：法称本人只写了推理这一章的注疏而逝世，他本人由第一章开始注疏，这是很自然的，其他各章的注疏由他的门人帝释慧去写。

（二）更值得注意的即是："知识的真实性"（佛陀论 Buddhology）的宗教部分是否为法称写的，写在什么时期这个问题。知识的真实性的宗教部分可能不是法称写的。因为法称在《成他相续论》中曾经最强调和最清楚地表示了他的意见。他认为被称为绝对的无所不知的佛陀是一个隐喻的实在。这是时间空间和经验以外的东西。而我们的逻辑知识是限于经验的，所以我们

---

① 伏士特里考夫先生论文曾在列宁格勒佛学研究所会议上宣读，并为彻尔巴茨基院士所称引。

既不能想也不能说出关于它的任何肯定的事情。我们既不能断定、也不能否认它的存在。因此，如果佛陀论是法称写的，这一章必定是法称最早期的，是当他在自在军门下学习时开始著作的。

对第二个问题，伏士特里考夫认为法称后期的思想发展，是一个转变。这个转变如果不是他宗教信念上的转变，就是他所采取的方法上的转变。因此法称在他成熟的年龄，放弃了注疏第一章的想法，他把关于知觉这一章交给帝释慧去写，而法称自己只写了推理这一章，因为这是最难的一章。

四　为法称著作注疏的几个学派

由于为法称的逻辑著作作注疏的人很多，而这些注疏又成为后世庞大注疏文献的起点，成为在佛典注疏文献上是最庞大的一种。我国西藏的译文所保存法称一系的著述中，如果根据注疏工作所指导的原则和见解的不同来划分，可分为语言学派、克什米尔或哲学的学派和宗教学派的三个派别。

（一）语言学派的注疏家——这个学派的开创人是帝释慧。它是一个语言学的解释的学派。它的目的在于用语言正确地处理注疏原文的直接意义，而不是把其中深邃的含义加以注疏者自己的理解来阐述的。在帝释慧之后属于这学派的人物有他的弟子和追随者释迦菩提（Sākyabuddhi）。释迦菩提的注疏保存在藏文中。普拉巴菩提（Prabhābuddhi）或许亦有这类的注疏，但他的著述已经遗失了。他们都只注疏《量释论》这部论，其余的《量决定论》和《正理一滴论》都未曾注意。关于后几部论是由律天（Vinitadeva）注疏的。他在注疏著述中援用了与帝释慧相同的简练的直译主义的方法。在西藏的作者中，宗喀巴（Tsoṅkhapa，1357—1419 年）的弟子盖大普（Khai-dub），应该也是属于这一学派在西藏的继承者。

（二）克什米尔或哲学的学派的注疏家——这个学派根据它的主要活动的国家来命名，称为克什米尔学派（Cashmerian School）。根据它在哲学上主要的倾向来区分，可称之为批判学派。这个学派的注疏家们，都不单纯地满足于法称著作原文的直接意义，而争取探讨它的更进一层深邃的哲学。据这个学派思想意识认为，作为绝对存在和绝对知识的一个化身的佛陀，也即大乘佛陀（Mahāyānistic Buddha）是一个隐喻的实在，所以我们不论是用一种肯定的或用一种否定的方法都不能认识他。《量释论》并非其他，只是关于陈那的《集量论》一部详尽的注疏，而《集量论》则是一部纯粹逻辑的论著。他们尤重视后者在开头表示归敬佛陀的偈颂里所提到了的大乘佛陀的伟大品质，而且把他和纯粹逻辑等同起来看待。它们认为这只是虔诚感情的一种宗教哲学传统的表现。这学派的目的是要发掘陈那和法称体系高深哲学的内容，把它看做逻辑认识论的一种批判的体系，企图把这个体系由发展、改进而成为完善性。

这一学派的创始人是法上（Dharmottara，约 760—830 年），虽非克什米尔人但讲学活动则在克什米尔。这个学派的积极成员经常是婆罗门种姓。决卜一系，传到我国西藏后，受到研究逻辑的学者们的尊重，被誉为非常尖锐的辩论者。虽然他不是法称直接的弟子，但他在继承法称逻辑学上占有重要的地位。因为法上的注疏不仅能体观自己的深思，也能发表自己独立的看法，而且在重要题目上能成功地运用新颖的公式来表述。但达纳那塔在西藏佛教历史著作中竟没有提起法上的自传，或许因为法上的活动范围限在克什米尔。《克什米尔年鉴》载：公元 800 年左右当耶必大（Jayāpida）国王梦中看见“一个太阳从西方升起”，他就邀请法上到克什米尔去访问。9 世纪的瓦迦拍米出拉（Vācaspatimišra）引用法上的著述好几次，从而得知法上也应是公元 800 年左右的人物。

法上没有给法称主要的而且是第一部的著作《量释论》作注疏，却为法称的《量决定论》和《正理一滴论》作出了详尽的、被后人称为"大疏"和"小疏"注疏。甚至对《量释论》各章次序的问题也没有引起法上的注意。法上在继承法称的逻辑上，猛烈地攻击他的前辈律天的关于《正理一滴论》的注疏。律天原是第一学派的一个追随者。法上除了以上两部著作而外，还著了有关逻辑和认识论的特殊问题四种其他小部的著作①。

著名的克什米尔诗歌艺术作家，婆罗门种姓阿难陀瓦哈那（Anandavardhana）曾经著了法上的《量决定论注》（*Pramāna-vinlšcaya-tikā*）的补充注解，但这部著作尚未被发现。

克什米尔派婆罗门种姓建那那司利（Jñañasri）也作了法上的《量决定论注》的补充注疏，保存在我国藏译丹珠尔的文献中。最后有一位婆罗门善加难难陀（šankarānanъa）绰号"大婆罗门"的，从事于一个规模很大的、考虑包罗宏富的关于《量释论》的注疏，不幸他没有全部完成。现存的部分虽只包含第一章的注疏（按传统的次序）而且连这一章的注疏也没有全部完成，但在丹珠尔藏文中已是占有四卷的庞大篇幅了。

在我国西藏作家中宗喀巴的弟子鲁也查布（Rgyaltshab，1364—1432 年）和这个学派有些因缘，而且可以看做这个学派在我国西藏的继承者。他毕生致力于逻辑研究的工作，几乎把陈

---

① 法上有关逻辑和认识论的特殊问题的四种著作：即《成量论》*Prsmna-pariksa*，《遮诠论》*Apoha-prakarana*，《成就刹那灭论》*Para-loka-siddhi* 和《成就彼世间论》*Ksana-bhanga-siddhi*。

那和法称所有的著作都注疏过。

（三）宗教学派的注疏家——这个学派和第二学派一样，致力于发掘法称著作深邃的意义而发挥它潜在的根本倾向。这一学派也研究过第一学派的代表著作，它极端藐视第一学派所谓直接意义的注疏。无论如何，这两个学派根本的区别点在于它们对于这个体系中心部分和根本的定义上的不同。根据这一学派的看法，认为《量释论》作者的目的，根本不是对陈那纯粹逻辑论著的《集量论》的注疏，只是大乘经典的注疏。这个注疏是用它建立了遍知者和佛陀其他本性以及"法身"的存在，建立在绝对存在和绝对知识的双重面。对于这个学派来说：这个体系的所有的批判和逻辑的部分，除了给予一个新的和净化了的形而上学说铺平道路外，别无其他目的。根据这一学派的以上看法，法称所有著作的中心和最重要的部分都被包括无遗。认为《量释论》第二章（在传统的次序中），是研究我们知识的真实性，以及在这种原因上所具有的宗教问题，这些问题对于佛家说来，是佛陀论的问题。

这个学派的创始人普拉那迦拉古朴达（Prajñakara Gupta）是孟加拉邦（Bengal）人。达纳那塔在《印度佛教史》没有描述他的生平，可是提到了他是佛家社团的一个外行者，而且说他是生活在普儿（Pal）王朝、玛希巴拉（Mahipala）的继承者玛哈巴拉（King Mahapala）国王的时代。根据这个说法，就是说普拉那迦拉古朴达生活于公元 11 世纪的。但是这未必是正确的，因为 10 世纪的乌塔耶那—埃克理亚（Udayana-acarya）曾经引用过他的著作。也许是 10 世纪的人，是和乌塔耶那—埃克理亚同时代的人。法称自己已经为《量释论》第一章作了注疏，普拉那迦拉古朴达作了第二章到第四章的注疏。这部著作在我国藏文译典中，补入丹珠尔的两大厚卷，仅仅第二章的注疏就占了整卷的篇幅。这部著作并不是以通常的注疏为标题，而是命名为《量释庄严论》，所以这位作者普拉那迦拉古朴达被人称为"庄严论的大师"（Master of the Ornament）。他用这个命名，希望向人昭示说：一部真正的注疏将需要更多的篇幅，并且需要富有非凡的启发性，这种启发性是门弟子所迫切需要的。所以他另外又著了一部短的《庄严论》，为那些爱浅尝为足的人指出这个学说突出之点。他猛烈攻击帝释慧以及那些只寻求所谓直接意义的注疏方法。他称帝释慧为笨汉。

　　普拉那迦拉古朴达有许多追随者，大概可分为三个小派。这三小派的代表人物是基那（Jina）、腊维古朴达（Ravi Gupta）和耶玛雷（Yamari）。

　　基那是普拉那迦拉古朴达最坚定和勇敢的追随者，而且是普拉那迦拉古朴达思想的发展者。基那的看法，认为《量释论》原来的次序如下：第一章研究知识的真实性，包括佛陀论。然后第二、第三、第四章对感官的知觉、推理和推论式的一个探讨。他认为这个章次本来是清楚的而且自然的，后来被愚者帝释慧所误解和倒置。基那认为帝释慧所以会误解和倒置，也是有一定的原因造成的，那就是法称自己只有时间写第三章偈颂的注疏。也许第三章是最难的一章，法称自己先注疏，或许法称自己并不觉得有能力去完成整部工作，选定了这一章在他的晚年来注疏。基那在指责和指出帝释慧误解和倒置的原因以后，并谴责腊维古朴达误解了大师的原意。

　　在基那指出《量释论》的章次是被帝释慧误解和倒置而违反自然次序这问题以后，也有人提出不同的意见，反对基那的看法。那就是普拉那迦拉古朴达的及门弟子中第二支派腊维古朴达。腊维古朴达的活动范围似乎是在克什米尔。也许是和建那那司利同时代的人。建那那司利和基那比起来，他是中和倾向的典型代表。他对《量释论》章次安排的看法又和基那不一样。他认为《量释论》各章原来的次序是帝释慧所接受的次序。他认为帝释慧虽然不是一个很聪明的人，但是并不至于是把他老师的主要著作的各章次序混淆起来的笨汉。此外他对法称著作《量释论》的目的看法也和基那不同。他认为法称写《量释论》目的并不是全部为陈那的逻辑体系作注疏，只注疏了一部分，其目的在于给大乘佛教创立一种哲学的基础。

普拉那迦拉古朴达学派第三支派的代表是耶玛雷。他是克什米尔人建那那司利的及门弟子。他活动的领域似乎是在孟加拉邦。根据达纳那塔的看法，他和克什米尔学派的最后代表"大婆罗门"善加难难陀是同一时代的人。这两个作者都生活于公元 11 世纪。耶玛雷也是中和倾向的人物，不过没有像腊维古朴达那样突出。他的著作充满着反对基那尖锐的辩论法。他指控基那有误解普拉那迦拉古朴达著作的地方。耶玛雷也认为帝释慧是法称及门弟子，不可能把《量释论》各章的次序基本的东西混淆。

耶玛雷的著作包括普拉那迦拉古朴达著作的整个三章的注疏。这个注疏丰富了我国西藏丹珠尔四大卷的内容。而且被认为是范围广泛包罗宏富的注疏，如同他同时代的人克什米尔学派最后代表善加难难陀的注疏一样。

第三学派从什么角度来理解法称的著作，对法称著作的见解如何，特别是对接受法称著作有关逻辑学说这一部分的看法如何，这一点的研究者是很广泛的。根据在西藏梵学者中传统流派的看法，认为第三学派开创人普拉那迦拉古朴达是极端相对论者。他是运用中观学派随应破派（Mādhymika-Prāsangika School）的观点来解释《量释论》。月称（Candrakirti）是中观随应破派伟大的代表，他完全反对陈那的逻辑改革，他宁愿采取尼也耶、婆罗门学派实在论者的逻辑。但是普拉那迦拉古朴达认为月称不是完全不可能接受陈那的逻辑改革。不过月称是中观随应破派的中坚，他认为"绝对"的东西是不能够完全用逻辑的方法来认识的。

善谛拉克司大（šantiraksita）和喀马拉希拉（Kamalašila）虽然研究了陈那的逻辑体系而且对它作了一个精明的解释，但在他们精神上是中观学派的人物。这一点从他们的著作看得很清楚。他们属于中观瑜伽（Mādhyamikas-yogācāras）或中观学派的自立量派（Madhyamikas-Sautrāntikas）混合的学派。

萨司耶班底特（Sa-skya-pandital，1182—1251年）所创立的西藏学派持有更不同的见解。这个学派认为逻辑是一种完全凡俗的科学，根本不包含有佛教的性质，正如药品或数学之不包含佛教的性质一样。著名的史学家布席顿和任波持（Rin-poche）有同样的见解。但是现在著名的基鲁司巴（Gelugspa）宗派反对这些观点，而且承认在法称的逻辑中，作为一个宗教来看，仍然是佛教一个坚固的基础。

以上是为法称著作作注疏的各学派。它们各根据自己的角度和见解来理解法称的著作。由于各持自己认为正确的见解，也进行了互相反对的争论。

当然，角度不同见解也必定有分歧。到底各个学派见解谁是谁非，我们还需要根据具体问题作具体分析。但从各派各家的见解及互相间的争论，充分反映出法称著作在印度逻辑史上所起反响的多面性和广泛性。

为了表达各个学派为《量释论》注疏的人和互相间的关系，作简单表解及说明如下：

表示《量释论》的七种注疏与补充注疏之间的关系，其中的五种注疏是没有注疏第一章的。

第一学派（"语言学的"学派）的《量释论》的直接注疏家

（一）表解：

（二）说明：这个学派的律天没有为《量释论》进行注疏，但是他注疏了法称其他的著作。在我国藏族的作者中，盖大普属于这个学派。

第二学派（克什米尔的批判学派）的《量释论》的注疏家

（一）表解：

章次　1.推　理　2.知识的真实性　3.感官知觉　4.推论式

注疏　法称自己注疏

由班底特、善加难难陀
作补充注疏（未完成）

由鲁也香布作藏文的注疏

（二）说明：属于这个学派的法上为《量决定论》和《正理一滴论》曾作了注疏。而建那那司利曾注疏这些著作的第一部分。他们都未曾对《量释论》进行注疏。

第三学派（孟加拉宗教的学派）的《量释论》的主要和补充的注疏家

（一）表解：

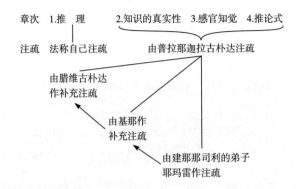

（二）说明：各箭头表示了所攻击的对象。

因明在中国的传播和发展[*]

一　前言

　　因明即佛家逻辑，是公元 4—6 世纪中由印度瑜伽行学派弥勒、无著、世亲、陈那、法称等论师，在尼也耶派十六范畴中有关逻辑思想上逐渐发展起来的。"因"梵语称为"醯都"（hetu），含有理由、原因、知识的意思。"明"梵语称为"费陀"（vidya），在汉语意译为"学"。所以"因明"就是有关于因的学问。"因"的狭义的解释，当指五分（宗、因、喻、合、结）或三支中的"因"而言；至于因明的"因"，意义就较为广泛。因明命名的主旨在以五分或三支最重要的因来表示及概括一切关于证明的形式和事物，一切证明最终要归到使宗（论题）能正确地建立起来的"因"（论据），所以这门学问称为因明。这里仅就"因明"一名作简单解释，至于这门学问的内容，当然还有一个逐步深化的过程。

　　* 本文原载《哲学研究》1986 年第 11—12 期。后收入刘培育等编《因明新探》，甘肃人民出版社 1989 年版。——编者

　　从因明的发生发展的过程来看：最初，因明偏重于辩论的探索和总结；继而，创立能立（证明）、能破（驳斥）的学说；最后，形成一个"认识论的逻辑"，讨论知识的起源、知识的形式和知识的语言表现。这三个主要题目叫做感觉（现量）、推理（为自比量）和推论式（为他比量）。但是在讨论当中，也可以把感觉性作为我们对外在真实的知识的原始来源，把智力作为产生这种知识形式的来源，把推论式作为充分表达这一认识过程的语言形式而从事研究。

　　彻尔巴茨基（F. Tk. Stcherbatsky）在《什么是佛家逻辑》（*Buddhist Logic What*）中说，佛家逻辑的内容，首先是三段论法的说法，单凭这一点，就可以称得上逻辑。三段论法的发展，必然要求对判断的本质、名词的含义和推理进行理论上的探讨，这一点和欧洲的情况正好一样。但因明还不止这些，它还包含一种感觉理论。说得更准确些，就是探讨人们认识可靠性的理论。一般来说，以上这些都是认识论研究的问题，因此也可以说，因明体系叫做一个认识论逻辑的体系。它一开始就是一种感觉的理论，毫不含糊地证明外部世界是存在着的，接着它发展成了一种协调理论。人们的认识通过意象和概念反映外部世界，把人们的这种反映和外部世界协调起来的理论。以后又出现了判断、推理和三段论法的理论；最后又加上在大庭广众面前进行哲学辩论（一种艺术）的理论。因此，因明包括了人类认识的全部领域，从初级的感觉开始，直至一整套复杂的公开辩论规则为止。佛家论师把他们自己这一学科，叫做逻辑推理学说，或者叫做正确认识之来源的学说，或者索性叫"做正确认识的调查研究，它是一种探讨真理与谬误的学说。"这是很恰当的论断。

二　汉传因明

印度佛典在中国传播，从公元 4 世纪相伴而来的因明有汉传和藏传两大支流。这对人们进行逻辑思维以及对丰富中国逻辑史的内容说来都是有益的。

汉传因明有两次：第一次是后魏延兴年（472）西域三藏吉迦夜与沙门昙曜所译的《方便心论》。陈天竺三藏真谛译的《如实论》和后魏（541）三藏毗目智仙共瞿昙流支所译的《回诤论》。

《方便心论》相传为龙树所造。有些本子没写作者是谁，宇井伯寿则认为它是龙树以前小乘学者的作品。此论作者因胜论学派及其他学派立说有分歧，故造此论阐明辩论的方法和思维的正轨，兼有逻辑与雄辩法性质。全论共有四品：（一）明造论品，列八种论法，即：譬喻、随所执、语善、言失、知因、应时语、似因、随语难。（二）明负处品，约为九种，即：颠倒、不机警或不巧、缄默、语少、语多、无义语、非时语、义重、舍本宗（放弃自己的主张）。（三）辩证论品，对辩论中的意见的辨别方法，以"常与无常"和"有与无"论辩为例，从中辨别真伪，使学者有所依据。（四）相应品，相应略当逻辑的异物同名。相应有二十种问答法，即：增多、损减、同异、问多答少、问少答多、因同、果同、遍同、不遍同、时同、不到、到、相违、不相违、疑、不疑、喻破、闻同、闻异、不生。

《如实论》为世亲所造。共有三品：（一）无道理难品，是将所谓无道理的言说反复辩难，析有九种：1. 汝称我言说无道理，若如此者，汝言说亦无道理。2. 汝称我言说异，不相应故，我今共汝辩决是处。3. 汝称我说义不成就，我今共汝辩决是处。

4. 若汝说不诵我难，则不得我意，若不得我意，则不得难我，我今共汝辩决是处。5. 汝说我语前破后，我今共汝辩决是处。6. 汝说我因说别，我今共汝辩决是处。7. 若汝说我说别义，我今共汝辩决是处。8. 汝说我今语犹是前语，无异语者，我今共汝辩决是处。9. 若汝言一切所说我皆不许，我今共汝辩决是处。（二）道理难品，此品说难有三种过失：1. 颠倒难，是立难不与正义相应。析有十种，即：同相难对于物的同相立难；异相难是从其不相应立难；长相难是于同相显出别相，指出立者的因与论题的宾词不相离；无异难是敌者以或一同相立一切无所异，所主张不独以同相为因，并须具备因之三相，所以不为敌者所击败；至不至难是问因为至所立义？为不至所立义？若因至，所立义则不成因；因若不至，所立义亦不成因；无因难对于三世说无因；显别因难是依着其他的因来显无常之法即是非因；疑难是在异类上依同相而疑的难；未说难未说之前，未有无常，是名未说难；事异难是以为事不同，所论定亦不能相同，如声与瓶不同，不能说同是异常。2. 不实义难，析有三种，即：显不许义难，是在现前证见的事物上更觅他因；显义至难，是于所对的义说这义义至；显对譬义难，是因对譬的力而成就义。3. 相违难，义不并立，名为相违。譬如明暗、坐起等不并立，是名相违难。此难有三种，即未生难，是对于前世未生的时候，因为不关于功力（勤勇），故应是未生的难；常难，是因为在常中有无常，所以发出声即是常的难；自义相违难，是因难他义而坏自义的难。此品除以上所举道理难以外，还提出五种正难，即破所乐义、显不乐义、颠倒义、显不同义、显一切无道理成功义。（三）堕负处品，析有二十二种，即：坏自立义、取异义、因与立义相违，舍自立义、立异因义、异义、无义、有义不可解、无道理义、不至时、不具足分、长分、重说、不能论、不解义、不能难、立方便避难、信许他难、于堕负处不显堕负、非处说堕负、为悉檀多所违似因。

《回诤论》是龙树为批评尼也耶派足目所立的量论而造的。这部论梵本已佚，在我国西藏"丹珠尔"中题作《压眼诤论颂》，为印度智藏（Jnana-gaubha）所译。在藏译《回诤论》中，龙树批评量的真际说："为你因量或知识的本质建立一种对象，这个量亦当因着别的量而成立，别的量也用着更远量而成，如是量量相因，终归使你走到无穷错误的地步。反过来说，你为试欲离量建立对象，你所谓一切对象都是因量而成的教理便不能成立。量不是自己建立的。如量能自建立，无明便当完全消灭。量能自建立与能建立对象的理论是不能成立的。譬如灯可以照见别的对象，使物体上的黑暗除掉，但不能自照，因为光明未尝与黑暗共同存在，无黑暗可照的原故。""如量全因对象或所量而成立，则不能谓之量。进一步说，如量依于所量，则其自身并不存在，怎能建立所量呢？"

此论汉译本，析有三分：偈初分第一；偈上分第二；释初分第三。其中先后论述言语有体无体、遮与所遮、现比譬喻等四量。善法有无自体、能取与所取、量离量成所量之物为量成等问题，都贯串着中观学派缘起性空的思想。也就是认为一切事物皆由相依相待的条件而成（缘起），其中并没有一个天生的永恒不变的实体（性空）。这些都涉及佛家辩证思维观点，不纯属因明的问题。但其中言语有无自体，判断中有表诠、遮诠的不同，能量与所量有什么关系等也是因明的基本问题，所以这部论还值得因明研究工作者予以重视。

第一次传入的以上三论，没有发生重大的影响，因为只有印度因明的汉译本或藏译本，并没有由此而产生什么自己的因明著作，也没有重要的注疏，可以说影响不大。

因明第二次传入，主角是玄奘。他从印度带回一大批因明经卷，并于贞观二十年（647）在弘福寺译出商羯罗主的《因明入正理论》。作者商羯罗主的历史已难详考。据一些材料推知，他可能是南印度人，属婆罗门种姓，是陈那的早年弟子①。

《因明入正理论》的全部内容，在开头有总结一颂说："能立与能破及似，唯悟他。现量与比量及似，唯自悟。"依英译把这个颂译成现代汉语就是："证明和驳斥连同谬误的证明与谬误的驳斥是用来同别人争辩的；而知觉和推理以及谬误的知觉与谬误的推理是用来供自己理解的。"② 这就是后人通称的"八门"、"二益"，实际包含诸因明论所说的要义。"八门"的内容，窥基《因明大疏》作了精要的解释："一者能立，因喻具正，宗义图成，显以悟他，故名能立。二者能破，敌申过量，善斥其非，或妙征宗，故名能破。三者似能立，三支在阙，多言有过，虚功自陷，故名似立。四者似能破，敌者量圆，委生弹诘，所申过起，故名似破。五者现量，行离动摇，明证众境，亲冥自体，故名现量。六者比量，用已极成，证非先许，共相智决，故名比量。七者似现量，行有筹度，非明证境，妄谓得体，名似现量。八者似比量，妄兴由（因）况（喻），谬成邪宗，相违智起，名似比量。"现比二智，洞鉴事物的自相和共相，从疏远的方面说，虽有悟他的作用，但从亲缘来说是用来供自己理解的。所以说"唯自悟"。作者认为证明是用来和别人争辩，现、比二智，只是能立的资具，非正能立，所以颂中先说"悟他"，后说"自悟"。

此论依着这个颂概括为六个问题进行分析。（一）明能立。

---

① 详见拙文《因明入正理论的内容特点及其传习》，《现代佛学》1959 年第 1 期。后收入《因明论文集》。——编者

② 译自威利布萨哪《印度逻辑史》。

先示宗相，强调需要将宗依即"有法"（论题中的主词）和"能别"（论题中的宾词）同宗体（整个论题）区别开来，主张宗依两部分须分别得到立论者和论敌的共同承认而达于极成，而论题是由立论者和论敌一致承认的宾词区别而成的。论中"谓中极成有法，极成能别，差别性故。"就是这个意思。次示因相，因相有三：遍是宗法性，同品定有性，异品遍无性。缺第一相，"不成"过起。缺第二相，"相违"过生。缺第三相，不定过成。三者缺一不可，分割不得。后示喻相，强调同喻"若于是处，显因同品，决定有性"；异喻"若于是处，说所立无，因遍非有"。与陈那所主张的"说因（中词）宗所随（大词），宗（大词）无因（中词）不有"的精神，完全一致。（二）明似能立。依照宗、因、喻整理出三十三过。似宗九过，似因十四过，似喻十过，都举了适当的例子，以便实用。（三）明二真量，先辨现量体，次辨比量体。（四）明二似量，先辨似现量，后辨似比量。（五）明真能破。（六）明似能破。

作者在因明的运用方面有很大推进。像他对因的初相分析，连带推论到宗的一支，需要将宗依从宗体区别开来，宗依两部分须各别得到立敌共许而达于极成，否则似宗就会有"能别不极成"、"所别不极成"、"俱不极成"的逻辑谬误。其次，他对第二、三相的分析，连带将陈那所立因过的"相违决定"和"四种相违"一一明确起来，这些都是陈那著作中所未明白提出的。吕秋逸先生说："破立的轨式，经天主的发展，始臻完备。"① 洵非过誉。

本论是一部极其精简的著作，词约而义丰，但仍包括不尽，所以在论末更总结了一颂说，"已宣少句义，为始立方隅。其间

①　吕澄：《印度佛学源流略讲》，上海人民出版社1979年版，第225页。

理非理，妙辩于余处。"这是要学者更进一步学习陈那所著的《正理门论》、《因轮抉择论》等而力求深入的。

玄奘于贞观二十三年（649）又在弘福寺译出陈那的《因明正理门论》。《大藏》中另存义净（635—713年）所译《因明正理门论》一卷，论本部分和奘译完全一样，仅仅开头多了"释论缘起"一段。这一段的最后说："上来已辩论主标宗，自下本文随次当释。"可见义净拟译的是一种释论而非论本。他只译了一点，后人取奘译凑足一卷，录家因而误传，《大藏》中亦相沿未改。

关于作者陈那（480—550年），我国西藏史学家达纳那塔布顿（Daranatha Bu-stn）和其他人所记载的情况都充满着难以置信的神话故事。所以要在这些资料中得到真实性的史实是件困难的事。但是，关于陈那等人的师承关系记载，却大有可能是确实的。在记载中说，世亲是陈那的老师。但当陈那去听世亲授课的时候，世亲已经是一位年长而有名的人物。法称不是陈那直接的弟子。在他们之间有一位名为自在军（Isvarasena）者，他是陈那的弟子又是法称的老师。关于自在军学派的历史记载，虽然没有提到他，但法称曾提到自在军，并指责自在军对陈那的学问有误解之处。这样，我们可以得到下列的师承关系：世亲—陈那—自在军—法称。因为法称是在7世纪中叶享盛名，而世亲生存不会早于6世纪之末。

陈那出生于印度南部建志城（Kānci）附近。属婆罗门种姓。早岁研究佛学是受犊子部（Vātsiputriva）这一部派的影响，并接受他们的思想。但是，陈那因为不同意他的老师关于承认真实人格的存在的意见而离开了寺院。后来陈那旅行到北方，在摩竭陀接受世亲的指导而继续研究。世亲在印度佛学史上占着非常重要的地位，他是得到第二佛陀（Second Buddha）称号的大师，在那时已名震当世。他的著作是百科全书式的，包括着他的时代印度培植起来的科学。他有许多弟子，但只有四人最负盛名，陈那是其中之一。陈那在因明问题上和他的老师世亲意见不同，正如在真实人格问题上和他的第一位教师不同一样。

陈那的著作除早期有两本关于佛教哲学的袖珍书外，其余都是有关因明的。他对因明不但有深刻研究，而且有重大贡献。史学家称他为"中古逻辑之父"。陈那有关因明的著作凡有八论。《正理门论》即其中一种，余七为《观三世论》、《观总相论》、《观所缘论》、《因门论》、《似因门论》、《取事施设论》及《集量论》。其中《因门论》和《似因门论》二论现不传，余有汉译或藏译本。陈那因明著述，可分两个时期：前期以论法为中心，可以《正理门论》为代表；后期以认识论为中心，可以《集量论》为代表。《集量论》分为六章，即：知觉作用，为自己而推理，为他人而推理，理由或中词的三个特征以及那已驳斥过的把比较作为单独证明方法的主张，驳对口证的驳斥，三段推论式。这部论是他晚年精彩的著作，非常简括，如果没有耆难陀菩提（Jinendrabuddhi）详细全面的解释的话，就很难理解了。

当陈那结束研究之后，和当时有名的教师一样过着平凡的生活。在那烂陀，陈那和一位绰号为"极难胜"的婆罗门进行辩论，得到了权威的因明学家的声誉。从此以后，他由一个寺转到另一个寺，进行讲授、编写著作及参加公开辩论。这种辩论是古代印度公共生活显著的特征。按当时社会，一个寺如遇到波折影响到它的繁荣和继续维持的话，但在合法辩论会获得胜利，就会得到国王和政府的照顾和支持。陈那由于辩论中得到的声誉，使他变成为最有名的佛学传播者之一，他既是辩论成功的胜利者，又是全面传播因明的大师。他似乎没有到过克什米尔，但这地方的代表访问过他，后来这些代表在克什米尔创办了学院，这些学院开展陈那著作的研究，产生了许多有名的因明学者。

《正理门论》为陈那前期代表作。此论一开始即标出宗旨："为欲简持能立能破义中真实，故造斯论。"全论可分两段：第一大段论述能立及似能立；第二大段论述能破及似能破。

本论首段分真能立和立具。在真能立方面，唯取随自意乐而立宗义，并须避免种种相违的似宗。此类似宗包括：自语相违，自教相违，世间相违，现量相违，比量相违。其次，依因之三相改五支论式为三支比量，使因明证明开始具有演绎推理的必然性。论式中的因须立敌共许，方能令敌生忆念，依此忆念方生了智，依此了智方能成宗。所以违背因之初相——遍是宗法性就犯四不成过：两俱不成，随一不成，犹豫不成，所依不成。依因之后二相——同品定有性与异品遍无性，配合成为九句，以为因的真似的刊定。九句即：（一）同异品共有，（二）同品有异品无，（三）同品有异品俱，（四）同品无异品有，（五）同异品均无，（六）同品无异品俱，（七）同品俱异品有，（八）同品俱异品无，（九）同品俱异品俱。在这九句中，只有（二）、（八）是正因。（四）、（六）属"法自相相违因"（中词与大词相矛盾），其他都犯"不定"过。威利布萨那（S. Vidyabhushah）《印度逻辑史》认为，发现（二）、（八）为正因，陈那为第一人。（二）、（八）所以成为正因，其关键不在于同有或同俱，主要在于异无。如立"声是无常，所作性故，同喻如瓶，异喻如空。"同品之"瓶"，有"所作性故"这个因，而异品之"空"却没有；同有异无，当然是正因。但如立"声是无常，勤勇无间所发性故"，同喻如"瓶"如"闪电"，异喻如"空"。这"勤勇无间所发性故"因，于"瓶"有、而于"闪电"无，虽不同于（二）同遍有，而依"勤勇无间所发性"因，仍然成立。声是无常宗，不会声是常宗，所以也是正因。玄奘所译因明论书，对于因之第二相，不译同品遍有性而译成同品定有性，正是体现了陈那将正因分为同有异无和同俱异无两类的精神。陈那由（四）、（六）句和正因相反的方面，又发展说有四相违与"相违决定"（矛盾并非错误，就是论题及其相反论题，各有显然充足的理由来支持它）。在喻支方面，陈那又明确了论式上合和离的正确作法。同喻的合作法，是以"因"合"宗"。举例说：什么法上的所作性，就什么法是无常。异喻的离作法是由"宗"离"因"。举例说：什么法是常，什么法上便没有所作性。因此，就有"倒合"（显示中词与大词之间具有颠倒联系之一同喻的谬误）和"倒离"（显示中词与大词之间并无颠倒分离之一异喻的谬误）。其次，谈到立具，即是现量与比量。现量有四类，即五识无分别，和五识同起的意识，贪荣心所的自证分，定中离教分别的瑜伽现量。比量有两层：一是从现量或从比量而来的审了宗智，这是远因；二是忆因之念，才是近因，因为由于回忆才明白因与宗有必然的联系，如正面了解有烟应有火，所作应是无常，反面也明确了无火必无烟，常必非所作。可见比量的决定智（果）实合审宗智（远因）与忆因念（近因）而生。至于陈那为什么只说现、比二量？其根本理由，就是所量之境不外自相（特殊）与共相（一般）。事物的本身或者它的特定的意义，各依附着它的本身而非通到其他方面的叫做自相。譬如风声无关其他的声音，就是事物的本身，无常只指风声而不指其他，这叫做特定的意义，都是属于自相。如有法体或义像缕贯华，那就是共相，譬如"声"的概念，通于人声、钟声、鸟声、树声、雨声等，又如"无常"的概念，通于瓶、盆、草、木、鸟、兽等，都属于共相。认识自相的叫做现量，因为是对现在事显现现成证知的。认识共相的叫做比量，因为是有待三相推比才知道的。在人类知识的领域内，除了自相、共相，再也没有所量之境，所以能知之量也只限于现量和比量，不容增减。

本论第二大段分能破与似能破。在能破方面，可分为六类，即支缺、宗过、因过不成、因过不定、因过相违、喻过。似能破方面，用以上能破的标准，衡量过去所说的过类，只取其似宗过破、似缺因过破、似喻过破、似不成因破、似不定因破、似相违破等六类十四过。

本论详于立破，对于现、比量论述则较少，这表示陈那在著此论时，还保留一些旧观点，并未形成量论（包括认识论和逻辑）的整个体系。但作者不久即以本论为基本资料，而另著《集量论》，不再以现、比量为能立的资具，而予以独立的地位，大成了量论组织，所以本论也含有从论法到量论的过渡的意义。

玄奘在印度游学时，对于因明反复钻研，有很深的造诣。回国后，相继译商羯罗主《入正理论》和本论，可见他对此十分重视。译本既出，门下诸师奉为秘宝，竞作注疏。《入正理论》以大庄严寺文轨和慈恩寺窥基注疏最为流行。轨疏四卷，制作较早，后称"旧疏"；基疏八卷，解释繁广，后称"大疏"。奘门最后唯窥基一系独盛，他门下慧沼相继撰《义断》三卷、《纂要》一卷、《续疏》（这是补足基疏末卷的）一卷。再传智周又撰《前记》三卷、《后记》二卷，都是简别他家异义而宣扬基师之说的。此外还有道邑的《义范》三卷、道巘的《义正》一卷、如理的《纂要记》一卷，也是发挥基师学说的，可惜已佚不传。《正理门论》注疏，可考者有神泰的《述记》一卷（今存本不全），太贤的《古迹记》一卷，大乘光的《记》二卷，圆测的《疏》二卷，文轨的《疏》三卷，净眼的《疏》三卷，胜庄的《述记》二卷，憬兴的《义钞》一卷，道证的《疏》二卷、《钞》二卷，玄范的《疏》二卷，定宾的《疏》六卷，文备的《疏》三卷、《注释》一卷，崇法师的《注》四卷，以上可惜也大都佚失不传。此外，窥基《因明大疏》引本论诠文（日人宝云等尝引用以注疏本论），也详前略后。但自会昌变后，继以五季之乱，赵宋禅宗勃兴，义学不作，因明遂不受重视。窥基《因明大疏》，沦落海外，历宋、元、明三朝，不见因明真面目，长达数百年。清末石埭杨仁山居士从日本取回，锓板流通，讹谬仍多。近从《续藏》取《前记》、《记后》等，详为参考，更得日人云英晃耀氏之冠注及《瑞源记》以为范本，向之诘屈聱牙不可通者，乃渐释然。直至近代研究者才较多，成果也较大，其荦荦大者有欧阳竟无撰《因明正理门论本叙》（1930）；吕澂与释印沧合撰《因明正理门论本证文》（1927）；丘檗撰《因明正理门论斠疏》六卷等；日人宇井伯寿撰《因明正理门论解说》（1929），更于 1950 年将《正理门论》译成日文；意人杜芝（G. Tucci）将奘译《正理门论》译成英文（1930）。

以上是我国汉族两次因明传播及其对日本、意大利的影响。

三　藏传因明

因明在我国西藏的传播和在汉族地区的传播大不相同。世亲的因明著作在西藏最早是什么情况，不得而知，只知道有《如实论》等的引文。显然，世亲的因明著作不是没有翻译出来，就是被后来著作湮没了。而陈那的主要作品，耆难陀菩提关于《集量论》的伟大注疏，法称的七论，法上的著作以及其他因明家的作品全部都有忠实的藏译本。可见善谛拉克斯（šantisaksita）和喀马拉希拉（Kamalašila）到达西藏这个冰雪之乡以后，印藏之间的交往是很活跃的。印度所有的佛教杰作几乎全都译成了藏文。当佛教在印度衰微之后，西藏学者开始独立撰写自己的因明著作，并且继承了印度的传统。法称的因明七论是在西藏佛教后传的初期（11 世纪末）经俄译师（Rnog Blo-ld anserab，1059—1109 年）的努力才全部译成。西藏的因明传播可分为新、旧两期，以宗喀巴（1357—1419 年）画线，在他以前为旧时期，在他以后为新时期。

在藏传因明系统里，第一个独立撰述因明著作的，是俄译师的三传弟子法师子（1109—1169 年）。他主持桑朴寺十八年，写了一部关于法称的《量决择论》的注解，还把他本人对因明的理解用便于记忆的韵文写成一种独立的因明著作，叫做《量论略义去蔽论》。他创立了一种特别的因明风格，这一点以后再介绍。他的弟子精进师子弘扬其说，也写了一种关于《量决择论》的注疏。在这一时期，萨迦派地区的大喇嘛五世，著名的萨班庆喜幢（1182—1251 年），综合陈那《集量论》和法称七部因明论著的要义，另撰《正理藏论》的短论，用的是便于记忆的韵文（颂本），阐明了自己的见解，转变了西藏学者一向只重视《量决择论》的偏向。他的弟子正理师子更详作解释，批判了当时有关因明的各种说法，给学者以指归。《正理藏论》在西藏得到极高的评价，明代永乐初编刻西藏佛教各部门要籍为"六论"，即以它和法称的《量评释论》并列为因明部门的经典著作，备受推崇，已不难想见。《正理藏论》共有十一品，解释了陈那、法称因明著述中的一切问题。全书由所知方面的"境论"和能知方面的"量论"两部分构成。第一部分七品，分别解说所知境本身、了解境的心以及心如何了解境。第二部分四品，分别解说量的总相、现量、为自比量和为他比量。吕秋逸先生说："原来陈那、法称的因明著述，只以现量、比量等分章，而《正理藏论》则从其中提出各种要义另行组成通论性质的各品。"同时，在各品中"随处先批判西藏和印度的旧说，再提出正确的说法，并还解释了种种疑难。特别是在萨班以前，西藏因明以

《量决择论》为主要典据。此论在法称所著三部根本论中只算是详略酌中之作，义理并不完备。萨班改弘《量评释论》，不但讲究得更全面，而且由为自比量中发展了'遮诠'（apsha，这是陈那对于'概念纯以否定其余为本质'的创说，法称也沿用之）的说法，又取成量品（《量评释论》的第二品）之说阐明了量的通相，以及说到释迦牟尼其人堪为定量的道理，联系瑜伽现量（佛家所认为现量的最高阶段）而谈，都有独到的见解。"吕先生还指出："萨班等所公认的传统师承，都是从陈那、法称而下，依次为天主慧、释迦慧、慧护、法上、律天、商羯罗难陀等人。但在萨班等著述里，对于诸家的学说却以道理的长短为标准而有所取舍。这种学风给予后人的自由立说以很好的启发。"①

这一时期最后的一位作者是仁达瓦（Rendapa-zhonnu-lodoi，1340—1412 年）。他是宗喀巴的老师，写了一部关于陈那体系总倾向的著作，有他自己独特的见解。

新时期因明，可分为系统的著述和课本两大类。宗喀巴写过一篇短文，题为《法称七论的研究入门》。但他的三个弟子贾曹杰（1364—1432 年）、克立杰（1385—1433 年）和根敦主巴（1391—1474 年）却为陈那和法称的所有著作几乎都写了注疏，这个领域的述作，从未中断。西藏地区各寺院自己印刷的因明著作的数量也非常之多。

至于各寺院学校用的因明课本都是由西藏大喇嘛编写的。有一套课本继承了色、哲、甘、松寺的老传统。宗喀巴创立了新教（黄教），属于新教的寺院学校至少有十所，丹萨松寺有三个学校，色拉寺有一个学校，哲蚌寺有两个学校，甘丹寺有三个学

① 吕澂：《西藏所传的因明》，载刘培育等编《因明论文集》，甘肃人民出版社1982 年版，第 269、270 页。

校，各有自己的课本和学术传统，其他寺院的学校按各自传统依从上述各学校中的一个，沿用其课本。但在蒙古的寺院都依从哲蚌寺的学校。这个学校是著名大喇嘛（Jam-yan-zhad-pa，1648—1722 年）创立的。他是一位杰出的人物，著述繁富，涉及佛学的各个方面。他原是东藏 Amdo 人，后来到中藏哲蚌寺的 Losaliñ 学校学经，因为和老师的意见不合，回到家乡 Amdo 创立一座拉卜椤寺。这个寺后来成为一个学术基地。

寺院学校的因明课程一般为期四年，四年内要背诵法称的《量评释论》简易的本颂两千多个。这些颂是基础读物，也是直接渊源于印度的唯一著作。作为对它的讲解，各校以西藏十大学校的课本之一为依据。因为印度所有的论疏，甚至法称为自己的第一本著作而写的论疏也已散佚，因此它们完全被西藏的论述所代替。

法称的《量评释论》在西藏独受重视，只有这部著作是人人所必读的。法称的其他作品，世亲、陈那、法上以及其他著名作者的著述都不那么受重视了。大部分有学问的喇嘛对世亲等著作甚至可以说遗忘了。为什么会这样？这是因为《量评释论》的"成量品"一开头就有个皈敬颂，赞叹释迦牟尼堪称为定量之人。宗喀巴的弟子们遂认为因明具有解脱道次的意义，带上特殊的宗教色彩，从而大大地限制了因明的健康发展。法称的因明在我国西藏地区的地位可与亚里士多德的《工具论》在欧洲的地位相媲美，而西藏对待因明与中世纪经院哲学对待《工具论》，也相类似。西藏利用因明来为佛教教义辩护；经院哲学则利用《工具论》来为基督教教条和教义作论证，使基督教变成完整的神学体系。这是值得注意的。不过，西藏的因明著作与欧洲中世纪的逻辑著作相比，一个突出的特点，是所有的定义都非常精确，辨别精微。西藏因明著作把"论辩的思维"分解为正规三段论法的三个词：即大词、中词和小词。三段论法的前提形式非关紧要，重要的是三个词。

　　辩论用一个推论式支持另一个推论式以表达一连串的思想。第一个推论式的理由是第二个推论式的大词，如此接连，一直达到原来的原则为止。于是一连串的思想采取以下的形式：假如有 S 就有 P，因为有 M；所以如此，因为有 N，又所以如此，因为有 O，如此等等。然而论敌可以反驳说：以上任何一个理由都不对或不确定。这种一连串的推理有一个简明的公式，用文雅的话说，叫做"继续与理由"的方法（the method of sequense andreason），据说这种方法是由法师子所创立的①。

四　结论

　　印度因明在中国汉族和藏族传播情况，略如上述。西藏学者所译的一些因明论著，已被意大利杜芝、日本宇井伯寿、苏联彻尔巴茨基等译成英语或日语，早已流传于世。至于印度因明通过藏译之后，在西藏思想界起了哪些影响，现在尚难做出全面估计。汉族玄奘把《入正理论》、《正理门论》译出之后，不仅他的门人依据所闻写出大量的注疏，而且从这些大量注疏、特别是窥基的《因明大疏》中，可以看出他们对因明的贡献，非印度所能有的。我曾将玄奘回国后对因明的贡献，归纳为五点：（一）区别论题为"宗体"与"宗依"；（二）为照顾立论者发挥自由思想，打破顾虑，提出"寄言简别"（即预加限制的言词）的办法就不成为过失；（三）立论者的"生因"与论敌的"了因"，各分出言、智、义而成六因，正意唯取"言生因"和"智了因"；（四）每一过类都分为全分的、一分的，又将全分

---

　　① 参见 Stcherbatsky，Buddhist Logic，Introduction，pp. 52—58。

的、一分的分为自、他、共；（五）具体分析宗、因、喻中有体和无体问题①。可见玄奘对因明是有所发展，有所创新的，都是消化印度的因明而创成中国的因明之一大产物。吕秋逸先生对西藏萨班庆喜幢的《正理藏论》的评价中曾提到，此论不仅批判了西藏的旧说，也批判了印度旧说，这说明因明在我国西藏地区也是有所前进、有所创新。这方面尚有待进行发掘，进行科学总结。

当时日本佛学界非常重视玄奘翻译的因明两论。道昭仰慕玄奘，远道来中国，拜玄奘为师，学习因明。回国后，道昭创立一个因明学派，后来叫做"南寺传"。八世纪日本玄昉，把窥基的《因明大疏》和其他因明著作传入日本，并创立一个因明新的学派，后来称之为"北寺传"。

再从中国汉族来考察，玄奘传播的因明，对中国思想家、哲学家也发生了深远的影响。特别突出的是，出现了将因明与中国固有的名学之比较研究。乾隆道光之际的思想家、诗人龚自珍（1792—1841 年）有关佛学著作很多，不仅写了《发大心文》，而且运用因明宗因喻三支比量成立《中不立境》和《法性即佛性论》②。主张维新变法启蒙的思想家梁启超 （1873—1929 年）对因明也很熟悉。他说："印度的因明，是用宗因喻三支组织而成……墨经引说就经，便得三支，其式如下：

宗——"知、材也。"

因——何以故？"所以知"故。

喻——凡材皆可以知，"若目"。

这条是宗在经，因喻在说。《经上》、《经说上》多半是用这

---

① 详见拙文《玄奘对因明的贡献》。见本《文集》，第 7—9 页。——编者
② 见《龚自珍全集》第 6 辑，第 371—372 页。

种形式。《经下》、《经说下》则往往宗因在经，喻在说。如：

宗——"损而不害"。

因——说在余。

喻——"若饱者去余，若疟病人之于疟也。"

全部《墨经》，用这两种形式最多，和因明的三支极相类，内中最要紧的是'因'，'因'即'以说出故'之'故'。"[1] 参加资产阶级民主革命与立宪保皇派进行论战的章太炎（1869—1930），对唯识、因明都深有研究。早岁有《齐物论唯识释》之作，晚年讲"诸子略说"，又喜欢以唯识思想来衡量诸子百家。在《国故论衡》之《原名篇》和《明见篇》，他用因明三支来和逻辑、《墨经》作比较。他说："辩说之道，先见其旨，次明其柢，取譬相成，物故可形，因明所谓宗因喻也。印度之辩，初宗、次因、次喻（兼喻体、喻依）。大秦之辩，初喻体（近人译为大前提），次因（近人译为小前提），次宗（近人译为断案），其为三支比量一矣。《墨经》以因为故，其立量次第：初因、次喻体、次宗，悉异印度、大秦。"[2] 当代谭戒甫以《入正理论》二益（悟他、自悟）与墨辩作对照。他说："按因明以宗、因、喻为悟他法门；现、比量为自悟法门。其先他后自，以示'权衡主制，本以利人'（引《大疏》语），则所重者在悟他也。墨辩首以摹略万物之然（亲知），论求群言之比（说知），为自悟法门；次将以名举实，以辞抒意，以说出故，以类取，以类予（即辞、说、类三者）为悟他法门。其先自后他，以示'同归之物，信有误者'（引墨子答弦唐子语，见《贵义篇》），故所急者在自悟也。"谭戒甫认为墨辩"故、理、类"三物，正如因明之

---

① 梁启超：《墨子学案》，第107—109页。

② 章太炎：《国故论衡·原名》。

三支。他说："《墨子》本有《三辩》篇，今存其目，文已亡矣。窃意《大取》此章，或即《三辩》篇之逸文。所谓故、理、类三物，三物者分言之，三辩者合言之耳。夫墨辩称'物'，正犹因明之称'支'。盖因明三支，实亦四支，以喻支又分为理喻（即喻体）、事喻（即喻依）之故。今理、事二喻，既与理、类二物同，而宗与辞同，因与故同，则二者可谓大同；所异者因明以喻兼理、事而称宗、因、喻之三支，墨辩以一辞独立而称故、理、类为三辩，殆即墨家后学所定之轨式如是也。……陈那定因明之宗为所立……故、理、类三物可视为能立，'辞'因三辩而后能立，故能立称之为辩；所以故、理、类名为三辩也。若以论式体性言，一辞与三辩只可分为二事耳"。关于知识的来源和种类，谭戒甫也做了比较。他说："因明以论式为'悟他法门'。其'自悟法门'，初时立'量'甚多；……至陈那始限立'现、比'二量；天主绍之，遂成定论。墨家之论'知'也，初亦有闻、说、亲三者；……逮至《小取》，只论亲知、说知，闻知则不言矣。……其改进之功，不让陈那独专其美焉。"[1] 仅就以上四家，也看出玄奘翻译《入论》、《门论》之后，在我国汉族思想家中已发生深远的影响。因明在中国传播和发展之后，早成为浩浩荡荡中国逻辑史长流中不可分割的组成部分。陈寅恪认为："若玄奘其唯识之学，虽震荡一时之人心，而卒归消沉歇绝。"这种论断，单从与唯识宗同时传来的因明来看，已不符合历史的实际。我们有理由、也有必要，把由隋唐到明代，在中国逻辑史上另辟一个时代。这和从明代到新中国成立前夕，西方逻辑在中国传播之后，通过中国学者的研究，有所创造，应另辟一个新的历史时期一样。

---

[1]　谭戒甫：《墨辩发微》，第 422—464 页。

　　最后，谈一谈因明的特色和开拓研究问题。印度有因明、中国有名学、西欧有逻辑，在世界逻辑史上，堪称鼎足而三。三者互不相谋，而它们的形式（概念、判断、推论）以及这些形式在发生作用方面的规律，基本上是一致的，这充分说明"逻辑之名，起于欧洲，而逻辑之理则存乎天壤。"[①] 说西欧有逻辑，印度或中国无逻辑是謷言。但三者产生的时代毕竟不同，社会背景也各异，也必然各有各的特点。例如：在概念问题上，因明认为概念都不是从正面表示意义，而是通过否定一方，承认另一方的方法，即所谓"遮诠"（apoha）构成的。比如绿色的"绿"这一概念是如何构成的呢？就是表示"绿"为非"非绿"，由否定一方（遮）来表示另一方（诠）。这种遮诠说，不但西欧逻辑没有谈到，就是中国名学也没有谈到。在推理方面，因明认为从感觉或推比来审了宗智，都是远因。忆因之念才是近因。"决定智"是综合"审宗智"与"忆因念"远近二因而生。这种分析，也是西欧逻辑与中国名学所没有的。还有，因明把推理分为两种：自己了解事物，属于思维方面，叫做为自己而推理（奘译"为自比量"）；把自己的知识传授给别人，或提出论题，用论据（因）和论证（喻）来加以证明，属于语言表达方面，叫做为"他人而推理"（奘译"为他比量"）。它如成立自比量用"自许"言简，他比量用"汝执"言简，共比量用"胜义"或"真故"言简。过类有一分过、全分过之分。宗、因、喻析有有体、无体等等，都是西欧逻辑和中国名学没有涉及的。因明可以补逻辑或名学所未逮，其值得研究者，或在于斯。为推进逻辑科学的研究，在前贤比较研究所获得成果的基础上，以逻辑为经，因明、名学为纬，从概念、判断、推理，演绎、归纳、证明、驳斥

---

　　① 章行严：《逻辑指要》序言。

各个方面，密密比较，看有哪些相同或相通之处，又有哪些相异之处，这对继承过去逻辑这门学科的文化遗产，汲取其精华，剔除其糟粕，以促进人们的逻辑思维从而提高理论水平，完全有必要。同时，研究因明对于中国逻辑史、西方逻辑史、比较逻辑学及至认识论等也是不可或缺的。

玄奘对因明的贡献[*]

因明即佛家逻辑，是印度逻辑史上一个重要体系。"因"梵语为"醯都"（hetu），含有理由、原因、知识之因的意思。"明"梵语称为"费陀"（Vidya），含义略当于汉语的"学"字。这门学问大体上是由佛家瑜伽行学派的学者弥勒（Maitreya）、无著（Arya-asanga）、世亲（Vasubandhu）、陈那（Dignaga）、法称（Dharmakirtio）、法上（Dharmottara's）等在反对全盘怀疑论体系的精神上建立起来的。最初，因明偏重于辩论术的探索；继而创立比较完整的能立（证明）、能破（驳斥）的学说；最后形成一个认识论的逻辑体系。

首先，介绍因明这门知识到中国汉地的玄奘（600—664年）^①是河南洛州缑氏县（今河南偃师县南境）人。幼年出家，便从事佛学研讨，游学于洛阳、四川名德之门，执经问难，便露头角。于《涅槃》、《摄论》、《毗昙》、《杂心》诸学，特有心

＊ 原载《中国社会科学》1981年第1期。后收入《因明论文集》。——编者

① 玄奘逝世年月，为麟德元年（664）二月五日，这是没有疑问的。但生年不详。依据显庆四年（659）玄奘表启自述："岁月如流，六十之年飒焉已至"一语，上推生年应在隋开皇二十年（600），享寿六十五岁，较为可信。

得。曾讲学于荆湘间，声誉雀起；行脚河渭，入长安，"遍谒众师，备餐异说，详考其理，名擅宗途，验之圣典，亦隐现有异，莫知适从，乃誓游西方，以问所惑，并取《十七地论》以释众疑，即今《瑜伽师地论》（Yogacara-bhumi Sastra）也。"他曾说："昔法显、智严亦一时之士，皆能求法导利群生，岂使高迹无追，清风绝后，大丈夫当继之。"① 这时（626年）恰逢印度佛教学者波颇蜜多罗（明友）来华，介绍了当时那烂陀寺宏大的讲学规模以及一代宗师戒贤（Silabhadra）所授的《瑜伽师地论》，肯定这才是总赅三乘学说的大乘佛学体系，玄奘就更立下西游求法的壮志。贞观二年（628），他从长安出发，经兰州、瓜州、过了玉门关外五烽，度莫贺延碛，到了伊吾、高昌，再横绝中亚细亚，渡过锡兰河、阿母河，越过帕米尔高原西部，通过铁门，再翻过大雪山，历尽了艰难险阻，终于到达印度，入那烂陀寺戒贤之门而满足了他的志愿。他游学印度十七年，除了在那烂陀寺学习五年而外，还费二年时间，跟杖林山胜军（Jayasena）学习《唯识抉择论》、《因明论》等；又去印度各地参学，当时所有各种学说，他几乎都学遍了，而且能融会贯通，因而有甚深造诣，在印度得到极高的声誉。他于贞观十九年，携带梵本六百五十七部回到长安，备受朝廷的礼遇。唐太宗、高宗父子为他提供了很好的译经场所。他在这里从事译经事业达十九年，先后译出经论包括因明，共七十五部，一千三百三十五卷。在此期间，他把全副精力投入翻译，无暇撰述，只在翻译间随时对门人口说。其因明思想绝大部分见于窥基（632—682年）的《成唯识论述记》、《因明入正理论疏》。此外，尚可从慧沼（650—714年）、智周（668—723年）注疏中窥见到一部分。

———————

① 见《大慈恩寺三藏法师传》。

一 玄奘游学印度时期对因明的贡献

玄奘游学印度的时候，参访精通因明的论师很多，见于传记的，除了戒贤、胜军以外，还有僧称和南桥萨罗国婆罗门智贤两家。玄奘跟他们反复学习了陈那、商羯罗主等有关因明论著，不局限于一次，务使眼界广阔，以求大成，再回国家。玄奘对因明的贡献，具体表现在对胜军"诸大乘经皆是佛说"一量的修改上[1]。相传胜军四十余年立一比量云：

> 诸大乘经皆佛说（宗）——论题
>
> 两俱极成非诸佛语所不摄故（因）——论据
>
> 如增一等阿笈摩（喻）——论证[2]

此量流行很久，没有人能发觉它的逻辑谬误。可是玄奘到了杖林山之后，详加研究，发现胜军此量原来的论据或中词，对小

---

① 见窥基《因明入正理论疏》卷六。

② 《阿笈摩》即《阿含》（Agama）是北方所传原始佛教经典汇编的名称，其意义为依着师承的辗转所传。一般佛教文献里都将它作为声闻三藏中的经藏看待。它区分为四大部，称为四阿含：主要是依据所收经典篇幅的长短以及形式上和法数的关系，同时也照应到各经所说的义理及其适用的范围。一、《长阿含》（Dirghāgama）的篇幅最长，所说事实多涉及长远的时间，如过去七佛以及世界成坏劫数等，又有重点地显示佛说和其他学说的不同，故为宣教者所专习。二、《中阿含》（Madhyamāgama）篇幅酌中，且常有成对的同类经典，所说义理合乎中道，又着重阐明四谛，就是：（一）生是一场忧虑不安的挣扎；（二）它的起源是由于邪恶的欲望；（三）永恒的寂静是最后的目的；（四）使所有协力组成生命的功能逐渐走向消灭的道路，所以为学问者所学习。三、《杂阿含》（Samyuktāgama）篇幅短小，近于杂碎，记诵较难，重点在说各种禅法，故为修禅者所专习。四、《增一阿含》（Ekottarikāgama），各经大都与法数有关，从一到十或十一顺序编次，所说多为施、戒、升天、涅槃渐次趋入的道理，其侧重之处在于随着世人的根基，由各方面而说一法，并吸收种种因缘故事，所以为劝化者所专习。释迦牟尼涅槃之后，其弟子们就结集了四阿含，但实际阿含编成的时期是比较在后的。

乘学派说来，就有他随一不成过（即论敌认为中词缺乏真实性）的逻辑谬误。因为小乘学派不承认大乘经典是佛说，便可提出如下质问：究竟像自许《发智论》两俱极成（彼此共许）非佛语所不摄故，汝大乘经典非佛语呢？还是像《增一等阿笈摩》等两俱极成非佛语所不摄故，汝大乘经典并佛语呢？玄奘将论据改为"自许极成非诸佛语所不摄故"。"两俱"二字删去，在极成之前用"自许"预加限制的言词来简滥，这样改正之后，完全符合了因之三相即理由或中词的三个特征。不仅这一论据或中词与"诸大乘经"这一小词有必然联系，符合"中词必须寓于小词"的第一特征；同时，这一论据或中词，只能容纳佛说的增一阿笈摩（大词）又符合"中词必须只寓于大词同类的事物"的第二特征；而绝不容纳非佛说的《发智论》，即符合"中词不寓于与大词异类的事物"的第三特征。当然，要解决诸大乘经典是不是佛说这一问题，必须占有丰富材料，在历史科学的观点、方法指导下，从大量材料中引出正确的结论，不是单靠一因明的三支比量所能为力的。但专就因明证明方式与善于运用预加限制的言词来说，玄奘确实做到无懈可击，不愧为胜军的高足，而且是青出于蓝而更胜于蓝了。此其一。

其二，具体表现在解答正量部师般若毱多的难题上。正量部（Sammitiya）是部派佛教时期犊子部（Vātsiputriyas）分化出来的一个学派。它们的学说中，有些唯物主义因素。正量部认为"色"、"心"二法（物质和精神两种现象）性质，各不相同。"色法"有时暂住，"心法"则刹那生灭，因而主张色、心分离，各自独立。这一点和瑜伽行学派主张"心法"是最殊胜，"色"是"心"及"心所"所变现的影像，"色"不能离"心"及"心所"而独存，恰恰对立。正量部又认为心之缘境，可以直取，不待另变影像。这又和瑜伽行学派主张心之缘境只是人们交遍宇宙的潜在功能（种子），托物的自体（本质尘），依感官（根）而变现的影像（相分），至于物之体则非人之耳目等所能亲缘，又是根本对立。瑜伽行学派在印度盛行之日，正量部势力仍未衰歇，南印摩腊婆国（Morvi）特盛，西印信度国（Sahwan）次之。南印正量部师般若毱多被瑜伽行学派集中在"所缘缘"一点上。自从陈那（450—520 年）发表《观所缘缘论》以后，认为识托质而变似质之相，就是所缘缘。如天上月亮，能缘之识托月亮之质而生，就是第二个"缘"字的意思；而复变似月亮的影像，就是"所缘"的意思。因此，陈那主张能缘是内识，所缘也是内识。南印般若毱多（智护）抓住这一点，作了七百颂的《破大乘论》，重新破瑜伽行学派陈那的说法。他认为即使识托质（如月亮自体）而变似质之相（如所见到的月亮）为所缘缘的说法正确，但瑜伽行学派向来主张"正智"缘"真如"时不许带有似如之相，那么，所缘"真如"望能缘"正智"，就没有所缘缘义了。假使承认"正智"缘"如"，也有似如之相，就违反瑜伽行学派所崇奉的经论。般若毱多这一驳斥，可谓击中要害。因为"正智"缘"如"时，既非"真如"为"所缘缘"，那么，诸识缘一切境相时，就都无"所缘缘"义了。相传瑜伽行学派学者，经过十二年时间，没有人能救得了所缘缘义。一直到玄奘写了一部一千六百颂的《制恶见论》才解答了这个难题。玄奘解答般若毱多所提的问题，乃将"带相"分为"变带"和"挟带"两种：陈那所主张的识托质而变似质之相，仅就"变带"（即再变现相状）一义而言。这种"变带"义，玄奘认为不适用于"正智"缘"如"上面。"正智"缘"如"问题，乃属于"挟带"性质问题。所谓"挟带"，就是两物相并而起，逼近亲附的意思，也就是能缘"正智"挟带所缘"真如"体相而起，能所不分冥合若一的意思。玄奘根据"挟带"一义，对般若毱多进行了反驳斥。《制恶见论》的梵本已佚，玄奘回国后又未译出，只在窥基的《成唯识论述记》中记载有玄奘反驳般若毱多时这样说："汝不解我义。带者挟带，相者体相。谓正智生时，即挟带'真如'体相而起。'智'与'真如'不一不异，'真如'非相，非非相，故此'真如'是所缘缘。"① 玄奘认为"正智"缘"如"，"正智"是能缘，"真如"是所缘，所以是不一；能所冥合若一，所以又是不异。真如不是一件东西，所以说非相；但"真如"是诸法实性，没有被曲解为种种施设形象的本来面目，是绝对真实，所以说非非相通过玄奘一解围之后，瑜伽行学派的营垒又重新巩固起来，而陈那"变带"一义，也可以并行而不悖了。

玄奘反驳正量部相当深刻，因而引起戒日王的重视，特地为玄奘在曲女城召开了一无遮大会，与会者有十八个国王，各国大小乘僧三千余人，那烂陀寺僧千余人，婆罗门及尼乾学派二千余人，设一宝床，玄奘坐为论主，遣那烂陀沙门明贤读示大众，别令写一本悬会场门外示一切人，若其间有一字无理能难破者请斩首相谢。经十八天无一人能难，这样便将正量部反对说折服了。

玄奘在无遮大会上所立的唯识量，在窥基的《因明入正理论疏》中并未将上述的内容直接表达出来。真唯识量很可能就是以《制恶见论》的中心思想之———"变带"一义，用三支比量的格式把它确定下来。今将此量以次胪列，然后再分析其主要内容。

　　　真故极成色不离于眼识（宗）——论题
　　　自许初三摄眼所不摄故（因）——论据
　　犹如眼识（喻）——论证②

玄奘在论题的主辞"色"上所以要加"极成"二字，因为参加无遮大会小乘、大乘别宗、各种学派的人都有，假使只说

---

　　① 见窥基《成准识论述记》卷四十四。
　　② 见窥基《因明入正理论疏》卷五。

"色"，就各有各的解释。玄奘一说"极成色"，知道是指大家所一致承认的视觉的对象，"色"这个概念就明确了。宾辞说"不离于眼识"，有人会认为这样主张是和世间相违反，因为一般人都认为视觉对象（色境）是离视觉（眼识）而独立存在，所以玄奘又用"真故"来预加限制（即寄言简别），表明这样的主张是依据唯识义理并非泛泛之谈。

论据是说明"色"之所属。玄奘所宗瑜伽行学派将宇宙万有归为十八界，复分六类（即六根、六尘、六识），每类有三：就是根、尘（境）、识。色境定不离于眼识，眼根就不一定，所以说："初三界摄"；又简别说"眼所不摄"，意思就是说："自许初三除眼（根）随一摄故。"今表解如下：

$$
初三\begin{cases} 眼所摄……不定（色境、初三摄故、非定不离于 \\ \qquad 眼根） \\ 色所摄……正，成 \\ 识所摄……定，自不离自（色境、初三摄故、定 \\ \qquad 不离于眼识） \end{cases}
$$

此初三界所对，各家也有不立的，所以加"自许"来简别。但极成色之为自宗，初三界所摄，则为立论者与论敌所一致承认的，所以没有"随一不成"过。这里所加"自许"，只简初三，不贯所摄，故与一般所谓"为自比量"（为自己推理）不同。

玄奘这种证明方法，在因明叫做"以总立别"。"色境"一界是别，初三界摄是总，总属于一类的，一定有必然联系，所以可用类推法来证明。本来大乘学派立根、尘（境）、识，即依据能缘（能知）所缘（所知）而设。凡有能、所缘的关系，一定是和合，这一点小乘也是承认的。不过，小乘与其他学派，都以"眼根"为能缘，唯识学派则以"眼识"为能缘。因为眼根只能"映照"而不能"了别"，所以真正能缘是眼识而非眼根。玄奘立这个量，用"初三摄眼（根）所不摄故"来做论据，用眼识做同喻（正证），无非是要启发对方对"色不离于眼识"这一论题，也就是对唯识"同体不离"的论点有所理解。因为他考虑周到，避免了逻辑上各种谬误，所以经十八天没有人能驳倒它，创造了运用因明攀登高峰的一个光辉记录。

二　玄奘回国后对因明的贡献

贞观十九年玄奘回到长安，二十一年（647）就在弘福寺译出南羯罗主（Sankarasvamin）的《因明入正理论》（Nyāyapravesa）。"因明"（hetuvidya）一词，梵本原来没有，乃玄奘为表示此论的性质才加上的。

本论之名"入正理"，含有两层意义：其一，陈那早年关于因明的重要著作是《正理门论》，文字简奥，不易理解，本论之作即为其入门阶梯，所以称为入正理。其二，正理是因明论法的通名，本论为通达论法的门径，所以称为入正理。

本论依照宗、因、喻三支整理出三十三过，其辨别三支过失那样的精细，完全是以构成论式的主要因素"因的三相"为依据。这三相即遍是宗法性、同品定有性[1]、异品遍无性。三相的理论虽然早已提出，经过陈那用九句因刊定而渐臻完备[2]，但到

---

[1]　玄奘所译的《因明入正理论》及《因明正理门论》对于因之第二相，不译成"同品遍有性"，而译为"同品定有性"，正是体现了因明将正因分为"同品有、异品非有"和"同品有非有、异品非有"两类精神。

[2]　九句就是：一同异品共有；二同品有异品无；三同品有异品俱；四同品无异品有；五同品异品均无；六同品无异品俱；七同品俱异品有；八同品俱异品无；九同品俱异品俱。在这九句中，只有第二同有异无与第八同俱异无是正因，第四第六属"法自相相违"，其他五种都犯"不定"过。威利布萨那 S. Vidyabhushan《印度逻辑史》中认为发现二、八为正因，据他所知道的是以陈那为第一人。

了商羯罗主才辨析得极其精微。像他对于因的初相分析，连带推论到宗的一支，需要将宗依即有法（论题中的主辞）和能别（论题中的宾辞），从宗体（整个论题）区别开来，而主张宗依的两部分须各别得到立论者和论敌的共同承认而达于极成。因此在似宗的九过里也就有了能别不极成、所别不极成、俱不极成三种，这些都是陈那著作中所未明白提出的。另外，他对因的第二、三相的分析，连带将陈那所立因过里的相违决定的四种相违——明确起来，不能不说是一种学说上的发展。

玄奘于贞观二十三年（649）又在弘福寺译出陈那《因明正理门论》（*Nyayamukha*）。书名"因明"一词，也是译者为要表示此论的性质才加上去的。《大藏》中另存义净（635—713年）所译《因明正理门论》一卷，论本部分和奘译完全一样，仅仅开头多了"释论缘起"一段。这一段最后说："上来已辩论主标宗，自下本文随将当释。"可见义净拟译的是一种释论而非论本，他只译了一点，后人取奘译论本凑足一卷，录家因而误传，《大藏》中亦相沿未改。

作者陈那，传说是世亲门人，擅长因明。其有关因明的著书凡有八论，《正理门论》即其一种①。陈那因明著述，可分为两个时期：前期以论法为中心，后期以认识论为中心，《集量论》为后期代表作，《正理门论》则为前期代表作。故《正理门论》开首即标出宗旨："为欲简持能立能破义中真实，故造斯论。"全论共分两段：第一大段论述能立及似能立，第二大段论述能破及似能破。

《正理门论》详于立破，对于现比量论述则较少，这表示陈那在著此论时，还保留一些旧观点，并未形成量论（包括认识

---

① 见义净《南海寄归传》卷四。

论和逻辑）的整个体系。但作者不久即以《正理门论》为基本资料，而另著《集量论》（*Pramānasamuccaya*），不再以现量、比量为能立的资具，而予以独立的地位，成为量论的组织。所以《正理门论》也含有从证明驳斥到认识论的逻辑体系的过渡的意义。

译者玄奘在印度游学时，对于因明反复钻研，有极深的造诣。他回国五年继译商羯罗主《入正理论》之后，又译出了陈那《正理门论》，可见他对因明的重视不是一般的。因明在当时是一门崭新的学问，译本既出，玄奘又口授讲义，所以他们下诸师，奉为秘宝，竞作注疏。《入正理论》以大庄严寺文轨和慈恩寺窥基注疏最为流行。轨疏四卷，制作较早，后称"旧疏"。基疏八卷，解释繁广，后称"大疏"。奘门最后惟窥基一系独盛，他们下慧沼相继撰《义断》三卷、《纂要》一卷、《续疏》（这是补足基疏末卷的）一卷，再传智周又撰《前记》三卷、《后记》二卷，都是简别他家异义而宣扬基师之说的。此外还有道邑的《义范》三卷、道巘的《义心》一卷、如理的《纂要记》一卷，也是发挥基师学说的，可惜已佚失不传。《正理门论》注疏可考者，有神泰的《述记》一卷（今存本不全），太贤的《古迹记》一卷，大乘光的《记》二卷，圆测的《疏》二卷，文轨的《疏》三卷，净眼的《疏》三卷，胜庄的《述记》二卷，憬兴的《义钞》一卷，道证的《疏》二卷、《钞》二卷，玄范的《疏》二卷，定宾的《疏》六卷，文备的《疏》三卷、《注释》一卷，崇法师的《注》四卷。以上可惜大都已佚失不传。此外，窥基《因明大疏》尝引本论诠文（日人宝云等尝引用以注疏本论），但也详前略后。

玄奘回国以后，对因明的贡献，不仅表现在翻译二论和讲授上，还表现在纠正吕才对因明的误解上。永徽六年（655），尚药奉御吕才对玄奘所译因明二论发生许多误解：如"生因"与"了因"，本来是指立论者的启发作用的论敌的了解作用。而吕才却认为，只能说"了"，不能说"生"。日本秋筿善珠所著《因明论疏明灯钞》保存了吕才有关"生因"、"了因"的论旨与对之批评的一段话：

> 居士吕才云："谓立论言，既为'了因'，如何复说作'生因'也？论文既云'由宗等多言开示诸有问者未了义故说名能立'。果既以'了'为名，'因'亦不宜别称：不尔，岂同一因之上，乃有半'生'半是'了因'？故立论言，但名'了因'，非'生因'。"

> 此虽实见，义实未通，非直不惭于前贤，亦是无惭于后哲。立言虽一，所望果殊，了宗既得为生智，岂非所以此乃对所生"了"，合作二因，难令生了半分？吕失实为孟浪。如灯显瓶，既得称"了"，能起瓶智，岂不名"生"？……①

《大唐大慈恩寺三藏法师传》卷八也提及这一问题：

> （吕才）且据生因、了因，执一体而亡二义，能了、所了，封一名而惑二体②。

再如"宗依"和"宗体"。原来"宗依"是指论题中的主辞或宾辞。宗体是指整个论题。吕才却主张，留"依"去"体"以为宗。

又如"喻体"和"喻依"，本来是指混成设言判断（mixed hypothetical judgment）的肯定方式或否定方式及其例证，吕才却主张去"体"留"依"以为喻。

---

① 见《大正藏》卷六八，第258页。
② 见《大正藏》卷一〇，第265页。

还有，《因明入正理论》解释宗支，有一句奘译是："极成能别，差别为性"。这一句的意思，如用现代汉语翻译，就是说"论题是由立论者和论敌一致认识的宾辞区别了而成的"。而吕才改"极成能别，差别为性"为"差别为性"。

玄奘感到这些错误是相当严重的。正如窥基在《因明大疏》所批判的："或有于此，不悟所由，遂改论云差别为性，非直违因明之轨辙，亦乃暗唐梵之方言。辄改论文，深为可责。"① 因而玄奘亲自和吕才展开争辩。真理必须反复辩论而后明，疑似必经辗转推求而后见。通过玄奘的耐心说服，吕才才辞屈谢退。唐段少卿有这样一段记载："慈恩寺……初三藏翻因明，译经僧栖玄以论示尚药奉御吕才，才遂张之广衢，指其长短，著《破义图》。"其序云："岂谓象系之表，犹开八正之门，形象之先，更弘二知之教？"立难四十余条，诏才就寺对论。三藏谓才云："檀越平生未见太玄，诏问须臾即解。由来不窥象戏，试造旬日即成。以此有限之年，逢事即欲穿凿。因重申所难，一一收摄，析毫藏耳，兖兖不穷。"凡数千言，才屈不能领，辞屈礼拜。"②

正因为吕才对因明译本在文字上产生不少误解，玄奘从此就更加强翻译中润文、证义工作，并请求朝廷派文学大臣协助。即此一端，不难看出玄奘对待因明的解释和翻译是何等认真严肃。这种治学精神永远是值得我们学习的。

这里值得提出的就是：玄奘在印度游学时，对于因明反复钻研，为什么只译商羯罗主的《入正理论》和陈那前期代表作——《正理门论》而不译陈那晚年代表作——《集量论》呢？

苏联科学院院士彻尔巴茨基（Th. Stcherbatsky）认为："最

---

① 见窥基《因明入正理论疏》卷二。
② 见段少卿《酉阳杂俎》卷七。

能使人讲得通的解释，将是玄奘自己对佛教宗教这一方面更加有兴趣，而对逻辑与认识论的探索则只具中等兴趣"。(Th. Stcherbatsky：Buddhist Logic，Introduction，16，Buddhist Logic in China and Japan）我们认为这种看法，还是值得商榷的。因为因明虽以认识论（唯识）为理论基础，但在玄奘心目中，可能认为因明更重要的是研究证明（能立）和驳斥（能破）。玄奘所译陈那《正理门论》，第一大段论述证明和虚假证明；第二大段论述驳斥和虚假驳斥。玄奘所译商羯罗主的《入正理论》，虽然不出"八门（能立、似能破等）二益（悟他、自悟）"，但在虚假证明（似能立）一门里，依照论题（宗）、论据（因）、论证（喻）三段论式，整理出三十三种逻辑谬误，仍然不出证明和驳斥的范围。陈那《正理门论》详于证明和驳斥，把感觉知识与推理知识作为证明的资具。到了晚年造《集量论》分为六章：一说到感觉作用，二说到为自己而推理，三说到为他人而推理，四说到理由或中间的三个特征以及那已驳斥过的要把比较作为单独的证明方法的主张，五驳斥了口证，六说到三段论式。可以看出《集量论》是属于认识论的逻辑著作，在前期《正理门论》的基础上，迈进了一大步。

其次，再从玄奘糅译《成唯识论》而以护法（Dharmapāla）学说为正宗来推测，玄奘对陈那认识论学说，也许不能完全同意：一、护法主张每一有情无量种子（潜在功能）皆含藏于"阿赖耶识"，陈那则认为阿赖耶识不过是"灵魂的假扮"。二、陈那就缘见分的功能，仅立"自证分"，因为陈那认为缘"相"之"见"，如不被缘，则此"见"后应不能记忆，因为不被缘的缘故，如不曾更之境。然过去之"见"，今竟能记忆，故知"见分"起时，同时有"自证"以缘"见"。到了护法则就缘"自证分"的功能，更立"证自证分"。如"自证分"缘"见分"，

"证自证分"即缘"自证分",至于缘"证自证分"又为"自证分"。因为护法认为"自证分"与"证自证分"都是"现量"所摄,可相互为缘,不必再立第五分,而"见分"或量(正确)或非量(不正确),不能缘"自证分",所以必须立"证自证分"。玄奘在印度虽然钻研过陈那《集量论》,回国以后不译《集量论》,仅译《入正理论》和《正理门论》,主要原因是玄奘对因明研究的对象和对因明的理论基础看法问题,而不是兴趣浓淡问题。

尽管玄奘只译《入正理论》与《正理门论》,但是通过他的翻译、讲授和他的弟子的注疏,对于因明仍有所发展、有所创造,今归纳为几个要点,分述如下:

(一)区别论题为"宗体"与"宗依"。宗体指整个论题,宗依则指论题中的"主辞"或"宾辞"。窥基说:"有法(论题的主辞)能别(论题的宾辞),但是宗依,而非是宗(整个论题)。"此依(主辞与宾辞二依)必须两宗共许(两宗谓立论者与论辞),至极成就。为依义立,宗体方成。所依(主辞宾辞)若无,能依(整个论题)何立?由此宗依,必须共许。至于宗体,乃指整个论题。窥基说:"此取二中互相差别不相离性,以为宗体。如言'色蕴无我'。色蕴者,有法也;无我者,法也。此之二种,若体若义,互相差别。谓以色蕴简别无我,色蕴无我,非受蕴无我,及以无我简别色蕴,无我色蕴,非我色蕴。以此二种,相互差别,合之一处,不相离性,方是其宗。"又宗体在遍所许宗(即普遍的,如眼见色,彼此两宗普遍共许)、先业禀宗(即自宗的,如佛家立诸法空,数论立有神我)、旁准义宗(即旁推的,如立"声无常"旁推及"无我")、不顾论宗(即随意的,随乐者情,所乐便立。如佛家立佛法义,不顾他义,为成自故。或若善外宗,乐之便立。不顾自我,为破他故)里,唯取第四不顾论宗，随自意乐而建立，不受任何拘束（随自，说明随立论者自所乐故。意乐，发言的原因，由于意乐，才发出言论）。他又说："今简前三，皆不可立。唯有第四不顾论宗，可以为宗，是随立者自意所乐。前三者皆是自不乐故。"

（二）为照顾立论发挥自由思想，打破顾虑，提出"寄言简别"的办法就不成为过失。如果只是自宗承认的，加"自许"，他宗承认的加"汝执"，两家共认又不是泛泛之谈，则加"胜义"或"真故"等，这样就有了自比量、他比量、共比量的区别。窥基说："凡因明法，所能立中（能立指因、喻，即是论据与论证，所立指宗即是论题），若有简别，便无过失。若自比量，以'许'言简，愿自许之，无他随一等过。若他比量，'汝执'等言简，无违宗等失。若共比量，以'胜义'等言简，无违世间、自教等失。"玄奘、窥基在这一方面的发展，不仅在三支比量（三段推理）的运用富有灵活性，同时对于当时佛家立量以及理解清辨、护法等著作，均有很大帮助。

（三）立论者的"生因"与论敌的"了因"，各分出言、智、义而成六因，正意唯取"言生"、"智了"。从立量使别人理解来说：六因是应该以言生因（语言的启发作用）和智了因（智力的理解作用）二因最为重要。窥基说："分别生、了虽成六因，正意唯取言生、智了。由言生故，敌证解生；由智了故，隐义今显：故正取二，为因相体，兼余无失。"又说，"由言生故，未生之智得生；由智了故，未晓之义今晓"。

（四）每一过类都分为全分的、一分的，又将全分的、一分的分为自、他八俱。如"现量相违"（论题与感觉相矛盾），析为全分的四句：1. 违自现非他；2. 违他现非自；3. 自他现俱违；4. 自他俱不违。一分的亦析为四句：1. 违自一分非他；2. 违他一分非自；3. 自他俱违一分；4. 自他俱不违。其他过类，也分为全分的、一分的两类四句（以正面对自许、他许、共许而为三句，反面全非又为一句）。这种分析发自玄奘，由窥基传承下来。如依"基疏"分析，在宗过（论题错误）中，有违现非违比，乃至违现非相符，有违现亦违比，乃至违现亦相符，错综配合，总计合有二千三百零四种四句。这虽不免类似数学演算，流于形式化，但在立破相对的关系上，穷究了一切的可能，不能不说是玄奘对于因明的一种发展。

（五）有体无体。"基疏"推究有体与无体约有三类：1. 有体无体，指别体的有无。有体，意即别有其体，如烟与火，各为一物；无体意即物体所具的属性，如热与火，热依火存，非于火外别有热体。2. 指言陈的有无。言陈缺的叫无体，不缺的叫有体。3. 此类又分三种：（1）以共言为有体，以不共言为无体。（2）约法体有无以判有体无体。（3）以表诠为有体，如立"声是无常"，即是表诠；以遮诠为无体，如立"神我是无"，即是遮诠。这三种有体无体，就宗、因、喻三支分别来说，就不是固定一种。宗的有体无体，意取表诠遮诠。"基疏"所谓以无为宗（谓无体宗），以有为宗（谓有体宗），即指此而言。因有的体无体，意取共言、不共言。共言有体之中又分有无二种，以表诠为有体，以遮诠为无体。喻体有的有体、无体亦取第三表遮之义。喻依的有体、无体，指物体的有无。有物者是有体，无物者是无体。如立"声是无常"，其"无常"法，表诠有体。如瓶等喻，有物有体。又如立"过去未来非实有"宗，其"非实有"，遮诠无体。以"现常"为因，共言有体。"若非现常见非实有"，遮诠无体。如"龟毛"喻，非实有物，故亦无体。"基疏"解释有体无体，不是纯依一个意义，要视宗、因、喻三者分别判定。一般说来，异喻作用在于止滥（即预防"中间"外延太宽，通于大词的对立面），不妨用无体之法为喻体。至于三支之有体无体，就应当互相适应，有体因喻成有体宗，无体因喻成无体宗。然亦不可拘泥，在"破量"亦得用有体因喻成无体宗。如大乘破经部。"极微非实"宗，"有方分故"因，"如瓶等"喻。此宗有法（主辞）"极微"，大乘不许为有体，能别（宾辞）说它"非实"，即是遮诠。

以上五点，虽散见在"基疏"之中，但寻其来源咸出自玄奘的传授。相传玄奘为窥基（632—682 年）讲唯识，圆测（613—694 年）去窃听抢先著述，窥基很有意见。玄奘对窥基说，圆测虽为《唯识论》作注解，却不懂因明，便以因明之秘传之窥基。宋《高僧传·窥基传》这些话虽不尽可信，但不难看出"基疏"对因明的论述盖出自玄奘。故以上五点也不妨看作是玄奘对因明的贡献。

最后，简单地谈一下有关《入正理论》的作者与《正理门论》的影响问题。《入正理论》在汉族只有玄奘一种译本，而在我国西藏，曾有过两种译本。初译的一种是从汉译本重翻，题为 Tshad-mahi bstan-bcos rigs-pa-la hjug-pa，这是汉人胜藏主（Sin-gyan-ju）和度语教童（Ston-gshon）所译，并经汉人法宝校订，但误题《入正理论》作者之名为方象（Fang-siang，即域龙的同意语，乃陈那一名的翻译）。后译的一种是从梵本直接译出，题为 Ts had-ma rigs-par hjug-pahi ego。这是迦湿弥罗一切智护（Sarvajna raks ita）和度语名称幢祥贤（Grags-pa rgyalmtshan dpal bzah-po）所译，时间较晚，故在《布敦目录》等旧录上未载。这一译本，大概是受了旧译本误题作者名字的影响，也将著论者题作陈那，并还错认《入正理论》即是陈那所作的《正理门论》，而在译题不加上一个"门"（sgo）字。以上两种译本都收入《西藏大藏经丹珠尔》经译部第九十五函中，但德格版、卓尼版均缺第二种译本，又第二种译本 1927 年 V. Bhatta charya 校勘出版，收在 G. C. S. No. 39，为 nyayāpravesa 之第二部分。

　　就因为西藏译本上一再存在着错误，近人威利布萨那《印度罗辑史》中依据藏译详细介绍了《入正理论》，也看成它是《正理门论》同本而出于陈那手笔，由此在学者间对于《入正理论》与《正理门论》是一是二，以及作者是陈那还是商羯罗主，引起很长久的争论，始终未得澄清认识。其实，如要相信最早传习《入正理论》的玄奘是学有师承的，那么，他说《入正理论》作者为商羯罗主，也一定确实不容置疑的。至于《入正理论》和《正理门论》全为两事，则玄奘另有《正理门论》的译本存在，更不待分辨而明了。

　　陈那《正理门论》，玄奘于贞观三年在弘福寺译出之后，他门下诸师虽竞作注疏，但只有神泰的《述记》一卷（今存本不全），其余都佚失不传，直至近代研究《正理门论》才较多，成果也较多。举其荦荦大者来说：

　　（一）欧阳竟无撰：《因明正理门论本叙》（1930 年）将此论的要义以及和《入正理论》与法称因明的同异详略问题，做了极其扼要的叙述。

　　（二）吕澂与释印沧合撰：《因明正理门论本证文》（1927），此作对勘《集量论》，考正释文，注出同异，可助理解，兼明学说的渊源。

　　（三）丘檗撰：《因明正理门论斠疏》六卷，依据正文广为辑引解释。据其例言："斠疏辑成，綦难匪易，一疑之析，动经浃旬，一词之出，编征众籍，采缀纪贯，几经审慎"，显见他费了不少功力。

　　（四）日人字井伯寿撰：《因明正理门论解说》（1929 年），篇首有序论，将陈那的因明、《正理门论》在因明的地位以及西欧与印度学者对《正理门论》及《入正理论》混淆的说法，都作了相当详尽的批判叙述。其解释部分，除依据旧说，更采取西欧学者新的研究并征引梵本，作出正确的解释。字井伯寿于1950年更将《正理门论》译成日文，列入所《著东洋之论理》附录。

（五）意大利人 G. Tuccl 将《正理门论》译成英文（Nyā-yamukha of Dignāga，Heid of elbery，1930）对照《集量论》，详加附注。

中国名学沿革大概[*]

　　我国学者以人生实际应用为鹄，不暇措意于理论之是非，向无名学专家。顾孔子虽言"名不正则言不顺"，指陈正名与为政之关系，然多偏于伦理方面，并未以此专其所学，更无所谓名学家之号也。厥后道家一流，若杨朱庄周诸子，承老子无名学说之影响，遂有名伪无实（《列子·杨朱篇》）、是非齐一（旨详《庄子·齐物论》，下另详之）。说之产生，究其本意，端在破除名相追究本体也。正名者流，乃思有以自卫自立之道，于是对于自身进而讨论正名之工具，期自宗足以成立，对于他宗转而研求推论之方法，期立义足以破敌，相激相渗，蔚成宗风。此时著述可以公孙龙子之《名实论》等、孙卿之《正名篇》代表之，而墨翟之《经上》、《经下》、《经说上》、《经说下》、《大取》、《小取》，尤为中国名学之圭臬。（近人王献唐曰："墨子注经，按系另有作用。鲁胜《墨辩注叙》云'墨子作辩经以立名本'。是正名亦为著经条件之一。又《墨经》各条必以一字或数字标题，下说明题字定义，如第一条标为'故'字，接云'所得而

---
　　* 该文是虞愚先生《中国名学》一书中的一个章节。——编者

后成也'。第二条标为'体'字，接云'分于兼也'。余俱类是。其所标题字，若'故'、若'体'皆名也，所述题字定义如'所得而后成也'，'分于兼也'，皆所以正'故''体'之名也。名之不正，由其界说不定，既定矣，胡为不正？此愚千虑一得，认为《墨经》《经上》、《经下》必兼为正名作也。"斯言极是。唯墨子正名，偏专论理方面与儒家正名分之名不同，此亦不可不知也。）唯各家皆有名学之材料，无所谓名学专家，以故辨析名理远不逮希印二土。除固有名学时期（断自秦汉以前）诸子中有关名学之理论，如《大学》、《中庸》、《论语》，老子《道德经》，庄周《齐物论》，孙卿《正名篇》，惠施《历物十事》，公孙龙子《名实论》等，墨翟《辩经》外，全无有一系统之名学书籍。且自汉武罢斥百家之后，此义几成绝响矣。迨唐贞观三年，我玄奘大师，负笈印度，于迦湿弥罗国，就僧称法师学《俱舍论》、《因明》、《声明》等，归国后遂有《因明正理门论》及《因明入正理论》之译，复经其高足窥基为之疏解注释，更为完密，其余所译法相唯识典籍，内容率多立破之言。治佛学者，几当先学因明以为基础，是为我国有完密论理学之始。顾我国本富有玄想文学伦常之民族，学者常以教人为己任，有传授而无驳诘，非如希印二土公其说，立其量，以待人之赞成与否，故于辨析名相兴趣不厚，虽有完密因明学之输入，犹难发扬光大，况其他乎？因明之无人过问，盖历宋而元而明矣。洎有明末崇祯初年（1631）李之藻译《名理探》一书，是为西洋逻辑输入中国之始。厥后严复译《穆勒名学》、《名学浅说》，王星拱译《科学方法论》，刘伯明译《思维术》，梁启超本逻辑法则董理《墨经》著《墨子微》，鸣于世，一时风起云涌，俾国人渐知论理学为治各科学之工具，以科学典籍皆从逻辑法则而成，不通逻辑几如良将健卒乏戈矛甲胄以为之藉，以攻不克，以守不成也。

唯从来从事翻译工作，犹未有整个之著述耳。综上以观，中国名学之沿革，除秦汉以前为中国名学固有之时外，其余非印度因明输入之时期，即为西洋逻辑输入之时期。以故论名学材料，仍当溯于古代，唯残缺散佚而不可观尚多多也。持较希印二土固惭愧滋深，而学术科学不能宏廓昌明，实由于是；今后贤智，有以利导我中华民族之学术自任者，可以知所务矣。

中国名学之总评[*]

从事学术，有学必有问，有思必有辩。名学者，研究辩事察理之学也。吾人欲知中国古代学术何以不同希印二土，须先究中国名学所以不同希印二土。盖有不同之名学，然后产生不同之学术也。故吾人述中国名学派别之后，当略加批评。一方面知己之所长究在何处，思有以光大之。一方面知较希印二土之所短又在何处，当有又以补苴而匡正之。使今后改进中国学术思想，可以知所择焉。中国名学，就管见所及可得而评论者，约有数端：

注重人事之问题

希腊为岛国之民，其思想虽能穷究宇宙之本原，其学说尚囿于知识之问题，故对于人类和乐之业，幸福之推求，尚未有特殊之贡献。中国本是富有伦理思想之民族，各家有关名学之资料，除讨论推论是非外，又注重实际人事。如孔子正名一端，涉及礼乐刑罚等事，即其实行正名方法，仍重"正名字"、"定名分"、

* 该文是虞愚先生《中国名学》一书中的一个章节。——编者

"寓褒贬"三种。厥后荀子正名思想，亦注重制名以指实，上以明贵贱，下以辨同异，大抵倾向伦理方面而发也。虽其所言多非纯粹论理学之资料，以"逻辑"、"因明"衡之，固有未善处，然其侧重伦常之道，谋人类切身之幸福，固为希印二土所不及。其特点在是，其缺点亦在是也。

家数之繁多

希印二土之论理学，其所讨论之问题多不出范围之外，大抵甲萌一义而乙扩张之，乙成一说而丙阐发之，故其学术进展类多似集中趋势，虽有所变化，每种事实之大体趋势，置重于质之方面，非置重于量之方面。中国地大物博，交通未盛，学者每想入非非，故于名学一端，有处道家立场以谈名者，有处儒家立场以谈名者，有处墨家立场以谈名者，更有处法家立场以谈名者。同一名学问题，有主张正名为名学之建设者，有主张无名为名学之破坏者；有从人事立场演成伦理正名者，有从无名原理演成齐物之张本者；更有"爵名"、"刑名"、"散名"之分者（名家致力类在散名，散名为名之散在人间者，随俗制定，易致淆乱，因以施其正名之术。本篇所讨论端属散名，爵名、刑名非名学所有事，未暇及也），种类之多，累累若贯珠然。其质虽较希印夹杂不纯，然总各家讨论各类名之量，诚超彼二土之上，使能继继绳绳，赓续至今，其成绩定极可观，而中国自然科学之发达，亦当不逊于近代之欧美也。不幸自汉武罢斥百家，专尚儒术，斯学遂堕矣。

传统势力之发达

世愈乱而心愈治，政愈泥而学愈升，此为世界之变例，亦即吾国之特性也。中原多故，野心粗豪之辈，虽钩心斗角，期占一席地以为荣；然第一流人物则不肯苟且以就功名，爰以全副精神从事于名山千秋之业。此春秋战国之交，中国民智全盛时期也。迨汉武罢斥百家之后，专尚儒术，而学术之进化，亦从此而沉滞矣。盖帝王既宰治天下，莫亟靖人之心。学说争鸣，必各是其是而各非其非，此人心所以滋动；于是绥靖之术，莫贵于一尊。然际秦汉之交，何以不取他家而独一尊于孔子，是亦有故。周末大家足与孔子并列者，有道墨二家。墨主平等，不利于专制，固非所取；而道家又主放任破坏，亦不利于专制人君；独孔学重阶级（《中庸》曰："亲亲之杀，尊贤之等，礼所生也"）、喜保守（孔子曰："非先王法服不敢服，非先王法行不敢行"）、贵秩序（"君君，臣臣，父父，子子"）、均默契帝王驭民之心理。由帝王御儒术，虽可使风俗敦厚，政治安宁，然中国学术即由此沉滞。回溯中国名学至秦汉以后，无丝毫之进展，民族之秉性固亦有关，然传统思想之束缚，实不能辞其咎矣。

无抗辩之风尚

　　学愈思愈进，理愈辩愈明，此世人所共知也。希印二土论理学所以成为专科之学，皆由彼此有抗辩之风尚，进而愈深，引而愈长。如当龙树提婆之时代，印度学派将近百种，彼此辩论，失败之际非杀身以报，即皈依为弟子。而欧洲中古时之学者，如布鲁诺（Bruno）因主张哥白尼（Copernicus）天文说，反抗宗教之迷信，为教会所焚死；又如伽利略（Galileo）亦因提倡地动说，备受种种酷刑；岂彼土之国民不惜己身欤？毋亦曰：有抗辩之风尚，发明真理，拥护真理，有以致之耳。而中国民族素以寡言幽默为美德，绝少正当抗辩之风尚；除我有唐玄奘大师于中印土曲女城戒日王与设十八日无遮大会，广召五天竺国解法义沙门婆罗门等并及小乘外道，令大师立真唯识量，书在金牌，经十八日，竟无一人敢破斥，兴壮举者外，非如孟子无君无父不合逻辑之推论（孟子云："杨氏为我，是无君也。墨氏兼爱，是无父也。"夫为我何故与无君同物？兼爱又何故与无父同物？一以"逻辑"或"因明"论法绳之，必立穷矣）；即如道家重玄想不重事实之推论；求一可以有实验之抗辩，或如玄奘比量之抗辩，能如希印二土之猛烈者，实不数数见也。从无戈矛甲胄以为依藉，又安敢望以攻能克、以守能牢耶？名学之不昌，实由于是！吾故曰今后之贤智，有以利导我中华民族之学术自任者，不可不以此为急务也。

印度佛教思想史略[*]

绪　　论

　　印度是亚洲南部文化极古老的国家。西北与巴基斯坦接壤，东北与中华人民共和国的西藏为邻，西南可望阿拉伯海，东南可望孟加拉湾。当世界许多国家的文化还处在萌芽阶段的时候，古代印度的文化已经达到相当高的水平了。早在 2000 年以前，印度就在医学、法学、数学、实际生活的科学、哲学和文化艺术等方面，取得了相当高的成就，形成了不少辉煌灿烂的文化。很早以前，印度已经同外国有了贸易和文化关系，它的文化对我国和亚洲许多国家都有着深刻的影响。

　　中国和印度的友谊的建立及文化交流究竟始于何时？目前虽不能确定准确时间，但可以肯定地说，一定很早。印度史诗《摩诃婆罗多》（*Mahābhārata*）和《罗摩衍那》（*Rāmāyana*）中都有关于中国（支那，梵文 Cina）的记载。印度古代著名的法

---

　　* 本文是作者在中国佛学院讲授《印度佛教思想史》时的讲稿。——编者

典《摩奴法典》(*Manusmṛti*) 第四十四颂 (Gāthā) 把中国人和希腊人、塞种人并列。中国古书里也有很多关于印度的记载。虽然其中带有浓厚的神话色彩，但可以看出中印两国人民在怎样早的时候就互通声气、相互往来了。

有一个事实需要引起注意：中印两国在古代天文学上都有二十八宿的理论。就天文学来说，二十八这个数字没有什么必然性，因此，很可能是一个国家向另一个国家学习的。中国大约在公元前 1100 年以前就已经有了二十八宿的理论。由此来推断，不论是谁向谁学习，中印两国人民的友谊和文化交流到现在总已有 3000 多年的历史了。

中国是全世界最早生产蚕丝的国家。至迟公元前 4 世纪，中国丝就已经输入印度。中国人民的其他伟大发明，像造纸术、罗盘针、火药、印刷术等，不论是直接，还是间接，也都传入印度，而且也像在世界上其他国家里一样，对印度文化和生活多方面地发生了影响。

印度佛教约在公元前后通过大月氏的介绍传到中国，历东汉、魏晋南北朝、隋唐五代，渐次发达起来。公元 65 年，汉明帝在给楚王英的诏书里用了"浮屠"（就是"佛"，梵文是 Buddha）、"桑门"（就是"和尚"，梵文是 śramana）、"伊蒲塞"（就是"居士"，梵文是 upāsaka）等语。这是佛教传入中国最早的可靠的证据。

随着佛教的输入，中印两国的交通日益发展。许多印度高僧不辞辛苦，跋涉来中国传法：摄摩腾和竺法兰是汉明帝时代（公元 67 年）到达中国的。鸠摩罗什在公元 401 年到中国来，他把许多佛教经典译成汉文。他动用达意的译法，一变朴拙的文风，系统深入地介绍了龙树一系的学说，为研究佛学的人开辟了广阔的园地。阇那崛支是 6 世纪下半期到中国来的。梵文经典由他译成汉文的有 37 种之多。

许多中国高僧也越过千山万水到印度去求法。其中最著名的是法显（5 世纪）、玄奘（7 世纪）、义净（7 世纪）。法显在 5 世纪到达印度，为了广求经律，途径西域入北印度，又经中印度到锡兰（今斯里兰卡），经历 30 余国，在外 14 年，写下了极其宝贵的《佛国记》。这是研究当时西域和印度历史的一部极重要的著作。

玄奘（600—664 年）游学印度 17 年。除了在那烂陀寺学习 5 年而外，还花费 2 年时间，跟杖林山胜军学习唯识抉择等，又去印度各地参学。他几乎学遍了当时的各家各派学说，而且融会贯通，造诣甚深，在印度享有极高的声誉。贞观十九年，他携带梵本 657 部，回到长安，连续进行了 19 年有计划的翻译。译出的书共有 75 部、1335 卷。在这期间玄奘又亲自口述，还叫门人辨机笔录，写成了《大唐西域记》28 卷，把他出国 17 年，历程 10 万余里，所见所闻 138 国的社会制度、学术思想以及风俗习惯，参照印度记载和各国文献，都整理记录下来，使中亚及印度历史赖以保存。我国西藏及日本、英国、法国等国家均有译本。

义净（635—713 年）游学那烂陀寺达 10 年之久。他在印度求法期间，就留心关于实行戒律的各种作法问题。回国时重经南海室利佛逝（今印度尼西亚苏门答腊），就停留在那里，从事译述，写成《南海寄归内法传》，托大津带回。书共 40 章，大都依据根本说一切有部的传说，对日常主要行事作了明确的介绍。回国之后，又大量翻译了根本说一切有部毗奈耶 17 事、尼戒经、杂事、尼陀那目得迦、百一羯磨、毗奈耶颂、律摄等。

这些事实说明中印两国的长久友谊与佛教文化的重要影响是分不开的。

印度佛教思想有一个产生、发展、衰落的过程。研究印度佛教思想史，就要研究这个动态的发展过程。要记住，我们不是为过去而研究过去，我们是为现在和未来而研究过去。因此，我们既要研究佛教思想在印度是怎样产生、怎样发展、怎样走向衰落；又要认识它的性质，在印度文化史上的地位以及在世界的影响；还要了解印度佛教思想的主要发展阶段，佛陀及重要论师的思想学说以及重要的经、律、论的内容。

宗教思想史的研究，无疑是一个头绪纷繁，难于着手的工作，尤其是典籍浩如烟海的印度佛教思想史。对于佛教思想资料的科学整理才刚刚起步，许多问题尚待研究。佛教思想属于社会的上层建筑，它的产生受着社会存在的制约，同时又与其他社会意识形态形式相互影响。当然，它的发展过程具有相对的独立性，这一点也是必须考虑到的。因此，我们既不能与印度社会隔绝开来孤立地研究印度佛教思想史；也不能忽略佛教思想在适应其社会存在的变化的前提下，自身的发展变化及其内在规律。这样去理解，才能看出佛教是在印度什么样的历史条件下产生出来的；它在发展的各个时期所具有的思想特色以及整个过程的内在线索。由此来看，研究印度佛教思想史与研究印度通史和印度哲学史有着不可分割的联系。

任何一家的思想学说都是和它们当时的社会历史条件分不开的。印度佛教思想当然也不能例外。恩格斯在阐释关于基础和上层建筑的原理时指出："每一时代的社会经济结构，都形成这样一个现实的基础，各该历史时代的法权制度、政治制度以及宗教的哲学的和其他的观点的整个上层建筑，归根到底即由这个基础来说明。"[①] 社会经济基础是决定性的条件，它是第一性的；社

[①] 恩格斯：《反杜林论》，三联书店1954年版，第17—18页。

会上层建筑是由社会经济基础所决定的，它是第二性的。每一个基础都有适合于它的上层建筑。奴隶制度的基础有它自己的上层建筑，自己的政治、法权等等的观点以及适合于这些观点的制度。封建制度的基础有它自己的上层建筑，资本主义与社会主义的基础，也各有它自己的上层建筑。当社会革命的结果导致社会经济基础发生根本变化时，随着这种基础的变更，庞大的社会上层建筑，法律、政治、宗教、哲学等观点和制度也或迟或早会发生变革。因此，我们对于印度佛教史上某一时期思想的研究，要想得出一个正确的结论，首先需要正确地掌握这一时代的经济情况和政治情况，正确地明了这一时代的社会经济制度或生产关系的总和以及其矛盾的发展的根本形式。原始佛教思想，就是建立在原始社会的经济基础之上并与其相适应，在它的制约下发展着。另一方面，佛教思想自身，虽受社会存在所决定，然而，佛教这一上层建筑一出现，就成为能动力量，对于社会存在也起着重大的作用，给予历史发展过程以或正或负的影响，从而又通过历史的发展影响其自身。

佛教产生于印度的奴隶制时代。这个时代存在着阶级性的种姓制度。婆罗门、刹帝利、吠舍、首陀罗四种姓之间，特别是前三种姓与第四种姓之间存在着极其尖锐的矛盾。原始佛教作为当时反婆罗门教的思潮之一，反对梵天创造世界的理想和带有阶级性的种姓制度，因此，很快流行于印度恒河流域的新兴国家。这是因为，早在原始公社制度解体时期产生的婆罗门教已经不可能成为奴隶制国家的思想基础了。

婆罗门教曾确立了僧侣的特权地位，而佛教则含有反僧侣的倾向。原始佛教是作为反对婆罗门教的思潮之一而出现的，其中含有进步的因素，但它经过发展，逐渐增加了一般宗教的成分，如神格化的佛陀崇拜，他力的依赖、变相的灵魂说等等，终至成为一种宗教，并成为奴隶制国家和封建制国家的强固的思想的砥柱了。

佛教属于印度奴隶制社会的上层建筑。它不仅由当时的社会存在所决定，而且与其他上层建筑的形式相互影响。所以，研究印度佛教的产生，不仅要从当时的社会基础着眼，还要从与其他上层建筑的关系着眼。如原始佛教的中心思想之——缘起说，不是凭空产生的，而是对当时在印度思想界中普遍流行的"转变说"和"积聚说"进行批评改造后形成的。

所谓"转变说"和"积聚说"，同属一种因果学说。前者主张，一种总的原因辗转变化成为复杂的万象；后者主张，多数的原因，即多种分子以各样形式构成复杂万象。

佛陀认为这些学说都是不正确的，特别提出"缘起"这一种解释来。"缘起"就是由缘而生起的意思。佛陀在贝拿勒斯他第一次讲道时说：让我们抛开像始和终这种没有用处的解决不了的问题吧。我将教导你们佛法。彼有故此有，彼生故此生，彼无此亦无，彼灭此亦灭，这就是佛法。凡是接受佛法的人，就接受"缘起说"。这种"缘起说"是原始佛教中心思想之一。没有独立生存的事物，没有绝对的事物，各种事物都依靠别的事物而存在，各种事物都是某种原因的结果。原因存在，结果也就存在，原因不存在，结果也就没有了。各种事物都是相对的，因果是相互关联的。一件事物都是在与其他事物的相互关联中产生出来的。假如对当时"转变说"和"积聚说"不懂，我们就无从了解"缘起说"的思想是在怎样的情况下产生的。原始佛教还吸收了当时其他学说思想的内容，佛陀对它们进行了改造并赋予一种新的意义。

近代学者对佛陀学说与《奥义书》以来的各种学说作比较研究，常得到其源流相近之处，就是看到佛教这一上层建筑与当时其他庞大的上层建筑有着不可分割的联系。

　　社会存在决定社会意识，但绝不能由此得出这样的结论：社会思想在其发展过程中没有任何独立性。实际情况要复杂得多。旧的社会思想和理论具有很大的生命力，特别是佛教这个思想意识形式，即使在产生它的物质条件根本改变之后，仍然会保持相当长的时间。它之所以具有生命力，除了信仰的力量之外，还由于有某些社会力量极力地保存它们。佛教思想发展的相对独立性，具体表现在，每一个新的历史时期的佛教思想，同过去各个时期的佛教思想有着承续性的联系。无论是中观学派或瑜伽学派，在构成它的思想体系时，不是凭空结撰，而是依据着他们的前人所创造的思想材料，通过扬弃、吸收和改造的方式来完成的。如"业感缘起"是原始佛教中心思想之一，随着学说的发展，佛教对于缘起的说法，也逐渐变化。最原始的即平常所谓业感缘起说，也叫做"分别爱非爱缘起"。它是就当前的人生现象，依逻辑的次序把人生分为12个部分（从无明到老死）来立说的。这12部分也称做十二有支。十二有支依着缘起道理构成的人生，由它所存在的环境决定，对有些东西眷恋，有些东西厌恶，由此分别产生出可爱与不可爱的情感，这就是所谓"分别爱非爱缘起"。再推到它的基因，由于行为所引生的业力有善恶的不同，所以又称为"业感缘起"。换句话说，业感缘起，就是为人的行为在道德方面的善或恶赋予一定的责任，并把道德的善与恶看作人生种种转变的根本原因。这缘起说的实际内容是各种生存事实（就是"有"）的各个不同部分（就是"支"）。而这些部分对于全体可以有各方面的价值。从实相上说，归结到苦、集、灭、道四种真实，也就是四谛。

　　由"业感缘起说"又发展为"受用缘起说"。"业感缘起说"以盲目行为作为立说的出发点，而"受用缘起说"则进一步推论到怎样才能免于盲目而得到正确的方向，从而注意到认识的方面。这里所谓认识，不仅是对于客观的了解，还联系到人生的需求，所以每种认识或多或少都带有实用的意义，所以称做受用缘起。在受用缘起上看得出认识是一个幻象中的真实，这样就有俗谛和真谛的两种真实，也叫做二谛。

由"受用缘起说"再进一步发展为"分别（一切法）自性缘起说"，其范围益宽。此说不仅注意到人生直接的受用上，而且注意到人生转变的关键有待于对整个宇宙人生的了解。"自性缘起说"的认识有相对的、幻想的、绝对的不同，因而区别出依他起性、遍计所执性、圆成实性，成为三种真实，也叫做"三性"①。

由"业感缘起说"发展为"受用缘起说"，再发展为"分别自性缘起说"，这表明佛教思想的发展有着自身的承续性的内在联系。仅仅根据某个时代的经济关系去解释某一时期的佛教思想的全部内容是不够全面的。我们知道：在社会意识的各种形式中，宗教是比较保守的。在现代佛教中，至今还保存着原始佛教或大乘佛教留传下来的东西。如果从现代社会条件中去寻找关于原始佛教的产生或大乘佛教兴起的经济根据，那是不可想象的。这些佛教思想是按照传统，一个时代一个时代地流传下来的，因此，它的相对独立性就特别明显了。

总之，在研究印度佛教思想史的时候，我们所遵循的应该是具体问题具体分析的方法，反对的是形而上学的非历史主义的方法。

除了研究方法以外，研究所需的资料也是一个特别值得注意的问题。

---

① 吕澂：《缘起与实相》，《现代佛学》1954 年第 5 号。

研究印度佛教思想史，其资料当求诸何处呢？以愚所知，不出典籍和遗物两类。

印度佛教思想史在印度本土没有很好地系统地予以记载。要想搜取其材料，不外从旁抽绎。从现有的资料来考察佛典的流传，有口传、写本和印刻的不同。印度流传佛典，却没有印刻，只有口传和写本，而口传先于写本有四五百年之久。若论遗物，最早也在阿育王时代，即佛灭度后二百余年。时代距离既然这样长远，难免不带地方色彩与派别传授的影响。这样，史料的准确性在无形中就削弱了。这个缺点在典籍方面尤为显著。典籍是研究佛教史的重要资料，但典籍通过一再翻译而失掉准确性也在所难免，这就需要下一番功夫进行整理。

众所周知，印度佛教在公元前3世纪，由于阿育王的信仰和提倡，逐渐从中印度传播到南北各地及四邻诸国。从南传入锡兰、缅甸、泰国、柬埔寨、老挝和我国傣族地区的巴利语经典系，通称南传佛教，一般叫小乘佛教，实际应称上座部佛教。南传佛教当然保存了一部分可考的材料。从北方传入我国藏族、蒙族地区的藏语经典系，通称北传佛教，一般叫大乘佛教。印度佛教初传入中国汉族，只限于崇拜的仪式，其经典的翻译比此迟100年左右。从后汉到元代，译家150人，译籍现存达1474部、5670卷之多。这些大藏经，从宋代起先后刻成版片就有15副。中国西藏地方的佛教传播较晚，但西藏因地邻印度，佛教的输入极其频繁，经典流传比较容易。西藏在唐武宗会昌年头也曾发生过毁佛运动，因此西藏通常以毁佛运动为分水岭，分西藏佛教为前宏和后宏两期。前宏期在7世纪西藏松赞干布王时，最初输入佛教中，即传有阎曼德迦法等密部经典；8世纪间由印度聘莲华生、寂护到藏大宏密教，同时也聘请了许多显教学者从事翻译，现在大部分的佛教三藏都在那时译成。后宏期，即11世纪间，哦日王力谋复兴佛教，曾选派宝贤等赴印学习"集密"、"时轮"等经续及注释与仪轨等。中印度毡戒寺阿底峡更于 11 世纪间应聘入藏，他创立了迦当宗派，随后更有萨迦、迦举两大派。他们都曾传播到内地。明末清初，宗喀巴大师出来矫正时弊，又建立了格鲁一派。印度佛教传入西藏，单就翻译文献一项而论，收入大藏经的计有 4577 部（依北京版计算），刻版也在 10 副以上。这些汉译与藏译经典主要是中印等地先民合作的成绩，现在已成为研究印度佛教史的丰富无比的源泉。但北传和南传巴利语经典系存在着许多不同的说法；就以北传而论，汉语经典系与藏语经典系的说法，也不尽相同。

既然南传北传之间存在着许多不同的说法，因此在进行研究的时候，就必须注意比较，细加甄别。所谓比较，即对不同的史料悉心研究。南传北传相同之处，固然较为可靠，就是不同之处，也要依据印度历史的事实，分析其所以不同之原因。所谓甄别，即了解其具体内容而辨别其合理之程度。佛教书籍中神话式的记载特别多，若不细加甄别，必至滥引而失真。总之，在今天谈印度佛教思想史，时常感到可靠的史料不足，而堆积一大堆不能说明问题的史料是没有意义的。史料是重要的，不重视史料或企图不通过史料的分析来说明印度佛教思想史是不对的。因为研究历史必须从实际的具体的史实出发，不能从空话出发。但更重要的是掌握正确理论。不用正确的理论来分析研究史料将无法得出正确的认识和结论。

第一编　佛时学说

佛教为公元前 6—前 5 世纪中叶，由古印度的迦毗罗卫国（今尼泊尔境内）的王子悉达多·乔答摩（即释迦牟尼）所创立。悉达多·乔答摩（尊称他做佛陀，意思是已经大悟大觉的人）是一位公认的佛教之主，悲智双运，因而得到人们的崇敬。直到今天，还在亚洲许多国家拥有大量的信徒。然而他的崇高还不限于宗教方面。现代印度巴罗拉曼摩尔蒂认为："他是把辩证法，即不断变化的规律作为哲学的中心内核的第一个印度思想家。"[①] 悉达多·乔答摩既然在印度宗教史上和哲学史上有这样的崇高历史地位，我们今天来研究印度思想史，就应该注意：他所处的是什么时代；他的一生，出家以前所过的是什么样的生活，出家以后又是怎样实行他的教化；他的思想与其他思想学说又具有哪些显著的差别，与今天还有什么历史性的联系等问题。

本编内容，主要根据现代苏联学者彻尔巴茨基、印度学者德·查陀柏杜耶也和我国吕秋逸先生等人的见解，并结合自己初步的钻研，很简略地来解答这些问题。当然，正确结论的获得，还有待于继续深入研究。

第一章　佛陀时代

所谓佛时学说，是指佛陀一生所说的教法。这些教法成为后期佛家发展各种学说的唯一依据。但由于种种情况，佛时学说的内容究竟怎样，却很难确指。因为当时既无一定的记录，后来由于地方部派的关系，佛教学说又时常有所变动，这就使佛时学说的真相更加迷离难辨。

现在来讨论佛时学说是用这样一种方法，即把约在佛灭后500年间大小乘各派及各地学说共同认为是佛时学说的内容作为根本说。因为，舍此以外，并无法得到更准确的内容。

[①]　巴罗拉曼摩尔蒂：《佛家哲学》，见《学习译丛》1958 年第 8 期。

佛陀学说无疑是时代的产物。要明白佛陀学说必先明白时代背景与他的思想和行动。这些都与佛陀的立说有着重要的关系，因此，我们应先研究时代背景和有关传说。

佛陀时代，约在公元前 6—前 5 世纪，相当于中国汉族东周灵王之世，此时印度文化已临第四期。印度文化的发展，渊源是非常长远的，要了解佛陀所处的时代背景，就有必要了解印度文化发展的过程。

印度有年代可考的最早的铜和青铜的发现，是公元前 3000年初期的遗物，称哈拉巴文化。哈拉巴是一个古代城市的地名，前属旁遮普邦，现归巴基斯坦。哈拉巴文化属青铜时代。在这个时代，印度西北部的印度人已能用铜和青铜制造主要的劳动工具和武器，且有发达的农业并精通许多手艺。在这方面特别有代表性的是具有高度艺术价值的雕刻品、瓷器制品。特别使人感兴趣的是刻有行走着的象的图案的石印，和颈上带着印度围巾的妇女雕像。她们居住在城市型的聚落里，聚落周围有高大的城墙，城内有上下水道。哈拉巴文化就其水平来说，并不亚于它同时代的世界上最先进国家的文化。由于哈拉巴文化的发现，印度文化是由外来雅利安人带来的说法也就被否定了。哈拉巴文化大约在公元前 20 世纪中叶被外来征服者破坏和毁灭，因而中断。但约在公元前 3000—前 1500 年，哈拉巴文化是印度第一期的文化，这是可以肯定的。

约在公元前 1500—前 1000 年，此 500 年间为印度文化之第二时期。此时期的文化是以外来征服者"雅利安人"创造的。约在公元前 1500 年左右，印度伊朗语人由中亚南下，分别侵入伊朗高原和印度。侵入印度的一支，初由兴都库什入居印度河上游旁遮普（五河地方），后来（公元前 1000 年代初）才分别向印度河下游和恒河流域移徙。侵入者自称雅利安，即"良家"

或"华族"，而把被征服的土著民族称为达萨伽，或达西亚，即"敌人"的意思。这些土著人后来被当做奴隶来对待。这说明奴隶的来源最初是被征服的异族俘虏。这时期（公元前1500—前1000）的基本史料是《梨俱吠陀》（意即赞颂明），所以又称梨俱吠陀时期。根据《梨俱吠陀》可以看出当时社会风俗和原始公社制在解体中的状况。

约公元前1000—前500年为印度文化之第三期。此时的印度出现了手工业和农业相结合的农村公社。虽然商业不够发达，但是随着生产力的发展，自由民内部也逐渐发生了分化。由于"雅利安人"的向东迁徙，导致战争频繁发生，奴隶显著增加，征服者和被征服者的对立更加尖锐。在此社会矛盾的背景下，印度原始公社解体，国家产生了。在这原始公社制解体和奴隶制国家形成时期，产生了印度历史上的种姓制度。

在古代印度，奴隶主贵族的统治地位是经种姓制度巩固起来的。种姓一词为梵语"瓦尔那"（varna）和"雅提"（jāti）的意译。瓦尔那意指颜色或品质，雅提意指族籍。英语则译为"卡斯特"（castc），意指阶级。但是种姓与阶级是有区别的。种姓是孤立的，内婚的，以世袭职业相结合的人类集团。而阶级乃是一些集团，由于它们在一定社会经济结构中所处的地位不同，其中一个集团能够占有另一个集团的劳动。苏联历史学家把种姓制度译为带有阶级性的等级制度，不译为阶级制度是比较确当的。

古代印度种姓分为四种：（一）刹帝利，包括王族、王亲、地方小邦的首领和战士。国家的统治权是由刹帝利掌握的。（二）婆罗门，属于最高种姓，从事国王顾问、祭司等职业。他们利用宗教势力来控制人们的精神世界。（三）吠舍，包括手工业者、商人、农民、牧人，他们向国王贵族纳税，其中绝大部分是被剥削者和被压迫者。（四）首陀罗，包括平民和奴隶。前两种种姓是由先前的原始公社制度解体时，从自由公社人员中分化出来的贵族后裔构成；吠舍种姓是由自由的公社社员构成；首陀罗是战争中的失败者和被驱逐者的后代。前三种种姓到了一定年龄即要从事宗教生活，以表示获得新的生命，故又称为"再生族"。首陀罗没有这种权利，叫做"一生族"。

印度人的精神生活，都由婆罗门控制。这时候的婆罗门，占据在恒河上游的"中国"地方，操纵了当时精神文明的中心，形成婆罗门教，提倡祭祀万能主义。婆罗门教的主要典籍除《梨俱吠陀》外，还有《娑摩吠陀》（意为歌咏明，这本书并没有特殊的重要性，因为它的内容差不多全是由《梨俱吠陀》摘录下来的）、《耶柔吠陀》（意即祭祀明，其诗也多是由《梨俱吠陀》中演绎而出，但其中有不少诗及散文咒语是创作的。它是祭祀最主要的典籍）、《阿闼婆吠陀》（意即禳灾明，由内容来看，它是《梨俱吠陀》作成后开始形成的经典。此吠陀不涉及高等的神祇，而往往涉及世间的妖魔，所以它具有原始巫术观念，此吠陀可看做巫术的咒语经典）。

在这个时期的初期，婆罗门努力进行祭祀的整理，并把人生观、宇宙观以及人生的各个方面都纳入祭祀的范围，以神明的观念来解释一切，所以婆罗门教义以吠陀天启、祭祀万能、婆罗门至上为三大纲领。到了晚期，出现了解释祭祀的《梵书》或《婆罗门经》始有祭祀的神学的解释。后世注释家曾把《梵书》的内容分为三种：（一）礼仪，规定礼仪作法；（二）释义，解释礼仪及文字的意义；（三）极意，即哲学的说明。通常以前二种为狭义《梵书》。《梵书》对宇宙人生所做的考察，是由《梨俱吠陀》末期的思想发展而来的。此时，人们对于自然的多神产生了怀疑，希望获得一种能够解释诸多现象的统一的世界观。

他们致意探究宇宙发生的问题。

"梵"按照原意，有颂（魔术咒语即曼荼罗）礼节、唱僧各种意义。后来引申为礼节所得到的魔力，再引申而为世界的精力。天地的运行，人类的行动都依靠着梵。所以依神来说，梵为最大，为造物主；依天象来说，梵为虚空，周遍一切；依人类来说，梵为生气（指呼吸之气），生命之本；依哲理来说，梵为世界的本质，一切事物都从它生，而且日月水火等也都可指为梵，再提高一步说梵为真如，义如虚空，不落言诠，不遮不表，正因为如此，所以称之为"不不学说"。

《梵书》的后期作品是"森林书"，音译为阿兰若迦（Afan-yaka）。意思是说深义密意须在森林寂静中传授。这是梵书的结束部分。其中虽有一部分是祈神下降的性质，但它最后部分则形成为过渡到《奥义书》的作品。

《奥义书》（或称优婆尼沙昙 Upanisad），其基本理论是说个体灵魂与世界灵魂是同一的，即所谓梵我合一之说。在赞颂《奥义书》之中有过这样表示："那就是真实的，那就是灵魂。"《奥义书》是《梵书》的连续，而在祭祀方面则与《梵书》不同。它是真正说明一种反祭祀仪式的宗教。其目的不在于对诸神作正确的祭祀以求得人世福祉或死后进天堂的幸福，而是求真正的悟解，使个人的灵魂吸收于世界灵魂或"阿提马"（atma）而得解脱。因此认为教仪是无用的，获得超脱才是最重要的。《奥义书》对世界灵魂概念是造物主的最后发展。《梨俱吠陀》中的"阿提马"的意思，仅指呼吸，在《梵书》中则指灵魂，而且用以表示宇宙。梵天一词在《梨俱吠陀》中意为"虔敬"和"祈祷"。在《梵书》中其意义就演变为"宇宙的神圣"。在《奥义书》之中则用它来表示自然有活力的神圣原则。印度文化由《梵书》的着重祭祀发展到《奥义书》的反对祭祀仪式而着重真正解脱，于此可见印度宗教进化的痕迹。

和主张个人灵魂与世界灵魂是同一的争取悟解以获得解脱的理论相平行的，那就是轮回学说。轮回之说在《梵书》中有犯罪的惩罚，一是用继续的生死来执行的这一概念。这在《奥义书》中有了进一步的说明：森林中的苦修者，如果获得真正的悟解，死后即入"诸神之途"为梵天所吸收。至于遵守祭祀与工作良好的家居者，死后则入"教长之途"，住月宫中，直到他的业或动作消耗完尽后，才离月宫，回到人间。初生为植物，继而转生为最高的人。这说明人生的果报轮回是双重的，最初在天上，其次在人间。这些思想，特别是《奥义书》的说法对后来的佛陀思想都引起了重大的反响。

《奥义书》的思想是怎样的一种思想呢？为什么会引起后来佛陀的重大反响呢？现代印度学者巴罗拉曼摩尔蒂说："佛教哲学是在对已有的优婆尼沙昙（《奥义书》）进行意识形态斗争的过程中产生的。当时优婆尼沙昙哲学已完全成为僵硬的形而上学的东西。优婆尼沙昙企图在世界上一切变化着的，暂时的现象背后，发现某些一成不变的永恒的实体。这种寻求神的做法，使他们接受了灵魂的概念和造物主大梵天的概念。"① 这些话就给我们明确的回答了。

约公元前6世纪至5世纪，为印度文化发展的第四期，即佛陀时代。佛陀时代在印度史上是个划新时期。无论新邦的勃兴，或社会的经济，意识诸形态的发展，都可以看出是一大转变的时期。当时的社会情况和佛陀思想有着密切关系，现在依着次序作简略介绍：

（一）新邦的勃兴——佛陀时代的文明中心地点已由恒河上

---

① 巴罗拉曼摩尔蒂：《佛家哲学》，见《学习译丛》1958年第8期。

游的俱卢移向东方。像南方的拘萨罗国（Kosala），迦尸国（Ka-si）以及摩竭陀（Magadhadha）国等地，都是婆罗门认为是蛮族之邦的，现在时势一变，旧地衰落而所谓蛮族之邦却成为勃兴的新邦。在新旧交替的时期，曾发生许多斗争。《摩诃跋罗多》和《罗摩衍那》两首史诗，隐约反映了当时的一些情况。《摩诃跋罗多》的作者被认为是传说中的圣者和诗人毗耶婆。这首诗的题材是俱卢和般度两个有血统关系的王族争夺最高权力的故事。《罗摩衍那》被认为是诗人跋弥仙人的作品。它叙述古代印度传说中的英雄罗摩的战争和功勋。当时新旧共有16国，摩竭陀国的首都王舍城，拘萨罗国的舍卫城，跋耆国的吠舍离，婆蹉国的峤赏弥，都是新兴的地方。这些地方表面虽然受婆罗门文明的教化，但根基不同，已经酝酿着他种新兴的文化。像摩竭陀国，在婆罗门法典中被认为是吠舍和首陀罗的混血种的地方。但它在维护新思想并发挥其特色中，表现最为突出，就成为新思想运动的中心地带。摩竭陀国的北面是拘萨罗国，东面是鸯伽国（首都瞻波），西面是婆嗟国，也称为当时的"中国"。这些国也都受新思想运动的影响，形成当时新邦的勃兴。

　　（二）社会经济的发展：佛陀时代是古代印度奴隶制经济发展的时期，即由部落奴隶制社会向大国奴隶制社会发展的时期。当时的刹帝利要求扩张自己的势力范围，而原来没有政治权力的富有的吠舍也要求参加政治活动。随着社会经济的发展，农村中由于农田水利灌溉的扩大，"稻米在农作物中已占十分重要地位"，需要新建河渠、道路。部落奴隶制的隔绝就不相适应，要求出现一个统一安排的国家奴隶制的社会。城市里由于手工业进一步分工，这时出现了手工业的组织 Seni。曾有一个城市有18个手工业的组织（木、铁、皮革、油漆等等）。在城市里，同一手工业往往有专门的街坊。这些手工业组织曾被资产阶级学者误解为中世纪的封建关系的行会，其实"行会"和这些手工业组织并不相同。行会是封建制度下的手工业者的联合组织，反对封建剥削和限制竞争而产生的。这不过是古印度社会生产分工发展中的一个手工业组织而已。

手工业的发展也促进商业的发展，这时出现了许多新城市。城市是商业中心。沿海城市和海外贸易有关，内陆城市也与商业有关。于是广大的城市自由民也有自由发展的要求。因此，成为束缚当时社会发展障碍的种姓制度和早已僵化了的婆罗门教，受到广大的自由民、富有的吠舍和刹帝利的强烈反对。同时，由于贫富分化，农村的土地由国王赐予，并大行兼并，大土地所有制就出现了。曾有一个婆罗门，使用 500 犁，并雇用大批雇工，这就可以看出他所占有的土地很多。失地的农民沦为佃农或佣工，甚至沦为债奴。城市由于商业的发展，商人高利贷在经济上占优势，因而加深了社会分化和阶级矛盾。当时的广大奴隶过着极不平等的生活，没有一点自由，任凭奴隶主们的蹂躏。奴隶主可以鞭打奴隶，监禁奴隶，并在奴隶身上加以烙印。主人有时将奴隶出租，赚得的钱要交给主人，否则就要受罚。随着奴隶制的发展，贫富分化的加剧，奴隶制大国的形成，就使城市贫民和破产的公社社员的地位每况愈下。婆罗门教已不能供当时逐渐形成的大规模奴隶制国家作为合适的思想武器，人民反对婆罗门的僧侣和统治，种姓制度佛教就在这样的社会情况下产生了。佛教的产生也就是这些反种姓制度和反婆罗门僧侣统治的情绪在宗教方面的一个反映。

佛陀所处时代的社会经济情况是这样，这足以说明佛陀时代正是印度社会由部落奴隶制社会向一国奴隶制社会发展的时期。不过，印度现代学者德·查陀柏杜耶认为佛陀所处的时代有很多地方仍然存在着原始共产主义或它的残余。他说："我们在佛教的记载中看出当时佛教的印度，有相当多的地方是原始共产主义。明确这一点，这并不是说印度在佛陀时代是处在原始共产主义社会。毋宁说这仅仅是意味着古代社会不平衡发展的规律。"他的看法和苏联历史学家所说的"家长制形式的奴隶制关系与相当多的原始公社结构的成分相结合，是古代印度制度的基本特点。奴隶占有制的发展并没有完全摧毁古代印度的公社"的论断基本是一致的。正因为这样，德·查陀柏杜耶也认为："假如不理解佛陀如何从原始共产主义取得灵感的话，我们就无法理解早期佛教。"又说："佛陀不仅把原始共产主义社会当成他灵感的根源；并且有意地模仿这个模型来组织他自己的组织。"如佛教大事譬喻中就有一段记载着君主制的阶级社会，怎样在平等社会的废墟上出现，私有财产怎样随着农业的发现而产生的回忆。现在试译如下，以供参考。

开始人们习惯于靠着爱情滋养生活于幸福之中。靠着爱情粮食滋养生活于幸福之中，他们如此的生活下去。他们所行的是正义的行为，后来就出现了瓦尔那（种姓）的区别：有些是好的瓦尔那，有的是坏的瓦尔那。好瓦尔那的人轻视坏瓦尔那的人，虚荣就出现了。这一出现，正义行为就死亡了。而他们所赖以生存的爱情和糖蜜也干涸了，他们就去寻找新的粮食的源泉。他们首先发现了菌类植物，后来发现了草木植物。不久又发现许多谷物叫做"三利丹那"。那时没有人有存粮的观念。但是以后屯集观念在人们脑海中逐渐生长起来，贪欲也增长了。接着，性的区别的感觉也发生了。开始配偶的观念在他们看来是不对的。终于，配偶的习惯逐渐巩固下来而为人所接受，家务就成为妇女的事情。

同时，屯粮的贪欲大大发展了，它就不仅需要耕地的技术，而且连保留土地集体占有制也变得不可能了。田地需要分配给个人耕种，每人耕地需要划分地界并规定不得侵犯别人的土地，这些规定继续了一些时候。

后来，新的复杂情况开始发展。有些人想："好，这是我的土地，那又是我收获的东西，假如收获不好怎么办呢？"于是他打定主意："不管允许不允许，我将从别人的田地采集谷物。"他行窃被第三者捉到了，第三者暴打了他一顿，并叫他为盗贼。那盗贼叫起来："看！兄弟们，我被人打，我被人打，这是不公平的，这是不公平的。"

盗窃不忠实，刑罚的事情就出现了。

于是大家集会决定：推举一个人来关照每人的地界。这个人必须强壮聪明并对大家负责。每人以生产品的一部分给这个人做报酬。他将处罚罪犯，保护正直的人，并照顾每人应有的一份额。

大家选出足以保护他们利益的人，同意将收获的六分之一做为他的报酬。他在大家同意之后执行任务，逐渐成为印度的贵族。这就是印度贵族为什么叫做"摩诃三曼陀"或"大家的一致同意"的来源。

沙司特礼正确地指出后人的传说对这个故事固然有所歪曲，但是足以反映印度远古的情况这是无疑的。更重要的是反映了古代印度是怎样由无阶级社会逐渐进入有阶级社会，而无阶级社会的组织形式又和佛陀僧团组织有密切的关系。这个故事在佛教以外的古代印度文学中是独一无偶的故事。它具有独一无二的特色，就是从来没有把国王看做上帝的化身。关于这一点，沙司特礼指出：在公元5世纪时，月称为什么会说："国王是人民的公仆"，说"你仅仅不过是人民的公仆。大家把收获的六分之一给你做薪金，你不应该傲慢。"这和这故事有关系。

总之，佛陀时代是一些大规模的奴隶制国家兴起的时代。但仍然存在着原始共产主义或其有力的残余。而在平等的社会废墟上出现的国家的权力，构成了佛教传说中一份生动活泼的记载。

（三）意识诸形态的发展——佛陀时代的思想界婆罗门教，逐渐失了维系人心的力量而异说纷起。当时主要的潮流有二：一为婆罗门教的正统及其末流，二为非婆罗门潮流。前者通称为婆罗门，后者通称为沙门。当时婆罗门和沙门并称，并没有把沙门作为释氏专有的名词。所谓沙门，即不属于婆罗门的各种沙门学派的通称。

婆罗门思潮又可以分为几种：正统婆罗门教的潮流，在形式上虽仍然维持吠陀天启、婆罗门至上、祭祀万能三大纲领，当时尚盛行日常之火祭祀所行之种种祭仪，但精神早已丧失，已不能指导一切，于是乎习俗信仰的潮流就兴起了。所谓习俗信仰潮流，就是不拘正统婆罗门的形式而以梵天（创造神）、毗湿努（护持神）、湿婆（破坏神）三神为中心，养成一种神教的潮流。其末有玄想的潮流。乃由《梵书》、《奥义书》所激发。尤其是《奥义书》谈哲理的部分，对于思想方面，最有启发作用。像数论派、瑜伽派、六派哲学的大部分，乃至佛教哲学都和《奥义书》有关。

所谓沙门思潮，乃是婆罗门失势而极谋思想自由的思潮。它完全否认吠陀是权威，并呈现活泼的态势，沙门和婆罗门共同左右当时的思想界。从历史上看来，这种沙门的制度与名目，乃承婆罗门第三、四期的遁世生活与终生行者而来。但到了佛陀时代，和普通婆罗门制度大不相同，不为婆罗门的传统的教条所束缚，并可自由出家，充分发表其主张。这种新思潮即以新兴的摩竭陀为中心地带而扩大其势力。例如佛陀最初请教过的阿罗逻迦罗摩（Alalakalama）、郁那迦罗摩子和三迦叶都是如此。五分律第七曾经这样说："摩诃陀时，有九十六种外道。"这不过是形容沙门潮流的繁多。其实"外道"中最有代表性而且有文献可考的只有六师。六师是沙门潮流中开创六种学派的人物，世以六师的名字名其所创的学派，故称六师。这与婆罗门不提开创人物者不同。总之，流于形式主义的婆罗门教，已不为新兴阶级所需要。一般人民产生了新的思想要求，种种的沙门潮流就应运而生了。沙门思潮当中难免有些趋于极端的，又有被认为是危及人心的。

六师学说的共同点是讨论世界的起源、人生的归宿，以及实现其归宿的方法。这些问题在《奥义书》中已经提出，不过六师的解释极不相同。像《长阿含·梵动经》把六十二见归为八类：

1. 常见论：主张世界自我，都是永恒。

2. 半常半无常论；主张世界及一切有情。一部分为无常，一部分为永恒。

3. 有边无边论：讨论世界有限无限问题。

4. 诡辩论：一名不死矫乱论、捕鳗论，对任何事，都没有决定的解答。其意旨极难捉摸，好像油滑鳗鱼，不易捕捉一样。

5. 无因论：主张一切皆是偶然的现象，没有因果关系。

6. 死后论：对于死后的意识状态作种种解释。

7. 断见论：主张死后即断灭。

8. 现法涅槃论：讨论哪一种状态，在现在为最高的境界。

只从以上八类来看，可见当时思想界学说之繁多，可惜材料太少，无法窥其全貌，稍微知道一点的，只有六师学派的主张而已。现在仅依据《长阿含·沙门果经》简单介绍其主张如下：

1. 富兰那·迦叶（Pnrana Kassapa）——主张伦理的怀疑论。认为善恶依习惯而定，没有绝对的标准。所以也没有相应业报之理，即认为无果报功德。

2. 末迦黎·拘舍黎（Makkhali Gosala）——主张极端的必然

论，他认为人们的行为与运命，一切都有自然运行所定的规律，无法改变，任其自然，经过数百劫自得解脱。据耆那之传说，这一派的始祖为大雄弟子的分支，若据佛教的传说，则为难陀跋嵯（Nanda）的继承者。总之，这是近于耆那的一派，在佛陀时代，势力极大。

3. 阿夷多·翅舍钦婆罗（Ajita Kesakambali）——朴素唯物论者。认为人生由四大类所合成。死即消散，所以人生的目的，但求快乐，反对一切严肃的伦理。此与顺世派 Lokayata 相近。

4. 浮陀·迦旃延（Pukudha Kaccayana）——与上相反，主张心物不灭。但其论证颇为机械，认为人生由地、水、火、风、苦、乐、生命七个要素而成。依其集散离合而有生命现象，但七要素自身不灭。如以刀矢离开人身，不过通其间隙，于生命无关。这说明要解脱生死的怖畏者，不能以刀切断生命之边。

5. 散惹即·毗罗梨子（Sanyaya Bellatthiputta）——主张直感主义。每一个问题，皆凭所感以为判断，就是真理。如问：未来有否？先觉有即答有，因属真理。后觉无即答无，也是真理。这一派较之希腊布罗达哥那斯（Bnctagosas）人为万物的尺度说更进一步，因为这一派用一一时处的直感来做万物的尺度。目犍连与舍利弗都是从此派出。

6. 尼乾子·若提子（Niganlha Netaputta）——即有名的耆那教始祖。耆那教主大雄姓若提名增胜。较佛稍前，而教团势力也一时与佛教相伯仲。主张命与非命的二元论，用命与非命为基础创立种种范畴而说明一切。命随根又分为六种：（1）一根（皮）如植物；（2）二根（皮、舌）如虫；（3）三根（皮、舌、鼻）如蚁；（4）四根（皮、舌、鼻、眼）如蜂；（5）五根（皮、舌、鼻、眼、耳）如兽；（6）人天及魔等并有心根。凡有心根，属于有想类，余则无想。这一派在实行方面主张极端的苦行，又是极端履行不杀生者。

以上六师，都是适应当时的革新潮流和反抗一切传统的婆罗门而起的。极意于世界人生的寻讨。切实以求解脱，殆为当时知识界切身之问题，但是思想紊乱，有危及人心世道之忧。佛陀释迦牟尼诞生在这样一个时代里，一面与严格主张梵天创造世界的思想和种姓制度的婆罗门教战斗；一面又与主张常见或主张断见、主张极端纵欲或主张极端刻苦的六师展开战斗。释迦牟尼在古代印度社会里应居于何等地位？他所反对的是什么？主张的又是什么？我们就要进一步研究他的生平和他的学说。

第二章　佛陀的生平和他的学说

印度是亚洲南部文化极古老的国家。佛陀释迦牟尼是古印度历史上杰出的人物。这是肯定的。但资产阶级学者高夫（A. E. Gough）却胡说："东方学者必须正视印度特性的先天劣根性的事实，印度哲学是静止和停滞的热带思想，……它是低等种族的哲人们，惰性文化的人民所创造的。"[①] 甚至连伟大的古代印度杰出的思想家释迦牟尼的存在也给予否定。前牛津大学教授威尔逊（H. H. Wilson）于《大英百科全书》中也认为佛陀是后来信徒构想的人物；寇恩（H. Kenn）和叟那尔（E. Senant）更异口同声地说："佛传出于构想，无异太阳神话。"[②] 这种虚无主义者的武断态度，使人无法同意。我们知道过去杰出的历史人物，其生平言行，因被人赞叹而渲染夸大、神话化，以至于失去历史真实性是常有的事，何止释迦牟尼？例如我国古代周族始祖

---

① 尼彼·阿尼凯也夫著：《古印度哲学中唯物主义流派》。

② 深浦正文著：《佛教研究法》，第 57 页。

后稷是开始种稷和麦的人物。因为他有特殊的贡献，就传说姜嫄祷神求子，后来踏着上帝的脚印，便怀孕生了后稷。

后稷出世，受圣天子及百灵呵护。把他丢在路上，就有牛羊喂奶，丢在冰上，就有鸟拿着翅膀盖着。长大以后，就发明了农业[①]。后来就在邰（陕西武功县）成家立业，成为周族世世代代崇拜的始祖和农神。这些神话的说法，是缺乏历史真实性的。我们对待这些历史人物神话化和资产阶级学者的说法，应该采取根据历史实际、社会发展实际科学地舍伪存真。印度文化和释迦牟尼的存在，西方学者多给予否定，这当然是错误的。历代对释迦牟尼的存在和事迹，有很多很多是神话化的，这有待于我们研究取舍。佛经记载：释迦牟尼在世时说："要断除我慢。"长阿舍记载：佛自己认为他不能回答一切问题，他不是一个无所不知的人。入灭前又明明对弟子说：要"依法不依人"。这些话反映佛陀谦虚的态度和本身地位存在的真实性，是非常鲜明的。但世人因受轮回学说的影响，而对佛陀的本生加以推测和想象，因而在赞颂佛陀故事中有瑞应的传说。这种本生故事和瑞应传说，经过后人附会，逐渐增加。这两种说法，在佛在世时就已萌芽，到了他入灭以后，本生、瑞应等故事的传说更广，就益使释迦牟尼的存在神话化了。去佛愈远，想象成分愈多，附会成分亦愈繁杂。后世诸佛传，以言赞美则有余，以传历史真实性则不足。加上玄理的探讨，结果主张佛陀就是法身。我们稍微研究一下大众部、一说部、出世部、鸡胤部的佛陀论，和大乘三身说，就会感到神的佛陀代替了人的佛陀并不是偶然的。我们认为释迦牟尼这个人的存在是明确的，不能因为神话化而一笔抹杀他的历史真实性，同时也不能因为有历史的真实性而盲目接受附加的神话性。自从

---

　① 译自《诗经·大雅·生民》。

1898 年培丕（W. C. Peppe）于迦毗罗卫国发掘佛陀的舍利塔以后，对佛陀的存在更无可怀疑。而且近代学者对佛陀的生平和出生年代也有进一步的探讨，都很值得我们参考。

释迦牟尼是中印迦毗罗卫国人。族姓为乔答摩，传为迦毗罗卫国王子，名悉达多。出世 80 载而涅槃，约与尼犍子、拘舍罗同时。他涅槃究竟在哪一年，说法不一。西洋论者，断为在公元前 480—前 490 年之间。其中比较确实的证据有二：（一）依希腊所传月护的年代和《锡兰大史》和《岛史》二书所说。据希腊记载：证实月护即位之年为公元前 321 年，而其孙阿育王约于其后 56 年灌顶。据锡兰之书，则阿育王行灌顶式之年，在佛涅槃 218 年之后，可以证涅槃之年为公元前 483 年，即周敬王三十七年。上溯 80 年，则佛生于公元前 563 年，即周灵王九年。如佛生于周灵王九年，则实长孔子 12 岁。（二）依据持律的上座部所传释迦涅槃后用点纪年（此即安居终了以后的新年）的众圣点记说。此说于 489 年（南齐武帝永明七年）传来中国。当时已积有 975 点，向上推算，释迦涅槃应在公元前 486 年。我国吕秋逸先生认为"这一纪年比较起其他各种来，历史的正确性最高，我们也给以最大的信用。"[①] 另外，锡兰从公元 5 世纪起流行一种新说，说释迦涅槃于公元前 553 年。照此说计算，1956 年 5 月月圆以后，释迦涅槃恰恰满了 2500 年。1956 年印度等国家举行盛大的释迦涅槃 2500 年的纪念会，即是以此计算的。我国佛教徒自唐代以来，用佛诞纪年，以为佛陀生于周昭王即位二十四年甲寅（公元前 1027 年），这是为了对抗道教而把释迦之年说成那么久远的（如唐法琳于武德五年上《破邪论》中引《周书异记》，就是这种主张明显的例子），当然是不可靠的。关

①　吕澂：《谈南传的佛灭年代》。

于释迦的出家、成道、行化，有多种不同的说法，现在比较南北各传，据其最通行而又比较合理的综述如次：

约在公元前 6 世纪中叶，西北印度雪山之南，现在乌持之北，有罗泊谛河支流（旧称油河），当时凭河而居的有两国：右迦毗罗卫，左拘利，居民殆属蒙古种（一说阿利安）。其末裔释迦族，相传是甘蔗王之后。因土地肥沃，以农事为生，甘蔗王大概即由此而得名的。当时迦毗罗卫国王首驮那（净饭）统治同族 10 个城，俨然王者。因为和拘利国通婚，净饭王就和拘利国女摩耶与钵罗阇钵底姊妹结婚。摩耶晚年怀孕，依印度旧风俗，要归宁分娩。路经蓝毗尼园，遂于无忧树下，诞生太子。太子出生 7 天，摩耶夫人病逝。太子靠着姨母钵罗阇钵底保育。当时婆罗门学者为太子立名悉达多，意谓成就。后来出家称为释迦牟尼，就是尊崇佛陀为释迦族中的圣人。

当悉达多太子出世，有婆罗门学者阿私陀给太子看相。认为太子是伟大人物，若是出家，必获一切智慧。若入世道，则为转轮圣王。净饭王相信阿私陀的话，对太子属望愈奢，一心一意希望他能强国富民统一全印。所以太子 7 岁以后就让他备受婆罗门教的教育，长大以后，自文字、数理以至一切技艺，就是后世所谓的五明，几乎都学遍了，而且学无不精。但受婆罗门教的消极厌世的教育所影响，不知不觉潜伏其心而不可拔了。

悉达多受婆罗门式的教育 10 年，早通各种学术，但是性喜沉思，怀出离之志。偶然看见农田的小虫一出现，马上被鸟啄食，太子面对这种弱肉强食的情况，不觉悲从中来。又曾至迦里沙迦聚落之界，见有多人各执农具，苦力耕种，手脚粗恶，尘土染身，衣服破敝，饥渴无力，悉达多见之惊问，左右都说："这是太子部田耕种之人。"悉达多听见，马上放免丁壮牛畜，任自营生，不令官方更有拘检①。净饭王感到太子厌恶世情，非常着急，想用五欲众境来转移他厌恶现实的情感。既为他纳耶输陀罗为妃，并多置美姬，又造宫殿，备极歌舞之乐。太子在这样的宫廷里生活了 10 年，但他出离之念始终没有放弃。加上那时候祖国处于摩竭陀与拘萨罗两大国之间，形势艰难。他观察敏锐，不愿生活在俗事纷纭的环境里。因思自己已有一子，名叫罗睺罗，家长之事略尽，就在 29 岁那年，毅然决然于更深人静之际抛弃家室，潜出宫城，入东方蓝摩邑森林，易服为修道者。

迦毗罗卫的净饭王既失太子，非常悲伤，就派遣臣子劝太子回来，太子意志坚决，不肯马上回来。净饭王只好留些宗亲观其动静。憍陈如、跋提、跋波、摩诃男、阿说示 5 人跟着他南行。太子渡越恒河，到了摩竭陀王舍城。

王舍城的人见太子来，都来瞻仰，频毗娑罗王（影坚）知道这个消息，也来访问太子，并劝他出来执政，太子修道心切，坚辞不就，影坚王知道不可能留住太子，就和他相约说，悟道以后再来庆贺。

太子到王舍城附近隐士修行的地区去学习参访。初访阿罗逻加蓝，又往阿兰若林，访欎陀罗罗摩。他访问了这些人，对他所要寻求的道理，都未得到满意的答案，乃渡尼连禅河，到优楼频螺村林中去，专修苦行。当时沙门都以修苦行为寻求解脱途径，悉达多也受此影响，拒绝父王资粮，日食一麻一麦，这样子茹苦专精 6 年，形销骨立，解脱之道，依然无所获，乃翻然悔悟苦行之徒劳。跑出林外，在尼连禅河沐浴消除积垢，得长者女难陀婆罗牛乳的供养，体力逐渐恢复。憍陈如等 5 人，本来跟他修苦行，看见太子这时的情况，疑心他有退堕之意，先后离他而去波

---

① 参见寒光《读佛传偶记》所引。《现代佛学》1957 年第 10 期。

罗奈斯，太子就独往迦耶山，在卑钵罗树下（成道后改名菩提树），据金刚座，自下大决心说：

我今若不证，无上大菩提，宁可碎自身，终不起此座①。

太子下决心以后，和种种矛盾、种种问题作斗争。因为道心坚决，结果获得胜利。太子既得调心，正入观照。一切人间老死悲恼等问题，他都找到它的根源，创立十二有支的学说。佛流转地观察十二有支，而得到"苦"、"集"二谛，佛还灭地观察十二有支，而得"灭"、"道"二谛。太子自己认为已找到生死本源，反复思考，至于彻悟，那时东方破晓，明星灿然。传说这是佛寿35岁的时候（一说30岁），时2月8日。

佛成道以后，用什么方法实行他的教化？受教化的人得了什么结果？对于当时社会又发生了什么影响？这些问题都是研究佛陀的生平时所不能忽视的。现在依据经律及中外前人积累的研究成绩，把佛陀行化45年，分为四期来说明：

（一）**始化时期**——佛陀成道以后，本想去感化过去请教过的阿罗逻加蓝和欝陀罗罗摩，可惜都已经逝世，因此想起憍陈如等5人远在波罗奈斯，想到那边说教。经过差梨尼迦林，有两个商人，名叫咤富娑和跋利迦的首先皈依他。后来走到波罗奈斯的鹿野苑，憍陈如等远见佛来，本来以为太子退道了，可以不必迎逛，但一见佛陀威仪，不知不觉就生起恭敬之心。佛就给他们讲4个崇高的真理（旧译四谛），憍陈如等5人即皈依为沙门，佛又给他们听五蕴无常，无常故苦，苦故无我的道理，这5个人闻法都得解脱，成阿罗汉。阿罗汉此翻正应，正是契当的意思，此复有三：一、应断烦恼；二、应受供；三、应不复受分段生死，具备这三个意义，名阿罗汉。

———————————

① 见《方广大庄严经》。

佛在波罗奈斯说法之后，信徒激增，第二个皈依的是耶舍（Yaśas）。他是波斯奈斯富家的后裔，他的父母和妻子都听过佛陀的说法并成为信教的优婆塞与优婆夷。耶舍的许多朋友，在波罗奈斯地方的贵族青年都受戒为僧。在优楼鞞罗尼连禅河边，佛陀示现的无数奇迹，把事人婆罗门加叶波兄弟3个人和他们的一干弟子都争取过来①。

佛陀由优楼鞞罗旅行到王舍城。在那地方的频毗娑罗王听佛说因缘无我道理，就宣布自己为奉佛的居士。那时城中有个竹园，麇集外道，频毗娑罗王特驱遣他们修建伽蓝献给佛众，这是国王皈佛和有伽蓝的开始。

佛在竹园说法，复经两个月时，那烂陀村沙门散惹耶有两个弟子，名舍利弗和目犍连，俱极聪慧，曾经一齐发誓舍得甘露道（不死道）。有一天，舍利弗看见阿说示（马胜）入城乞食，威仪十足，就向他询问所学，阿说示就举偈说道："诸法从因生，诸法从因灭。如是灭与生，沙门（指佛）说如是。"舍利弗因悟缘生无我道理，与目犍连率徒250名皈依佛，修持梵行，精进不懈，佛陀很喜欢他们并告众僧说道："诸恶莫作，众善奉行。自净其意，是诸佛教。"这是戒律理论的开始。

自佛行化以后，得弟子1250多人。其中像舍利弗、目犍连，都是有名学者，众望归向，加上国王提倡，长者倾心，佛教就如日之升了。但是佛教是实行之教，又是禁欲之教，那时候摩竭陀国许多出色的有钱的贵族青年，都追随着佛陀过着清净生活。一般人对青年出家很不高兴，埋怨地说："苦行的乔答摩将带来绝育与无后；苦行的乔答摩将带来鳏居；苦行的乔答摩将带来家庭

---

① 译自德·查陀柏杜耶也：《早期佛教的几个问题》，见印度《印度新世纪》月刊，1956年第4期。

的毁灭等。"① 还有佛未来时，王舍城民饮食作乐，无间昼夜。佛施教以后，昼夜寂寞，人们只重视三宝，这个情况从社会经济角度看来，一方有佛众乞食需求之烦，一方出家日多，就必然使社会消费和生产的情况愈来愈不平等，于是城民颇有毁谤侮蔑佛陀的事情产生，这是完全可以理解的。但佛陀处之泰然，这是佛成道以后到第 6 年说根本教义时，第一期行化的大略。

（二）**广化时期**——佛成道后 6 年，在王舍城郊外灵鹫山，听到父亲有病，想念儿子，遂决意回乡。那时佛对难陀说："父王净饭，胜世间王，是我曹父，今得重病，宜当往见。"② 于是先到迦毗罗卫附近俱卢陀林中，亲属故旧咸来问讯，而佛陀默然不动，没有久别情感，见者索然。佛着衣持钵入域乞食，拟趋禁卫，净饭王认为儿子行乞有辱门第，就扶疾出视。佛陀认为出家生活就应该这样，并反复说明邪正之道，他的父亲有所省悟，就引佛入宫受供，眷属都来皈依。数日后随佛出家的，有阿难陀罗睺罗等，净饭王听到这个消息，更加懊丧。佛就决定说，非父母允许者，不得出家。但是这时跟佛而去的仍然源源不绝，甚至连以优波离为首的首陀罗种姓也相从出家，受佛平等待遇。佛在迦比罗 3 个月，父病重逝世，佛和弟子们送葬后，仍还王舍城。

佛既于故乡说教，收到极大的效果，就决意致力于四处传布教理。起初有拘萨罗国舍卫城的富商叫须达多的（善施），一名给孤独，贸易回来，偶闻佛说，即起信心，就请佛到舍卫城行化。给孤独因为尊敬佛陀，回去后就把舍卫逝多林花园作为礼物献给佛陀。据记载说，给孤独要寻找一个值得给佛陀和他的弟子居住的地方，找来找去，认为唯有王子的花园符合一

① 译自德·查陀柏杜耶也：《早期佛教的几个问题》。
② 见《佛说净饭王般涅槃经》。

切要求。但王子拒绝出让。经过长期谈判，给孤独花了用黄金足以铺满舍卫逝多林全部土地的代价，才买到这个花园献给佛陀。这个花园后来成为佛陀的住所。佛到了舍卫城，为拘萨罗波斯匿王说法，王悟所说，誓为优婆塞并终身护法。从此舍卫与王舍两城都成为佛说法的两大道场。佛常往还于舍卫与王舍之间，此外西方的僧迦舍、摩偷罗等地佛也到那里行化了好几年。佛自成道后7—12年，游涉各方示教不一，这是佛成道后第二期行化的概况。

（三）**制戒时期**——佛行化稍久，皈依日多。随地群居，渐有懈怠习非的事情发生，于是佛就致意僧团的组织，自此渐有戒律的制度，叫做波罗提木叉。先有比丘次提那回家而破梵行，僧众告诉佛，因制淫戒。又有比丘达氏迦偷了木材去造房子，僧众告诉佛，因制盗戒。自此而后，历有禁制，积有200余事，制定各种戒律为个人修持计，为僧团和合计，为维持社会秩序计，都感到有必要。我们看广律语，戒有十利：1. 摄取于僧，2. 令僧欢喜，3. 令僧安乐，4. 未信者信，5. 信已增长，6. 难调者调，7. 惭愧者安，8. 断现有漏，9. 当断有漏，10. 正法久住，就非常清楚了。

其间，佛应频毗娑罗王之请，定布萨制，又从群众要求，制行雨安居之法（自7月15日或8月15日起到11月15日，住于一处而说教），从此僧团制度就逐渐建立了。

佛曾返故里为亲族说法。姨母波阇波提和诸释女要求出家，佛没有答应，她们追随佛到舍卫，阿难又替她们请求，佛遂说八尊敬法，许为比丘尼，于是就有具足四众弟子。

佛教化日广，其他学派心怀不满，因而破坏佛师弟的事情也时常发生。像婆罗门的教徒故意诱雇淫女，假装一齐去听佛说法，找机会把淫女暗杀，将尸首埋于逝多园树边，诬为佛所为。

胜密用火阬毒饭想害佛，种种害佛行为，但都相继失败了。佛受害事件最显著的就是佛的从弟（斛饭王子）提婆达多和佛争领导权。他的从弟为了要迫害佛，故意放纵醉酒的大象奔佛，使狂人辱佛，用大石投佛，但都没有达到目的。他本想以五法强佛立为制度，1. 着粪扫衣，2. 但乞食不受供，3. 但一食，4. 但露坐，5. 不食肉，佛认为应视世宜，未可制定。提婆达多遂号召无知另主团体，以与佛抗衡，并说五法是道，入圣道非道。但是提婆达多并不是真有知见者，所以影响不大。佛自成道后第13年到41年，注意教戒和僧团组织，这是第三期行化的概况。

（四）**终化时期**——佛既备受提婆达多等的扰乱，要去王舍。那时摩竭陀国阿阇世主已经皈佛，想要进攻并摧毁叫做跋祇部落的人民。他派首相禹舍婆罗门到佛陀那边，去恭聆世尊的启示。首相到达世尊处呈上国王的书信。那时候阿难陀正站在世尊后面给他挥扇。佛陀倾听首相说话，这时值得注意的是佛陀没有直接答复首相禹舍婆罗门的说话，却对阿难陀说道：

"阿难陀，你有没有听到跋祇人时常参加他们那一阶层的集会？"

"世尊，我听过。"阿难陀答道。

"只要，阿难陀"，世尊说："只要跋祇人时常参加本族的集会，那么他们就不会衰落而会日趋繁荣。"

（世尊以同样方式问阿难陀，也得到相似的答复。世尊宣布了如下的其他情况，以保证跋祇人联邦的幸福。）

世尊说："阿难陀，只要跋祇人和谐地相处，和谐地行动……那么跋祇就不会衰落而会日趋繁荣。"

佛陀提到构成一个部落福祉的7个条件，然后世尊对婆罗门说：

"婆罗门，当我一次停留在萨烂陀陀庙的吠舍离地方，我教导跋祇人这些福利的条件，只要跋祇继续维护这些条件……那么，我们就可期望他们不会衰亡而会日趋繁荣。"

婆罗门说："……这样，乔答摩，跋祇族就不会给摩竭陀国王征服，不可能在战场上被征服，除非通过外交解散他们的联盟。乔答摩，我们现在告辞，因为还有许多事要做。"

"婆罗门，你要依你认为最合适的事情去做。"世尊这样回答。禹舍婆罗门就由座位站起来而走开了。

他去了不久，世尊就对尊敬的阿难陀说道："现在你去召集王舍城附近的兄弟们到讲经堂会齐。"

阿难陀照办了。

世尊到讲经堂，入座后就对兄弟们说：

"托钵僧们，我告诉你们，构成社会福祉的7个条件。小心听着，我就说……"

"托钵僧们，只要兄弟们时常参加他们僧侣的正式集会，他们和谐地碰头，齐行协力地行动，并执行教中职务，……这样。兄弟们就不会衰落而会日趋繁荣……"（佛陀就提到构成他们僧团幸福的同样的7个条件）①

这段对话是很珍贵的材料，我们从这里面可以看到佛陀的政治思想。佛陀虽然间接直接对禹舍说了跋祇人过着部落社会民主的生活，未可轻侮，但是首相禹舍仍从阿阇世王兴兵侵略跋祇。佛自此北去，由咤吒梨新城渡恒河到吠舍离，感化了庵摩罗女，并接受她的供养，在郊外竹林安居。因患病非常痛苦，知道在世不久了，就对阿难陀说："我活了80年，像破车一样，现在不久于人世了。凡应说的法，都已说尽。以后你们当以法为先，以

---

① 译自德·查陀柏杜耶也《早期佛教的几个问题》。

法为所依；当以自为先，以自为所依。"① 后来佛病稍微好转，仍照常入城乞食，夜间集僧众说四念处、四正勤、四神足、五根五力、七觉分、八圣道，希望僧众专心修持。第二天由吠舍离去舍卫城。

那时候拘萨罗国的太子毗琉璃逼取王位，复修旧宫，无端指责释迦族没有把释妃王族的高贵女儿嫁给他，而把一个女奴嫁给他，是骗了他，于是对释迦族开战。佛面临着祖国危难，曾经在中途一连三次地劝毗琉璃王回车，毗琉璃王亦因佛的劝说而三次回车，所谓"如是至三，王亦三还"，就是指此而说的，毗琉璃王想到："先古所截，藏室秘讦，用兵征旅，遇沙门者，转回军还，况今值佛，焉得进乎？稽首佛足，即便反旅"② 但是毗琉璃王的野心终不可遏，到了第四次出征时，因佛不在，就纵兵残杀释迦族人民。这次进攻，释迦族几乎被歼灭，只有少数人逃命。佛以衰老之年亲眼看到祖国受到这样严重的灾难，悲愤非比寻常，曾对诸比丘说：

> 彼琉璃王，肆意恶逆，罪盛乃尔，却数七日，有地狱火，当烧杀之，现世作罪，使现世受。③

毗琉璃王征服释迦族之后，拘萨罗发生了骚乱，并且如历史所报道的，道路上充满了盗贼，这显然有助于摩竭陀击破拘萨罗，并把它并入自己的版图。在 5 世纪时，摩竭陀是北印度最大的国家④。虽然灭释迦族的惨剧发生在佛陀的晚年，但从他对诸比丘的讲话中也可想见佛陀的爱国主义精神了。

后来，佛陀率众东行，经过波婆城，金工纯陀闻佛说法，以

---

① 译自德·查陀柏杜耶也《早期佛教的几个问题》。

② 《佛说琉璃王经》。

③ 同上。

④ 奥西波夫著：《十世纪前印度简史》，第 24 页。

植檀树木耳献给佛陀，佛食后病转剧，又北行，抵力士族（梵语末罗族）拘尸那揭罗城西北，在金河畔的婆罗林中，就在双沙罗树间，北首侧卧。有异学须跋陀罗闻八圣道而为最后的弟子。佛又遗教阿难陀，佛灭后应以法和律为师，时众知佛将入灭，悲苦异常，佛乃最后教诫大众：一切法无常，应知精进。于时晨光微曦，明星渐没，佛亦寂然入涅槃。时年80。公元前486年2月15日，龙树曾用生动的笔调描绘佛涅槃情景：

　　……佛取涅槃一何疾哉！世间眼灭，当是时间，一切草木叶树华叶，一时剖裂，诸须弥山王，尽皆倾摇，海水波扬，地大震动，山崖崩落，诸树摧折。四面烟起，甚大可畏，波池江河尽皆扰浊，彗星尽出，诸人啼哭，诸天忧愁，诸天女等嘟咿哽咽，涕泪交流，诸学人等嘿然不乐……①

数日以后，茶毗（火化）圣骸，各处王族分取舍利各于本土建塔安奉。自成道后43年至于入灭，他眼见释迦族被毗琉璃王族歼灭殆尽，徒众远离，散处各方，是为佛第四期行化的概况。

佛陀的生平，上面已简要介绍，现在我们进一步来讨论佛陀的主要思想学说。这里分佛陀所反对的和所主张的两方面来说明。

佛陀所反对的是什么呢？

（一）反对不平等的种姓制度——公元前四五世纪时，在印度特别是印度的北部，奴隶制国家有了很大的发展。作为维护和巩固这原始奴隶制国家的种姓制度就盛行了。佛陀生当种姓制度盛行的时候，独能不为因袭制度所围，在举世沉迷种姓残酷压迫剥削不平等情况下，抛弃了王位，以一个乞士的身份，倡"一

----

① 龙树：《大智度论》（卷二）。

切众生悉皆平等"的学说，以与严格主张种姓制度的婆罗门教战斗，从当时具体的情况看来，可以说有一定的进步意义。

佛陀在僧团中，打破了界限，对一向被人歧视的戍陀罗种姓给予平等看待。在一定的程度上，实现了废除种姓制度的理想。下列的证据可以阐明这种看法。

佛经中世尊亲口说出：信徒们，正如巨流虽多，恒河、阎牟那河、阿夷罗跋提河、萨罗互河、莫醯河，当它们汇入大海洋，便失去旧名和旧的派系，只保留一个大海洋的名字。同样的，信徒们，这四个等级，贵族、婆罗门、吠舍、戍陀罗，当他们依照佛法及教义的规定，放弃他们的家庭变成无家之人，舍掉本人的姓名和世系，只戴一个苦行者的名称，他们是追随释迦之子的苦行者。

佛经曾记载佛陀与阿阇世王的对话，这对话说明佛教在僧团黄色袈裟之前，国王和奴隶一律平等。佛陀问阿阇世王："假如一个奴隶或国王的仆从，披着黄色的袈裟，像僧迦一样地生活，无论在思想上或行动上，都没有可谴责之处，那么，你会不会说：仍然让这个人做我的奴隶和仆从，侍候我，向我叩礼，执行我的命令，使我尽情享乐，恭貌怡声唯我的话是听呢？"阿阇世王答道："不，世尊，我将向他叩礼，请他坐，给他所需要的衣、食、住，当他病的时候，我将给予医治和应有的照顾与护持。"①

佛陀以这样的思想和行动，在当时恒河的南北以摩竭陀与拘萨罗为中心的地带，广事宣传，得到人民的信仰。尊他为佛陀（大彻大悟的人）。也得到刹帝利和吠舍的支持。因为佛陀众对婆罗门的专横，对于刹帝利和吠舍种姓的利益很有帮助，所以他

---

① 译自德·查陀柏杜耶也《早期佛教的几个问题》。

们给予佛陀大力的支持，捐献了说法的道场和供养，这就是僧团的物质基础，也是刹帝利和吠舍皈依佛教主要原因之一。马克思昭示我们："一部宗教史，若不探究宗教的物质基础是不合乎科学的。"① 这句话对于我们学习佛教史，特别是印度佛教思想史的人是有着深刻意义的。

佛陀坚持一切众生都是平等的思想。他所吸收的弟子，固然有那些贵族、商人和婆罗门，许多例子在上面已经提过，但佛陀也吸收了许多出身微贱的弟子，在僧团中占有重要的地位。优波离据说是僧团中权威之一，他原来是理发匠。善尼达是一个清道夫，荼谛是渔夫之子，而难陀是牧牛之人。荼谛和难陀这两个行脚僧是一个奴隶和出身高贵阶层的女人结婚所生的。吒波是猎鹿之人所生的。潘喃和潘呢迦是女奴。苏曼揭罗玛达是织席之人的女儿和妻子。而苏哈是铁匠的女儿。这些都是爵莱士·戴征斯所引的例证，来说明佛陀所吸收的弟子很多是当时出身微贱的人。他说还可以举出许多，据他说，从僧迦出身微贱的人口的比例看来，出身于被轻视的迦梯族与席拍族的比例仍然较其他阶层为多。

根据这些例子，可见在佛陀自己建立的僧团中，他完全不重视由于出身贱业或社会地位而产生的一切特权与限制，并扫除一切有关礼仪或社会的不纯的专制法令所引起的种种障碍或限制。佛陀所以获得群众的拥戴，特别是被压迫和被蹂躏的人、下等阶级、妇女、穷人、奴隶，都把佛陀看成伟大的"救世主，"并非偶然。

印度现代学者巴罗拉曼摩尔蒂说："佛教提出反抗的口号。各种事物都在变化着，没有永恒的事物，社会等级制度也不是长

---

① 马克思：《资本论》第1卷，第293页。

久不变的。佛陀在他的千百篇训诫中都攻击婆罗门教的专横、社会等级制度、君王制和不平等。当佛陀宣布他一生的使命就是拯救人类脱离苦难的时候，他的使命就有了伟大的社会意义。"①

随着社会的发展，印度等级制度也发生变化。苏联史学家说：在封建社会里印度社会的等级制度的划分，名义虽然如旧，但内容不同，处于封建关系中的农民，开始被看做戍陀罗。而戍陀罗种姓则成为处于封建关系中的农民了。在今天的印度"不可接触者"的人数有6000万人左右，他们绝大多数是农村中的农业工人（雇农）。"不可接触者"在社会上是被歧视的，不准他们进寺院，不准和"洁净者"同桌吃饭，他们的子女不能进学校。这一种等级制度，无疑是妨碍了印度劳动人民的团结和斗争；妨碍了印度经济的迅速发展的。马克思早在1853年就说过："等级制度是印度进步和强盛道路上的基本障碍。"②

过去印度的奴隶主、领主、地主以及英帝国主义都曾极力维护这种反动的制度。印度独立以后，在1948年印度国会虽曾通过了废除等级制度的议案。但在印度社会里，所谓"不可接触者"依然如旧。1956年，印度的"不可接触者"发起改信佛教的运动，到了1957年年底皈依佛教的人数，据说达到600万人左右，当然等级制度的根除，最主要的是有赖"基础"的改变，非改信佛教所能为力的。随着印度人民的日益觉醒，等级之间的歧视，必将被彻底扫除。但从这里也可以看出"不可接触者"对于最早主张废除等级制度的佛陀，是何等的向往，何等的敬仰。佛陀的思想学说，时至今日还有历史的联系性这就不难想见了。

---

① 巴罗拉曼摩尔蒂：《佛教哲学》，译文载《学习译丛》1956年第8期。
② 马克思：《不列颠在印度统治的未来结果》。

（二）**反对创世神**——佛教本来就没有创世神的地位。据说佛陀本身热烈地驳斥关于创世神存在的一切传说论证。佛陀在和给孤独谈话时曾经这样辩论过：

　　如果世界是自在天所创造的，那么世界就应该没有变化和毁灭，没有痛苦和灾难，没有正确和错误。因为一切纯洁和不纯洁的东西都是从它那里产生的。如果一切有情所发生的哀、乐、爱、恶都是自在天所创造的，那么自在天本身也一定会有哀、乐、爱、恶，假如自在天具有这些，怎能说它是至善无疵的呢？如果自在天是个创造者，而一切有情必须屈服于他的权力的话，那么为善行仁又有什么用处？如果说所有事业都是自在天所创造的而它视一切和它如同一体，那么，是与非一定是等同的。如果说忧、伤、疾苦是其他原来所引起的，那么，自在天就不是一切的起源。既然如此，为什么要说所有存在的东西不应该是无因而有的呢？如果自在天是造物的主宰，而他的行动，或是有目的，或是没有目的。如果有目的的行动，就不能说它是至善至美的，因为目的是为着满足欲望。如果他的行动没有目的，他一定像疯子或乳婴。其次，如果自在天是创世主，为什么有的人不虔诚服从于他呢？为什么有的人要到急难的时候才要向他祈求祷告呢？为什么人们还要崇拜其他许多神呢？通过推理和论断证明自在天这一概念是错误的。所有这些矛盾的说法，都应该加以批判①。

佛陀的这一篇讲话是到今天还流传的古代哲学作品中反对创世神的第一次宣言。佛陀不承认有创世神，很自然地引起现代神学者大伤脑筋。因为宗教的本质是相信上帝的。而在佛教中所看

---

① 译自德·查陀柏杜耶也《早期佛教的几个问题》。

到的却是一个否认创世神的宗教的惊人现象，因而有人倡议应当修改宗教的定义才能适应佛教；另一种倡议，就是改变对早期佛教的态度而不急于认为佛教是宗教。像苏联最卓越的印度哲学专家彻尔巴茨基就这样说：

> 佛教历史初期的主要思想，就是初转法轮，很难说它是代表一个宗教。它的宗教气氛更多的方面是教导人的一条道路。完全是富于人性的。人要靠自己力量，通过道德和智慧的完成而达到解脱。据我们所知，佛教在那时候没有多大的宗教崇拜的意义。佛教团体是由既无家庭又无财产的隐士所组成的。他们一个月集会两次，忏悔他们的罪恶，从事严肃的修炼，进行沉思和哲学的辩论①。

关于这个问题，我们不打算去讨论佛教在发展过程中是怎样加强一般宗教的成分，终为一种宗教，而只想说明早期佛教何以具有不承认创世神这种思想。康士坦丁诺夫说："文化史证明，在原始社会初期就没有任何宗教和宗教观念。"乔治·汤姆逊认为家庭和上帝一样是和私有财产结合在一起的。这意味着阶级前期社会的特点是它还不需要上帝的观念。因为这种社会还不需要为人民提供救治一切民生疾苦的缓和剂。他又说："宗教的特点就是相信上帝和进行祈祷祭祀。最野蛮的民族不知有神，也不知祈祷和牺牲。同样当我们深入研究人类文明史前的历史，我们会发觉当时的人们也没有上帝、祈祷和牺牲的观念。"印度德比普罗沙德、查陀柏杜耶也认为佛陀思想的源泉是原始共产主义，不会提倡对创世神的信仰，佛陀为什么不承认有创世神，根据汤姆逊的研究，我们可以得到一种具有社会根源的解释，也就是佛陀不承认有创世神是和社会根源分不开的。

---

① 译自彻尔巴茨基《佛家逻辑·导论》，第7页。

　　其次，佛陀为什么不承认有创世神，我们还需要在他的认识过程中来寻找他的另一根源。

　　作为佛陀的主导思想之一——缘起思想，是对当时印度思想界的"转变说"和"积聚说"进行意识形态斗争的过程中产生的。在当时印度思想界里主要的因果学说有两种主张：1. 主张宇宙是从一种总的原因辗转变化成为复杂的万象，这叫"转变说"，好像"数论"观察宇宙的现象，认为生命原有不变的清净本体，叫做"神我"。而其余一切心理物质的现象，也有一个本体，叫做"自性"。自性与神我相合，乃转变而生宇宙万有。这个说法就是转变说的一个明显例子。这个说法的基本精神就是一因生多果。2. 主张宇宙是从多数的原因，也就是多数的分子以各样形式结构成为复杂的万象，这叫做"积聚说"。如六师之中阿夷多主张地、火、水、风四大之说，浮陀迦旃延主张地、水、火、风、苦、乐及生命积聚而成有情世界之说。这是积聚说的基本精神，这都和"胜论"相关合。"胜论"也是主张"积聚说"。所以先精密分析宇宙万有，其分析所得，叫做"句义"。而由分析所得的再综合起来，遂有形形色色的世间。这个说法的基本精神是认为宇宙万象的形成是由于多因。

　　佛陀认为这些学说都是不正确的，特别提出"缘起"这一种解释来。缘起的意义本来着重于事物间因果的关系而言，着重在"缘"字，说"起"不过是表示缘的一种功用而已。如用公式来表示：即"某某的生起乃由于有了某某为缘"。佛陀认为宇宙间各种现象都是由相互依持、互生作用才得以存在。即所谓"此有故彼有，彼生故此生"，彼是此的缘，此依着彼而起。缘起学说是佛陀最基本的思想之一。五分律卷一六说："诸法皆依于因缘而生者，佛说此因缘。"《中阿舍·象迹喻经》说得更为明显："见'缘起'者即见'法'，见'法'者即见'缘起'。

何则？此五蕴者，一切依于缘起而生。""法"这个概念，在佛家本有特定的含义。依佛典说："法"有持、轨两个含义：1. 持谓任持，不舍自体。自体就是自身的意思。如写字的笔，即是一法。这笔能任持自体而不舍失，所以成为笔。假使笔的自身顷刻万变，它自己不能任持，就不成其为笔了。举笔为例，其他亦然。2. 轨谓轨范，可生物解。物是人的同义语。轨范含有法则的意味。这就是说宇宙万物皆具有法则，可令人起解。而轨范的意义更为重要。如五蕴——法相是法的现象，缘生或缘起就是一切法现象的法则。离开了缘起就没有法了。佛陀反对创世神，其认识根源或论据可以说就在于缘起。宇宙间各种现象既然是由于互相依持、互生作用才得存在，就不可能也不容许有创世神的存在了。这是推理所必至的。

佛陀既反对种姓制度，又反对创世神，那么，他讲些什么呢？佛陀认为世间不是永恒的（诸行无常），没有主宰（既无我）的，（诸法无我）应当而且可能趋向于清净的，这对烦恼的动扰情况而言是寂静的。（涅槃寂静）人则是由于"无明"不了解缘起实相而引起一系列的生死痛苦，根除原因，还是可解脱的。他组织了四谛的理论，提倡入正道的中道实践，而坚决主张人靠着自我力量，通过道德和智慧的完成而达到解脱。这很明白地说明他反对了婆罗门的梵天创世说和祭祀求升天的宗教行为，也反对了当时一些思想家、宗教家的极端纵欲或刻苦的实践主张。苏联彻尔巴茨基告诉我们：

> 佛陀在世时，印度沸腾着哲学玄谈，渴慕着它"最后解脱"的理想。佛教开始极细微地分析人性、分析它的组成因素。这种分析的主导思想是富于道德色彩的。首先人性的因素是分成善与恶、染与净、得救与不得救。整个名称为"染净学说"。人们认为得救是一种绝对寂静的状态。因此

人生，寻常的人生，被看做是堕落与痛苦的过程。所以清静的因素是那些导向寂静的道德的特征或力量。而染污的因素，则导向并助长人生的扰攘。除这两种对立因素之外，在每一精神生活根底里也有一些一般的中立的基本因素。虽然他们通常存在，但是看不到的，因而是：无自我，无灵魂，无人性（无我）。所谓人性，包含着一堆不断变化的因素，包含这些因素的流变不停，并无任何永恒不动的因素夹积其间①。

否定灵魂，这是早期佛教的第一个主要特征。无灵魂理想，是佛教的别名。

对于外在世界也曾分析它的组成部分，它原是人性的从属，人性的感性资料。在佛教之前也曾有其他哲学体系。它们认为感性资料是一个稠密、坚实、永恒的本原的不断变化的显现，这种本原即物质。佛教排除了这个本原，因而物质成为精神因素一样的演变、短暂和流动不停。这就构成早期佛教的第二特征。没有物体，没有实体，只有分开的原意，那时功能的暂时的显现，其中没有实体。永恒成为存在片刻涓涓不绝的川流。

然而应当有某些东西出来替代那被摒弃的灵魂与物质的原则，并解释那些分开的元素在变化的进程中如何汇合为一，以至于产生一个固定的物质世界与存活期间的不灭的人性的幻象。它们实际上是为因果律、物理法则及道德的因果关系所替代。这些易生易灭的元素的流转，并不是偶然的过程。每一元素的出现虽然只有一瞬，而它们是互相依存而发生的元素。根据"此生故彼生"的公式，表现出来是和严格因果律相符合的。这个道德因果观念或报应体系的主要论点，就这样在因果律的一般理论之

---

① 译自彻尔巴茨基《佛家逻辑·导论》。

中得到广泛的哲学基础。这是早期佛教的第三个特征，那就是因果理论。

还有另一个特征，就在于把存在的元素看成近似功能而不是和实体元素相似。精神元素自然是道德的不道德的或中立的力量。物质的元素被认为某些东西能够表现为物质而不是物质本身。因为功能不是孤立活动的而是经常依照因果律而互相依存的。所以它们被称为"联合行动或合作者"。

这样从对早期佛教的分析发现了一个由无数事物流动构成的世界，包括我们所见、所闻、所嗅、所尝、所触这一边；而另一边——就包括单纯的知觉伴随着感情、观念、意志，不管是好的意志和坏的意志，但一般说来，是没有灵魂，没有上帝、没有物质，即没有永恒实体的东西。

这些互相联系元素的流转，虽然在它里面没有真实的我，而其流动的方向是朝着一定的目标前进的。舵手不是我或灵魂，而是因果律；目的地港口，就是解脱。解脱就是蠢动的生机各方面的永恒寂静，就是宇宙绝对的如如不动的状态。宇宙中所有元素或所有"联合行动"，将放弛其功能的力量而变成永恒寂静。对于元素和功能的分析，目的在于研究它们活动的状况，设想出使活动缩小和停止的方法，这样走到和进入绝对寂静状态或涅槃。本体的分析是为了达到道德的圆满和最后的解脱，达到完全的圣者和佛陀的绝对状态铺平道路。在这里我们看到佛教的另一特征，这个特征是所有其他印度哲学所共有的，只有极端唯物者是一个例外。那就是"解脱学说"。在教导达到这个目标的道路中，佛教徒在早期印度神秘主义中可以找到先驱。在佛陀时代整个印度分为神秘主义的反对者和支持者，分为婆罗门的追随者和沙门的追随者，也可以说分为高派教会和强烈相信神秘主义的普通宗派。神秘主义主要思想在相信通过专心的沉思能够达到一种

"静止状态"，这种状态能使沉思者具有非常力量使他变成超人。佛家将这学说采入它的本体论，即"静止状态"的沉思变成达到寂静道路的一个根本阶梯，成为清除了错误观点和邪恶倾向并达到最高神秘世界的特殊手段。超人、瑜伽变成了圣者、普通人，或者更正确地说，元素集合体在那种状态中，无瑕智慧的元素，就变成神圣生活的中心及支配的原则了。这就是圣者的学说。

于是整个学说简括为通常所说的四个真理或者圣者的四谛，就是：1. 生是一场忧虑不安的挣扎；2. 它的起源是由于邪恶的欲生；3. 永恒的寂静是最后的目的；4. 使所有协力组成生命的功能逐渐走向消失的道路①。

佛陀在波罗奈斯的说教是这样的：

比丘们！这就是痛苦的神圣的真理，出生是痛苦，衰老是痛苦，疾病是痛苦，死亡是痛苦，和不爱的人结合是痛苦，和可爱的人分离是痛苦，求不到所需要的东西是痛苦。总之，五蕴和合是痛苦。（蕴是"聚"的意思，五蕴指色、爱、想、行、识）

比丘们，这就是痛苦来源的神圣真理；贪与欲到处寻求满足，引导人由生到死：如求乐、求生、求权力的欲望等。

比丘们，这就是消灭痛苦的神圣真理：完全灭掉欲望，弃绝它和它脱离关系，不留余地来毁灭这些欲望。

比丘们，这就是引向消灭痛苦途径的神圣真理：有8种正确途径，即：正确的信仰（正见）、正确的决断（正思维）、正确的言论（正语）、正确的行动（正业）、正确的思想（正念）、正确的自我精神集中（正定）。

---

① 译自彻尔巴茨基《佛茨逻辑·导论》，第3—6页。

　　德·查陀柏杜耶也说：这就是佛陀所要宣扬一切教义的本质。正如拉达克理希南美妙的提法，佛陀的出发点，他的第一崇高的真理，就是痛苦的专横。但是问题是：佛陀从哪里得到这种思想？是否由他亲眼看到暴政的行为而来的呢？他到处看到痛苦，是不是因为在早期专制主义时期由于那些掠夺、欺骗、剥削、压迫，这些新的价值的胜利而出现的社会不安定的情况，周围人民可悲可悯，佛陀曾听到他们悲惨的呼号呢？

　　明显的，十分轻信的人，才会认真对待这个故事：佛陀看见了一个老弱的人、一个重病的人、一个死人和一个沙门的景象，才悟到到处都存在着痛苦。然而这四种景象的故事，出现于所有关于佛陀早年生活的记载里。同时它似乎是一个对早期传说最好的证明而且是最特殊的。这个故事，或许有些真理，在里面佛陀也许被真实生活现实的景象所感动而得到这种实感。不过我们可以集中在第二崇高真理：因为他可以提供我们一个正面的端倪。痛苦的原因，佛陀提到的有："求快乐的欲望，求生存的欲望，求权利的欲望。"佛陀在他的时代里，一定看到追求欲望的情景太多了，因为正如查耶苏罗描绘早期专制君主的中心动机："征服、征服、只有征服没有其他"以征服来统一，公元前600—前400年间印度东部的人民就是呼吸着这种空气。

　　一部佛经这样说："我看见这个世界的富人，他们已得到的货财，一点也不肯分给别人。他们渴望积聚各种财富，步步深入地追求欲望。国王可能征服了世界上的各个国家，可能在海洋这一边，他是直达海岸所有土地的统治者，仍然感到不满足，还要掠夺海洋以外的东西。"

　　另一部佛典说："统治国家和占有大量财富的王侯们彼此进攻，贪求无厌，不知满足。如果这些人不停止这种行为，沉浮于无常的巨流之中；为贪和肉欲所俘虏，那么，谁又能在世界上和平生活?"

　　下文就是恩格斯对社会的巨大变革的描写，和德·查陀柏杜耶也根据他的昭示所理解的佛陀思想：

> 　　最卑下的利益——庸俗的贪欲，粗暴的情欲，卑劣的吝啬，掠夺公共财物的私利观念——导致了新的文明社会，即阶级社会，粗暴的手段——偷窃、暴劣、欺诈、背叛——把旧的无阶级的部落社会摧毁无余了。

其次，恩格斯又说：

> 　　于是部落制度的机构，就逐渐拔掉其在人民中、在民族中、在氏族中、在胞族及在部落中的根蒂，而整个氏族制度就转化为自己的对立物：它从自由调理本身事物的部落组织转变成了掠夺和压迫邻人的组织。从而它的各机关也由服务于人民意志的工具变成了统治、压迫人民的机构。这种情况不可能发生，若不是贪欲把氏族成员划分为贫与富，若不是"财产差别把氏族成员间利益的一致变成了对立"（马克思语）。若不是由于流行的奴隶制使得用自己劳动获取生存资料的行为被认为是奴性十足，甚至于比掠夺更为可耻了。

　　这就是为什么恩格斯说在阶级前期社会的废墟上出现阶级社会，看起来好像一幅淳朴道德的壮丽图景的消逝：这些原始公社的权力是注定要崩溃的而且已经崩溃了，但是它的崩溃是由于一些影响；一些我们从一开始就觉得是一种堕落的影响；一种使古代氏族社会的淳朴的道德的壮丽图景消逝的影响。

　　这引导我们来研究佛教的第四崇高真理，佛陀既已从阶级前期社会，或原始共产主义得到启发，他为早期阶级社会新的价值所造成的痛苦提出解脱的方法，就是恢复氏族社会淳朴的道德。他谈到本生经所发挥的正确信仰（正见）、正确决断（正思维）、正确言论（正语）、正确行动（正业）、正确生命（正命）、正确努力（正精进）、正确思想（正念）、正确自我精神集中（正定）——等价值，这些价值在他的时代的现实社会里，受到极其粗暴地摧毁。当然，这在历史上是无法避免的，原始共产主义的淳朴道德的美景是要被破坏的，就是佛陀也不可能扭转历史规律的车轮。他所能为力的是构造原始共产主义的自由平等和博爱生活的一种幻景，这就是佛教僧团的生活——在阶级社会范围中没有阶级的组织，在这里人们可以培养在他们的实际生活中被剥夺去的平等和正义的意识①。

（三）**具有古代社会的民主的性质**——现代印度学者德·查陀柏杜耶也说：佛陀不生于现代，他的阶级系属不能用现代的标准加以衡量。所以，我们不能断定早期佛教是不是民主的性质，除非我们面向两个问题：第一，古代社会所理解的民主是哪一种方式？第二，佛陀对民主政体的态度是怎样？或是早期佛教怎样和民主联系起来？

德·查陀柏杜耶也认为：

第一，古代社会所知道的民主方式是所谓部落的民主。所以添上"所谓"两个字，因为从历史上讲起来，民主是国家的一种形式，而国家是由一个阶级对另一阶级专政的机构。相反，部落社会是阶级制度前期的社会，那时候没有国家，其体制就是原始共产主义社会。

感谢摩尔根对古代社会的研究，我们知道依据历史发展规律，由生产工具生产技术发展的结果而有原始共产主义社会的崩溃和国家在其废墟上的产生。他还昭示我们支配这原始——阶级前期社会的原则是极端民主的。而佛陀所知道的民主只是这一种的民主。

---

① 译自德·查陀柏杜耶也《早期佛教的几个问题》。

　　对于第二个问题的答案是佛陀不仅把原始共产主义社会当成他灵感的根源，并且有意地仿效这个模型组织他自己的机构。但是假使从这一点推论佛陀是共产主义者，我们将犯应加以批判的一种错误，那就是——在古代历史文献中去发现现代的内容。原始共产主义社会或阶级前期社会是与共产主义或没有阶级的社会不同的，二者有质的区别。前者是早期佛教灵感的来源，它说明佛教的局限性和佛教的伟大。

　　局限性是非常明显的。佛教并没有鼓动起社会革命，恰恰相反，它变成一个国家正教，为人民缓和了它应当先打倒的一些不合理的东西。同时我们也不应忽视它的伟大，因为佛陀由阶级前期社会得到许多启发，所以至少佛教在早期的组织和意识形态，一般说来没有受到阶级社会的特殊性质的幻象所束缚。

　　根据什么说佛陀不仅把原始共产主义社会当成灵感的根源，并且有意地仿效这个模型组织他自己的机构？德·查陀柏杜耶也引摩尔根本人曾受辛尼加鹰氏族之嗣继仪式的程序影响的例子：

　　等到参加会议的所有的人们到齐后，首先由酋长一人致辞，报告嗣继人的经历、嗣继的理由、他的姓名和氏族，以及给予皈依者的名号。随即由二个酋长各挽其手臂，一面绕行会场，一面唱嗣继之歌。每唱完一节，大众合唱以和之。绕行须继续至歌已唱完，共须绕行会场三周，此后仪式即告完成。

　　摩尔根虽然没有深入描写这些诗歌，可以推测，它是企图表明大家的赞词。

　　德·查陀柏杜耶也进一步来谈佛教的仪式，并看看嗣继的仪式是否能够对它有所说明。他又引律藏的大品在受大戒的时候，到会比丘一定要询问未受戒者是否有任何一种不能当比丘的缺点。其次，受戒者必取得至少有十个人组成的法定人数的比丘会议的正式允许，受戒者才能在僧伽之前出现。经初步询问之后，传戒师这样说：

　　让僧迦大德们，听我说：某某愿受比丘戒由邬波陀耶（即传戒师）某某授予。可敬的同道们，有同意邬波陀耶授予某某以比丘戒者，请默许，如有不赞成者请发言。

　　其次，我第二次这样对你们说，让僧迦（其他词句如前）……

　　某某已受比丘戒乃从传戒师某某授予。我这样理解，僧迦同意这件事所以默许。

德·查陀柏杜耶也从摩尔根的嗣继程序的描写，指出佛陀灵感真正源泉是什么，佛陀企图模仿的是什么样的组织机构。

关于地方僧团的职务，他引玛翦答这样描写：

　　地方僧团是依据严格的民主原则来管理的。僧众大会为最高权力机关。大会议程有细致的规定。

　　首先，每个僧团所受过具足戒的比丘是大会的成员，每个成员都有投票权。除非所有有资格投票的成员出席，否则，如不出席要正式宣布他们的同意，没有任何意见才是合法的。最低法定人数一定要出席，会议才算是合法的。……

　　大会依法召开后，动议者首先对到会的比丘宣布他准备提出的议案……然后就问到会比丘是否批准这个议案提问一次或三次。这样问了一次或三次以后，如大家缄默无言，议案自然通过。如果有人提出反对或异议，则由多数来决定，大会举行正式投票，并为此任命收票人。

原始佛教僧团具有民主作风是非常明显了。至于佛教对僧团中的私有财产的态度，他又援引玛翦答的话如下：

　　个人和团体的关系是根据佛教律藏中的一般规定：每一件东西都属于僧团所有，不是属于任何个别的僧人；后者只能享有那些已经分配给他的东西。即使分配比丘使用的东西，也被认为是僧团的财产。由于遵守这一个教义，在比丘死后，僧团就变为他的遗产的所有者①。

这里必须指出：原始共产主义的特征，有酋长公选制，生产品共同所有制以及劳动人人都得参加，私有财产还未产生等等。佛陀虽从原始共产主义社会取得灵感的根源，并且有意地仿效这个模型组织他自己的僧团，但是那时的僧团，是由既无家庭又无个人财产的隐士所组成的，他们一月集会一次，忏悔他们的罪恶，从事严肃的修炼，沉思和哲学的辩论而并没有从事生产劳动，就是分配给比丘享用的东西，都认为是僧团的财产，任何个别的僧人都不可得而为私，但是僧团财产纯由接受赠与或供养而来。可见二者之间有着本质的区别，绝不能把它们混淆起来。可是，我们也不能忽略它们联系的一面，忽略了它们的联系，对于佛陀依据什么来组织他自己的机构就很难理解了。我们这里说佛陀的思想具有古代社会的民主性质，也仅仅指出僧团组织原则曾受到古代社会民主的影响而已。

第二编　印度佛教思想的发展过程

释迦牟尼的遗教在印度流行了 1700 年左右，到公元 8—9 世纪前后渐趋衰微，到 13 世纪之初归于消失。在这漫长的岁月中，其发展过程大体可区分为 4 个时期：最初的 122 年间，根本教说和戒律得到了整理解释，同时已看出它分裂的痕纹，此时可称为根本传承时期。第二阶段大约 500 年，教徒间对佛说的戒律和教法有了显著的分歧，公开地分成许多派别，同时大乘佛教运动也在酝酿之中，此时称为部派佛教时期。第三阶段大约 500 年，大

---

①　参阅德·查陀柏杜耶也《早期佛教的几个问题》。

乘学说——中观学说和瑜伽学说，蔚为主流，此时称为大乘佛教盛行时期。最后一个时期 500 年，佛教与印度民间信仰相结合，形成密教，并取得主导地位，这可称为密教盛行时期。

第一章　根本传承时期

佛陀入灭，这在原始佛教僧团是一件大事。经过佛陀 45 年的教化，佛教的基本教法与戒律制度大体上已经确立。佛入灭时，曾教诫阿难说："当以法为先，以法为所依；当以自为先，以自为所依。"

根本传承时期是从第一次结集开端的。相传这一次结集，是以佛涅槃后的第一年，行雨安居期，在王舍城举行的。当时以"会诵"的形式把佛陀一代所说的戒律和教法都以"会诵"的形式把文句肯定下来。所谓"结集"（samgiti）就是诵出经典的意思。参加第一次结集的人员是以迦叶为首的 500 阿罗汉。他们从中推选出多闻第一的阿难和持律第一的优波离，由他们分别诵出佛所说的教法和佛所制定的经典与法律，凡是被大家认可的，就把它肯定下来，作为佛教的经典和僧团内部共同遵循的法律和准则。这对佛教僧团的巩固与发展无疑是起了很大的作用。

在第一次结集大会上，教徒们对于释迦牟尼所说的教法没有提出异议，但对他制定的戒律却产生了分歧。这些分歧是佛教内部分裂的潜在因素。阿难首先提出，佛临涅槃时曾说过，戒律中的"微细戒"，比丘们可以放弃。于是大会展开了那些属于微细戒的讨论，最后由迦叶作出总结："我等不听舍微细戒"，"我等尽当受持不应放舍"（诸律部都有类似的记载，这里引的是《十诵律》卷六十语）。

当时，说法第一的富楼那率领 500 比丘由于迟到而未能参加这个重要的会诵而追认了这次会诵，但他在戒律方面也提出了"八事"①。这八事多属饮食的，显然近于佛允许放弃的"微细戒"。

另一位在教团中有很高威望的大长老摩诃迦叶，坚持"是佛所不制不应制，是佛所制不应却"（《四分律》卷五十四）的原则，否决了富楼那的异议。实际，富楼那的意见也是代表了他所率领的 500 比丘的意见。虽经迦叶劝解，他仍提出"我认舍事，于此七条不能行之"的抗议②。

第一次结集已可看出分裂的痕纹。因此在《部执异论疏》中就有两个结集的说法。即以迦叶为首的在"七叶窟内"举行的第一次结集为"上座部结集"，以婆私婆为首的在窟外进行的结集为"大众部结集"。当然，这不是史实，只是根据佛教分裂为上座、大众两部的事实，并结合第一次结集所潜藏的分裂因素加以推测的结果。

部派分裂始于律学，而后又产生了义学的分裂。据《五分律》（卷三十）记载，在第一次结集中，进行律藏结集的上座有如下阿罗汉：

> 集比尼（律）法时，长老阿若㤭陈如为第一上座，富兰那（即富楼那）为第二上座，昙弥为第三上座，陀婆迦叶为第四上座，跋陀迦叶为第五上座，大迦叶为第六上座，优波离为第七上座，阿那律为第八上座。

虽然律藏总诵出者为优波离，但其他 7 位上座也负担着律法结集

---

① 《四分律》卷五四，富楼那对迦叶说："我亲从佛闻，忆持不忘，佛听：内宿（贮畜）、内煮、自煮、自取食、早起受食、从彼持食来、若杂果、若池水所出可食者，如是皆听不作余食法得食。"

② 《五分律》卷三〇："富楼那语迦叶言，我亲从闻：佛内宿，内熟、自熟、自持食、从人受、从池水受、无净人净果除核食之。"

的任务。他们的座下都有着自己部分的徒众与拥护者，加之区域不同，风土人情社会状况各异，因此在实践生活的戒律方面，无形中就会形成自己集团的行事准则。释迦在世时所制定的戒律常常与实际生活的现状发生牴牾，在此情况下，每个集团对释迦戒律的理解和解释就会有所不同。据吕秋逸先生等学者的研究，佛灭度后在律学传承方面依区域不同分为三个系统：

（一）东系——以吠舍离为中心，盛于东方，即由优波离传陀婆娑罗之一系。后来更徙于东南。

（二）西系——以摩偷罗为中心，盛于西方，即由大迦叶传阿难之一系。后来更徙于西北。

（三）南系——以王舍城为中心，盛于恒河以南中印一带，即由优波离传大象拘之一系。后来更徙于锡兰。

三系地方既别，学说时有差违。大概言之，东系态度自由，偏于进取，其对佛说亦取大意为已足。西系态度固执，偏于保守，其对佛说拘泥语言无敢出入。南系则介于两者之间①。

传入中国的律典也有五部成文之不同，这肯定与印度佛教第一次结集有关。不仅律典，就是传入中国的其他经典也有南北传之不同。南传的主要经典是五部，北传的主要经典是四阿含。所谓五部，指锡兰所传五尼柯耶（pañca nikaya）；四阿含，指汉译阿含经典。锡兰所传五尼柯耶是上座部所传承的经典，汉译四阿含虽大体上与南传相同，但内容或多或少有所差异。同一汉译经典，由于梵本不同，也有异同不一致之处。这些，可能是部派之间传诵不同造成的。众贤论师在他所著的《顺正理论》（卷一）中曾指出：

　　　　所言诸部，阿毗达磨义宗异故，非佛说者；经亦应尔：

---

　　① 吕澂、释存厚、冯卓、刘定权：《诸家戒本通论》，支那内学院《内学》第3辑。

　　诸部经中现见文义有差别故。由经有别，宗义不同。
并指出：

　　　　虽有众经诸部同诵，然其名句互有差别。
这里很明显地告诉我们，有些经典虽为各部派所同诵，但名句上
却是有差别的，有些经典则是各部派特有的，宗义上更自有所
不同。

　　异部宗义初分为上座、大众二部，后来分化为十八部，但这
并不是说十八部派都各自有它们的四阿含经典，四阿含是共同
的。然而从各派在宗义上有显著不同这一点来推测，他们肯定也
有自宗所传诵的经典。如《俱舍论》（卷二三）指出："饮光部
经，分明别说，于人天处各受七生"，分明是说饮光部自有它的
经典。关于初果须陀洹七番受生，义出《杂阿含经》，因而有人
把《杂阿含经》指为饮光部经典。以此类推，《顺正理论》（卷
四十五）中关于"缘欲界贪"的说法引了"上座所持契经亦说"
之语，可见，上座部也自有它所传诵的经典的结论，也不是没有
理论上的根据的。至于在各部派的论部中为阐发自宗的观点而引
用各自所传诵的经典，那更是常例。

　　在第一次结集会上阿难诵出的阿含经典，只是大体性的。每
一上座各有他们的徒众，因此在口头传诵、教授以及解释句义上
越来越不一致，这是极可能的事。佛灭度后，戒律和教法的异解
导致部派的分裂，也是自然的趋势了。

　　窥基在《法华玄赞》中说："由四阿含及僧祇律（是）大众
部义"，把四阿含统归为大众部派的经典，这是不太妥当的。唯
《增一阿含》大乘色彩极浓，多含有大众部的教义，则是事实。

　　近人研究南北所传的声闻乘经典的归属问题，如果在经典本
身研究之外，再进一步比较南北律部与论部，并结合部派的产生
与发展的历史，将会得出更适当的结论。

第二章 部派佛教时期

第一节 部派分裂的原因

不论是南传还是北传的佛史文献，都认为第二次结集（即吠舍离700比丘结集）的时间是佛灭度100年之后，讨论的中心问题是能否同意跋耆族比丘——东方僧团在戒律方面开禁所谓"十事"。

据《五分律》（卷三〇）说：

吠舍离诸跋耆比丘，始起十非法：

一、盐姜合共宿净（盐姜贮蓄起来到第二天可以吃；南角盐净，认为盐可贮蓄在角器中）；

二、两指抄食食净（南传律戒释，中午日影过二指吃东西是正午食；北传说，"足食已，更得食，以两指为净法"）；

三、复坐食净（食已，得再坐就食）；

四、趣聚落食净（在城市食后，得到附近乡村再吃）；

五、酥油、蜜、石蜜和酪净（非时得饮如上诸物）；

六、饮阇楼伽酒净（得饮未发酵的酒）；

七、作坐具随意大小净；

八、习先所习净（未出家时所习的东西，出家后仍可学。《五分律》判明有的可复习，有的不可复习）；

九、求听净（僧迦羯磨，一部僧众得行之，事后求余人）；

十、受畜金银钱净。

《五分律》所举十事与《四分律》、《巴利律》所举的内容一致，次序上稍有不同；其他律部大体上也还是一致的，只在解释上有两三事不同。东方系僧团跋耆比丘在戒律生活上采取较自由的态度，主张开禁"十事"。西方系僧团波利族客居吠舍离的持律耶舍不同意跋耆比丘们的态度，提出异议，因此引起争论。在700比丘大会上，东西两系各推出4位长老为上座，争论的结果，跋耆比丘的"十事"被宣布为"十非法事"。这就是以戒律问题为中心的吠舍离"700结集"。

700结集除以跋耆比丘十事为中心外，还有关于重新结集三藏的问题。试先看看《摩诃僧祇律》（卷三三）关于700结集的记载。

《摩诃僧祇律》是大众部的广律，它根本不提"十非法事"的决议，只提出毗舍离诸比丘从檀越乞索"僧财物"，"时人或与一罽利沙盘（是当时通用的钱币）、二罽利沙盘，乃至十罽利沙盘"，于是持律耶舍断言这是不净而提出抗议。围绕着问题的争论，召开了700结集会议。这是《摩诃僧祇律》关于700结集的记载。这部律记结集的主持者为"高者陀婆娑罗"，结集的内容不是十非法，而是五净法（净是许开的意思）。不是肯定哪些不应做，而是肯定哪些可以做，精神就完全不一样。特别是肯定了金银钱财的布施可以接受。最后的结语是：

> 是中须钵者求钵，须衣者求衣，须药者求药。无有方便得求金银及钱。如是诸长老应当随顺学！是名700结集律藏。

这一规定与当时社会条件有关。吠舍离当时商业发达，豪商很多，佛教又特别受到他们的支持，所以常常有金钱的布施，不能不接受。

在第二次结集时，东西方两系僧团是否已决裂为二。在北传的佛史文献里还没有证据，但在锡兰的《岛史》和《大史》中

则有记载。这两部文献把第二次法（实际是指律）的结集作为
上座、大众二部发生根本分裂的开始。认为在上座结集以外，另
有上万人举行的"大结集"，与上座部对抗而成为"大众部"，
自此统一的佛教僧团分为二派。觉音的《论事注》也作出同样
的说法。《缅甸佛传》也认为由于第二次结集的结果而分裂为二
派，即跋耆比丘一系为大众部，而正统派为上座部。近人研究这
个问题仍有分歧，还没有明确的结论。

北传佛教认为上座与大众的分裂是佛灭度百余年的事。其原因
乃由于阿罗汉果的资格与人格问题，即所谓"大天五事"。据世友
《异部宗轮论》及《大毗婆沙论》（卷九九），谓阿输迦王（阿育
王）时，有大天妄言五事：（一）虽为阿罗汉，只要有肉体的存在
就还有梦中遗精等事（余所诱）；（二）还有染污无知（无知）；
（三）也有对教理存疑的现象（犹豫）；（四）也可能从别人那里得
到知识或接受教导（他令入）；（五）虽为阿罗汉，有时若不借语言
文字，其心境仍不得安宁（道因声故起）。这是对佛陀教理所持的
不同意见。由于上座反对，故分为"上座"、"大众"二部。

大体来说，上座部系统主张尽量提高阿罗汉果的价值，而大
众部以佛位为最究竟，对阿罗汉果作了常识性的解释。此后两部
各自发展，距离日远，内部见解又错综变化，300 年间竟分裂出
18 派之多。

总之，南传佛教认为部派佛教分裂的原因，主要是关于僧团
戒律意见的不同；而北传佛教则认为部派佛教分裂的原因，主要
是关于教理问题的看法的不同。

第二节　部派佛教主张的同点和异点

所谓上座部、大众部，"部"的原义就是"说"。如"说一
切有"，实即言"一切有说"。原来仅指对佛说的教义见解上有

所不同而自成一家之言。从上座，大众二部后来而渐分为十八派。十八派的名称及其产生次第，南传与北传的说法很不一致。

南传小乘派别源流，详于《锡兰岛史》。

```
                    ┌(3) 鸡胤 ┌(5) 多闻
(1) 大众 ┤         │        └(6) 说假
        │  (4) 一说
        └  (7) 说制多

                    ┌(8) 化地 ┌(14) 说一切有—(16) 饮光—(17) 说转
                    │        │(18) 说经
(2) 上座 ┤         │        └(15) 法藏
        │         ┌(10) 法上
        └(9) 犊子 ┤(11) 贤胄
                  │(12) 大城
                  └(13) 正量
```

大众部这六部与中国西藏所传说的正量部说完全一致。

《锡兰菩提史》又说：阿输迦王时，大众部中有因外道义杂入佛说，因此复分6部，先有雪山部，次有王山、义成、西山住、东山住4部。这4部称为"案达罗派"。又次有西王山部，合为6部。后来锡兰还有分别说（即南方上座本部），北道、大空、说空性、说因等部云。

南传各部主张有《论事》（相传阿输迦王第三次结集时，上座目犍连子帝须所出）及其《注释》（相传为觉音所作），关于部派的异义十九都能详其部别，于是数百年南传部执的异同，约略可窥①。

---

①　何载阳译：《南传小乘部执》，支那内学院《内学》第2辑。

北方所传部派分裂，有罗什译的《十八部论》，真谛译的《部执异论》、玄奘译的《异部宗轮论》。这些文献所传分裂次第与南传有异，各部名字详略开合也不同。《异部宗轮论》作者世友，据玄奘所传，系佛灭后400年许迦腻色迦王（Kaniska）时人物，是当时说一切有部四大家之一。所以此论主要内容，完全依照传上座部正统的有部的说法来叙述，特别带有北方有部正宗毗婆沙师的色彩。此论先总叙佛灭后争论初兴的时代以及大众、上座两根本部派分裂的起因（即大天五事）。而《十八部论》只是"说有五处，以教众生"；《部执异论》则说"此四大众，共说外道所立五种因缘"，都没有提到大天。唯《异部宗轮论》说："因四众共议大天五事不同，分为两部。"

近人对于《婆沙论》舶主儿大天持有异议。我们认为真谛《部执异论疏》说的"因思择此五事，所执不同，分成两部"，较为近于史实。五事不是大天的创说，不过大天"思择此五事"与上座长老有所不同。

《异部宗轮论》叙大众部于佛灭后第二三百年内，再经4次分裂，本末合成九部。上座部于佛灭后第三四百年内，再经8次分裂，本末合成十一部，这样总有十八部。

各部派所传都是住持佛陀教法，当然有它同的一面。如四谛、十二因缘是他们共同学习的；有办法与无办法，他们都共信为有，涅槃解脱，也是他们所追求的目的，但是，在解释上却各有不同的主张。

初大众部学者，住在王舍城之北央崛多罗，弘《华严》、《涅槃》、《胜鬘》、《维摩》、《金光明》、《般若》等大乘经典，此部中人，有的信，有的不信，而相信的又自分三部：

（一）一说部。主张世世法唯一假名，都没有实体，遂别立一派，因为主张唯一假名，所以叫做"一说部"。这是依着所立义而立的部名。

（二）出世部。主张世间法但有假名，出世间则皆真实，与大众部的本旨和一说部都不相同，又另成一派。因为主张出世法是真实，所以叫做"出世部"。这也是依着所立义而立的部名。

（三）鸡胤部。这是从鸡胤部主的姓而立的部名。这一派于三藏中，只弘扬阿毗达磨藏，不弘经律，认为经和律都是佛陀方便之教，应舍经律而依论藏。

另外，后于此第 200 年，大众部中复出一部，名多闻部。按窥基《述记》（即《异部宗轮论述记》，下同）所说："广学三藏，深悟佛言，从德为名，名多闻部。"又传：佛灭度后 200 年，有一无学，名祀皮衣，到央崛多罗国，见大众部所弘三藏，但有浅义，遂创多闻部，因为所闻超过旧闻，所以叫做多闻。

说假部由摩诃罗陀国大迦㫋延创立，他从三藏加以分别，主张世出世法中都有少分是假，这与大众部本旨有异，也不同一说部、出世部，所以另立"说假部"。也是从所宗的教义来立名的。

制多山，西山，北山三部分立的原因是这样的：

佛灭后 200 年，佛教大盛，奉佛阿罗汉，盛被供养，因此有的外道，冒充比丘，其所说法真伪难分。王乃集众甄别真伪，外道都被驱逐出去，但能通佛理的并不受此屈，王遂使一处别住，其中有一外道比丘"舍邪归正，亦名大天，于大众部中出家受具，多闻精进"，居制多山。当时大众僧部多聚居于此，因重论大天五事，有的赞成，有的不赞成，就分为三部：仍居制多山的叫做"制多山部"；有的迁住于制多山之西的，叫"西山住部"；有的迁住到制多山之北的，叫做"北山住部"。都是用所居住的地名而立的部名。

《异部宗轮论》说上座部佛灭后初 200 年，还没有不同的意见，到了 300 年初，有少争论，分为二部：（一）"说一切有部"，亦名"说因部"；（二）即本上座部，转名"雪山部"。按《述记》称，上座部传承迦叶之教，首宏经藏，其次律藏论藏。300 年初，造《大毗婆沙》本论的迦多衍尼子，于上座部出家，主张首宏论藏，次及经律，这与上座本旨有所不同。上座部中有信奉大天五事的人也顺随了迦多衍尼子。某些不信大天五事的人，因为主张有为和无为一切法都有实体，所以叫做"一切有部"，又于一法，广为分别，说其所以，亦名"说因部"。据清辨的解释，说过现未所生的一切是有，故名说一切有，即说此已生、正生、将生的一切莫不有因，故名说因（见《中观心论释》第四品）。吕秋逸先生《略述有部学》一文，对说一切有部，亦名说因部名的缘由解释更详尽。他说："本来佛家学说和别宗最有区别之处为说因善巧，能离开：无因论、不平等因论，而以独到的'缘起说'为中心，有部对这一层别有发挥，所以偏得'说因'的称号。另外，说一切有这一命题包含着一切法有和三世有两个部分。对有部以外的各部说，三世中现在实有还没有什么问题，只是过去未来的有不能得到共许，因而这一部的实体不外说过未二世实有。依着'世无别体，依法而立'的道理（见《大毗婆沙论》卷七十六），过未有的建立，也必归根到有因的上面，这更是有部独得说因部名的一种缘由。"

至于上座部转名"雪山部"，据《述记》所说："上座弟子本宏经教。说因部起，多宏对法（论藏）。既闲义理，能优上座部僧，说因时遂大强，上座于斯乃弱。说因据旧住处，上座移入雪山，从所住处为名称雪山部。"可见雪山即本上座部。

后即于此第 300 年中，从说一切有部流出"犊子部"，以舍利弗所造《阿毗达磨》为根本论典。部主为犊子后裔，故名犊子部。这一部有与众不同的主张，即补特伽罗非即蕴离蕴。苏联现代佛学家彻尔巴茨基在《佛家逻辑·导论》中说："犊子部学派接受一种虚幻的半真实的人格，因而超出哲学原定的规模而形成了唯一重要的分歧。"就是说这一学派认为不可说即五蕴是我，也不可说离五蕴是我。若说即蕴为我，蕴是生灭无常，我也应随五蕴生灭无常，我若生灭无常，前世到后世的轮回怎能建立呢？若说离蕴有我，那我就应离生灭无常的五蕴而常住不变，我若常住不变了，受苦受乐的差别就变成不可能。犊子部学派为了避免这些过失，所以接受一种虚幻的半真实的人格，这里所谓人格，指补特伽罗（我）而说。

次后300年，但因犊子部内容贫乏，有主张补以经义，以所执不同，义分为法上、贤胄、正量、密林四部。

据《述记》说，法上乃部主之名；贤胄这一部派，指是贤阿罗汉的苗裔，所以叫做"贤胄"。"正量"是这一部派认为自己所立法义，刊定无邪以名；部主住处在密林之山，因而立"密林山部"之名。

佛灭后第300年中，有婆罗门名化地，通四吠陀及外道诸义，后来出家得阿罗汉果，他的弟子承其故化别立"化地"一部。《述记》说："化地部主，先是国王"，后"舍国出家，宏宣佛法，化地上之人广，故言'化地'"。

次复于此第300年，从化地部流出"法藏部"。法藏为目犍连弟子，也名为法密。此部师说总有五藏：一经、二律、三阿毗达磨、四明咒、五菩萨本行事等。既乘化地本旨，又与其他部派不同，遂独成一派，自引大目犍连为师以证。

至第400年初，从说一切有部复出"经量部"，亦名"说转部"，自称以庆喜为师。《述记》说："此师唯依经为正量，不依律及对法。凡所援据，以经为证，即经部师，从所宗法，名经量部。亦名说转部者，此师说有种子，唯一种子，现在相续，转至后世，故言说转。"

上面是根据《异部宗轮论》说的分裂为二十部的情况。《部执异论》与此不同，认为本末总数为十八部；而《十八部论》则说本末总数为二十一部；《文殊问经》说从大众部分别出七部、上座部出十一部，加根本二部也为二十。以上经论虽部数出入稍有不同，对根本二部分裂的原因大体上与《异部宗轮论》是相一致的。唯《舍利弗问经》说根本二部分裂是由于新旧律学而离异，辗转分成二十二部，则原因是从律部承传上的问题而起，与上举经论所记载大有出入。现将《异部宗轮论》所列从根本二部分裂出的派系抄录如下：

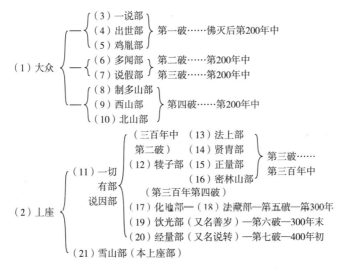

第三节　部派佛教所争论的几个重要问题

据南传佛教所说，部派佛教分裂的原因，主要的是对于戒律意见的不同，而北传佛教则认为，主要原因在于对教理看法的不同。从对史料的分析来看，南传佛教所说的最初分裂为上座与大众根本二部，大概是近于史实的。但后来教理上的异执枝蔓，可能是促成从根本二部中分出许多部派的主要原因。据史家考证部派佛教之所以分为十八种，大半是源于理论的分歧。这似乎已成为定论。现在我们知道，当时所争论的有下列几个重要的问题，而这些问题对于大乘佛教运动都有一定的影响。

（一）**佛陀论问题**。佛教上座大众的分裂，首先由于佛陀观念的不同。佛陀住世时，在信仰较深的弟子的心目中，已被视为三界的导师，人天的"救世主"。一般佛弟子们的佛陀观，所敬重的是人的佛陀。但在部派时代，人的佛陀已不能满足信徒的要求，他们进一步追问佛陀之所以为佛陀的根据何在？佛陀住世是真相的，还是示现的？虽同是解脱者，佛陀与其弟子声闻（阿罗汉）的区别究竟在什么地方？这些问题都是佛陀论的内容。

关于佛陀与其弟子声闻的区别，联系到轮回学说，就认为佛陀和他的弟子虽同是解脱者，但修道过程大不相同。佛陀不限于释迦的一生，如《本生经》所说，佛陀已于过去多生多劫中积累功德修菩萨道，到最后成就菩提而达于佛位。因此，对声闻罗汉果位来说，一般人只要听闻佛陀的言教修持，在不很长的时期中就可以证到。唯有佛陀是真正的大觉者，在这娑婆世界，只有他一人能够在多劫中示现一次：这是诸部派所共认的佛陀观。

大众部更强调阿罗汉与佛陀的区别，以显示佛陀之崇高和伟大。

更进一步说，到达佛陀那样的果证，这是否为超人间的呢？在部派之间有着不同的看法。大体上说，上座部方面，仍着重于历史的佛陀。他们认为佛陀的肉体即使具足妙相及种种妙用，然而仍有一定的限度。如佛陀的色身虽是广大，但有一定的限量，佛陀的寿命虽然很长，但有一定的边际。总之，佛陀之所以为佛陀，其根据是精神上的纯洁与智慧、大慈悲和大自在，而在肉体方面，仍有一定的限制。尽管这样，丝毫无损于佛陀的尊严。以分别上座部为始，这是有部等上座部派所一致主张的。

而大众部则不然。他们观察佛陀是专从佛陀性方面，逐渐把色身理想化。从《异部宗轮论》看，大众部派对佛陀的基本概念是：

> 一切如来无有漏法。诸如来语皆转法轮。佛以一音说一切法。世尊所说无不如义。如来色身实无边际，如来威力亦无边际，诸佛寿量亦无边际。

这样，理论化了的大众部学者，把佛陀的人格极力提高，把色身、威力、寿命都抬高到无边无际的境界。他们认为出现在人间的佛陀，是为化度众生才从兜率天上下来的；在人间出家、成道、说教，认为都是属于应化身边事，佛陀而非真身。

总之，上座部派的佛陀论，以应身为基本；大众部派的佛陀论是位于法身与报身之间的。

（二）阿罗汉问题。从佛陀弟子修学阶段上分为四果，即通常说的初果、二果、三果、四果阿罗汉。以证到四果阿罗汉为究竟位，即断尽一切烦恼，达于自觉的地位。一般把他说为"应为已终为（所作已办），灭存在欲望（烦恼已断），不再堕轮回（生死已尽）。"后来有人认为极果阿罗汉也有局限性。大体说来，上座部系是尽量地提高阿罗汉果的价值，认为与佛果的价值相近；而大众部以佛位为最高，把阿罗汉果作常识的解释。如大众部（主要为案达罗派）说：虽为阿罗汉，只要有肉体的存在，就还有"余人染污衣、无知、疑、他度、圣道言所显，是诸佛正教"（见《部执异论》）的五事。

另外，初果到四果阿罗汉之间是否有退化的问题也引起了争论。上座部、化地部、经量部等，以格式为标准而主张无退论，而正量部、大众部、有部等，以事实为基础而主张有退论。不过有退论也并不是主张可以退转到凡夫的意思，只是承认阿罗汉有时也可能出现凡夫那样的状态。至于一旦证得四果阿罗汉，就永远不会退转的观点，是各派都同意的。

关于无余涅槃的境地，部派佛教之间也存在着不同的看法。经部认为，有余涅槃犹存迹象，无余涅槃无迹象可寻，必以"无为"为归。主张心性本净论的大众部及主张非即蕴非离蕴的犊子部则认为，达到无余涅槃的境地，有他圣智所证的境界，这在常人是不可用心思，不可用口议的，是一种最充实的圆满境界。这种积极的境地近于后来佛教所说的"常乐我净"的方向①。

（三）诸法的分析问题。佛陀在世时，对于宇宙万有常运用分析法，即把构成为宇宙人生的对象在思想观察上细加分析，直到不能再分的部分为止。如在分析有情肉体与精神方面，先有名色之异。色谓四大及四大所造色；名谓受想行识心法。偏重色法广为分析的则有地水火风空识六界；偏重心法广为分析的则有色受想行识五蕴；从有情身心到无情的大地诸法分析起来，不外乎如此。再从有情身心长养所依靠的条件分析，则有段食、触食、思食和识食。

部派的论藏里关于心理现象的分析越来越入微，由此堕入烦琐之弊。由于各种基本概念需要整理，其含义有待解释，各派的理解和解释不同，因此也发生了争论。比如，缠与随眠同是烦恼，分别上座部有部认为一切随眠皆是心所、与心相应有所缘境。一切随眠皆缠所摄，非一切缠皆随眠摄。而化地部、经量部、案达罗派就认为随眠非心亦非心所亦无所缘，与缠不同。随眠自性心不相应，缠自性心相应，二者在性质上是有区别的。其

---

① 　参见何载阳译《南传小乘部执》，支那内学院《内学》第 2 辑。

他像五蕴、十二处、十八界的假实，心性的染净，三世法的有体无体，蕴的常断，苦的假实等，也都在争论之列。

正因为对诸法的解释不一样，部派佛教先后学说的不同，也就非常显著了。如初有上座部主张法体恒有；而大众部主张法体过去、未来无体；一说部主张世出世法都没有实体，但有假名；大乘佛教也产生有自性与毕竟空之论：这些都是对宇宙万有详加分析后而产生的不同论点。

（四）诸法主体问题。诸法无我，为三大法印之一。原始佛教虽主无我，但却不放弃业报轮回说。业报是就善恶苦乐而说的。它主张作业此生，依其自然业力牵引（否定神的支配），受果来世，谓之异熟。也即作业今世，来世果熟，舍身受身，薪尽火传，五蕴散灭，因业另聚。总之，原始佛教认为轮回纯依业报因果的规律，除了相依相待所谓业感缘起的现象外，没有独立存在的、能够作主持指使的东西。如川之流，灯之焰，但有流转，无实自体，故业尽时，新业复生，因识暂断，果识续生。

那么，这些思想在部派佛教中是怎样发展的呢？初期的部派佛教大体上继承了原始佛教的思想，但对于业果相续、轮回流转的主体问题则发生了分歧。由此又引申出了今世与后世之间是否有中间状态的问题。因为生命之流相续的时候，旧的五蕴消灭，新的五蕴当即生起，于生死相续之间，因生死之待缘（如胎生卵生之待父母），因业力之不失，应有所依的法体。

最初在阿含经典中，曾简单地说到有情投胎时为"香阴"（犍达婆、梨俱神好色，喜窥新婚者之室），正相续时说为"识"。基于这个思想，而立所谓"中有"。说与当生处同其界趣，有正量部、有部等，而主张没有"中有"的；有分别上座部和大部分的大众部派。这样一来，"中有"的有无问题，遂成为部派佛教的主要争论问题之一。大体说来，上座部系是倾向于承认"中有"的；大众部派是倾向于否认"中有"的。

在"中有"思想的基础上，各部派又进一步展开了诸法所依的主体问题的讨论。犊子部、正量部主张"非即蕴离蕴我"说；化地部提出"穷生死蕴"；经部认为"一味蕴"，即所谓"此若无者，云何得有忆识诵习恩怨等事？谁能造业？谁复受果？谁于生死轮回诸趣？谁复厌苦求趣涅槃？"① 到后来，上座部分别论者立"有分识"说②。以上是上座部系的观点。

就大众部系而论，他们表面上主张因缘所生说，但在骨子里，则把解脱的最后根据归之于人们的心中，提倡"心性本净论"，认为有情的心本性是清净的，烦恼不过是客尘而已。这种思想的本质仍然是追求诸法所依的主体。世亲在《摄大乘论》中说："于大众部阿笈摩中，亦以异门密意说此名根本识，如树依根。"指的就是这个。

总之，无论是大众部系还是上座部系都是排斥"灵魂论"的。然而在探寻有情现象的根底时，他们又不能不承认有情在解脱之前，有个相续统摄的主体存在。这是部派佛教解释诸生所依主体的一大特质。

大乘佛教瑜伽系随教派的无著和世亲转用"阿赖耶识"理论，实质上属于同一理论主张。不过瑜伽系说理派主要代表陈那与法称不接受"阿赖耶识"的理论，他们认为"阿赖耶识"只是假扮的灵魂，主张从世间共认的意识现象上来解决认识的问题③。

瑜伽、龙树两系大乘佛教的思想与上座、大众两系的声闻乘

---

① 微细的心心所，名一味恒存的五蕴。

② 上座部分别论者俱密意说此名"有分识"。有谓三有，分是因义。唯此恒遍为三有因。见《成唯识论》卷三。

③ 参照彻尔巴茨基《佛家逻辑·导论》。

佛教有着不可分割的联系。

印度佛家思想的发展过程，虽极曲折，但实际可分两大系统：一是从大众部以至大乘空宗系统；另一个是从上座部演进至经量部，再发展为大乘有宗系统。大众部一系，可以说是佛教思想中倾向于自由的，它的宗旨在于发挥佛陀的精神而不拘守于形式。大众部的领袖为大天，他解释佛说很自由。五事之说就把证阿罗汉果的圣人拉到近似人的地位，引起教中的长老们的反对。因大天的立异而导致教团分为根本二部：一为大天青年拥护的"圣明博达犹有教百许人"① 集团的大众部，其精神比较激进，倾向于自由思想；一为反大天的长老所率领的上座部，他们生活严肃，其精神偏于保守。从此以后，大众一系因阐发佛说的精神，注意空寂的体认而发展为"中观学派"；上座一系在研究态度上保持谨严，对经教的文义注意万象（法相）的分析而发展为"瑜伽学派"。

第四节　统治者在这一时期内对印度佛教所起的作用

这一时期，印度佛教因两次得到统治阶级的支持而有了很大的发展。

第一次是佛涅槃后 200 余年，中印度孔雀王朝阿输迦王（Aśoka）统治时期。阿输迦王为旃陀罗笈多（月护）之孙。月护王就是发动印度人民反抗希腊亚历山大王而把他们从外国侵略枷锁下解放出来的领袖。但是后来他自己又建立了暴政，以至丧失了被称为解放者的权利。他留给他的儿子宾都婆罗（Bindusāra）一个巨大的国家，经过 25 年即公元前 273 年，宾都婆罗的儿子即登摩竭陀王位，这就是古代印度最有名的统治者阿输迦王。阿

---

① 见《宗教论述记发轫》引真谛著《部执异论疏》语。

输迦王是古代印度奴隶国家全盛时期的最后阶段的统治者，他的国家从北方喀布尔和尼泊尔伸展到印度极南的泰弥尔国。这个巨大的国家，是从他的父亲宾都婆罗继承下来的。

阿输迦王在位 40 年（公元前 272—前 232）。在他灌顶的第九年，发兵攻取羯陵伽国（其地在孟加拉海湾侧），受到抵抗，死亡惨重：15 万人被掳，10 万人被屠杀。这使他感到战争很残酷，内心有所忏悔。他发誓从此以后不再用武力征伐，要专心致志于佛教的宣传。他皈依佛教事实上是利用佛教来达到进行统治的目的。佛教理论是中和的，既不要修苦行，又可以缓和阶级矛盾，特别可以利用佛教的中道理论去推行法治，即他所谓的"心法"。他召集佛教徒在华氏城集会，相传这是第三次结集，为的是同流行在佛教徒中间的宗派主义作斗争。他修建了佛教庙宇和窣堵坡。相传他建造了 8.4 万个窣堵坡。他在峭壁和石柱上刻了许多宣传道德教训的诏书，命令各省官吏注意实行这些规则，并设国家道德事务监察官来监督道德规则实行的情况，监察官的权力高于各省总督。他还派遣许多佛教传教师到印度境外的锡兰、缅甸、叙利亚、埃及、希腊去传播佛教[①]，这样就使原来局限于恒河流域的佛教，骤然扩大了活动范围，特别是打开了后来南北传播之路，这对于佛教的发展具有重要的意义。当然，这也促进了佛教的分裂。这是阿输迦王未曾料到的。他利用佛教，是认为佛教最适合于巨大专制国家的利益。这是研究印度佛教思想史应特别加以注意的。

第二次是佛涅槃后 600 余年（公元 150 年前后）的处于西北印度的贵霜王朝。贵霜王朝在迦腻色迦王统治时期所拥有的领土很辽阔，包括被侵略的波斯、中国的新疆和西藏之北波谜罗在

---

① 　奥西波夫：《十世纪前印度简史》，第 48—50 页。

内。从迦腻色迦王所铸的货币来看，最初刻有日月神像，文字为希腊语；以后发行的货币，把希腊波斯和印度所尊崇的神像均刻在其上，是希腊语写的古代波斯语言。可见迦腻色迦王早年曾有各种崇拜，直到晚年才改信佛教，这可从他晚年在富楼沙补罗造的一座40余丈的佛塔得到印证。

迦腻色迦王在印度佛教思想史上最突出的一件事就是结集了一切有部的三藏。据玄奘所记载，这是因为他非常信仰一切有部的缘故。近代（1909）施婆那博士在西北印度掘得一舍利函，表面刻文有纳受说一切有部众，就是最好的佐证。由于他结集扶助了说一切有部，使有部在迦湿弥罗（建立这些学派的中心地带）奠定了深厚的基础，并且将其势力扩大到了中印度一带。

迦腻色迦王对佛教传播所起的作用仅次于阿输迦王。这也是研究印度佛教思想史所应特别加以注意的。

第三章　大乘佛教时期

第一节　大乘佛教思想的起源及其特质

印度佛教发展到部派佛教时期，佛教的阵容已很整齐，所依的经典也基本定型，教团的规定日趋完整。然而，规范本身也使得原始佛教所内含的那种活的精神渐渐消失。

说一切有部对阿毗达磨（对法）的研究，保守色彩极为浓厚，其理论日趋僵化琐碎而逐渐失去群众基础。更主要的是，当时印度社会已转入封建社会，在商业和高利贷的影响下，印度公社中财产分化的过程加速了，越来越多的自由公社成员变成穷人，丧失了自己祖传的份地，因而自由公社成员吠舍的地位也下降到戍陀罗的水平，被迫以无权的佃户资格或手工业者的资格赚取生活资料或补充奴隶的队伍。有产的上层分子代表人物仍是有充分权力的公社成员。于是吠舍的种姓开始与商人和高利贷的概念融合起来，而农人的概念也开始与戍陀罗的种姓融合起来①。

在这种情况下，佛教不能灵活变通，以适应时代的变化，于是引起一部分佛教徒，特别是在家佛教徒的不满。他们推出般若、法华，维摩等大乘经典，重新阐释佛说法无自性（也可说是法无定相），企图统一佛法和世间法，并将"成佛"这件事提出来作为一般佛教徒实践的目标。这便是大乘佛教酝酿的情况。

大乘佛教运动的勃兴，可以说是继承了大众部的自由精神而又更进一步飞跃的结果。它一方面打破了部派佛教的形式化，使佛陀精神适应于新时代；另一方面又以复兴佛教为目标。由此来看，大乘佛教既是小乘佛教的延续，又是对小乘佛教形式化倾向的反抗。可以说，它是一种复兴运动。

关于大乘佛教运动产生的时代、地域及代表人物、思想旗帜等问题，大体可从如下情况进行了解。

首先，从时代的进展来看。所谓大乘，本来是从部派佛教发展而来的，因此，探寻它的思想萌芽，便应该追溯到原始佛教。然而，大乘佛教表现为一种运动，却是从公元前后才开始的。从公元前后的印度文献来看，其中还没有明显的大乘思想。就是从中国的译经史上看，大乘经典的翻译，也是从公元 2 世纪开始的。公元 2 世纪，主要的大乘经典大都被认为是佛所说。

从以上的材料来看，大乘佛教运动从萌芽到具有相当规模，大约是在公元前后。

其次，关于初期大乘运动开展的中心地带问题。有的学者认

---

① 奥西波夫著：《十世纪前印度简史》，第 73 页。

为，南印度特别是案达罗地方为初期大乘，尤其是般若大乘的发源地。案达罗是大众部最隆盛的区域。大众部主张过去未来无体，刹那生灭。其中一说部主张世出世法唯一做名都无实体，说假部主张十二处不是真实；多闻部的《成实论》（诃梨跋摩译云师子铠）主张空相而不空性《成实论》："实有涅槃，何以知之？灭谛名涅槃，苦等诸谛实有故，涅槃亦应实有"。这些大众部的派别发展到大乘中观学派，主张性相皆空。从大众部到中观学派的思想发展来看，南印度有可能是大乘佛教的发祥地。现存的小品《般若经》这样写道：

> 此般若波罗蜜多经，佛灭后起于南方，从南方进于西方，从西方进于北方。

这有力地说明大乘的发展基地是在南印度。但是在通俗性的信仰方面，诸如对大乘各种菩萨及诸佛的崇拜，北印度则比南印度兴盛。从保存至今的佛教艺术作品中，我们可以印证这一点。

准确地说，大乘思想，是在南印度和北印度两处兴起的。前者代表空，后者代表有。

最后，关于大乘运动的倡导者问题。大体说来，是由两种类型的人发动的：一是由进步的比丘；二是在家的佛教徒，他们在这个运动中起了极大的作用。

从许多大乘经典看，在家佛教徒有许多是重要的思想家，如维摩诘居士、胜鬘夫人，以及贤护等十大贤士。维摩诘居士虽住在魔世，但他却远超世俗，神通无碍，发挥其伟大人格的力量，以教化众生。维摩诘的行动表明的是，在家佛教徒反抗传统佛教的运动。这对了解当时的大乘佛教运动有极为重要的意义。一般比丘总是受传统制度的束缚而不能适应新的时代。而在家佛教徒却能适应当时的社会变革，企图通过大乘运动，把佛陀的真精神和世法统一起来。大乘佛教可以说是一种通俗化的革新的佛教运动。

　　大乘运动采取了多种形式，最值得注意的是新经典的结集。这些经典不仅在数量上超过了原有佛典，而且在体裁形式上也有重大变化。为了便于群众接受，大乘佛教把原来阿含经典中佛陀教导弟子的记述一概改用文学性的戏曲体裁，这样可以自由地将其思想表达出来。这是大乘经典的特色。大乘经典不论是内容，还是形式，都是富于变化的。

　　大乘佛教有一个非常明显的特征，就是人归依佛陀，以佛为自己的最高理想。小乘佛教认为佛陀的境界不是常人所能达到的，一般人只能做佛弟子，通过听取佛的言教而得到解脱。小乘佛教的局限性也表现于此。大乘佛教则不然，它认为不管什么人，只要立大志，发宏愿，归向佛陀，终可成佛。小乘佛教为一佛主义，而大乘佛教则主张每一个教徒都应把成佛作为自己的实践目标。

　　大乘佛教运动的出现和壮大还有它自身的思想背景。当时，"摩诃跋罗多"和"摩罗摩衍那"两首大史诗已经完备；数论、胜论以及其他种种哲学思想也已形成；婆罗门教开始以一元论哲学为基础，奠定了湿婆神和毗瑟纽神在信仰体系中的"全民信仰神祇"的地位。在印度的北方，希腊或波斯的文化也已传播到印度，这无疑会对大乘佛教运动产生影响。苏联学者彻尔巴茨基说："佛教，在哲学与宗教性质方面发生了一个剧烈的变化。随着这个变化，它放弃了人的佛陀的理想，这佛教在无生命的涅槃之中完全消失而被神的佛陀替代，这神的佛陀端居高拱于生机活泼的涅槃之中，它放弃了个人解脱自度的理想而代之以普度众生的理想。同时它的哲学把极端的多元论变为一元论。这种变化好像是和印度婆罗门的发展同时发生的。"① 总之，大乘佛教运

----

　　① 参见彻尔巴茨基《佛家逻辑·导论》。

动的兴起，与印度文学、哲学以及其他宗教的相当发展有着密切的联系。

第二节　龙树学说及其传承

龙树是大乘佛教的创始人。在龙树以前，已有很多大乘经典相继出现。主要的有般若经、华严经、维摩诘经、首楞严三昧经、妙法莲华经、大无量寿经等。这些经典在当时虽能反映在野的呼声，表示佛教变革的动向，但还不能和部派佛教相对抗。以后随着大乘经典的大量出现，大乘佛教才开始占据优势地位。

大乘佛教的经典，有一些是用文学形式写成的，因此大乘佛教开始时被视为一种佛教的佛艺思想。

龙树勇敢地努力恢复佛陀的辩证法，并且非常巧妙地提出了自己的辩证法，使大乘佛教的思想成为富有系统性的佛家哲学思想。

这时的大乘思想，从反映在野的呼声进而成为正式教团的佛教思想。所以印度佛教史称龙树为创始大乘之第一人。

关于龙树的生平，东方许多宗派（如我国的天台、禅、性、净等宗派，日本的密宗等）以及各家都有不同的传说，因此难免粉饰失真，颇难征信。龙树的别名很多，甚至有怀疑龙树龙猛不是一个人。现在根据比较可信的史料，简单地介绍龙树的生平。

龙树生于南印度侨萨罗国，即古代维达婆（现在的比哈尔）的一个省区，属婆罗门族，姓龙名树（南印度本有龙姓），或以轿勇名猛，出家在雪山一带。读大乘经典，提倡大乘。他的足迹虽涉及全印度，但活动的中心只在南印度。南侨萨罗国的引正王非常信仰龙树，在跋逻末罗耆釐山（唐言黑峰）建筑了伽蓝五层给龙树居住。龙树生于什么年代，说法很多，但推定他是2

世纪到 3 世纪中叶的人，似乎是比较妥当的。

苏联学者彻尔巴茨基认为："龙树应列入人类伟大哲学家之一。这与其说是印度学家的工作，还不如说是一般哲学史家的工作。"又说："龙树的奇异文章风格，总是令人感到有趣味、大胆，使人无法回答，有时也仿佛骄傲。"① 龙树的著作很多，当时称为千部论主。主要著作有《中观论》和《十二门论》，他结合缘起和性空（无自性）来说中道，于是中观学派亦名空宗。Suny au ada 成了当时大乘佛学的标帜。此外他还著有《大智度论》，这是解释大品般若的。十住毗婆论是解释十地经的。这些都是汪洋广博、妙义重重的伟大作品。这一章仅依据苏联学者彻尔巴茨基积累的研究成绩，结合自己的钻研，系统地、有重点地来叙述龙树的中心思想和他的辩证法的基本特征。

（一）龙树的中心思想。龙树的基本哲学概念是"真实"与"纯净"，也即根本存在或"绝对真实"的思想。所谓"真实"，是被剥去一切关系，"真实"的本身是独立的，没有关联的。

龙树前早期佛教的多元论所建立的物质和精神的元素，被认为是互相联系的元素，或协作的力量，它们不能被认为是"绝对真实"的。因为它们是互相关联、互相依存的，所以是非真实的。除非元素的全部，也就是宇宙，作为一个统一体来看待成为唯一真实的实体，就不可能称之为根本真实。这元素的全部结合成为一个统一体，作为实体的诸元素，就是等于"宇宙身"（法身）。也就成为宇宙的唯一实体。早期佛教所承认的把元素分为五类（五蕴）和我们的认识力十二根据（十二处）以及各个生命的十八个构成部分（十八界），没有完全被否定而是被看做如梦如幻的存在，认为本身是不真实的，缺少绝对真实的元

---

① 参见彻尔巴茨基《佛家逻辑·导论》。

素。所有的"我"、所有的"法"、"心法"和"色法"，龙树都认为不是"根本真实"的。在龙树学说中认为元素感觉材料和意识基本材料，甚至所有道德力量，都在辩证变化的过程之中。早期佛教的学说是"我空"的学说。所谓法定学说是分析存在所自出的一切元素材料的相互联系，因而不能成为"真实"的一个学说。

这是龙树哲学思想的一个特征。他否定元素的根本真实性，也就是否定早期佛教所肯定的那些元素是真实的说法。

作为每个元素和其他元素互相依存的因果律，并不是由其他事物而来的某些东西的产物这一学说，一开始就具有佛教的特征。不仅为龙树学说所保留，而且被宣布为佛家思想体系的基石。不过从早期佛教和龙树二种学说着重点有些分歧，早期佛教认为一切元素是互相依存而真实的，而龙树的学说认为依照"真实性"新的定义，它们所以不真实因为是互相依存的。关于"互相依存"而起的这个原则被龙树强调了，是"真实的"这个原则被龙树遗落了。由根本真实（绝对）的观点看来，宇宙是一个如如不动的整体，那里既没有东西产生，也没有东西消灭。根本没有"生"（无生）这是龙树学说的第二个特征，龙树把真实性结合于一个如如不动的整体，而否定了真实的因果律。

但是龙树并不是绝对的否定经验世界的真实性，他仅仅主张经验的真实不是根本的真实。如是有两个真实性，一个在表面之上，另一个在表面之下，一个幻象中的真实，另一个是根本真实。大智论说"佛法小有二谛，一者世谛，二者第一义谛。为世谛故说有众生，为第一义谛故说众生无所有"。中论第四也说："诸佛依二谛为众生说法，一以世俗谛，二以第一义谛，若人不能知分别于二谛，则于佛法不知真实义"。

龙树学说另一个特征是经验世界与"绝对"之间完全平等，

世间与涅槃完全平等的学说。在早期佛教看来，所有元素只有在涅槃之中是静止不动的。但在日常生活中表现出一种活的力量而现在被认为永远静止，它们的活动仅仅是一种幻象。既然经验世界是"绝对"向小智凡夫示现的一种幻象，所以归根结底它们之间并没有实质的不同。绝对或涅槃，不过"在永恒的形式下"来观察世界。这种绝对真实状况，不是靠着经验的普通方法所能认识到的。推论思想的方法和结论对于"绝对"的认识是被斥为完全无用的。真知唯一的源是圣者神秘的直觉和新佛教经典的启示①。

（二）**龙树辩证法的基本特征**。以上是龙树中心思想，现在我们再来讨论龙树辩证法的基本特征。

恩格斯在《自然辩证法》中曾经这样说：

> 辩证的思维——正因为它是以概念本性的研究为前提——只对于人才是可能的，并且只对于较高发展阶段上的人（佛教徒和希腊人）才是可能的，而其完满的发展则更晚得多，在近代哲学中才达到：虽然如此，可是早在希腊人中间就有了预示着后来研究工作的巨大成果。

恩格斯说人类理性发展到较高的阶段，才能有辩证的思维，并指出佛教徒和希腊人一样，已有自发的辩证思维，他看到的佛家哪一种典籍而作出这样论断，我们还不清楚。但佛家的缘起思想一开始就带有辩证思维的色彩，并且后来还逐渐发展，这是事实。印度现代学者巴罗拉曼摩尔蒂在佛家哲学论文中一开头就这样说：

> 佛陀是把辩证法，即不断变化的规律，作为哲学的中心

---

① 参见彻巴尔尔茨基《佛家逻辑·导论》。

内核的第一个思想家①。到了龙树时代，他把佛陀的辩证法迈进了一大步。巴罗拉曼摩尔蒂说："龙树在 600 年以后作为一次勇敢的努力来恢复佛陀的辩证法"这是很正确的说法。但什么是龙树的辩证法？巴罗拉曼摩尔蒂在佛家哲学的龙树空论一段中还没有具体提出，我们这里只粗略地来试论龙树辩证法的基本特征，对于理解龙树学说或许有些帮助。

1. 依待说——反对孤立的看法而和现象的互相依待增上相应。龙树认为宇宙万有都是在相依相待的条件下而存在。相依相待的存在和生起，就称为缘起。但龙树谈缘起，其内容与早期佛教不尽相同。早期佛教谈缘起思想是对当时印度思想界的转变说和积聚说进行意识形态斗争的过程中产生的。但只说明宇宙万有互相依缘而有而不去穷原究委。龙树相依相待缘起的辩证法则是对已有的数论、胜论、尼犍子，顺世派进行意识形态斗争过程中产生的。阐明宇宙万有都是待各因众缘会聚而存在。它指出没有某些东西是由其他东西产生的，像胜论学派所主张的那样（自生）；也没有东西是由其他东西产生的，像胜论学派所主张的那样（他生）；也没有命与非命为基础以判决一切像尼犍子所想的那样（共生）；也没有宇宙事物均自然而生、自然而灭，像顺世派所想的那样（无因生）；所以中观论因缘品第一说：

诸法不自生，亦不从他生。不共不无因，是故知无生。

对数论、胜论、尼犍子、顺世派，他认为都有错误，所以说是故知无生。无生就是反对自性而主张缘生。

龙树既主张缘生，到底缘可分为几种呢？中观论观因缘品第一说：

因缘、次第缘、缘缘、增上缘，四缘生诸法、更无第五缘。

①　巴罗拉曼摩尔蒂：《佛家哲学》，见《学习译丛》1958 年第 8 期。

龙树谈因缘不立种子义，他和小乘没有什么不同。他所谓因缘只因为凡法的生起：（1）一定有主要的条件（如木器以木料为主要）所以说有因缘。（2）凡法前灭后生所以不断绝，就因为前法才起就有一种势力，导引后法令它续生，所以说有次第缘。（3）凡法若是能缘（缘是思虑义，能缘指心而言）必须仗托外境方起（外境，指所缘外物而言）所以说有所缘缘。心是能缘，外境是心所缘，由有所缘，才引起能缘，所以结合外境和内心来说，就名为所缘缘。（4）无论哪一法能为另一法作顺益或违害者，都叫做增上缘。譬如肥料、日光、空气、雨露、农具、人工等，对于小麦早稻，都是顺益增上缘。总之，宇宙万有生起，不出这四种缘，更没有其他的缘生法的。所以说"四缘生诸法更无第五缘。"大智度论论到四缘也说般若波罗蜜中，但除邪见，不破四缘，由此可见龙树的缘起义，实以宇宙万有皆由四缘交会而生。换句话说，就是一切法皆相依相待而起，没有从单独自体而产生出来的东西，《中观论·四谛品》第二十四说：

　　　　众因缘生法，我说即是空。

众因缘是各因众缘的省略。因是指主要条件，缘是指次要条件。所生法指宇宙万有。宇宙万有都是由各因众缘交会生起，所以说众因缘生法。正确地说应如吉藏疏所说的因缘所生法。宇宙万有既然是待各因众缘会聚所生，所以断言我说即是空。空不是作空无解释而是作无自性解释。正如《十二门论》说的：

　　　　因缘所生法，是既无自性。

要明白"无自性"，必须先明确"自性"这个概念的含义。关于自性的含义，龙树在《中观论》有无品讲得最透辟：

　　　　众缘中有性，是事则不然。性从众缘出，即名为作法。
　　　　性若是作者，云何有此义。性名为无作，不待异法成。

龙树认为说有性，不出自性、他性、或非自他性的第三性。说无性，外人或以为一切都没有，或以为坏有成无。所有错误，不出这四种。这里是先观自性有不成。凡从众缘生的，即证明它离掉因缘不存在，他不能自体成就，当然没有自性。所以说"众缘中有性，是事则不然"。假定不知"自性有"与"因缘有"的不能并存、主张自性有的法，是"从众缘出"的是不对的。承认缘起，就不能说他是自性有，而应该名之为所"作法"；就是说：这不过众缘合和所成的所作法而已。一面承认有自性，一面又承认众缘所作成，这是何等的矛盾。所以说："性若是"所"作者，云何有此义？"凡是自性有的自成者，一定是无有新作义的常在者；非新造作而自性成就的，又决定是"不待齐法"而成的独存者，这是推理所必至的。这个颂明显地指出自性的定义，是自有（不从缘生）、常有（永恒的）独有（独立的）。无自性用现代汉语译之，就是没有不从缘生，永恒、独立的实体。可见龙树是主张宇宙万有都在相依相待的条件下而存在，"自性"与缘起是不容并存的概念。借逻辑术语来说是"反对关系"，即有自性就不是缘起的，缘起的就不容许有自性。二者是绝对相反的。所以凡是缘起的即是无自性的。无自性即名之为"空"。宇宙万有是相依相待，不是自有，不是永恒，不是独立，是龙树辩证法最基本最首要的特征之一。

2. 中道说 ——反对偏执一边的看法而和现象的相对性相应。依龙树的看法，执诸法"实有"是一边，执"空无"又是一边。破有就是不偏向有的一边，又说空是假名，就是不偏向无的一边，远离有空二边，所以说中道。中道的有，含有如实、正确的意义，所以僧睿释中论义是：

以中为名者，昭其实也；以论为称者，尽其言也。僧肇称"中观论"为"正观论"。《中观论》所举的"八不"——不生、不灭、不常、不断、不一、不异、不来、不出。也都是依于缘起而显示不落二边的中道。青目注释中观论所引用的一段无畏论文，是引用世间经验的事实来说明"八不"：

　　复次，万物"无生"。何以故？世间现见故。世间眼见劫初谷无生。何以故？离劫初谷令谷不可得。若离劫初谷有今谷者，则应有生，而实不尔。是故不生。

　　问曰：若不生则应灭？答曰不灭。何以故？世间现见故。世间眼见劫初谷不灭。若灭，今不应有谷而实有谷，是故不灭。

　　问曰：若不灭则应常？答曰"不常"。何以故？世间现见故。世间眼见万物不常。如谷芽时，种则变坏，是故不常。

　　问曰：若不常则应断？答曰："不断"。何以故？世间现见故，世间眼见万物不断。如从谷有芽，是故不断，若断不应相续。

　　问曰：若尔者，万物是一？答曰："不一"。何以故？世间现见故。世间眼见万物不一，如谷不作芽，芽不作谷，若谷作芽芽作谷者应是一，而实不尔，是故不一。（种与芽形象不同，即是不一）

　　问曰：若不一则应异？答曰："不异"。何以故？世间现见故。世间眼见万物不异。若异者何故分别谷芽谷茎谷叶，不说树芽、树茎、树叶，是故不异。（同属谷类，不与其他相混，故又是不异）

　　问曰：若不异应有来？答曰："无来。"何以故？世间现见故。世间眼见万物不来。如谷子中芽无所从来。若来者，芽应从余处来。如鸟栖树，而实不尔，是故不来。（芽从种而生，亦不象鸟的栖树由外而来）

　　问曰：若不来应有出？答曰："不出。"世间现见故，世间眼见万物不出。若有出，应见芽从谷出，如蛇从穴出，而实不尔，是故不出。（但这是种的全部变异而发芽，也不同于蛇的出穴，所以又可看作不出）①

青目用谷与芽的譬喻来说明龙树八不中道，极易了解，但是否符合龙树的原意，还值得商榷。因为我们从大智度论和中观论可以看出龙树的中道义，含有不落对待、不着名相的意义。

（1）龙树认为，我们所认识所言说的都是相对的；凡是相对的，即不契合于如实绝对的中道了。龙树说：

复次，常是一边，断灭是一边，离是二边行中道，是为般若波罗蜜。又复常无常、苦乐、空实，我无我等，亦如是。色法是一边，无色法是一边。可见法不可见法，有对无对，有为无为，有漏无漏，世间出世间等诸二法，亦如是。复次，无明是一边，无明尽是一边，乃至老死是一边，老死尽是一边；诸法有是一边，诸法无是一边，离是二边行中道，是为般若波罗蜜。菩萨是一边，六波罗蜜是一边；佛是一边，菩提一边；离是二边行中道，是为般若波罗蜜。略说内六情是一边，外六尘是一边，离是二边行中道，是名般若波罗蜜。此般若波罗蜜是一边，此非般若波罗蜜是一边，离是二边行中道，是名般若波罗蜜。如是等二门。广说无量般若波罗蜜相。

可见《中观》"八不"中所说的生灭（法体）常断（时间）一异（空间）来出（运动）都是二边，要离是二边行中道，不落对待，才是般若波罗蜜，才是不二法门。

（2）不着名相。凡作一种定相的固执，在龙树的辩证法都要受破斥的。执有他性，第三性固然不对，执有"无自性"，也

----

① 青目释：《中论》卷一。

是不对，《中观论·观有无品》说得最透辟：

> 法若无自性，云何有他性。自性于他性，亦名为他性。
> 离自性他性，何得更有法。若有自他性，诸法则得成。有若
> 不成者，无云何可成。因有有法故，有坏名为无。

龙树认为诸法若有实在的自性，以自对他，可以说有他性。诸法
的实有"自性"不可得，已如上破，那里还有实在的"他性"
可说。因为自他是对待安立的。如以甲为自，以甲对乙，甲即是
他。所以说"自性于他性，亦名为他性。"自性既不可得，也等
于说他性无所有了。有以为自性他性都不成，在自性之外，第三
性应该可以成立吧！殊不知自性他性既没有，哪里更有第三者的
法呢？所以说"离自性他性，何得更有法？假定实有自性，他
性，诸法的实性或者可以成立，现在根本没有实在的自性、他
性，所以诸法实性都不得成立"，所以说"若有自他性，诸法则
得成"。有人以为他性第三性，都不能成立，无自性应该没有过
失吧！殊不知要先有那有性，然后才可以成立无自性。现在有性
（包括自、他、第三）都不能成立，无自性又如何可以成立呢？
好比先有一种法，这有法在长期演变中后来破坏了就说它为无有
既已不成，无有从何安立呢？犹如有生才说有死，根本没有生，
死就无从说起了。于是龙树总结说：

> 若人见有无，见自性他性。如是则不见，佛法真实义。

这就是说若有人在诸法中执有性或执无自性，在有性中，执有自
性、他性、乃至第三性，那就可以断定这些人不能正确佛法的真
义的道理。一切皆空如果执著的话，龙树的辩证法也予以破斥，
《中观论·观行品》中说：

> 非有不空法，则应有空法。实无不空法，何得有空法。
> 大圣说空法，为离诸见故。若复见有空。诸佛所不化。

总之，任何名相，都不许执著，才能成就正观，履行于中道。

他说：

　　　　亦有亦非无，亦无非有无。此语亦不受，如是名中道。
中道，不但是非有非无，更进一步说"此语亦不受"。从龙树看
来，凡称之为有为无为非有非无，都是名言（概念）边事。非
有非无仅仅表示不落有无的戏论。如果以为真是非有非无就不合
于中道了。所以必须进一步把这"非非"的名相，也扫除净尽。
可见在龙树的中道义上，什么名相都不许执著，如果固执一义以
为定实，没有不受到驳斥的，这是龙树辩证法基本特征之二。

　　3. 绝对说——反对一切分别戏论而和诸法实相相应。《大智
度论》说："大乘经，但有一法印，谓诸法实相，名了义经。若
无实相印，即是魔说。"法印的法字，谓佛家教义或学理。"印"
好比政府公文用印，凭此以证明无伪。龙树认为大乘经，以阐明
实相为主。所以实相是大乘学的法印。有实相印，便是了义经，
反此就是魔说。了义是穷源彻底的意思。实相的"相"字，意
义为体。诸法实相，即涅槃的别名，俗称宇宙实体。龙树用相依
相待的辩证法来阐明诸法的存在和生起；再由相依相待来显示不
执一边的中道义，更进一步着眼于破斥一切戏论执著以达到绝对
的寂灭的境界——涅槃。因此《中观论·观涅槃品》明白地说：

　　　　无得无无至，不断亦不常。不生亦不灭，是说名涅槃。
二无、四不、便是涅槃（寂灭义）状态。着重指出超越一切戏
论而内证于寂灭，这唯内证相应的境地，不是心行言语所能达到
的。所以中观论观法品说：

　　　　诸法实相者，心行言语断。无生亦无灭，寂灭如涅槃。
可见龙树的辩证法不仅说相依相待的方法，它的目的完全着眼于
寂灭，即《中观论》说的：

　　　　因缘所生法，即是寂灭性。
寂是寂静，指缘生法自身本来就是如此，灭是消灭那本来如此

缘生法上人们所起的诸惑戏论的执著。那些执行生灭、常断、异、来出，在龙树看来就像眼中有翳看到空华一样。不能照见诸法实相。缘生无自性，生无自性，缘也无自性，起而不起、宛然而寂然，好像云雾笼罩着的庐山而于真面毫无干犯一样。龙树也不是不说空，但他所谓空，不是常人所认为与不空相对待的空。因为既称为空，在名言上即落于相待，还是假名。实相即空，空者绝待，非有无之无。观实相慧是般若波罗蜜。入般若观，是名诸法实相。入入不二法门，即入实相法门。可以空的言外之意，龙树着重点仍在超越一切戏论执著而内证于寂灭。寂灭即是涅一槃，火灭炉存，垢尽衣存，烦恼灭除一真清净。这是龙树辩证法千条万绪的汇归处，我们于此领会，才不至陷于寻常摘句之失。

本来说万法待众缘而生。好比小麦，待麦种为因缘，水、土、阳光、空气、人工等为助缘，方乃得生。诸缘若缺，便无小麦。其他事物也没有不待众缘而得起的。龙树认为万法，由众缘会合而始生，明明没有自有独有常有的实体，万法既然没有自有独有常有的实体，应说万法本来空，这种看法于事实不无征，于逻辑亦讲得通，应予以适当的估价。但是龙树辩证法最后在于超越一切戏论执著而证于寂灭，而内证寂灭境界又非思维语言所能达到，他的辩证法就开始走上不可思议的道路去了。

彻尔巴茨基曾经把龙树的辩证法和布拉得烈、黑格尔的辩证法作了比较研究，附译以为参考：

布拉得烈（1846—1924年）对于日常世界中，几乎每一个概念，如事物和性质、关系、空间和时间，动作和自我等，都一一加以驳斥，与龙树的否定论相吻合，这是很值得注意的事。从印度人的观点来看，布拉得烈可以列为一个纯正的中观派的哲学家，在这些相同之外，我们在黑格尔（1846—1924年）的辩证法和龙树的辩证法之间，也许能找到更多的类似。黑格尔在《精神现象学》一书中向常识挑战，指出某个对象，在我们的经验中，已经肯定地知道它是什么，并且黑格尔说：我们真正知道的这个对象，就是它的"这个性"（thisness），它其余的内容都是属于关系，他以此解决这个问题。这就是 tathata 或"那个性"（suchness），中观学派以及相对性精确的意义，正如我们所已经看到的"虚"（Sunyata）这个词的精确的意义。我们进一步看到这个方法的充分应用，它主张只有把其它对象估计在内，我们才能真正给一个对象下定义，这个对象和其他对象相对比的；排除了对比之外，对象就成为缺乏任何内容，而且两者的对立面是包括两方面在内的更高一层的统一上是相吻合的。这些事实只有互相关系时，我们才能认识，而且相对性的普遍法则是所有那些由真实真正表示意义的东西。两位哲学家使我们确信否定性（negativity 空），就是宇宙的灵魂，如果我们把事实的世界还原到普遍相对性的领域的话，这就包含着每一样可以认识的东西都是假的，瞬息的和如幻的，而且也包含真正世界的构成依存于这个事实本身。然后我们逐渐的发现甚至于即使最初的根本真实出现的感觉，感觉材料都是有互相关系的，如果没有关系的话，它们就证明毫无意义。相对性或者是否定性真正的是宇宙的灵魂①。

龙树的中心思想和他的辩证法的基本特征，略如上述，至于龙树学的传承为罗睺罗跋陀罗，为提婆，为清辩。三传以去，就不甚明了了。中国西藏方面，并有极异之说，须加研究。

———————

① 译自彻尔巴茨基《佛家涅槃概念》。

罗睺罗跋陀罗和龙树同时,所作有《叹般若》二十偈、《法华略颂》,大概是文颂者之流。他和龙树在师友之间。其第一偈说:"般若即实相"能所不分,是他的学说独到之处。此外,若般即涅槃,三乘同一般若,都可以看到他的主张。

从龙树提倡大乘学说,即风被全印,先是锡兰自阿输迦王派遣以摩哂陀为首的五位比丘到锡兰传播佛教,受到了在锡兰即位的天爱帝须王的欢迎和皈依,奉献大寺,并为纪念他们到锡兰另建支帝耶山寺,佛教盛行数百年。到了佛灭后 500 年(前 85 年)无畏王信佛,另建无畏寺,寺僧对律中附随一分和大寺所说有所不同,王担心这件事,集 500 人在大寺写订昔传的三藏,就是后来南方三藏,其文字即巴利文,为化地一系的上座说。到龙树时代,闻风而兴起的有提婆 Dava(即圣天)。

提婆公元 3 世纪中生于锡兰,擅辩才,或称上座提婆,或称圣提婆,或称迦耶提婆 Anyadeva 或称青目提婆 Pingadlaeva,都是他不同的名称。他仰慕龙树,渡海到憍萨罗国访龙树。《大唐西域记》曾记载这件事:

　　……时此国王,另娑多婆河(唐言引正)珍敬龙猛,周卫门庐。时提婆菩萨,自执师子国,来求论义,谓门者曰:幸为通谒。时门者遂为入白,龙猛雅知其名,盛满钵水,命弟子曰:"汝持是水,亦彼提婆",提婆见水,默而投针,弟子持钵,怀疑而返。龙猛曰:"彼何词乎?"对曰:"默无所说,但投针于水而已。"龙猛曰:"智矣哉!若人也!知几其神,察微亚圣,盛德君此,宜速命入。"对曰:"何谓也,无言妙辩,其在是欤?"曰:夫水也者,随器方园,逐物清浊,弥满无间,澄湛莫测,满而示之,比我学之智周也。彼乃投针,遂穷其底,此非常人,宜速召进,而龙猛风范,懔然肃物,言谈者皆伏,抑首提婆,素挹风微,久稀请益，方欲受业，先聘机神，雅惧威严，升堂僻坐，读玄永日，词义清高。龙猛曰：后学冠世，妙辩光前，我惟衰耄，遇斯俊彦，诚乃写瓶有寄，传灯不绝，法教弘扬，伊人是赖……①

可见龙树对提婆的器重。那时候龙树已老，提婆代为行化中印恒河一带，破小乘，破外道，著有《四百论》（四百颂，汉译《广百论》，即其下破修习品）、《百论》（百颂）、《外道小乘四宗论》等，《大唐西域记》载："钵罗那伽国，周五千余里，国大都城……大城西南，瞻博迦华林中，有窣堵波，无忧王之所建也，基虽倾陷，尚百余尺，在昔如来，于此处降伏外道。其侧，则有发爪串堵波，经行遗迹，发爪率堵波侧，有故伽蓝是提婆（唐言天）菩萨，作《广百论》，挫小乘，伏外道处。初，提婆菩萨自南印度至此伽蓝，城中有外道、婆罗门，高论有闻，辩才无碍，循名责实，反质穷词，雅知提婆，博究玄具，欲挫其锋，乃循名问曰：汝为何名？提婆曰：名天。外道曰：天是谁？提婆曰：我。外道曰：我是谁？提婆曰：狗。外道曰：谁是狗？提婆曰：汝。外道曰：汝是谁？提婆曰：天。外道曰：天是谁？提婆曰：我。外道曰：我是谁？提婆曰：狗。外道曰：谁是狗？提婆曰；汝。外道曰；汝是谁？提婆曰：天。如是循环，外道方悟。自时厥后，深敬风猷。"②这段记载反映了提婆与婆罗门的斗争，相当尖锐，以至于骂之为狗。这一次斗争，提婆虽然获胜，但以后提婆终为外道所恨而被暗杀。

提婆立说重在破他。所谓破四见，如一、异、俱非等。这实是三种执，因为第三"俱"句，不外前二执的缘故。破遣方法，

---

① 玄奘：《大唐西域记》卷十。
② 玄奘：《大唐西域记》卷十。

也只是破而不立，好像随病与药，病愈药除一样。其次他积极的立论，就是论二谛的假实问题。过去分别二谛，不过从法相有无而说。如云人我众生世俗虽有，胜义则无，法性涅槃胜义虽有，世俗则无。到了提婆进一步为假实分别。他认为二谛非俱实俱假。差别法相是俗谛，空是真谛。俗谛名言有而是假（略同后者所谓"幻"者），真谛空理无而是实（略同后来所谓离言法性），这种说法，是提婆学说的精粹。我们学习印度佛教思想史，应加以注意的。

清辩（Bhāvaviveka）公元 5 世纪末生于南印度，造《掌珍论》及《般若灯论》。他本来是教论学派 Sānkhyas 学者，后皈依大乘，杂用龙树的无相皆空说和唯识论。在俗谛，他主张一切因缘所生法以因缘体空法体亦空，故无生不可得；在真谛方面，他主张一切法性常住，可见清辩的主张与龙树学说不尽相同。彻尔巴茨基把清辩列为中观学派中的中和派[①]，是卓有见地的。

其次，清辩在掌珍论的量，无论从中观学派或因明学看来也都成问题。他立：

　　　　真性有为空，缘生故，如幻。

真性有为空，这是宗（论题）。真性说明立这个量，特就真谛而说。中观学派分真俗二谛。有，谓一切法相，以其待缘而生，故名有为。空者，无自性，因为从真谛言，就当断定有为法是无自性，何以知道它是这样呢？清辩就提出缘生故来做因（论据），缘生故就是明有为法是空之所以。一切有为法都是待各因众缘会合而生，所以说是缘。凡法从众缘而生，即无有独立永恒的实体，所以是空。清辩又举如幻为同喻（论证），幻术家变现种种物象，其实都是空无，凡是缘生法皆无有独立的实自体，所以举

----

① 参见彻尔巴茨基《佛家逻辑·导论》。

幻事以证成此论据，才可以定成有为法是空的论题。

这个量从中观学派瑜伽学派看来都成问题，中观学派可以说不但有为法是空的，就是无为法也是空的，而唯识家也可以说空不是真性有为的空，真性有为是非空非不空的。可是缘生故的论据，不但不能成立中观的空，反而成立了唯识的不空。还有唯识家主张遍计毕竟无，依他如幻有，也不承认如幻是空的，可见举如幻为同喻，在唯识家看来，也成问题。

再从因明的推论式及其规律来说，也成问题。古因明宗、因、喻、合、结五段推论式，喻支只是举例子而已。自陈那而后，虽仍用喻支之名而实变为证据或论证的意义，不再是举例，如幻的同喻，就不可证成因义。因为如欲以缘生的论据成立有为法是空的论题，在同喻方面，就必须遍求同类的事物是缘生，亦是空，绝没有一个例外（如果有是缘生法而不是空便是例外）。才可以用缘生的论据来证明"有为法是空"的论题。但是这个量论题的主辞既说有为法就包含有为法的一切，如幻也是有为法其中的一种，自不能在有为法之外再举如幻为同喻。好比我们凡人必死，因为有生故，不能在凡人之外再举孔子为同喻一样。揆诸陈那的新因明学，清辩这个量实犯不共不定过。

第三节　瑜伽学派

龙树学说及其传承，略如上述，三传已云不甚明了，西藏方面并有极不同的说法，须加研究，这里就不详述了。经过了 200 年（约释迦涅槃后 800 年），中观学派追随者又走向另一极端而堕于空见。在北方的大乘佛教两位伟大人物，无著（Asailga，405—470）、世亲（Vasubandhu，440—520）兄弟便倡导缘起法有依他自性之说来纠正，他们以弥勒（Maicreya）瑜伽师地论文说为主要典据，所以有瑜伽学派的名目。

（一）弥勒的著作及其学说——弥勒（慈氏）为大乘学者而属于瑜伽师，史传虽不详，但其教化行于中印阿输陀，与胜受（室利逻多）同地，时代又相近，都是佛灭后 800 年的人物，立说不无关系。弥勒的著作旧传五大部，即：《瑜伽师地论》，《分别瑜伽论颂本》，《辨中边论颂本》，《金刚经论颂本》，《大乘庄严论颂》。西藏传弥勒作品有：《大乘经庄严论颂》，《大乘最上要义论颂》，《辨法法性分别论颂》，《合辨中边论颂本》和《现观庄严论颂本》合称为五法。但据今人考证《庄严经论颂》，系无著所作，《大乘最上要义论颂》即《宝性论》，亦出自坚慧。即由我国现存各论看，他说大乘教理，一方面固然直接龙树，另一方面又非常明显和禅师之说相关。像他依据般若等大经而外，特别尊重杂阿含（杂阿含说种种随禅法是坐禅人所学的）因时代不同，较之龙树，立说就不相同了。现在把他学说的要点，分述如下：

1. 诸法实相说——龙树以空无自性为实相，弥勒则认为无自性为密意说，是不了义。实相应有两方面，既不是有自性，如名言诠表所说；也不是一切都无所有，这样的离有无执以为中道。他对治当时恶取空见不得不发挥有义。《瑜伽师地论》三十六卷说得最明显：

> 云何名为恶取空者？谓有沙门，或婆罗门。由彼故空，亦不信受。于此而空，亦不信受。如是名为恶取空者。何以故？由彼故空，彼实是无。于此而空，彼实是有。由此道理，可说为空。若说一切都无所有。何处、何者、何故名空，亦不应言，由此于此即说为空。是故名为恶取空者。

弥勒详析中道而面为虚妄分别与空性。依分别的境，说遍计所执性；依分别的自性，说依他起性；又依空性，说园成实性。由此建立三性，这是弥勒最精粹的地方。至于法空，龙树多依所空而说，弥勒多依空性（真如名空性），也稍有差别。

2. 十七地瑜伽说——依法实相求得悟证，则有瑜伽次第。这纯由止观。瑜伽分十七地，为境的有九地：（1）五识身相应地（就五识立论）；（2）境地（就六、七、八识立论）；（3）有寻有伺地；（4）无寻惟伺地；（5）无寻无伺地（以上三地或思或慧，于境推求察审的粗细和有无此二立论）；（6）三摩呬多地（就定地立论）；（7）非三摩呬多地（翻上）；（8）有心地；（9）无心地（以上二地通定散立论），为行的有六地；（10）闻所成地（就因闻生慧立论）；（11）思所成地（就因思所生慧立论）；（12）修所成地（就因修所生慧立论）；（13）声闻地；（14）独觉地；（15）菩萨地（以上三地就三乘种姓发心修行得果立论），为果的有二地；（16）有余依地（就有余涅槃立论）；（17）无余依地（就无余涅槃论）。他所说的行，就是闻、思与修，为通行；三乘为别行。修就是瑜伽行，这是弥勒学的根本处。

3. 三乘种姓说——行有三乘，即卢闻乘、独觉乘，菩萨乘。菩萨乘无上，但是学者种姓有一定不是都能得大乘究竟的。推而言之，还有无种性有情，并三乘亦不得入，加上不定为何乘之种姓，就有五种性。这种主张与龙树大不相同。我们知道大乘佛学发展到弥勒的这个阶段，固然为了纠正当时恶取空见，但也和时代有密切关系。那时印度笈多王朝统一了分崩的局面，随着社会经济的繁荣，文化方面有了更新向上的要求，原来佛家中观学派过重空观的流弊所致，仍然偏于消极。为适应时代的要求，不得不有一种转变。弥勒所主张的三乘五种姓学说，不妨看做当时社会阶级转化情况的反映。基本有重视后天的培养，争取不定的种性由小入大成就一乘的用意。

4. 运用因明为立破工具——因明，即佛家逻辑，是印度逻辑学说中的一派。这一派的学说，有它自己的特点，在印度逻辑史上，占有重要的地位。因明的性质开始偏重辩论的技术，随后逐渐演变为证明与驳斥（立破）及至认识的学问。大乘瑜伽学派创始人——弥勒，为了在辩论中战胜敌方，重视了因明。并且在他的瑜伽师地论中，才开始有"因明"的名称。他规定因明为佛家应学的学科之一，并认为因明乃是"研究"观察义中所有诸事。所建立法（宾辞）名观察义，宗、因、到、同、异、现、比、教八支，各所有诸事。论中所讨论的七因明：（1）论体性（辩论题目）；（2）论处所（辩论的地点）；（3）论所依；（4）论庄严（辩论者应具备的条件）；（5）论堕负（指被击败的论点）；（6）论出离（指参加辩论应观察得失、时众、善巧及不善巧）；（7）论多所作法（指辩论者的信心）。固然纯是辩论的技术问题，但论中又说到五种清净相与七种不清净相，基本是有关证明与驳斥的问题。从瑜伽师地论可以看出印度逻辑在弥勒时代已从单纯的辩论技术向证明与驳斥的逐渐过渡。彻尔巴茨基说"前时期对于逻辑所有的谴责被放弃了，这时却表现非常有兴趣，这是这时期显著的特征，这一兴趣到了这一时期之末，变成压倒一切的地位而代替了所有以前的神学的部分"这种论断我们从弥勒时代就看得很清楚。

　　（二）无著的时代，学说及其传承——佛灭后 800 余年（320）中印度政治上又有一个大的变迁，华氏城附近诸侯月护王（旃陀罗笈多）篡夺王位，易代为笈多王朝。后 6 年他的儿子海护王即位，开始远征南印度，达到现在的马德拉斯。他在这里遇到了泰弥尔族各国的抵抗，就转向西方，横渡德干，到达坎德须，带了大量的战利品回到华氏城。再传他的儿子月护王二世，采用了超日王的称号，他在位的年代是 380—415 年。超日王继承他父亲的武功，击败了摩腊婆、瞿者罗和迦提阿瓦尔等国的统治者，把他们的领土并入他的版图。把都城从摩竭陀迁到阿输陀。灭贵霜王朝并使摩竭陀领域直抵有巨大海上贸易的阿拉伯海。当时从捐税、关税和藩邦统治者的贡献流到笈多王朝手里的巨额资财，都花费在公共建筑、宫殿、寺院的建设上，花费在科学、文学和艺术的奖励上，这是印度早期中世纪历史的灿烂时期。我国法显游学印度，躬逢其盛，他曾提到北印度，尤其是摩腊婆和摩竭陀的太平景象。这是一个佛学发达，学者辈出的时代。无著、世亲就是生活在这样的时代里。苏联彻尔巴茨基说："这时印度大部分在笈多王朝繁荣统治之下统一起来。艺术与科学繁盛而佛教徒在复兴中作了卓越的贡献。这新的方向最后是由佛家哲学两位伟大人物，无著、世亲兄弟所给予的。很明显其和新时代精神是相一致的。"① 这是很正确的说明。

无著为健陀罗布路沙城婆罗门憍尸迦长子，于化地部出家，初学小乘空观无所得，后来改从大乘，往阿输陀受弥勒学，大为弘扬，后终老于憍赏弥，著作存者甚多。看他立说，则承弥勒之后，独详大乘之学，而把大乘殊胜意义，一一提纲挈领于《摄大乘论》一书。他把十相殊胜语，分配境、行、果，三以所知依从圣教与理论来成立阿赖耶识。以所知相为三性，这一点和勒弥说同。但于依他性中看一切法都是识，都是虚妄分别所摄，唯识为性。又皆以赖耶为种子，而成赖耶缘起之说，遂建立唯识的道理。又入所知相依据唯识观，则更以唯识贯瑜伽而言。无著于顺中论以无二来解释般若；而在《显扬圣教论》又以瑜伽来融贯，是合龙树弥勒之学为一，这是无著学说显著的特色。

至于无著成立赖耶缘起，是在对已有的数论、尼犍子，婆罗

---

① 见印度版《苏联大百科全书》，第63—64页。

门顺世派进行意识形态斗争过程中产生的。《摄大乘论》说：

> 未阿阿赖耶识中，若愚第一缘起，或有分别自性为因，或有分别宿作为因，或有分别自在变化为因，或有分别实我为因，或有分别无因无缘。若愚第二缘起，复有分别我为作者，我为受者。譬如众多生盲士夫，未曾见象，复有以象说而示之。彼诸生盲，有触象鼻，有触其牙，有触其耳，有触其足，有触其尾，有触脊梁。诸有问言：象为何相？或有说言，象如犁柄，或许如杵，或说如箕，或说如臼，或说如帚，或有说言，象如石山。若不解了此二缘起，无明生盲，亦复如是。或有计执自枉为因，或有计执宿作为因；或有计执自在为因，或有计执实我为因，或有计执无因无缘，或有计执我为作者，我为受者。阿赖耶识自性。因性及果性等，如所不了象之自性①。

这段的意思是说：赖耶中的种子，是心物诸行或万法的生因，所以名第一缘起。愚是"不悟"的意思。他的意思是说：假如不悟赖耶识中种子是万法生因的人，便起如下各种迷谬分别。1. 数论，以为生命原有不变清净的本体，叫做神我，而其余一切心理物质的现象也有一种本体，叫做自性。自性与神我相合及转变生万有。2. 尼犍子等，执有先业为诸行之因，按凤作就是凤世所作，亦云先业。3. 婆罗门等，执有大自在天能变化故，若诸行之因。4. 如僧体等执有神我，为诸行因，按实我就是真实的我，就是神我。5. 顺世派，无因论师，都主张万物无有因缘。若愚第二缘起，这是在造业受果方面的错误：1. 数论立神我，谓其受用色声香味诸物；2. 胜论等计执我为作者为受者，即造业受报，都是由于自我。当时印度有以上各种迷谬分

---

① 无著：《摄大衣论》所知依分第二。

别，所以，无著建立赖耶缘起，依无著的看法，其他学派的迷谬分别，很像生而目盲的人一样。那摸着象鼻的生盲说：象如犁柄。摸着象牙的生盲说：如杵。摸着象耳的生盲说：如箕。摸着象足的生盲说：如帚。摸着象的脊梁的生盲说：象如石山。这些生盲各就他自己所触到的，以为就是象的全貌。那些不悟了这两种缘起的，起种种迷谬分别，什么自性为因，什么我为受者，和那生盲摸象一样的错误。若不了解阿赖耶我自性及果性，便有种种迷谬分别，即无明成盲（无明就是无知）不悟正理和那些生盲不了解象之自性一样。

《摄大乘论》的大意以及无著为什么主张赖耶缘起说，略如上述。至于《摄大乘论》是不是唯识学最成熟的作品呢？当然不是，宜黄欧阳竟无先生说得最透辟：

> 释迦以去，唯我龙树始弘般若。唯我无著始弘唯识。无著弘唯识作摄大乘论与华严十地授诸世亲使作释，是则摄大乘论者，唯识学最初之人最初之作也。凡学其初也浑其后也剖析。其初也简其后也恣肆。其初也随其后也严密。摄大乘论但见相二分而不及同种别种，但闻种生正理而不及本有始起，斯不亦浑而未剖乎？但无记辨识，而不及相应与受，但有四缘而不及十因三依，斯不亦简而不肆乎？犹谈二意而未能专属、染污；犹谈十一识而未能不离之谓唯；犹谈薰习而未能摄持谓八，斯不亦随而不严乎？开创之初便尔尽情势所不能，然根本安立，后之所基亦精义络绎[①]。

可见唯识学也是步步开展起来的。我们若将无著世亲唯识学和护法唯识学作比较研究；其发展的痕迹，就非常明显了。现在进一步来叙述无著学说的传承。

---

① 欧阳竟无：《〈摄大乘论〉序》，见《藏要》第一辑。

　　传无著学说现在可靠的有两家，都是主张唯识的。其一为师子觉，又其一为世亲。《大唐西域记》载："无著弟子佛陀僧河（唐言师子觉）密行莫测，高才有闻。"师子觉著有《集论释》，玄奘把这部著述与安慧秆糅成《杂集论》。师子觉主张三种之立，不外能取、所取和取的自体。取义就可以用所缘缘来解释。他说：

　　　　相者，谓若义。是似此显现心心所生因，彼既生己，还
　　　能执着显了内证此义，是所缘相[①]。

　　义就是境界。有义生心心所，有心心所似义显现，〔这就是说心心所对所缘境行相（了别）和它相似，如眼识行相似于色，耳识行相似于声〕互为因果来成立唯识的道理，这叫做安立假。所取既不成实，能取也随之不立，乃至瑜伽依此而入无所得。这些最符合无著原意，所以师子觉存唯识古说真而甚多。

　　世亲旧译为天亲，是无著的弟弟。其父是国师婆罗门㤭尸迦，共生了三个儿子，都叫做"婆薮槃豆"。不过哥哥和弟弟都有别号。哥哥的别号是"阿僧迦"，汉译为"无著"。弟弟的别号是"比邻持跋婆"，"比邻持"汉译为母，"跋婆"汉译为儿。世亲名"婆薮梁豆"，婆薮汉译为天，槃豆汉译为亲。当无著行化于中印度的时候，世亲乃在北印度布路沙传习有部，作俱舍而评婆沙。引起法海一重波澜。陈真谛《婆薮槃豆法师传》曾记载这件事：

　　　　……此外道惭忿欲伏法师，遣人往天竺请僧迦跋陀罗法
　　　师来阿阇国，造论破俱舍论。此法师至即造两论：一光三摩
　　　即论，有一万偈，上述毗婆沙义（三摩耶译为义类）。二随
　　　实论，有十二万偈，救毗婆沙义破惧舍论，论成后呼天亲更

　　　　　　① 　见《大唐西域记》卷四。

共面论决之。天亲知其虽破不能坏俱舍义，不复将彼面共论
决。法师云：我今已老，随汝意所为，我若造论，破毗婆沙
义亦不将汝面共论决，汝今造论何须呼我，有智之人自当知
其是非。

玄奘《大唐西域记》也说到此事，但事实略有出入：

……众贤论师，迦湿弥罗国人也，聪敏博达，幼传雅
誉，特深破究。说一切有部毗婆沙论。时有世亲菩萨一心玄
道，求解言外，破毗婆沙师所执，作阿毗达磨俱舍论，词义
善巧，理至精高。众贤循览，遂有心焉。于是沉研钻极，十
有二岁，作《俱舍雹论》人二万五千颂，凡八十万言矣。
所谓言深致远，穷幽洞微，告门人曰："以我逸才，持我正
论，逐斥世亲，挫其锋锐，无令老叟，独擅先名。"于是学
徒，四三俊彦，持所作论，推访世亲。世亲闻已，即治行
装，门人怀疑，前进谏曰："大师德高先哲，名擅当时，远
迩学徒，莫不推谢，今闻众贤——何惶遽？必有所下，我曹
厚颜。"世亲曰，"吾今远游，非避此子，顾此国中，无复
鉴达，众贤后进也，诡辩若流，我衰耄矣，莫能持论，欲以
一言颓其异执，引至中印度，对诸髦彦，察乎真伪，详乎得
失"寻即命侣，负笈远游，众贤论师，常后一日，至此伽
兰，忽觉气衰，干是裁书，谢世亲曰："如来寂后，弟子部
执，传其宗学，各擅专门，党同道，疾异部，愚以寡昧，猥
承传习，览所制阿毗达磨俱舍论，破毗婆沙师大义，辄不量
力，沈究弥年，作为此论，扶正宗学，智小谋大，死期将
至，菩萨宣畅微言，抑扬至理，不毁所执，得存遗文，斯为
幸矣，死何悔哉！"于是历选门人，有词辩者，而告之曰：
"吾诚后学，轻陵先达，命也如何？当从斯没，汝持是书及
所制论，谢彼菩萨，代我悔过，授词适毕，奄尔云亡。"门

人奉书至世亲所，而致词曰："我师众贤，已舍寿命，遗言致书，责躬谢咎，不坠其名，非所敢望。"世亲菩萨，览书阅论，沈吟久之，谓门人曰："众贤论师，聪敏后进，理虽不足，词乃有余，我今欲破，众贤之论，若指诸掌，顾以垂终之托，重其知难之词，苟缘大义，存其宿志，况乎此论，发明我宗，遂为改题为'顺正理论'。"门人谏曰："众贤未没，大师远迹。既得其论，又为改题，凡厥学徒，何颜受愧？"世亲菩萨，欲除众疑，而为颂曰："如师子王，避豕远逝，二力胜负，智者应知。"

世亲先学小乘，执小乘为是不信大乘，他认为摩诃衍非是佛说。无著怕他终溺于小乘，托病多方引导，皈依大乘后，盛宏其说。盖世亲之学，最精进亦最能变，后来行化中印度，大得超日新日王父子信仰。著述宏富，有千部论师之称，其所造论经汉译的约三十部，略陈名数的著作有大乘百法明门论，在唯识方面最后最精的作品，则为《二十颂》、《二十论》及《三十颂》三书。

《大乘百法明门论》被称为瑜伽十支论之一。这部论是据瑜伽五分中本事分，略陈名数的著作。内容略以三门分别：1. 引经标宗，2. 寻经起问，3. 依问次第作答；先明"百法"以解答"何等一切法"问题，复明"二无我"以解答"云何为无我"问题。

关于明一切法的部分，分为五大类，共有百法。第一类心有八法；第二类心所有五十一法，又分为六类：1. 遍行有五法，2. 别境有五法，3. 善有十一法，4. 烦恼有六法，5. 随烦恼有二十一法，6. 不定有四法；第三类色有十一法；第四类心不相应行有二十四法；第五类无为有六法。在说明无我方面：初明人无我；后明法无我。这部论对一切法与无我法，都作了简要的分析，并各举了实例，极易了解。

　　本来"百法"的名称散见于《瑜伽》、《显扬》、《集论》和《五蕴论》等中，但名数都不完全。《五蕴论》分色、受、想、行、识并不包括无为法，实则唯有九十四法；《显扬》说真如为善、恶、无记三种，另加四大，则为百零六法。其采集百法区分为五大类而加以有系统的说明的无疑是从《百法明门论》开始的。这部论主要是剖析一切法与无我理。在一切法摄为五大类的次序上，还贯彻了唯识的精神。论文讲得非常清楚。他说："一切最胜故（心），与此相应故（心所有），二所现影故（色），三分位差别故（心不相应行），四所显示故（无为）。"这是说在有为法中，心法最为殊胜，所以首先提出。其次说心所与八识常相适应；其中有无论那一识起时，必定俱起的，立为"遍行"一类，有对特殊境界才能生起，另立为"别境"一类；有唯在善心中得生的，另立为"善"之一类，有能引生随烦恼的，另立为"烦恼"一类；有由根本烦恼派生的，另立为"随烦恼"一类；有不同于以上五种心所，于善恶皆不定的，另立为"不定"一类。再次说色法不是独起的，乃是依着心法及心所法而变现的影像。再次说不相应行法，如得命根等二十四种法，也都不是独立的法，乃是依着心法，心所法及色法差别假立的。再次说无为法，需要借着前四种法断染成净而显示。由此可见五类的区分，虽有些象俱舍论等之说，而其实是世亲借以建立唯识理论的基础，一举心识就百法齐彰系统秩然。其次，此论是剖解无我道理。此包括补特伽罗无我和法无我，五蕴心法色法是相互依缘而有，其中都无实我可得，如执蕴为我，蕴则非一，究竟色法是我？还是心法是我？——心所法是我呢？如执离蕴是我，我又在哪里？故知"人"之一名。但依五蕴假立，都无主宰实自在用，由此说补特伽罗无我。其次蕴、处、界诸色法心法，也是相互依缘而有，绝没有独立常存之一物。换句话说：即一切法都无实自性，可名为我。此二无我理概括大乘教义，造端宏大，莫逾于此。我国义忠《百法明门论疏》说："天亲此论正显第三时非空有之教。初陈百法明遣执空，后答无我为除有执，若但认为说明法中无我者，虽除有病，空执仍存。"由此可见本论基本精神之所在。

二十颂、二十论广破外难，三十颂前二十四颂说明唯识相，其次一个颂明唯识性；后面五十颂明唯识位。

如二十论明示其安立大乘唯识。他解释唯识即直截了当说：

内识生时，似外境现，如有眩翳，见发蝇等，此中都无少分实义。

似外境，意思说实非外境。现说明由内识所变。现量证所见虽非全无，然彼不执内外等相，因为内外等都是计执的缘故。《成唯识论》说：

"现量证时，不执为外，后意分别妄生外想"，为了成立内识生时似外境现，无都无少分实义，复说譬喻，如有眩翳，见发蝇等。眩指昏眩，翳指目障，由此眩翳，于无发处，见有其发，于无蝇处，见其有蝇，等取见余。彼境非实，但自识变，故以为喻。如立三支推论式：

似外实境非实外境——宗

许识生时自变现故——因

如有眩翳见发蝇等——喻

此据无著唯心论，更加系统化。至若三十颂说：

由假说我法，有种种相转，彼依识所变此能变唯三，谓异熟思量以了别境识。

直以我法为所变八识为能变，各成组织。世亲对唯识性这样说：

此诸法胜义，亦即是真如。常如其性故，卸唯识实性。

这里所谓胜义，就是指远离所执的我法的真如，真如是我法空所显的空性空理。惟其是表示不是虚妄，所以叫做真；惟其是表示没有变异，所以称之谓如。假如要想给真如下个适当的定义，世亲认为"常如其性故"，就是真如的定义。它于一切时一切地"常如其性故。真如遮表同时，以遮彼二我之假，乃表显无我之真；以遮彼有执之妄，乃表显无执之如"。从唯识去说明也可以名它为唯识实性，故下面接着就紧随一句"即唯识实性"。唯识相是有生灭，有变化的而偏于一切法的唯识性是没有生灭没有变化的。这唯识相与唯识性，更明白地说：不离识的各种不同诸法，时时刻刻在变化之中名唯识相，不变的名唯识性。又说：唯识究竟在无所得：

> 现前立少物，谓是唯识性。以有所得故，非实住唯识。
> 若时于所缘，智都无所得。尔时住唯识，离二取相故。

心上变如，叫做少物。此非无相，故名带相。所谓现前立少物，就是还没有能亲证唯识。如火车由上海开往杭州，正在路中前进，而时时刻刻皆对着杭州的方向，以为前头的进程，就是杭州在加行位中，虽一心一意去体会唯识性，但于所观的还是能观心上变如之相，（现前安立少物）以为这个就是唯识真胜义性。故仍然在二取之中。世亲认为证唯识性，在于无所得。假使有所得，仍有能取，所取之分。既然有能取所取之分，就不能空去我法二执。其实，若亲证到唯识性，必然与唯识性契合为一，无所谓得与不得，好像我们已经到达杭州，杭州与我们打成一片，就无须立一个目的地了。《唯识述记》卷五十四说："以彼空有二相未除，带相观心有所得故，非实安住真唯识现，彼相灭已，方实安住。"若时于所缘，智都无所得，尔时住唯识，离二取相故。这就是说，对所缘对的境，在正智之中完全没有所得的时候，则是真正证到了唯识性，正智缘如，合而为一，已经没有我法之相，普遍圆满，一味平等了。

以上几点，都是世亲唯识学主要思想，自成一个体系。世亲之后，唯识学还继续发展。最初有亲胜（Bandhuśri）、火辨（Citrabhana）两家，都和世亲同时，分别作了《唯识三十颂》简单的注解。亲胜的注尤能指点出世亲作论的本意。

世亲除唯识学外，还有因明学著作，关于他的因明著作，传有《论式》、《论轨》、《论心》三部书。在唐人注疏中，只有《论式》书名，为《因明正理门论》所称引；《论轨》一书，经吕秋逸先生考证，证明就是西藏所翻译的《解释道理论》。至于《论心》一书，就不知流落何所了。《论式》与《论心》这两部书失传，对于研究中古印度因明学是一个损失。当时还有《如实论》一书，相传也是世亲造的。这部论分为三章：第一章五段推论式；第二章相似的答复；第三章被击败的论点。

其次，世亲认为推论式有两种形式：如果在辩论的时候，就需要运用五段推论式；如果是寻常因由，运用二段推论就够了。现在把这两种推论形式陈列如下：

五段推论式：

1. 声音不是永恒。

2. 因为它是一种产物。

3. 凡产物皆非永恒，像一个盆子，它是一种产物和不是永恒。

4. 声音是一种产物的实例。

5. 所以声音不是永恒。

二段推论式：

1. 声音不是永恒。

2. 因为它是一种产物。

世亲弟子很多，能传世亲的唯识学，在因明方面又能发扬光大的，首推陈那（Dignāga，约440—520年）。但是无著世亲学系发展到极端，带上极浓厚的唯心色彩，于是内部分化，一部分学者像陈那、法称等，摆脱了阿赖耶识的说法，要另从世间共认的意识现象上来解决认识的问题。苏联彻尔巴茨基说："正如前期一样，佛家哲学分为一极端学派，一中和学派。后者删掉初期极端的观念论而采取批判的或先验的观念论，它也删掉仓库意识（即阿赖耶识）的理论，认为这不过是假扮的灵魂。"① 这是我们应该特别注意的。

（三）**陈那的生平、学说及其传承**。据西藏史学家达纳那塔、布顿和其他等人所记载的陈那和法称的生活情况，都是充满着完全难以置信的神话故事。所以要从这些故事之中想得到真实性的东西是件困难的工作。但是也有些事实却大有可能是确实的。关于师徒的派系，陈那和法称的地位及其出生地。在记载中说世亲是陈那的老师，但当时陈那去听世亲的课的那时候，世亲已经是一位年长而有名的人物。法称不是陈那直接的弟子，在他们之间有一位名为自在军的，他是陈那的弟子又是法称的老师。关于自在军学派的历史记载虽然没有提到他，但法称提到他并指责他对陈那的学问有所误解。这样，我们可以得到下列的师承——世亲——陈那——自在军——法称。因为法称是在7世纪中叶享盛名，而世亲生存不会早于6世纪之末。

陈那和法称都诞生于印度南部，他们的父母都是婆罗门种姓。陈那出生于建志城（Kaňā）附近。早岁研究佛学是受犊子部学派的影响，并接受它们的思想。这一学派承认真实人格的存在。这种人格和它所构成的因素是有些不同的（补特加罗学说）。在这一点上，陈那因和他的老师意见不同而离开了寺院。

---

① 译自彻尔巴茨基《佛家逻辑·导论》，第31—34页。

后来陈那旅行到北方，在摩竭陀接受世亲的指导而继续研究。世亲在那时候已名震当世，在印度佛学史上世亲占着非常重要的地位。他是得到"第二佛陀"称号的唯一大师。他的著述是百科全书式的，包容了那个时代印度所培植起来的科学。他有许多弟子，但只有四个人最负盛名。他们成为独立的学者，这就是说他们不为老师的影响所局限，每一个人都各有特殊研究的部门，而且比老师更有成就。这些人就是安慧——早期十八学派体系知识，解脱军——哲学一元论，瞿那钵娄婆——律学体系，陈那——因明学。所有这些佛学者的著述都保留在我国藏译和汉译之中。陈那在因明学问题上和他的老师世亲意见不一致，正如在真实人格问题和班底达龙授（Paudita Nāagadatta）的意见不一致一样。

　　陈那在求学时代，曾经有两本早期的著述，这是给学生用的二本袖珍本。其一是他的老师世亲著作的概括，名为《阿毗达磨要义灯》，其二是《般若波罗蜜多经八千颂》，这本书每一题目都用容易记忆的韵语作简要的概括。第一本是早期佛学哲学的袖珍本。我国早有译本。第二本是一元论哲学的袖珍本。此外陈那的著作都是有关因明学的。苏联彻尔巴茨基提到的有：《观所缘缘论》，《三世研究》、《因轮论》、《正理门论》，《集量论》及释五种，而我国义净提到的则有八种。他说："因明著功，镜彻陈那之八论。"所谓八论：1.《观总相论》，析辨声义；2.《观所缘缘论》，释别心境；3.《取事施设论》，言体一异；4.《正理门论》，广陈立破。这四部论我国都有汉译本。5.《集量论》；6.《因轮论》；7.《观三世论》，都流传到我国西藏。8.《似门论》，已佚失不传①。所以陈那的因明著作，现存的只有七部论。

---

　　① 见义净《南海寄归内法传》。

陈那最初用连续短篇论文的形式，发表他的因明思想，后来仿阿毗达磨集论体制，总结前作，重加抉择，以知识论为中心写成《集量论》，所以《集量论》可以说是他晚年精彩的著作。《集量论》分为六章，压缩为容易记忆的韵文，并附有自己的注释，注释非常简括，其目的在于做教师的指南，如果没有耆难陀菩陀详细全面解释的话，就很难理解了。他在《集量论》这本巨著中把以前因明论文统摄起来。

当陈那结束研究之后，他的生活也和当时有名的教师一样平凡地生活。他在那烂陀寺中和一位绰号极难胜的婆罗门进行著名的辩论，他得到了权威因明学家的声誉。从此以后，他由一个寺转到另一个寺，有时就在寺中住下来。在那些寺中，他进行了讲授、编写、著作及参加公开辩论。这种辩论是古代印度公共生活显著的特征。这种辩论布置非常隆重，国王及其随从都出席，而许多大德高僧及俗人也都来参加。按当时社会情况，一个寺如遇到波折，影响到他的繁荣和继续维持的话，但在合法辩论会得到胜利，就可得到国王和政府的照顾和支持。就是过去西藏和蒙古每一位著名法师也都是一个寺院或好几个寺院的创办人。每一个寺院都展开紧张的佛学学习，有时也公开讲座。

陈那由于在辩论中得到的声誉，使他变成最有力的佛学传播者之一。他既是辩论成功的胜利者，又是因明学说传播全印的大师。他似乎没有到过克什米尔，但是这个地方的代表访问过他，后来这些代表在克什米尔创办了学院，开展研究陈那的著作并产生了许多有名的因明学者。

陈那的生平及其著作，略如上述。他在唯识学方面，也是以所缘缘为依据。他认为识不缘外境，能缘足内识，所缘也是内识。两者同时互为因果而成立唯识的道理，和师子觉大抵相同。但他删掉阿赖耶识的理论，另从世间共许的意识现象上来解决认识问题，于"见分"、"相分"发挥"自证分"之义，这是他独到的地方。至于种子为根，前识为后识所缘等义，则是继承世亲的学识而没有改变。这里看出陈那的唯识学有继承也有所改正。

虽然陈那的贡献，不在唯识而在因明。如苏联彻尔巴茨基所说："前时期对于逻辑所有的谴责被放弃了，这时却表现非常有兴趣，这是这时期一个显著的特征。这一兴趣到了这一时期之末，变成了压倒一切的地位而代替了所有以前的神学的部分。"这是事实。陈那的因明学是结束了一个旧的时代，又开辟了一个新的时代。威利布萨那在《印度逻辑史》中称他为"中古逻辑之父"这是很确当的论断。按陈那的因明学的著述，可分为两个时期：前期以论法为中心，后期以认识论为中心。《正理门论》是前期的代表作，以论法为中心。《正理门论》一开头就标出宗旨："为欲简持能立、能破义中真实，故造新论。"正理门论分为上下两篇。上篇论述能立及似能立，计分为两章：第一章明他比量；第二章论自比量。下篇论述能破及似能破，计分为三章：第一章论能破；第二章论似能破；第三章论负处。《集量论》是后期的代表作，以认识论为中心。这部论共分为六章：第一章说到现量作用；第二章说到为自比量；第三章说到为他比量；第四章说到理由或中词的三种特征，以及那已驳斥过的要把比较（譬喻量）作为单独的证明方法的主张；第五章驳斥了口证（声量）；最后一章说到三段推论式（三支比量）。自从陈那确立（证明）与破（驳斥）的理论，并将因明树立在巩固的知识论上面以后，使因明面目焕然一新。我们从其因明的著作，可以概括陈那在因明学上的成就：

1. 改造推论式——世亲以前，因明都沿用尼也耶派五段推论式：（1）论题（宗），（2）理由或中词（因），（3）说明的例证（喻），（4）应用（合），（5）结论的陈述（结）。尼也耶派的五段推论式，可用如下的例子说明：

此山有火——论题

因为它有烟——理由

如在厨房等等——说明的例证

此山也是这样——应用

所以此山有火——结论的陈述

陈那改为三段推论式，如用上面的例子就成这样排列：

此山有火——论题（宗）

因为它有烟——论据（因）

若是有烟见彼有火（同喻体）⎫

如厨房（同喻依）　　　　　　⎪

若是无火见彼无烟（异喻体）⎬——例证（喻）

如江河（异喻依）　　　　　　⎭

陈那改成这样的推论式，我们绝不能把它看做形式上的精简，或者看做把五段推论式中的应用（合）及结论的陈述（结）两部分取消而已。三段推论式在思维和推理上的重要意义，是在于体现因明学理由或中词三个基本规律（玄奘译为"因之三相"）的精神。我们就来逐一考察这每一个规律：

（1）整个的小词必须联系到中词（即玄奘因三相中译为"谝是宗法性"），就是说：必遍有法（小词）皆具此因（中词）这条规律，如用公式表示，就是：

一切小（S）是中（M）

如用上面的例子，就是说整个"山"这个小词，必须联系到"烟"这个中词，换句话说：即小词与中词之间要有必然的联系。

（2）中词所指一切事物一定要和大词所指的事物相一致。（即玄奘因三相中译为"同品定有性"）这条规律，如用公式表明，就是：

　　　　一切中（M）是大（P）

如上面的例子，就是说：从"烟"这个中词所举"厨房"这个
例证，必须和"火"这个大词相一致。

　　（3）凡与大词相异之物必不与中词相一致（即玄奘因三相
译为"异品遍无性"）这条规律，如用公式表明，就是：

　　　　没有一个非大（P）是中（M）

如上面的例子，就是说"江河"这个例证与"火"这个大词绝
对相异，当然不会和"烟"这个中词相一致。

　　由此可见，陈那将五分推论式改为三段推论式正体现着理由
或中词三个基本规律。缺乏第一个规律，中词如果不是论题的主
辞（小词）上本质的属性，就不可能成为与论题有关的论据或
理由，那么，对方利用这一点，就可以推翻论题；缺乏第二个规
律，就无从决定论题的宾辞（大词）正面之是；缺乏第三个规
律，就无从防止论题的宾词（大词）反而之滥。这三个致真去
伪的规律是缺一不可的。所不同者，第一个规律是解决中词与小
词之间的必然联系问题；第二个规律是从正面解决中词与大词的
关系问题；第三个规律是从反面解决中词与大词的关系问题。陈
那对于保持同喻与异喻，极感兴趣，因为他认为因明的证明
（能立）过程，必须用正证与反证的判断来证明论题（宗）与论
据（因）之间的合离的关系。

　　2. 正确理由分为"同有异无"与"同俱异无"两种——陈
那在"九个理由的逻辑"《因轮论》著作里，深刻而全面地分析
了中词与大词九种可能的关系，只有两种关系是正确的，其余七
种关系都是错误的。这是他对中词或理由后两个规律（因之后
二相）进一步研究所获得的成就。陈那首先分析同品，次及异
品，最后同异互为有无错综排比，就构成九个理由的逻辑。九个

理由的逻辑即：（1）同异品共有，（2）同品有异品无，（3）同品有异品俱，（4）同品无异品有，（5）同异品均无，（6）同品无异品俱，（7）同品俱异品有，（8）同品俱异品无，（9）同品俱异品俱。在这九个理由中，只有第二同有异无与第八同俱异无是正确的，第四、第六属于"理由或中词与大词相矛盾"，其他五种都犯"不定"的谬误。（威利布萨那在《印度逻辑史》中认为，发现第二、第八为正确理由，据他所知陈那是第一人）第二、第八所以成为正确理由，其关键不在于同有或同俱，主要是在于异无。如立声是无常，所作性故，同喻如瓶，异喻如空。同品之瓶，有"所作性故"这个理由，而异品之空却没有。同有异无，当然是正确理由。但如立"声是无常，勤勇无间所发性故，同喻如瓶如闪电，异喻如空"。这勤勇无间所发性故因，于瓶有而于闪电无。虽不同于第二同品遍有，而依"勤勇无间所发性"因，仍只成立声是无常宗，不会成立声是常宗，所以也是正确理由。玄奘所译因明论著，对于因之第二相（即中词或理由的第二条规律），不译成同品遍有性而译成同品定有性，正是体现了陈那将正确理由分为"同有异无"和"同俱异无"两类的精神。

3. 明确了推论式上合和离的正确作法——在喻支方面，陈那又明确了推论式上合和离的正确作法。同喻的"合"作法，是以因（中词）合宗（大词），举例说，什么地方有了烟（中词），什么地方便有火（大词）。异喻陈那的离作法曲宗（大词）离因（中训），举例说：什么地方没有火（大词），什么地方便没有烟（中词）。反此，就有"倒合"（即显示中词与大词之间具有颠倒联系之一同喻）"倒离"（即显示中词与大词并无颠倒分离之一异喻）的谬误。

4. 只承认知识两个不同的源泉——每一个印度哲学的体系

都有他们自己关于我们知识不同源泉的数目以及关于它们的功能和特征的学说。唯物论派认为除了感官知觉（现量）以外别无其他源泉。对印度唯物论派说来，智力在原则上和可感觉性并无不同，因为它并非其他而只是物质的产物，一个生理学上的过程而已。数论学派除了感官知觉（现量）和推理（比量）而外，又加上口证（声量）知识。尼也耶派而且区别出用类比的特别种类的推理，而弥曼差论派把含蕴和否定区别成为认识的独立的方法。陈那只承认知识两个不同的源泉，他称之为现量（感觉知识）和比量（推理知识）。由陈那看来，口证（声量）和由类比而推理，包括在推理之中，含蕴不过是同一事实的不同说法而已。陈那为什么只存现、比二量？其根本的理由，就是所量之境不外自相（特殊）与共相（一般）。事物的本身或者它的特定的意义，各依附着它的本身而不通到其他方面的叫做自相，譬如风声，无关其他的声音，就是事物的本身。无常只指风声而不指其他，这就叫做特定的意义，也是属于自相。如有法体或义像缕贯华，那就是共相。譬如"声"的概念，通于人声、钟声、鸟声、树声、雨声等。又如"无常"的概念，通过瓶、盆、草、木、鸟、兽等，都属于共相。认识自相的叫做现量，因为是对现在事显现成证知的。认识共相的叫做比量，因为是有待三相推比才决定知道的。在人类知识的领域内，除了自相共相，再也没有所量之境，所以能知之量，也只限于现量和比量，不容增减。陈那唯立现比二量，声量和喻量都无庸另立，他在《因明正理门论》中讲得最透辟：

> 为自开悟（即自己理解），唯有现量及与比量。彼声（即声量）喻（即喻量）等，摄在此（现、比）中，故唯二量。由此（现、比）能了自共相故。非离此（自共）二（相）别有（可了）所量，为了知彼更立余量。

　　陈那在因明学上的成就，略如上述。继承陈那前期代表作——《因明正理门论》的因明思想，有他及门的弟子商羯罗主；继承陈那后期代表作——《集量论》的因明思想而且发扬光大的有法称。关于法称的生平、因明著作和他的几个学派，容后论述。现在先将商羯罗主的生平及其因明著作——《入正理论》的内容和特点介绍如下：

　　商羯罗主的生平已难详考。根据中国窥基《因明入正理论疏》说："商羯罗主意云骨璅；是指自在天苦行时形销骨立之象。商羯罗主双亲少无子息，以天象乞便有生育，因而以天为主，立名为商羯罗主，亦称天主。"从这一传说上可以推知商羯罗主的家庭事天，当属于婆罗门种姓。《大疏》又说他出自陈那的门下。今从他的著作对于陈那晚年成熟的量论学说很少涉及，他可能是陈那早年的弟子。又陈那久在南印度案达罗一带讲学，而天主的因明入正理论的主要内容也被吸收在南印泰弥儿语文学作品之内，由这些事实的旁证，作者可能是南印度人。

　　商羯罗主所著《因明入正理论》一卷，唐玄奘于贞观二十一年在弘福寺译成汉文。"因明"一词，梵本原来没有，译者玄奘因为要表示出这部论的性质才加上去的。

　　商羯罗主名之"入正理"有两层意义：其一，陈那早年关于因明的重要著作是《正理门论》，文字简奥，不易了解，《入正理论》之作即为正理门论入门阶梯，所以称为入正理。其二，正理是因明论法的通名，这部著作为通达论法的门径，所以称为入正理。窥基曾说《入正理论》"作因明之阶渐，为正理之源由"，这是很恰当的论断。

　　《入正理论》的全部内容，商羯罗主在开头有总括一颂说："能立与能破，及似唯悟他。现量与比量，及似唯自悟。"我曾经把这一个颂根据英译本又译成现代汉语：

证明和驳斥连同谬误证明谬误驳斥是用来和别人争论的；而知觉和推理以及谬误推理是用来供自己理解的。

这就是后人通说的八门（能立、似能立等）二益（悟他、自悟），实际包含了诸因明论所说的要义。

这"八门二益"虽然不出陈那诸论的范围，但《入正理论》是作了一番整理补充的工夫的。特别是似能立一门里，依照宗、因、喻三支整理出三十三过，以便实用，可说是一大进展。这三十三过是：似宗九过，其中相违五种，不极成或极成四种；似因十四过：其中不成四种，不定六种，相违相种；似喻十过，其中由于同法的五种，由于异法的五种。《入正理论》对于这些过失，都作了简要的说明，并举了适当的例证，极易了解。

《入正理论》辨别三支过失那样精细，完全是以构成论式的主要因素"因的三相"为依据。这三相即前面所讲的遍是宗法性，同品定有性，异品遍无性。三相的理论虽然从世亲以来就已组成，又经过陈那著作《因轮论》刊定而渐臻完备，但到了商羯罗主才辨析极其精微。像他对于因的初相分析，连带推论到宗的一支，需要将宗依即有法（论题中的主辞）和能别（论题中的宾辞）从宗体（整个论题）区别开来，而主张宗依的两部分须各别得到立论者和论敌的共同承认而达于极成。因此在似宗的九过里边就有了能别不极成、所别不极成、俱不极成三种，这些都是陈那著作中所未明白提出的。另外，他对因的第二、第三相的分析，连带将陈那所立因过里的"相违决定"和四相违一一明确起来，不能不说是一种因明学说上的发展。

《入正理论》是一部极其精简的著作，词约而意丰，但仍包括不尽，所以在论末更总结了一颂说：

已宣少句义，为始立方隅。其间理非理，妙辩于余处。

这是要学者更参照陈那所著的《理门》、《因轮》等论而求深入的。

（四）那烂陀时代诸论师。无著、世亲、陈那的学说既已大盛，印度政治上又发生了一大变化，那就是本来住在乌浒河畔（今名阿母阿河，在俄属中亚细亚）的匈奴一部分向西行进，击破了波斯王的军队；另一部分则向南下，占据喀布尔，从喀布尔侵入印度河流域。在中途征服了贵霜王朝的领土而定居于犍陀罗，逼近中印，他们没有设防的城市，借助于展转各地的军队来保持被征服的人服从他们。他们没有文字，穿着皮革的衣服。这些部落侵入印度境内以后，统称为匈奴人，但大部分为许多中亚细亚突厥部落所构成，他们使土著居民服从自己并勒令纳贡。到了佛灭后千年（500）遂占阿输陀，酋长头拉曼的儿子大族王，选择奢羯罗为他的首都。在印度传说，特别是佛教传说里，把他描写成残酷的暴君、野蛮人和佛教的迫害者。匈奴部落的侵入无疑地对于北印度的进一步封建化起了作用。根据宋云的叙述，这些部落是野蛮游牧部落，在文化方面无疑远远落后于印度河流域的农业民族，外来人的基本群众形成自由农民阶层。他们最强有力的氏族成为代替先前统治家族的统治首脑。实际受这次侵略的害处的不仅是僧侣、佛教寺院。因为他们拥有巨额田产并由于剥削属下的农民，也由于经营商业和高利贷业务而积累了大量的财富，就使原先的刹帝利种族也受到严重的打击。正由于佛教受大族王的害处，佛教转而盛于东印。摩羯陀幼日王举兵破匈奴，佛教稍稍复兴，但是西北印的元气总不能恢复。幼日王于华氏城东舍利佛的生地那烂陀，继承了先帝的遗志，增建许多僧蓝。后来历代又有添设，学者荟萃，其地遂和佛教学术的关系分不开了。印度史称这最盛的百年间（佛灭千年后）叫做那烂陀时代。在这期间继承和发扬无著、世亲、陈那的学说，寺外有难陀（Nanda）、净月（śuddhacandra），寺内有德慧（Gunamati）、安慧（Sthiramati），又后有护法（Dharmapāla）、胜友（Viśesami-tra）、胜子（Ginaputna）、智月（Jñānacandra）和前面说过的世亲同时的亲胜与火辨，后来就称为从世亲到公元 6 世纪的唯识十大论师。十大论师中亲胜与火辨的主张前面已简单介绍过，现在再将其他八大论师不同的唯识思想，分述如下：

1. 难陀：谨守世亲学说的规模。在解释我法依识所变方面：他主张内识变相似外境而现，即是直接所执的我法。在解释诸法种子方面，他主张种子都由新薰而生。在解释诸识结构方面，他主张识有见、相二分。在解释诸识的俱有依方面（诸识生起时的重要增上缘）他主张眼等五根即是种子，五识以俱时意识为依。在解释第七末那识所缘之法，他主张缘第八的识体和它的相应诸法。在解释三性的区别方面，他主张能取识是依他，所取境是遍计，因为他认为所取境为遍计心之所遍计。难陀这种主张最洽于心似境现的古说。

2. 德慧、安慧：他们是师兄弟，对于世亲俱舍学都很有研究。在解释世亲三十论的旨趣方面，安慧主张为今生正解，断二重障，得二胜果。在解释诸识结构方面，安慧用唯识自证分说法发展了世亲的学说（这是说，诸识的见分缘虑相分，实际是自己分别自己，也就证会自己）。在解释诸识的俱有依方面，安慧主张五识依五根为依。在解释第七末那识方面，安慧主张缘第八识和它的种子。在解释三性的区别方面，他主张识自证分为依他，能取所取都是遍计。

3. 净月：和安慧同时，擅长对法，他主张第八识的现行和种子互有"俱有依"的意义，这与安慧的见解正相反对。

4. 护法、胜友（护法弟子）、胜子、智月：在解释世亲三十论的旨趣方面，护法主张为破诸邪执，显唯识理。在解释我、法依识所变方面，护法主张依识自体生起见分、相分，再从这上面施设为我法，这较难陀说为间接。在解释诸法种子方面，他们主张本有和新熏合成说。在解释诸识结构方面，他们在陈那的三分说的基础上，更进一步主张诸识应有见、相、自证、证自证，一共四分。后二分的建立，其理由见于"成唯识论"。大意是说：缘相之见，假如不被缘，那么，此见后来应不能忆，因为不被缘故，如不曾更境。可是昔日之见，今天还能记忆，所以知道见分起时，同时有自证分以缘见。如自证缘见，证自证分即缘自证。至于缘此证自证的，又为自证。因为这二分都是现量所摄，可互相缘，所以不必再立第五分。见分或量（正确）或非量（错误），不能缘自证，所以必须建立证自证分。在解释诸识的俱有依方面，护法主张五根通于现行，五识并以五根、第六、七、八识为依。在解释第七末那识所缘之法，护法主张只缘第八识的见分。在解释三性的区别方面，护法主张识生时，似能取，所取是依他，第六意识，第七末那识从而周遍计度执为实我实法乃是遍计所执。古唯识说识执境，只依一重而说，护法乃成二重。

护法的学说，瑜伽方面传给胜子、戒贤；唯识方面，传给智月、胜友、亲光等，特别是他的注书，原来在印度只付托给玄鉴居士珍藏，以俟知者。玄奘游学印度，因在印博得极大的声誉，独获其传本而归。日人宇井伯寿说："玄奘旅行全印，携梵本六百五十七部，以贞观十九年归于长安，前后历 17 年之周游，就得护法（成唯识论）原本，是诚不可思议的因缘。这部论除玄奘外，无论印度哪一个人都没有得见。"这是事实。于是无著、世亲、陈那以来一脉相承的瑜伽学系旁及因明思想，独宏于中国汉族，后来印度学说上反而看不到护法的影响，这也许是无著、世亲唯心论的体系已达到最高峰，到护法不过是回光返照而已。而瑜伽学系的理论那样的精致幽微，恰恰可补当时中国汉族思想笼统的不足，因而给中国汉族思想家以启发。玄奘所传瑜伽一系学说，又得到才华横溢的窥基替他宣扬，而大大地发展了印度之说。

这里必须指出，无著、世亲学说虽承弥勒而来，但对龙树之学也有些继承，所以各家对于龙树中论，都有注疏。如无著的顺中论，安慧的中观释论都是明显的例证。但当无著，世亲学说盛行于那烂陀时，南印有佛护（Buddhapālita）异军突起，专宏中论，著书即称佛护论，发挥二谛，他主张俗谛缘生法是假，真谛法性，才是真实，不过他出身微末，所以终身不遇，到了公元 7世纪南印度有月称（Candrakirti）作中论释，吸取佛护学说，专弘中观。月称学说也传入中国西藏，蔚为中观学派的正宗。

同时南印有亲辨，极擅辩才，亦宏中论，他认为俗谛法依世见是有，在胜以真智境中则不实云。又复推论三性问题，他认为依他起性、圆成实性，胜义皆无，意欲驳斥护法的学说。护法终身没有和他面决是非，于是引起后来瑜伽与中观之争。因为那时候，在那烂陀学习瑜伽的有戒贤、智光等，学习中观的有师子光、胜光等，各有传承，俨成敌派。我国玄奘和义净先后到印度留学，都提到这件事，至于瑜伽与中观所争的问题，有哪些不同的看法，我们准备在介绍法称的生平及其因明思想之后，再去说明它，这里就暂不叙述了。

（五）**法称的生平、因明著作和他的几个学派**。以上所说中观瑜伽所构成印度大乘佛学的两大思潮，佛教哲学的精华，发挥也几近淋漓尽致了。到了公元 7 世纪，法称出世，他把陈那因明学向前推进一大步，使渐趋衰微的大乘佛学，特别是认识论逻辑的体系，重新建立起来。法称可以说是印度大乘瑜伽学派一位最有力的殿军。

法称生于印度南方突利玛拉耶（提鲁玛拉?）一个婆罗门的家庭并受过婆罗门教育。后来他对佛学发生了兴趣，想从世亲一位及门的弟子护法得到教义，而到了那烂陀，礼护法为师，跟他出家学习。法称对逻辑问题特别发生兴趣。这时逻辑学家陈那已不在世，法称改师自在军，跟自在军一道研究陈那的逻辑。法称不久对陈那著作的理解超过了他的老师。据说自在军承认法称比自己更加了解陈那。法称在他的老师的赞同下，开始用容易记忆的偈颂形式写了关于陈那主要著作的注疏。

法称尽毕生的心力从事佛家逻辑的研究、著作、教学与公开辩论。他死在羯凌伽地方的一所由他所建立的寺院中，寺院的周围尽是他的弟子。

尽管法称尽力阐扬佛家逻辑并成功地不断扩大佛学范围。但他只能暂时阻止而不能完全挽回佛教在印度走向下坡路。这个时代的印度，正是以古玛雷拉和善伽拉加雷耶为首，努力复兴婆罗门教——反佛教的浪潮正在到来。据说法称曾经以公开辩论的形式和婆罗门辩论过，并且胜利过。另一种说法，则是婆罗门领袖们从来没有遇到法称反对过。这些说法，只能反映出法称个人对佛教的衰落趋势显得无能为力。历史学家一致告诉我们：法称时代的印度佛教，除婆罗门教的复兴外，加上教内对教理的研究和宗教仪式——秘密教的兴起更形复杂，佛教已不像无著、世亲兄弟时代那样的纯洁与勃勃有生气。同时，这个带有世界性的佛教已转向印度近邻各国传播而通过各国社会的内因获得了不同情况的发展。

逻辑是人类实践的产物，它本身就是一种思想斗争的武器，是各个敌对学派所争取利用以立己破敌的思想武器。佛家逻辑一代大师的法称，他为缺乏能充分了解他的逻辑体系和能继承他事业的弟子而感到忧虑和悲哀。正如陈那没有著名的弟子一样。——陈那的继承者法称是在一个世纪以后才出现的。法称真正的继承者法上也一样的是在一个世纪以后才出现的。当时法称的及门弟子帝释慧虽然是一个忠心耿耿和勤学的人，但是限于天资，不足以担当法称的继承者。他既不能充分了解先人陈那的全部思想，也不能理解法称自己先验认识论的体系。因此法称在某些诗句中流露出悲观心理的最深挚感情。

在法称的伟大著作第二部分里，有一首作为导言的诗篇；对这诗篇有人认为是后来加进去的，是作为对批评他的人的一个答复。他说："人类大半耽于陈腐之言，他们不讲求精巧。他们根本不顾深刻的教诲，他们充满憎恨和嫉妒的丑行。所以我不为他们的利益而写作。然而我的心在我的著作中感到满足，因为通过它我对每一善而美的言辞都经过深奥和长久的思考，这里充满着热爱。有这些我已经感到愉快。"又说："我的著作在这个世界上将找不到一个合适的很容易理解它深义的人。它将自我本人所吸收和消失，正如一条河流流到海洋中被海洋所吸收和消失一样。那一些没有赋予他们伟大理智力量的人，完全不能测量它的深度！就是思想卓越而大胆的人，也不能领悟它的最高的真理。"这充分反映了法称自己得不到得力的能继承他的学说的弟子而悲哀。同时，也反映他忠实于自己的写作事业而内心充满着自信。也曾有过为法称的著作得不到人们尊重而惋惜的诗人，在诗篇里描述法称的遭遇。诗人把法称的成功著作得不到知音比做女子找不到称心的郎君，从而寄托于诗篇以抒发其不平之情。其中有："造物者创造这美人，她已在平静地生活着的人们心里燃起一支智慧的火焰。但美人却十分怅惘，因为她（当时）找不到真正爱她的未婚夫！"

法称在逻辑学方面的造诣，使他非常自负和自信，他对虚伪学者极其轻视。我国西藏史学家达那塔告诉我们说："当法称完成他的伟大著作之后，他把自己的著作拿给当时的学者们看，可是得不到赞赏和推许。甚至和法称敌对的人竟然把法称著作的书页挂在狗的尾巴上，让狗在各街道奔跑，书页纷纷散落。法称在这个侮辱面前却说：'我的著作正如这条狗穿过各街道一样，将传播全世界。'"

法称写过七部著名的逻辑的著作，即被称为"七论"。"七论"已经成为世界学者研究印度逻辑的基本文献，都保存在我国藏文译典中，我们不能不感谢先辈译师之努力为我们留下这个鸿文瑰宝的遗产。

法称的这些著作原来是作为陈那逻辑著作的详细注疏的，但法称的卓越见解与精确性，却超过了陈那的原作。七部著作中的《量释论》是主要的一部。这一部是他逻辑学说体系的"身体"，其他六部论是这个身体的附属部分称"六足"。以"一身六足"来说明法称著作的一个主要部分和六个次要部分，像北传的佛典一切有部阿毗达磨论部一样，也曾将《发智论》和《法蕴足论》等称为"一身六足"。但根据布席顿对法称著作的分类，认为"前三种著作是'身体'，后四种是'足'"。本来法称的《量释论》、《量决定论》和《正理一滴论》都是发挥陈那《集量论》六章的要义，还有过广、中、略的不同，而其余四部论乃是对逻辑的专题进行讨论。所以布席顿的看法是有道理的。

在法称所著的七论，虽有主要次要之分，写作形式和章次组织也各有不同，但内容都是互相联系的。同时，可很显然地看出法称对逻辑研究的看法：他认为逻辑与认识论的研究须代替早期佛教旧的哲学。

第一部《量释论》包含四章：研究推理、知识的真实性、感官的知觉和推论式。以易于记忆的诗体写成，约2000个颂。

第二部著作是《量决定论》，内容是第一部著作的概要。它是以偈颂和散文写成的。占一半以上的偈颂是取材于《量释论》的。

第三部《正理一滴论》是与《量决定论》同样主题进一步

的概括，都分成三章，用来讨论感官的知觉：推理和推论式。

以下四部著作的主要内容是阐述特别问题的：

第四部《因论一滴论》，是逻辑理由简略的分类。

第五部《观相属论》，是关系问题的探讨——附有作者自己的评述，以颂体写成的简短论文集。

第六部《论义正理论》，是论述关于辩论进展的艺术的论文集。

第七部《成他相续论》，是用来反对"唯我论"关于他心的存在的论文集。

除了《正理一滴论》而外，其他著作都没有梵文本，但它们在我国西藏丹珠尔译文中都可以找到，在西藏的文献中，还有法称的一些其他的著作，例如《修罗迦浔格玛勒》注疏和《毗奈耶——修多罗》注疏，但究竟是不是属于法称的著作，现在尚不能断定。

由于为法称的逻辑著作而作注疏的人很多，而这些注疏又成为后世庞大注疏文献的起点。成为在佛典注疏文献上最庞大的一种。我国西藏的译文所保存法称一系列的著述中，如果根据注疏工作指导原则和见解的不同来划分，可分为语言学派、克什米尔或哲学的学派和宗教学派三个派别。

1. 语言学派的注疏家——这个学派的开创人是帝释慧。它是一个语言学的解释学派。它的目的在于用语言正确地处理注疏原文的直接意义，而不是把其中深邃的含义加上注疏者自己的理解来阐述的。在帝释慧之后属于这学派的人物有他的弟子和追随者释迦菩提。释迦菩提的注疏保存在藏文中。普拉巴菩提或许亦有这类的注疏，但他的著述已经遗失了。他们都只注疏《量释论》这部论，其余的《决定论》和《正理一滴论》都未曾注意。关于后几部论的注疏是由律天注疏的。他在注疏著述中援用了与帝释慧相同的简练的直译的方法。在西藏的作者中宗喀（1357—1419年）的弟子克主杰应该也是属于这一学派在西藏的继承者。

2. 克什米尔或哲学的学派的注疏家——这个学派根据它的主要活动的国家来命名，称为克什米尔学派。根据它在哲学上主要的倾向来区分，可称之为批判学派。这个学派的注疏家们，都不单纯地满足于法称著作原文的直接意义，而争取探到它的更进一层深邃的哲学。这个学派认为作为绝对存在和绝对知识的一个化身的佛陀，也即大乘佛陀是一个隐喻的实在，所以我们不论是用一种肯定的或用一种否定的方法都不认识他。《量释论》并非其他，只是关于陈那的《集量论》一部详尽的注疏，而《集量论》则是一部纯粹逻辑的论著。他们尤重视后者在开头表示归敬佛陀的偈颂里所提到了的大乘佛陀的伟大品质，而且把他和纯粹逻辑等同起来看待。他们认为这只是真诚感情的一种宗教哲学传统的表现。这学派的目的是要发掘陈那和法称体系高深哲学的内容，把它看做逻辑认识论的一种批判的体系，企图把这个体系由发展、改进而达到完善性。

这一学派的创始人是法上（约760—830年），他虽非克什米尔人而讲学活动则在克什米尔。这个学派的积极成员经常是婆罗门种姓。法上一系，传到我国西藏后，受到研究逻辑的学者们的尊重，被誉为非常尖锐的辩论者。虽然他不是法称直接的弟子，但他在继承法称逻辑学上占有重要的地位。因为法上的注疏不仅能体现自己的深思，也能发表自己独立的看法，而且在重要题目上能成功地运用新颖的公式来表述。但达纳那塔在西藏佛教历史著作中竟没有提起法上的自传，或许因为法上的活动范围限在克什米尔。《克什米尔年鉴》载：800年左右当耶必六国王梦中看见"一个太阳从西方升起"，他就邀请法上到克什米尔去访问。9世纪的瓦迦拍米出拉引用法上的著述好几次。从而得知法上也应是 800 年左右的人物。

法上没有给法称主要的而且是第一部的著作《量释论》作注疏，却为法称的《量决定论》和《正理一滴论》作出了详尽的、被后人称为"大疏"和"小疏"注疏。甚至对《量释论》各章次序的问题也没有引起法上的注意。法上在继承法称的逻辑上，但猛烈地攻击他的前辈律天的关于《正理一滴论》的注疏。律天原是第一学派的一个追随者。法上除了以上两部著作而外，还著了有关逻辑和认识论的特殊问题四种其他小部的著作。

3. 宗教学派的注疏家——这个学派和第二学派一样，努力于发掘法称的著作的深邃的意义而发挥它潜在的根本倾向。这一学派也研究过第一学派的代表著作，它极端藐视第一学派所谓直接意义的注疏。无论如何，这两个学派根本的区别点在于它们对于这个体系中心部分和根本定义上的不同。根据这一学派的看法，认为《量释论》作者的目的，根本不是对陈那纯粹逻辑论著的《集量论》的注疏，只是大乘经典的注疏。这个注疏是用它建立了遍知者和佛陀其他本性以及"法身"的存在，建立在绝对存在和绝对知识的双重面。对于这个学派来说：这个体系的所有的批判和逻辑的部分除了给予一个新的和净化了的形而上学说铺平道路外别无其他目的。根据这一学派的以上看法，法称所有著作的中心和最重要的部分都被包括无遗。认为《量释论》第二章中（在传统的次序中），这一章是研究我们知识的真实性，以及在这种原因上所具有的宗教问题，这些问题对于佛家说来，是佛陀论的问题。

这个学派的创始人普拉那迦拉古朴达，他是孟加拉邦人。达纳那塔在《印度佛教史》没有描述他的生平。可是提到了他是佛家社团的一个外行者，而且说他是生活在普儿王朝、玛希巴拉的继承者玛哈巴拉国王的时代。根据这个说法，就是说普拉那迦拉古朴达生活于 11 世纪，但是这未必是正确的，因为 10 世纪的乌搭耶那——埃克理亚曾经引用过他的著作。也许是 10 世纪的人，是和乌搭耶那——埃克理亚同时代的人。法称为《量释论》第一章已经作了注疏，普拉那迦拉古朴达作了第二章到第四章的注疏。这部著作补入在丹珠尔的两大厚卷藏文译典中，仅仅第二章的注疏就占了整卷的篇幅。这部著作并不是以经常的注疏为标题，而是命名为《量释庄严论》，所以这位作者普拉那迦拉古朴达被人称为"庄严论的大师"，他用这个命名，希望向人昭示说：一部真正的注疏将需要更多的篇幅，并且需要富有非凡的启发性，这种启发性是门弟子所迫切需要的。所以他另外又著了一部短的《庄严论》，为那些爱浅尝为足的人指出这个学说特殊之点。他猛烈攻击帝释慧以及那些只寻求所谓直接意义的注疏方法。他称帝释慧为笨汉。

　　普拉那迦拉古朴达有许多追随者，大概可分为三个小派，这三个小派的代表人物是基那、拉维古朴达和耶玛雷。

　　基那是普拉那迦拉古朴达最坚决和勇敢的追随者，而且是普拉那迦拉古朴达思想的发展者。基那的看法认为《量释论》原来的次序如下：第一章研究知识的真实性，包括佛陀论。然后第二、第三、第四章对感官的知觉、推理和推论式的一个探讨。他认为这个章次本来是清楚的而且自然的，后来被愚者帝释慧所误解和倒置。基那认为帝释慧所以会误解和倒置，也是有一定的原因造成的，那就是法称自己只有时间写第三章偈颂的注疏，也许第三章是最难的一章，法称自己先注疏，或许法称自己并不觉得有能力去完成整部工作，选定了这一章在他的晚年来注疏。基那在指责和指出帝释慧误解和倒置的原因以后，并谴责拉维古朴达误解了大师的原意。

　　在基那指出《量释论》的章次是被帝释慧误解和倒置而违反自然次序这问题以后，也有人提出不同的意见，反对基那的看法。那就是普拉那迦拉古朴达的及门弟子中第二支派拉维古朴达。拉维古朴达的活动范围似乎是在克什米尔。他也许是和建那那司利同时代的人。建那那司利和基那比起来，他是中和倾向的典型代表，他对《量释论》章次安排的看法又和基那不一样。他认为《量释论》各章原来的次序是帝释慧所接受的次序，他认为帝释慧虽然不是一个很聪明的人，但是并不至于是把他老师的主要著作的各章次序混淆起来的笨汉。此外他对法称著作《量释论》的目的看法也和基那不同，他认为法称写《量释论》的目的并不是全部为陈那的逻辑体系作注疏，只注疏了一部分，其目的在于给大乘佛教创立一种哲学的基础。

普拉那迦拉古朴达学派第三支派的代表是耶玛雷。他是克什米尔人建那那司利的及门弟子。他活动的领域似乎是在孟加拉邦。根据达纳那塔的看法，他和克什米尔学派的最后代表"大婆罗"善加难难陀是同一时代的人。这二个作者都生活于公元11世纪。耶玛雷也是中和倾向的人物，不过没有像拉维古朴达那样突出。他的著作充满着针对基那尖锐的辩论。他指控基那有误解普拉那迦拉古朴达著作的地方。耶玛雷也认为帝释慧是法称的及门弟子，不可能把《量释论》各章的次序基本的东西混淆。

以上是为法称著作作注疏的各学派。他们各根据自己的角度和见解来理解法称的著作，各持己见，进行争论。

当然，角度不同见解也必定有分歧，各个学派见解到底谁是谁非，我们还需要根据具体问题作具体分析。但从各派各家的见解及相互间的争论，可以看出法称著作在印度逻辑史上所起反响的多面性和广泛性。

第四节 中观学派与瑜伽学派

中观学派及其传承和瑜伽学派思想产生的时代背景及其传承

说得不少了，现在剩下还有一个问题：必须附带讨论的，那就是中观学派与瑜伽学派的主张和方法论有哪些根本的不同。

首先，中观学派与瑜伽学派对于法性的看法不同。我们从究竟一乘宝性论中，可以看到它们的不同处。

《宝性论》（元魏天竺三藏勒那摩提译为《何义说品》），第七问曰：余修多罗中（修多罗，谓经笈）皆说一切空（按：指中观学所宗经而言）此中何故说有真如、佛性。（按：宝性论，属瑜伽学派。佛性亦真如的别名）偈言：

　　　　处处经中说，内外一切空，有为法如云，及如梦幻等（按：以上谓中观学派）。此中何故说，一切诸众生，皆有如来性，而不说空寂？（按：以上谓瑜伽学派）

答曰，偈言：

　　　　以有怯弱心，轻慢诸众生。执着虚妄法，谤真如佛性。计身有神我。为今如是等，远离五种过，故说有佛性①。

《宝性论》提出中观宗有五种过失：1. 中观说一切皆空，众生闻之怖畏，以为无所归趣，所以有怯弱心；2. 如一切空之言，那么众生都无真如、佛性；所以是轻慢众生；3. 淡一切空，而无真实可以示人，故外道皆执著虚妄法，没有法子引导他们入现；4. 凡执著虚妄法的人，都不知有真如性，所以妄肆谤毁；5. 外道由于不见真如故，乃妄计身中有神我。

根据《宝性论》所说，足见中观学派所传授的经典，处处说空寂。到了瑜伽宗派崛起，其所宗诸经，便都说真如实相（实相就是实体的意思，真如实相四字，作复词。瑜伽学派以法性，名之为真如。真是真实，如是不变，恒如其性故，亦是真实义）。中观只说法性是空寂的，瑜伽学派和它反对，说法性是真

---

① 《频伽大藏经·大乘宗经论·究竟一乘宝性论》第四。

实的。《宝性论》特别提出此异点，值得我们注意。

中观学派宗大般若经，大般若经说七空乃至二十空（详《大般若》初分）。于一切法相，都作空观（想一切物，本来是空）。遂至于法性，也防人于此起执，不惜说它为空。后来瑜伽学派，始以真知广说法性（参考《大论》七十七），如解《深密经》及《大论》与《中边》等论，皆说有七真如乃至十真实（真实，亦真如的别名）。说七真如，不是说真如可分为七种，但取义不一，而多为之名而已。如第一，叫做流转真如。流转是指心与物是刹那前灭后生相续而流。谓真如是流转法的实体，所以叫做流转真如。并不是说流转即是真如。乃至第七叫做正行真如（正行指圣者修道，发起正行），谓正行因真如而得趣，故为此名，也并不是说正行就是真如。十真实：1. 根本真实；2. 相真实；3. 无例真实；4. 因果真实；5. 粗细真实；6. 极成真实；7. 净所行真实；8. 摄受真实；9. 差别真实；10. 善巧真实。含义详辨《中边论》，这里就不多说了。总之，中观瑜伽谈法性，一说为空寂，一名之为真实，着重点显然不同。是为一重。

其次，对于依他起性的看法也有不同。中观学派认为遍计执法本固然是空，依他缘生无体也是空。空性乃不可说。而瑜伽学派认为由遍计而成空，遍计无法。依依他而明空，依他是有。可见二派争论，在于依他的有无问题，是为二重。

第三，更进而争依他于胜义中有无问题。中观学派主张依他胜义中无，而瑜伽主张依他胜义中有，二者不可和合，是为三重。

第四，更进而争论世俗胜义二谛的意旨问题。瑜伽学派主张胜义谛是根本智境，内证无相，不可分别；世俗谛是后得智境，亲证为先而后起说。而中观学派则主张胜义谛不可差别；世俗谛乃可差别。胜义真实所缘，世俗世间言说，因而知道这两个学派，说胜义谛方面还有相同之处。说到世俗谛方面，瑜伽主张空后，中观主张空前，就很不相同了。是为四重。

第五，因明即佛家逻辑，是四五世纪中由印度瑜伽学派的大师在尼也耶派有关逻辑的思想基础上发展起来的。开始固偏重辩论的技术，继则详于证明（立）驳斥（破）学说，终乃成为认识论逻辑的体系，是印度逻辑史上一个重要的学派。自弥勒以来，因明变为治瑜伽学派的必要工具，到了世亲以后，经过陈那的改造，法称的精研，内容更加充实。因为瑜伽学派典籍处处运用因明证明和驳斥方法，不通比量三支，会感到一定的困难。而中观学派不是完全排斥因明，不过它已超越因明的阶段，发展了佛陀的辩证法。因明方法对于"绝对"的认识只是初步的方便法门，到了体认阶段是被斥为完全无用的。按照中观学派月称的看法，"根本的真实只能在神秘的直觉中得到认识。所以除了日常生活简单逻辑之外，他把一切其他逻辑（因明）通通斥为无用。"① 唯有能了达诸法是即空的缘起，本着诸法本性空寂的见地，展开缘起的辩证思维，才能彻底破难，彻底的答复别人，这样才能破邪显正，所以龙树说："以有空义故，一切法得成，所以在方法论上，要通达中道实相，非依即空的缘起法——辩证不可，是为五重。"

第四章　密教盛行时期

第一节　密教的特点及其兴起

印度佛教的最后一时期是密教流行，这可说是大乘教说日趋玄妙而又脱离群众的一种反响。密教虽然也采取了大乘的一些理论，但侧重通俗简化，运用世俗所信仰的有总持意义的真言，标

---

① 参照彻尔巴茨基《佛家逻辑·真实与知识》。

榜即身成佛；同时它和原来在民间信仰中占有势力的新婆罗门教即印度教有不少沟通之外，特别是在所信奉的各种本尊和有关事相的行法上面，因而它的性质逐渐转变。金刚乘强调大乐思想，后来更有时轮教等的产生，这些比起以前的佛教来说，显然是不尽纯粹的。这一时期虽得东印度最后一个王朝即波罗王朝的支持而延续了数百年，但这在印度佛教史上只可视为衰微阶段。最后伊斯兰教势力又从印度西方侵入，佛教遭受这些打击，结果随着波罗王朝的颠覆而暂归消失。

第二节　密教的摇篮

密教的产生是有一定的过程和基础的。这个过程和基础，可以说是密教的摇篮。依据《中阿含》《长阿含》《四分律》等记载，佛在最初时期，对诸弟子严禁行世俗的咒术密法，犯者即以犯"波逸提"论。后来佛教教团逐渐扩大，那些信奉咒术密法的婆罗门教徒，皈依佛教者日多，因此咒术密法中较好的部分，也个别地为佛教采用。如罗什所译《十诵律》第46卷等所说：对于妨害佛教修行的恶咒密法，当然在禁止之列，但对于治毒咒、治齿咒之类，保护身体得以安慰的善咒，虽持诵亦无妨碍。此种倾向佛灭后逐渐盛行，也就不是偶然的了。在原始佛教的经典中，民间普遍持诵的吠陀赞歌，其原文曾被摄取以为佛教之神咒，也有模仿此等赞歌新制佛教明咒。属于前者，如吴支谦所译《摩登伽经》中印度盛行诵持的梨俱吠陀（Rgveda）第三卷所传的卡雅妥理（Gayatni）咒、梵书（Brāhmana）所传的三明咒等。属于后者，如南方佛典之《小品》（Minor Order）小事篇第五、并《本生经》及汉译《杂阿含经》第九等所说被蛇咬时的明咒。到了佛灭后300年，属于上座部所说的一切有部，又于直接或间接分派的犊子部（Vātsiputriya）或法藏部（Dharmagupta），于经、律、论之外，集此等真言密咒编为明咒藏。

再从南方佛教来看，民间普遍信仰有诸天鬼神，集于佛说法的会座，认为这些天龙八部是在拥护佛教。这些说法见于《大会经》与《阿吒那胝经》，又集《三皈文》（*Sananagamanam*）、《慈经》（*Metta-wttam*）、《十法经》（*Leāzadhamma-utram*）等一共有三十余种短经，总称为防护藏（*Pauttam*）。这些防护咒为祈祷除灾抬福的咒法，锡兰、缅甸各地，至今犹诵持不绝。

又印度一般民间的信仰，认为人的疾病，实由宇宙间鬼神之所为，要救护这些因鬼神而生的疾病，必须诵持神咒密法。这种适应民间的要求而出现的经典也有一些。如元魏菩提留支（508—535）所译的《佛说护诸童子陀罗尼经》就是一个明显的例子。

随着佛教的发达，将真言密咒应用到瑜伽观行上面，就兴起陀罗尼（*Zlhāvanù*）。从陀罗尼的本性来说，始于般若经。如吴支谦所译的《无量门微密持经》竺法护所译的《海龙王经》都用文字语句象征，忆所关联宗教上的深义来统一此心。后来又因专念普通的真言密咒以统一此心。而又能总持散心，逐渐有把这些经称为陀罗尼的趋势。或称为真言，或称为陀罗尼，并没有本质的区别。

总之，民间信仰神咒，信仰神明已为密教产生的基础，而佛教诵持真言陀罗尼统一此心以供养诸尊，同时对于如何念诵，如何供养的方式，也逐渐发达起来。在5—6世纪之时，关于印契、曼荼罗等也因之成立，这都为正纯的密教的独立创造了有利的条件。

第三节　密教的独立

原始佛教及部派佛教时期虽有真言密法，但只能看做杂部密教，不能把它作为正纯密教或独立的真言密教看待。这些杂部密教与佛教的根本教义无关，诵持真言密法只不过是为拥护佛教的修持者消除种种障难而已。这些真言密法完全为佛教附属的东西。把真言密法作为佛教独特的东西并且把它们作为正示如来秘藏和佛教的真髓，是正纯密教独立阶段的事。杂部密教以历史上的释迦牟尼为中心。正纯密教却以大毗卢遮那即大日如来为中心。大日如来说明一切正纯真言密法之要，并为密教独立的重要标帜。

密教究竟在什么时候才成为独立的体系呢？这是学习印度佛教史必须明确的问题。从历史的记载来考察，可以看出一些线索。公元 4 世纪末到 5 世纪，旅行西域印度的法显的《佛国记》、6 世纪之初宋云惠生的《使西域记》和 7 世纪上半期周游五印的玄奘的《大唐西域记》记载，都看不到独立密教教团兴起的痕迹。一直到玄奘回国后 26 年，即唐高宗咸亨二年（671），以 25 年的时间，巡历印度的义净所著的《西域求法高僧传》中，才窥见独立密教的兴起。根据这些资料推测，印度密教的独立，当在玄奘到义净之间。约当 7 世纪中叶。和义净同时代到印度巡礼佛迹的无行，才开始把独立密教的根本典籍——《大日经》，首次传入中国，并且他说道："近时知有真言教法，举国崇仰。"这是密教独立的最好证明。

义净在中印度看到密教的传播，密教的根本佛大毗卢遮那如来在印度已有人供奉，和义净同时代到印度的常愍所写的《游天竺记》中曾经说道："释常愍发愿寻求圣迹以游天竺之日，至中印度鞞索迦国于王城南道左右有精舍，高二十余丈，中有毗卢遮那像，灵验显焉。凡有所求，皆各得满足，如有障难，一祈请则必除。"① 看这段记载，密教在中印度的发达情况就不难想

---

① 义净：《西域求法高僧传·常愍传》。

见了。

　　我们进一步研究密教的中心地带到底在中印度还是在西印度。根据《西域求法高僧传》的记载可以得到一些结论，大唐西域求法高僧传记载当时和义净到印度的传有56人。其中信奉密教者4人，即玄照、师鞭、道琳和昙闰①。这4人的志愿都是要到西印度求密法，那么，密教的中心地带是在西印度，亦无疑义。高僧传记载：玄照奉唐高宗命，于西印度罗荼国求长年药。善于禁咒的师鞭和玄照同往西印度受到其国国王的礼敬。道琳在中印度虽研究咒术，但为了穷源竟委又到罗荼国学习。至于昙闰，为了要学习咒术的玄理，从交趾乘船向西印度前进，不幸病殁于途中。这些事例就充分说明密教的中心地带是在西印度。再从西印度的古迹来看，在罗荼国领域以内，像康赫里（Kanhevi）、拉西克（Nāzik）、耶尔那（Flwza）和亚讲搭（Ajantā）等地，都有不少密教的遗迹。中国高僧西往求密法的要到西印度，西印度有密教遗迹，西印度罗荼国是独立密教的中心地带。

　　西印度罗荼国为什么会成立为密教的中心地带呢？从各方面情况来分析，这并不是没有原因的。罗荼国自古以来就是商业要道，是多数人种杂居之地，不但有拜火教、耆那教、婆罗门教，就以佛教而论，也有小乘大乘各种教派，罗荼国堪称全世界的宗教地带。密教崇奉大日如来，而不崇奉释迦牟尼。据栂尾祥云的研究，认为《大日经》于7世纪中叶成立于西印度罗荼国，《大日经》又是密教的根本经典，而这部经典成立于罗荼国，这就足以证明密教确实出于西印度。

　　西印度也有编成密教圣典的传说。《大唐西域求法高僧传》卷下《道琳传》记载道琳"向西印度于罗荼国住经年稔，更立

---

　　① 同上书，见《玄照传》、《师鞭传》、《道琳传》、《昙闰传》。

灵坛重禀明咒"。尝试论之曰：夫明咒者，梵云毗睇陀罗必得家（Vidya-dhana-pitaka）。毗睇译为明咒。陀罗是持。必得家是藏。应云持明咒藏。然相承云咒藏，梵本有十万颂，唐译可成三百卷。现今求觅多失少全。而大圣没后，阿离野耶伽曷树那即龙树菩萨，特精斯要，时彼弟子厥号难陀，聪明精识渍意斯典，在西印度经十二年，专心持咒遂便感应。每至食时食从空下，又诵咒术如意瓶，不久便获。乃于瓶中得经欢喜，不以咒结其瓶遂去。于是难陀法师恐明咒散失，遂便撮集可十二千颂，成一家之言，每于一颂之内，离合咒印之文，虽复言同字同，实乃义别用别，自非口相传授而实解悟无因。后陈那论师见制作功殊人智思极情端。抚经叹曰："响使此贤致意因明者，我复何颜之有乎！"这些传说，无其他史料可资证明，似不可信。据达纳那搭的《印度佛教史》记载，认为虽有难陀其人，但并非龙树的弟子。所谓难陀唯恐散失而撮集的秘密经典构成的十二千颂，已如比尔（S. Beal）夏冈奴（E. Chavannls）等所指摘的认为是由婆罗门文学的传说混进去的。婆罗门的文学传说有一难陀王，他的大臣曾将正被烧失之书的某部分从火中抢救出来，并把它撮集。道琳恐怕是根据这个故事而加以润色并指难陀为龙树的弟子。至于得如意瓶之法，与义净同时代的宝思惟所译的《不空渭索陀罗尼自在王咒经》也有这种说法，可见义净的那个时代，印度各地已广行修持，这一点是可以肯定的，但以此来说明密经之由来，总不是历史态度。至于说此经为陈那所见，并说陈那曾经抚经而叹，这更不可靠。因陈那是 5 世纪之末 6 世纪之初的人物。假使根据道琳传所说"每于一颂之内，离合咒印之多，虽复言同字同，实乃义别用别"。从这段话来看，正纯的真言，在教义上已经能够组织成为真言明咒了。这个情况在当时是否能存在，恐怕也很有问题。玄奘《大唐西域记》载陈那曾住于罗荼国的阿讲搭石窟，而后来秘密经典又有藏阿讲搭石窟中之说，基于这两种情况而附会到此经为陈那所见并抚经而叹，这是可能的。所传阿讲搭石藏秘藏正纯密教之经典，义净当时已为众人崇敬之事。这一点我们读义净与无行同游鹫岭的长诗可以得到一些线索。诗中有四句：

　　鹤林权唱演功同，圣徒往昔传余响。

　　龙宫秘典海中探，石室真言山处仰。

"石室真言山处仰"这句诗，就是秘密经典曾经藏于石窟的很好证明。但和陈那曾住石窟是两回事。道琳传载道琳为搜访密教的玄谟，乃游南天竺国。南天竺国恐怕是指阿讲搭附近而言，因为罗荼国实际是跨西南印度，而阿讲搭这个地方是位于南印度。

　　义净时代，正纯密教盛行于西印度，最初传播于南印度的亚讲搭、拉喜克、康赫理等诸石窟。逐渐沿着果搭瓦理河，齐司妥拉河而传到南方。到了龙智，金刚智出世的 8 世纪初期，始以香至国（Kanci）为中心，也就是以南印度为中心。自公元 8 世纪的后半期，乃经乌荼国而传播于东印度。

第四节　密教的衰落

　　正纯密教于尤智，金刚智出世的公元 8 世纪的初期，发达已达于顶点，不但汇集大乘佛教的教义，并且摄取民间信仰之诸神而净化之。曼荼罗组织就是一个明显的标帜。自 8 世纪的后半期，就逐渐分化而为大众化的金刚乘。

　　大众化金刚乘的首脑，就是因陀罗部底（Indialhuti）王的密教。这因陀罗部底为武德雅拉（Wddiyanta）即俄理撒国（Olissa）之王，就是莲华的父亲。这位因陀罗部底王，称为以密教大众化俗化的金刚乘之相。他所著书称《廿三部程》，被收于我国西藏《大藏经》中。其梵本现存的被收载于《成就法集》

（*Sadhanamala*）中。此外还有《苦鲁苦那成就法》（*Kunuk Kullāsādhana*）和未刊的《智慧成就》（*Gnanaisddhi*）。《智慧成就》认为每一个人仅依五禅那佛即大日、阿閦、宝生、弥陀、不空成就的五佛的智慧，就可以达到解脱之境。假使没这种智慧，光结诵印契真言，造立曼荼罗，也不会有什么效果，相反，假使有这种智慧，虽食肉和事女色，也能达到菩提。但是要求得到这种智慧，不能不亲近直接师匠（*Gunu*）而接受其指导。他所谓智慧，不外乎大圆镜智、平等性智、妙观察智、成所作智和妙清净智。以此五种智观自身以及其他一切东西，悉为"空性"于自身以外，实可崇拜的东西。

这种金刚乘教经俄理撒而传播于本贾鲁（Bengal）地方。从8世纪中叶波罗王朝（Pāla-dynasty）兴起。金刚乘因得到王朝的庇护，益形发达。

波罗王朝为东印度本贾鲁及摩竭陀国的统治者，瞿波罗王为金刚乘教的保护者，他在首都武当搭普那创建一个庙，称乌颠头寺。继瞿波罗王即王位的为达磨波罗王 Zlekanma-pala。达磨波罗王时，威震四邻，版图广大，东至阿夏姆（Assam）西至乾陀罗（Gndhana）北至雪山，南及引铎雅（Viudhya）山。达摩波罗王，比他的父亲更信仰金刚乘，他在摩竭陀国北方与恒河东岸，创建毗玖罗摩斯罗（Vikiamcila）大学，以此为金刚乘的根本道场。

毗玖罗摩斯罗大学，有五个学舍经常收百八十个学匠，大学校舍的中央建大佛殿，立百七圣庙于其侧以墙壁绕之。在墙壁上悬挂有名学匠的肖像。这大学创立时，以佛智足为校长。入此大学修业，成绩优良的授予学位，并选拔成绩特别优者，为大学六门护。所谓六门护就是毗玖罗摩斯罗大学东西南北四门和中央二门各以大学匠护之。凡自东方来者，即以护东门之学匠应之，自西方来者，即以护西门之学匠应之。自南方来者，即以护南门之学匠应之，自北方来者，即以护北门之学匠应之。假使四门之护者都失败，则以护中央二门之大学匠出而应敌。护中央二门者称为二柱，以金刚乘的大学者担任。毗玖罗摩斯罗大学创立后一直到 13 世纪还很荣盛。9 世纪以后，到我国西藏地区传教和翻译密教经典的印度僧侣，大抵都受过毗玖罗摩斯罗大学的教育。

毗玖罗摩斯罗大学创设者达磨波罗王之后的即位者为提婆波罗王，提婆波罗王全盛时代，其版图至雪山，南及大海，东西也自海达海。提婆波罗王与爪哇的力子天王之间，交际很密切，因而以毗玖罗摩斯罗大学为中心的金刚乘教，就传播到爪哇，而且在爪哇立下很固定的基础。像震惊世界的情罗补恣武鲁（Bonokoudoun 的大塔），也建立于此。10 世纪的后半期，毗玖罗摩斯罗大学上座阿底峡（Atica）到金地国（Svanna-bhumi）即爪哇岛游学好多年，后来到我国西藏地区弘法，并创立了迦当派①。金刚乘教传播之广由此可以想见。

继金刚乘教而起，而体系性更强的是时轮教。时轮教，认为一切有情被限制于过去、现在、未来三时之迷界，这叫做时轮。以超越时间空间本初佛（Adibuddha）的思想，为解脱此迷界。时轮教所谓本初佛，乃指宇一切的根本而且为原初一大生命体，即以此为一切源泉又能为一切之主。这本初佛，称为自然生（Svayumbhū），亦可称为持金刚（Vajnadhana）或称为金刚萨埵（Vajrasattva），更可称为五智我性（Pañcajñanūtmika）。这五智因和禅那（Dhyana）合一相应，遂发现毗卢遮那、阿閦、宝生、无量寿、不空成就之五佛，这五佛也可称为五禅那佛。这五禅那佛有多种多样的变化身示现，不但示现慈颜微笑的佛菩萨，为摧

---

①　参见吕澂《西藏佛学源论》。

伏教敌，也能示现加理（Kali）拜那瓦（Bhairava）赫鲁加（Bhairava）狞猛忿怒形。这时轮教创于响把那（Cambhara）国的王子月贤。传说他于南印度驮那羯磔迦（Alhuinava）的大塔，亲闻佛的启示而后编成《时轮根本仪轨》（Katacakna-mū-latantna）以这根本仪轨为本，遂组织时轮教。

据达纳那塔《印度佛教史》记载，时轮教于波罗王摩醯波罗王（Mahipala）时代从响把那国传到东印或中印度。巴铎马加鲁波（Padma—dkan—po）的佛教史，更详细记载有齐鲁（Jsilu）学匠初游中印度的那烂陀宣传时轮教；他曾经在画着十大护神象的上面写了下列的宣传文字贴在那烂陀之门：

> 不知太初佛者即不知时轮教，不知时轮教者，即不知正标识之说；不知正标识之说者，即不知持金刚之智身；不知持全刚智身者，即不知真者；已离世尊持金刚之道。是故此最上根本佛为真实之诸师，不可以不教，凡欲得解脱之真实诸弟子，不可以不谛听。

那烂陀的五百位学者看到这篇宣传文字，就和齐鲁学匠论我，但谁都被他驳倒。齐鲁获胜，从此以后，以本初佛为中心思想的时轮教，遂宏通于中印度的佛学界了。

正纯的密教，演变为金刚乘再演变为时轮教，因为受到波罗王朝的庇护，一直到 12 世纪之末，还盛行于东印度和中印度。13 世纪之初，因伊斯兰教军的袭击，波罗王朝灭亡，依附着波罗王朝的金刚乘和时轮教也碰到悲惨的命运。密教徒根本道场的毗玖罗摩斯罗大学和乌巅寺都受到破坏，所住僧尼或被虏杀，或逃亡于外，密教的力量很快地在东印度中印度等地相继消失了。那时金刚乘和时轮教的学匠，或逃入尼泊尔，或经过尼泊尔迦湿弥罗诸地转入西藏。于是佛教的残余不久被灭迹于印度本土了。

第五节　密教所依据的经典及其中心思想

密教从萌芽到发展又从发展到衰落，其情况略如上述。现在再将密教所依据的根本经典及其中心思想以次分述如下：

密教以《大日经》《金刚顶经》两部经典为主要依据的根本经典。《大日经》为胎藏界的根本经典，其具体名称为《大毗卢遮那成佛神变加持经》共三十六品。由唐善无畏和一行译成汉文。这部经以开示一切众生本有净菩提心所具备的无尽庄严藏，即本有本觉的曼荼罗为主旨。《金刚顶经》为金刚界的根本经典，其具体名称为《金刚顶一切如来真实摄大乘现证大教王经》共三卷，唐不空译成汉文。这部经以三密加持，得离垢清净菩提心智曼荼罗为主旨。

密教除以两界为部外，又以"六大"为体"四曼"为相，"三密"为用。"六大"指地、水、火、风、空、识六种。其中前五种称"五大"为理体，第六种称"识大"为智体。密教以"六大"为宇宙法界的本体和诸人法缘起的根源。上自三世诸佛下至六道众生乃至法界诸法，无一非此"六大"所成，所以称为六大缘起说。此"六大"的"法尔"与"随缘"二种属。"法尔"的六大，就是指坚、湿、燠、动、无碍、了知等六德，这六德为诸法万有实际上所具的本性。这本性据说不能由我们感官的感受而到认识。而为我们所得认识的是地、水、风、空、识的这个随缘"六大"。"随缘六大"，是随缘显示于现实之上的，成为我们认识的对象物的意义。"随缘六大"依附于我们的业烦恼而感得，和我们的业烦恼共相随逐。至于"法尔六大"乃成就诸佛菩萨的体性，因为诸佛菩萨已没有业烦恼，所以非依于业烦恼所感得而为不生不灭的实体。"法尔六大"为物的自体，其存在和我们的业烦恼，没有什么关系。"随缘六大"是假托于

"法尔六大"而存在的。

　　所谓"四曼"就是四种曼荼罗。曼荼罗原指方坛或圆坛，坛是积土而成的。坛顶平坦，上表涂以牛粪，使它坚实巩固。教徒必须在这坛上进行宗教的神圣仪式。特别是阿阇黎授戒于弟子，或国王即位时的各种仪式，都要在坛上行之。坛象征圆备众德之义，象征发生诸佛之义，象征聚集十方三世诸圣于一处之义。密教所谓四种曼荼罗：1. 大曼荼罗（Maha-mandala）是总体，以书黄赤白黑等五大色，绘画诸佛诸尊的集会。2. 三时耶曼荼罗（Samayu-mandala）是形式，不画诸尊形象的全部，只画诸尊所持的宝珠、刀剑或轮等，以表示其尊严。诸尊所持的东西，乃本誓念愿的表现，所以依据所持的东西，就能想象此尊的本誓念愿是怎样的。轮表示如意满足之意。刀表示智慧，宝珠表示福德。持轮的尊象，表示足以使我们获得如意满足。持刀的尊象，表示能以利剑切断我们愚痴妄想的羁绊，而以智慧授予我们为本誓。3. 法曼荼罗（Dharma Maelala）是名字，是以种子表示诸尊的曼荼罗。这不同于绘画刀剑、宝珠、车轮的三昧耶曼荼罗，或以五种色彩绘画诸尊形象的曼荼罗。或以五种色彩绘画诸尊形象的曼荼罗。种子有"生因"二义，"生因"者，表示事物发生发展的原因，如植物的种子，从其种子萌芽、生枝、发叶、开花以至结为果实。"了因"为某种事物的记号，或名目的首字等，这表示人们只见其记号或首字的文字，就能联想到是什么事物。例如以哈（ham）字表示不动明王，以颉玖（ldnih）表示阿弥陀佛。依此赞文而想到其尊身的文字，称为种子。这个种子使人联想到某尊者的原因，所以这个种子叫做"了因"。法曼荼罗不画诸尊的形象而画"种子"，即称为种子曼荼罗或法曼荼罗。4. 羯磨曼荼罗（Karma—Mandala）"羯磨"是指作业。认为行住坐卧，取舍屈伸都是作业。这个曼荼罗绘画行住坐卧、取舍屈伸等作业活动的诸尊形象，叫做羯磨曼荼罗。以上四种曼荼罗之典据，就是不空所译的《理趣释经》。这部经开示摄一切法于四曼之义。据说曼荼罗原为瑜伽行者观念的对象。瑜伽行者修三密的妙行时，先于清净心中，观诸尊种子，并观种子变为三昧形，三昧耶形再变而为五彩诸尊集合。至于曼荼罗的本质是体现什么呢？据说就是表示大日如来加持的三昧之相。加持三昧是如来教化众生的观想。在瑜伽妙行中，礼赞曼荼罗，接受如来的神力另持，可以拂去烦恼罪障的云翳，以开显自心本具的悲智二德。有图像的曼荼罗，不过是用来开显心内曼荼罗的手段。真正的曼荼罗在于行者自心内悲智二德。构成内心的曼荼罗时，行者的自性清净心，为构成心内曼荼罗的根本。《大日经》说有"摩诃萨埵（大心众生即指真言行菩萨）之意处（净心）为曼荼罗"。就是这个意思。"净心"具体说来就是净菩提心地。如来金刚的智体，是由净心中发生出来的。如来金刚智体的体现，就是曼荼罗。

"三密"就是身密、口密、意密。身密指结印契于乎。行如法的坐法。二为口密口诵本尊的真言。三为意密行者心中，观本尊的念愿本誓。佛教一般所谓净三业，仅对凡夫一方面而说，而密教视诸佛诸尊的三密，极为重要。真言行者，清净三业时，不仅是心不怀邪念，而须观想本尊的本誓念愿。口不仅不发粗言杂语，而须口诵本尊的真实言。本身不仅不为恶业，而且须要表示本尊福德庄严之相于其身，所以真言行者的三业，当认为诸佛诸尊的三密所加持的感应。称之为三密，正表示与一般的三业有区别。还有真言行者往于瑜伽行这时，能说本尊的三密，加持感应于其三业之上，是必要的条件，假使不循此信仰，就不是真言行，所以三密相应，应该视为密教特征之一。

三密有自、他、共三种的不同，行者之身，必须融会本尊的相状；口诵本尊的真言；意念本尊的本誓。身、口、意三业，凝而为一，成为一味一相，作周遍法界观叫做"自三平等观"。行者的三平等与本尊的三平等，加持感应，打成一片之时，叫做"他三平等观"。更进一步，已成一切诸佛的三平等与未成一切诸佛的三平等，也是一一相平等平等，又叫做"共三平等观。"

修习三密平等观，行者的三业，为本尊的三密所加持，进而与本尊同一境地，《大日经疏》第三说的："由三密方便，自心澄净故，诸佛密严海会，悉于此中现。"就是这个意思。诸佛的密严净土，真言行者，虽未超脱诸世的业力，然为大日如来三密功德所加持，开显自心中诸佛诸尊的佛国土，所谓"由三密加持，自身本有三部诸尊，速疾显发，故云加持即身成佛"。在加持即身成佛，一再修习，到了心具万行，见心正等觉，证心大、涅槃，发起心方便，严净心佛国，从因到果，以无所住，深得其心，如实觉知，叫做显得即身成佛。

作此三密平等观之时，当观宇宙万有之德，如纳于一己之身。一切色相摄之于身密之中；一切声音纳之于口密之中；一切概念，综括于意密之中这样一切物象，完全总摄于行者三业之中，自身即成为宇宙法界大我之身，宇宙大我之身，即遍法界大日如来之义。行者真能成为宇宙大我之身，也就是实证了，即身成佛。

第三编　佛教在印度衰落的原因与
今日印度之佛教

任何宗教都有它发生、发展、衰落的过程，佛教当然也不能例外。印度原始佛教明显地反对了婆罗门教的梵天创世说和祭祀祈求升天的宗教行为，也反对了当时一些思想家、宗教家的极端纵欲或刻苦的实践主张。又在佛教所倡导的僧团里打破了种姓的限制，对一向被歧视的戍达罗种姓给予平等的待遇，有局限地实现废除种姓的理想。在这里的人们可以培养他们在实际生活中被剥夺法的平等和正义的意识。这些思想和行动，在当时的历史条件下，是含有一定的进步意义的。

当时佛教的产生，起初虽然反对婆罗门教，但不是以新宗教的姿态出现的。它经过了逐渐发展，逐渐加深一般宗教成分的过程。像神格化的佛陀崇拜，他力的依赖等等，终于成为宗教的一类。不过它不承认有创世神的看法。这一点除了部分密教者外，其余大小各派还是始终一致的。所以有人称佛教为没有创世神的宗教是有根据的。其次佛教除了具有宗教的特质而外，还有比较发达的哲学逻辑思想。像宇宙的缘起论、人生的趋净论、辩证思维和认识论等逻辑学体系，过去都曾经对印度文化的推进有过一定的影响。

产生于印度，在印度流行了 1700 年的佛教，到 13 世纪之初，才逐渐消失。这个流传久远的佛教，所以终归消失的原因，从表面看来，似乎难以理解。但我们如果从佛教的制度和社会关系来看，就能获得比较合理的解释。佛教最初推行出家制度，使其影响局限于一定的范围。其次佛教的存在，只依赖国家统治者及社会上层知识分子的支持，后来又混淆于新婆罗门教和一般民众生活，不能构成更密切更明显的关系，就免不了终归衰落和消失。因为任何一种哲学和宗教，只有通过社会政治法律这些上层建筑和社会经济基础发生关系才能起作用，这在印度佛教的兴衰中，我们可以看得清楚。印度恩·杜特博士曾经分析佛教衰落的原因①，节录几点如下：

（一）**僧迦的超然地位。** 僧众处于脱离广大人群的超然地

---

① 参见印度恩·杜特博士著《佛教在印度的兴起和衰落》，中译文载《现代佛学》1956 年 9 月号。

位。这个超然地位，曾经保证了僧迦的纯洁和精神修养的进展，但是日久之后，僧众们都忘记了教主原来的意旨，变成一个以自己为中心的团体，专门从事精神上的修养或文化方面的研究，依靠别人的供给来维持自己的生活。他们渐渐地不关怀周围人群的道德和宗教水平的提高。在公元初几个世纪之中和稍后的一个时期之内，僧迦不仅是精神修养的中心，而且还形成了颇受人欢迎的学术中心。不过僧众们的注意力却集中于制作、论说，而忽略了对广大人群的教育。……佛教是印度唯一的不干涉现行社会制度的宗教，它允许这些制度自行发展。佛教没有规定关于诞生、婚姻、葬礼这三件大事的任何呆板的法律。像给孤独长者这样一位佛教信徒，可以允许他的儿女和耆那教家庭出身的人结婚。佛教徒这种不干涉社会事务的态度，在开始弘传这个新教义的时候是有帮助的。但是后来这种态度却变成了使它衰落的一个原因。

（二）**佛教不干涉习俗的态度。**佛教教主所倡导的不干涉现行社会习惯和宗教信仰的态度，在开始的时候无疑的是很得人心的。而且由于它容许人们保留自己原有的习惯和信仰，因而使佛教得以普遍流传。但是这种不干涉的态度却逐渐埋没了佛教本身的力量。佛陀是一个苦行者，是一个先觉者，而不是一个社会或宗教的改革家。他本人出身于遵守婆罗门教制度的家庭。他的好几个著名的大弟子也是如此。因此，对他来说，最重要的是实现真理不是干涉世俗信仰和习惯。他认为这些事都是属于缘起法的范畴，是如幻的世俗谛。他要人相信这些事都是无固定性的。唯一的真实就是涅槃。这种放任态度有长处也有弱点。教主和他的某些出色的弟子们在世的时候，这种态度是有一定的作用的，但是后来这种态度却促成了佛教的灭亡。……

（三）**比丘们学问的退堕。**另外一个使佛教衰落的原因是组成僧团的那些知识分子的学识退堕了。只要这些学术中心能够产生有能力的作家，注释家和辩论家、佛家的旗帜，就能够高挂不堕，别人也会尊敬僧团的成员。但是在事实发展的过程中，我们发现大约在公元七八世纪的时候，从这些学术中心出来的学者们都不是非常博学的人。都是在非佛教的作家和辩论家的攻击下败倒了。历史上虽然只保留了鸠摩利那和羯罗二人的名字，但是另外一定还有许多在公开辩论会中击败佛徒的人。那时候，在辩论中被人击败了，是印度人生活中严重的事件，可以关系到一个宗教一个教派或一个论评的盛衰。由于僧迦成员存在懈怠情绪，或者是由于僧团不能吸收最好的知识分子的缘故，佛教的学术中心就逐渐失去了君王和国人的信仰。

（四）**密宗的兴起**。密宗是高度发展了禅定的精神。在习定的时候要利用手印、坐势、坛场、咒语来协助意识的集中，这个宗教认为两种极端相反的世间力量实际上是一个同一的力量，要求信徒们在日常生活中体现这个理论、婆罗河、吕巴、莲花金刚、因陀罗菩提都是著名的苦行者和可阇梨。……不幸的是密教的修持法被许多宗教骗子滥用了，因此而贬低了它的价值而且毁灭了一个伟大的导师倡导的高尚教义。

密宗的兴起使后期的婆罗门教和佛教的深渊变得狭窄了。不久之后，前者就把后者融会兼纳了。那克西弥（毗瑟纽无的配偶）和辩才女神文殊菩提的伴侣，表示般若毱多罗菩萨，甚至阿提佛陀，都被融会到婆罗门教的万神殿中去了。初期的佛教典籍中，没有否认婆罗门教的诸神，如乌摩（湿婆神的配偶）大自在天和他的儿子迦尔提迦耶等，被说成为向观世音菩萨祈求解脱。

　　这两家的信仰显然是互相有所混合，信奉密教的佛教徒人数很少又隐居于寺院之中，于是逐渐地都在婆罗门教的汪洋大海中淹没了。

恩·杜特博士对印度佛教衰落的原因作了如上的分析，可以供给我们参考，至于印度佛教衰落的最本质的原因，还要我们作进一步的最精确的探讨。

印度佛教虽然在 13 世纪之初衰亡了，但它在兴起、发展、衰落等时期所产生的各种成就都在世界各地开花结果。佛教精神向各国传播，通过各国社会的内因而获得不同程度的发展。原始佛教在锡兰找到新居，再由锡兰传到缅甸、泰国、柬埔寨等地构成巴利语系的佛教。大乘佛教在中国汉族找到新居，再由中国流传到朝鲜、日本等地，构成汉语系的佛教。密教在中国西藏地区找到新居，再由西藏传到蒙古、布里亚特等地、构成藏语系佛教。这三系佛教对于文物文献等财富的遗留，质量和数量都是惊人的。这些文物文献对一般文化来说，影响也极为重大。它的具体内容，需要就锡兰佛教史、中国佛教史作具体分析。因不属于印度佛教史的范围暂置不论。光就印度本土来说，佛教虽然在 13 世纪之初衰亡了，但佛教精神却已经渗透在印度文化里面，其应有的价值迟早还是被人发现而重新重视起来。所以在晚近印度民族觉悟提高以后，印度人民先后发起佛教复兴运动，如达摩波罗所发起的大菩提会等，就是一个例子。印度人民 200 多年来对英国殖民者进行了无数次可歌可泣的斗争。在第二次世界大战之后，印度民族独立的愿望获得实现了，对这一个和世界文化有着重要联系的佛教更加重视了。像这几年来，菩提伽耶管理，争取佛教徒参加；舍利佛、目犍连的舍利从英国迎回来；建立新那烂寺并创立大学，乃至1956 年释迦牟尼涅槃 2500 年的盛大纪念会的举行；同年"印度不可接触者"发起改信佛教的运动等都是足以证明的事实。由此可见印度今日之佛教或将会有某种规模的复兴。但这个复兴只可视为佛教文化和整理的新阶段。因为印度的经济基础改变了，上层建筑也随着改变了。像龙树、提婆、无著、世亲等佛教黄金时代是一去不复返了。

宗教的科学研究[*]

绪　言

　　此文题目是"宗教的科学研究"，内中意义向后再说，先将研究方法解释一过。我们知道法国孔德（1798—1857）说过：人类一切知识的发展，须经过三个不同的阶段：一神学的阶段。二形而上学的阶段。三实证的阶段。神学的阶段又叫做假想的阶段。这个阶段，探求事物的本质或事物的始终，以为都归超自然存在的神的权力而起的。形而上学的阶段，又叫做抽象的阶段。这个阶段不承认超自然神的存在，而以为潜伏于事物的根底中发生一切现象为抽象的理，或抽象的概念。以上两阶段，第一阶段可以说是宗教势力的世界。第二阶段可说是哲学势力的世界。实证的阶段，又叫做科学的阶段。这个阶段探求现象的一般法则，纯用实证方法，凡关于宗教的说明哲学的假设，都目为徒劳无功的办法。换句话说，只求事物的真相及事物彼此相互的关系，而以演绎归纳和辩证为其探求的手段。从这个历程看来，人类的知

　　* 本文原载《民族杂志》1963 年第 4 卷第 7 号。——编者

识由神学宗教的阶段而至于形而上哲学的阶段，终乃至于实证的阶段；而宗教的阶段，是人类知识发展的起点。第二哲学阶段，是一种过渡的方法。第三科学阶段是人类知识发展的终点。人虽是动物中的一种最有智力的动物，他智识的发展过程当然逃不了以上三个不同的阶段，而跟着这些阶段时间变动着。在人类进化史上必有关于宗教的一页，这便是说：当人类不顾一切猛勇地向前开展时，必经过宗教神权的阶段，换句话说：人类的起点即属宗教神权阶段，在这种宗教或神权阶段的事实在各国历史和神话中都有详细记载，而研究历史的学者和研究宗教史的人，皆承认人类进化的程序，必经过宗教或神权阶段的说法。

宗教是伴着原始社会而产生，凡有人类的地方，原始社会大概都有宗教的信仰，加以各时信仰的对象不同，各地的风俗习惯不同以及人类个人地位思想不同，所以结果把人类信仰的对象——宗教，弄得形形色色，宗教本身既是这样庞大而且悠久的，所以研究它很不容易。依普通情形研究宗教不出下列三种态度：

1. 宗教家的态度。
2. 哲学家的态度。
3. 科学家的态度。

站在这三方面去研究宗教，究竟哪一种比较合理，这是要下面的剖解才能明白。

1. 宗教家的态度——以宗教家的眼光去研究古今中外的宗教，我们知道他的结论一定是陷于主观的和武断的，因为他们研究时往往以一己之教去概括世界上其他的宗教，以一教思想去推论他教的思想，结果只见他教的短处而不见自教的短处，结论自不免陷入武断或偏见。人类天天在喊以理智克服感情，但实际上使用感情占十之八九，这是普遍的情形，何况一个真诚信仰宗教的人，谁不爱护他所信仰的宗教，又谁不希望自己的宗教更受社会的爱戴，所以宗教家研究别的宗教自不受负着感情有抑人扬己的毛病，因此以宗教家去研究宗教的本质，是极易失了宗教的真面目的。

2. 哲学家的态度——哲学家的衡量是非常超越的，因为他们态度超越眼光远大，所以对于原始社会低等宗教便不屑研究了，唯有高等的宗教才有资格做他们研究的资料。我在前面已经讲过，宗教内容很复杂，它包括有低等和高等的各种宗教，假使我们抱定哲学家态度去研究宗教，结果只能涉及高等的宗教，而那低等宗教却被摈弃了。然我们不研究宗教则已，若要研究宗教那就必须将宗教中所包括的宗教，都作为研究的资料。否则就有以独概遍的毛病。况且以超越局部的眼光只能得高超局部的知识。所以用哲学家的态度，研究宗教亦有缺点的。

3. 科学家的态度——科学精神使我们最钦佩的是：教人去求得有系统的真知识。他依客观事实而下批评，不依主观意识而推论，所以科学对于他所研究的对象，是的还它一个是的，非的还它一个非的，丝毫不留情面的，而科学方法是应用逻辑原则的一种方式，以发明证实和解释一切真理。我们为了避免党派教别之见，为了研究古今中外宗教种类特殊作用的关系，所以研究宗教的工作应站在科学家的观点，以科学方法在低等宗教去寻求宗教的要素与起源，再根据低等宗教去研究原始社会的文化，同时能在高等宗教或含有理智宗教去说明哪一种宗教适应现代的需要。因为我是希望能站在科学的立场上用科学方法去研究宗教问题，所以题目叫做"宗教的科学研究"。岂曰能之，愿勉之耳。

一　宗教的性质

1. 宗教的语源——宗教在英文为 religion 从拉丁文 religio 变过来。religio 这个字，系从 Religare 变过来的，有 "联结" 的意思。但莱希（reinch）主张 Religio 不是来自 religare 而是来自拉丁字 religere，此 Religer 一字有侍奉的意味和轻视不敬的意义恰好相反，这个解释比较适当些。

2. 宗教的定义——宗教的定义学者不一其说。现在我只好收集中外学者对宗教所下的定义加以检讨，并评定谁家的定义比较合理或客观，我们便采用他。所举的例子当然不敢说是应有尽有，一因难于搜集，一因限于见闻，能将各家定义中，略举数条如下：

（1）泰娄（Tylor）说：宗教是精灵存在物的信仰。

（2）佛莱则（Fraxer）说：宗教是对于统驭自然及人类生活的超人的权威，所施行的和解手续或崇拜方式。

（3）马列（Marett）说："宗教不外神圣的 sacred 或神圣的事物。"所谓神圣含有 "禁忌" "神异" "秘密" "有能力" "灵活" "古旧" 等意义。

（4）麦累（Murray）以为宗教是使我们与宇宙的大力发生关系的东西。

（5）斯宾格拉（Spengler）以为宗教是生存与经验的形而上学。——换言之，是一种不可思议的确实性，一种超越自然的事实，一种存于此世，虽非现实，但有正确无误的生命。

（6）萧提威尔（Shotwell）说：宗教是对于神秘的降服。

（7）马丁（E. D. Mactin）说：宗教是一种根据人类自我的利益而发生的，对于宇宙神秘之象征的鉴赏。

（8）什来尔马赫（Schleiermacher）以为宗教是一种绝对的依赖的感情，非理知之事，亦非意志之事。宗教实发于人之感情，而直观与感情为合一，由感情而得确认神之存在，即由直观而得直接感知神性；故宗教恃敬虔，即恃依存的感情；此点殆与以把握全体为目的的之艺术相若。

（9）塔尔海玛（Thalheimer）说：宗教的物质，不问在自然界或历史中，都是一种范围的经验经过空想的加工，而那加工的形式总是把种种神奇精灵恶魔等作为自然现象的创造者。或主神来说明的。

（10）戈登威然（Goldenweiser）认为宗教有三种物质：第一，感觉到宇宙间的神秘；第二，对于神秘表示膜拜的仪式；第三，关于神秘的感觉膜拜的仪式之思想及价值。

以上是欧美学者对于宗教所下的定义，至于我国学者对宗教所下的定义，据我所知道则有三位：

（11）梁漱溟先生说："所谓宗教的都是以超绝于智识的事物谋情志方面安慰勖勉的。"又说："宗教离不了""超绝"同"神秘"两个意思。这两个意思实在是宗教的特质，最当注意的。一超绝——所谓超绝是怎样讲呢？我们可以说就是在现有的世界之外，什么是现有的世界呢？就是现在我们知识中的世界——感觉所及理智所统的世界。宗教为什么定要这样呢？原来所以使他情志不宁的是现有的世界，在现有的世界没有法子想，那么非求之现有世界之外不可了。只有冲出超离现有的世界才得勖慰了。……因此一切宗教多少都有出世的倾向。"超越"与"出世"实一事的两面。从知识方面看，则曰"超越"。从情志方面看则曰"出世"。二神秘——所谓神秘是什么呢？大约一个观念或一个经验不容理智施其作用的都为神秘了。这只从反面去说明它，它那积极的意味，在各人心目中不容说，宗教为什么定要这样呢？因为所以使他情志不宁的，是理智清楚明了的观念。例如在危险情境的人，愈将所处情境看得清愈震摇不宁。托尔斯泰愈将人生无意义看得清愈不能生活。这时候只有掉换过一副非理智的心理才得拯他出于苦恼。这便是一切神秘的观念与经验所由兴，而一切宗教上的观念与经验莫非神秘的也就是为此了。"超越"与"神秘"二点，实为宗教所以异乎其他事物之处，吾人每言宗教殆即指此二点而说，故假使其事而非超越神秘者，即非吾人所谓宗教，毋宁别名以名之之为愈也。

（12）梁启超先生说："宗教是各个人信仰的对象。"

第一，对象——对象有种种色色，或人或非人或超人或主义或事情，只要为某人信仰所寄，便是某人的信仰对象。

第二，信仰——信仰有两种特征：第一信仰是情感的产物，不是理智的产物，第二信仰是目的不是手段，只有为信仰牺牲别的，断不肯为别的牺牲信仰。

第三，各个人——信仰是一个一个人不同的，虽夫妇父子之间也不能相喻，因为不能相喻所以不能相强。

（13）欧阳竟无先生以为宗教有四种特质：

第一，凡宗教皆崇仰一神或多数神及其开创彼教之教主，此神与教主号为神圣不可侵犯而有无上威权，能主宰赏罚一切人物，人但当依赖他。

第二，凡一种宗教必有其所守之圣经，此之圣经但当信徒不许讨论，一以自固其教义，一以把持人之信仰心。

第三，凡一宗教家必有其必守之信条与必守之戒约，信仰戒约即其立教之根本，此而若犯，其教乃不成。

第四，凡宗教家类必有其宗教式之信仰，宗教式之信仰为何，纯粹感情的服从，而不容一毫理性之批评者是也。

根据以上十三条定义，我们可略知宗教的性质，唯吾个人觉得这些定义中间只有梁、欧二先生的定义比较客观合理，欧先生的定义适合于高等宗教，梁先生则能适合最下等的崇拜，从生物崇拜、动物崇拜起，直登最高等的如一神论无神论。我们假如以梁先生的定义做一般宗教的轮廓，再把欧先生的定义做高等宗教的特质，那就比较圆满的了。

二　宗教的种类

我在前面已经说过宗教是伴着原始社会而产生，而它的传布又非常的广，加以各时代各境地各个人信仰的关系，所以宗教的种类弄得非常的多。以他们信仰的对象来说：如属"非人"则有如蛇如火等等。如属"超人"则有上帝天堂净土等等，如属"人"的话，则有"耶稣基督""穆罕默德""释迦牟尼"等等，我们现在把最下等的崇拜到最高等的宗教分列于下：

（一）自然崇拜

1. 地的崇拜——崇拜地的事实，如中国《地母经》所传的神话皆是。关于地的崇拜事实在外国也有。如外国崇拜地母说：土壤是地母的筋肉，岩石是地母的骨骼，所以他们每遇到土壤或岩石都不敢乱动，以为惊动"地母"会获罪的，遂对土地起了敬意了。同时又因为土壤有能生养万物的缘故。对于农家特别有关系，所以在农业时代里，农民因欲获得丰富五谷而崇拜土壤的事实不知凡几；如欧洲的"五朔节"与"收获感恩节"等，都是对于土壤表示崇拜而带有社会性的习尚。

2. 水的崇拜——水这种奇异的物质，它是流动的透明的润湿的，同时因为水里可以产生许多光怪陆离的生物，并且它对于人类植物动物均有莫大的关系，所以这在知识薄弱的初民看来，是有精灵，遂惊叹以为是神的化身。如人溺死在水中，便以为是神叫他去的，如各地传说的"圣泉"、"神井"。它里面的水可以洗眼可以医疗疾病等都是崇拜水的表示。中国古书中还有"洛神"、"冯夷"之属，亦崇拜水的典型。

3. 石与山崇拜——欧洲人信仰石箭是仙人的枪头，在新石器时代认石斧是雷公所遗下来的。因而对于石头起一种敬畏之心，遂崇拜起来了。还有回教徒拜黑石，在公元前约 200 年顷，罗马人欢迎小亚细亚的一块黑石，以为是圣母西北利（Mother Goddess Cybele）的化身。中国米南宫拜石等，凡此种种皆崇拜石的表示。至于山岳在古人也有相当的恭敬，他们以为山岳是仙人神人所栖息的地方，因为爱神敬神的关系，对于山岳也连带起了敬畏的爱护。如我国对于泰山之神的礼拜，五岳的进香；又如罗马的周毕得（Jupiter）犹太人的耶和华，北欧人的奥典（Odin）……皆建筑在山上，他们之所以要把这些圣灵建筑在山上，无非是相信山岳是神栖息之所，但为了敬重神起见，对于山岳遂发生恭敬的情绪，结果形成崇拜山岳的习尚。

4. 火的崇拜——火的形态比水来得奇怪而奥妙神秘了。它的颜色是赭赤色的，它的性质是热烈的，它的很会活跃的火焰，如蛇舌一样的可怕。无论什么坚硬的东西碰到它立刻即变成灰烬，因此原始人类见到它不用说自觉得奇怪神秘了。这样神秘的火在他们幼稚的心智看来，不是神的变化又是谁呢？巴布亚人（Papuans）每入森林时必带一枝或二支被火熏过而没有烧掉的树枝，在他们的艇中亦常燃着长明的火。马来人不敢横跨过炉火，印度的托达斯人（Todas）礼拜明灯，在今日非洲巴干达族人（Bagandas）派女孩子守护火神，又不列颠的古风俗，每遇时疫流行时，便举行大规模的烧着"需要之火"以为可以却病延年；又如我国长江以北的旧风俗，每逢失火之后，必唱火神戏，或是出火神会以慰火神，这些例子，对于火表示的形态虽各有不同，然而他们对火的表示崇拜的心理却是一致。

5. 日月星的崇拜——关于崇拜月亮的习惯,在中国很多,例如每当月蚀之际,乡下老百姓,不知是为什么一回事,以为二个月亮(白黑)打架,后来必有一个失败而死亡的,月亮的死亡于他们是不利的,遂异地同时的放着爆竹、敲铜锣作"护月运动"。在八月中秋,厦门有一种特殊风俗,就是供养月的时候,假使心里要问前途吉凶祸福,只要先向月亮诉过便跑到门外去听路人或邻人谈话,他们从这一两句谈话的意义便和自己前途吉凶祸福上去会意,自己前途是好是坏以所听到的是好是坏以为断,因为他们不认为这谈话是路人或邻人说的而信是月娘说的。这种在中秋夜以邻人或路人来往的言语为月娘的意旨,名曰"听香",未知有何取义。在中国关于月的崇拜在民间流传的《太阴经》,说得很有趣,拜月的事实不但在中国常有之,即在外国也常见,尤其是在干燥没有雨水的地带,他们以为露水以滋润人畜系月亮所赐予的,因此对月亮不能不表示敬意。如中非洲的土人及南美洲的土人,都有崇拜月的事实。

太阳崇拜的事实,在广大的地方自古及今都是很盛。如古秘鲁人信他们的国王是太阳的儿子,墨西哥地方常有杀人祭日之事,黑足印第安人(Blackfee Indians)每年有大规模太阳舞的纪念日。

星的崇拜在我国旧社会是很浓厚的。他们能数出星名来支配人物,文星是状元,帚星是奸臣,紫微星是天子,白虎星是大元帅,当夜半看见天上烁烁的星宿时,民间常加以崇拜。还有,无论哪一国凡是学习命相之理都相信天上的星位能掌握人间的命运,故中外命相术多据星占学而言。又如希腊人航海必候见天星出现才肯放缆,南非洲的祖鲁人(Zulus)待星出现才敢掘地,又呼此星为"掘星":凡此种种皆是崇拜星的表示。

（二）动物崇拜

野蛮民族因知识薄弱，对于一般自然物还以为是活的，至对于动物自己能活动当然觉得更稀奇神怪了。他们不了解动物为什么会动会跑会叫，遂由惊讶，而生畏惧，再由畏惧而生神想，总觉得是神变化。不然的话，为什么有奇怪的形象会跑会叫会咬人？因此古埃及遂成崇拜动物的大本营。古埃及人无论什么只要会跳会叫，都加以崇拜，尤其是牛、蛇、猫、鹰、鳄鱼等是他们崇拜的对象。又如印度崇拜鸟兽、爬虫、牛、猿、鹰、蛇、犬……尤以公牛为甚；美洲的印第安人敬奉熊、野牛、野兔、狼以及飞鸟；秘鲁人崇拜蝮蛇；中国拜龙，称龙为龙王；都是动物崇拜的例子。

（三）植物崇拜

植物崇拜的事实，在我国似乎不常见到。但不能说没有这回事。婆罗洲的蹄押克人（Dyaks）和菲律宾土人不敢砍伐几种树；暹罗人欲砍伐"答健木"（Takhien）必先举行祭典；在北欧人的神话说波尔（Bor）的儿子会由两株树木造出人头来；墨西哥历史上有某皇帝系两株大树的后裔；又如印度的"菩提树"，圣经中的"智慧树"。这些都是崇拜植物的好例证。

（四）图腾崇拜

图腾（Totem）系美洲印第安人（Indians）所用的名词，始用于朗格（John Long）所著之《印第安旅行记》，是指所崇拜动植物的记号徽章之类东西。这种图腾最流行于澳大利亚，又见于印度阿非利加，其余如北美的北西海岸。他们刻绘着种种植物或动物的形态，于衣上或屋顶上、门上以彰自己是属于某族或部落人，他们认为亲属大都以图腾为标帜，某人与自己的记号（图腾）若是相同的，若不认识或不同血统也可以认为本家。甄克斯（Jenks）说："蛮夷之所以自别也，不以族姓，亦不以部落，而以图腾，图腾之称，不始于澳洲、而始于北美之红种。顾他洲蛮制，乃不谋而合，此其所以足异也。"关于图腾崇拜之意义，据佛莱则（I. G. Frazer）说："图腾便是一种类的自然物野蛮人以为其物的无一个都与他有密切而特殊的关系因而加迷信的崇敬。"甄克斯说："聚数十数百之众设之为一图腾。建鱼虫鸟兽百物之形，扬橥之为徽帜，凡同图腾，法不得牝牡之合，皆从母以奠厥居，以莫知谁父故也。澳洲蛮俗图腾有祭师长老所生者，听祭师为分属，以定图腾焉。"兰盖（Andrew Lang）说："图腾是这一个小的部族，对于那个邻近的小部族，所起的绰号"。根据以上的解释，可知图腾系原始人类对于某种动物植物为所起的徽号。图腾本来大约是动物，然而有时是植物。有时又是自然物或是自然现象，唯最多为动物耳。人类起初不用看某人的图腾标志，即可知其属于哪一族哪一部落，但到后来，大概因为人类繁殖得多而社会比较复杂的关系吧，先看人而不看标志是分不清某人是属于哪一族哪一部落，因而有个人的图腾，团体的图腾，性的图腾的区别了。个人的图腾是个人所供奉的某种动物植物的图像刻画在身上，或所使用的器具上面。团体图腾是个人图腾扩大而成，同一氏族部族供奉一个图腾，这个图腾当然与这个氏族部族有利害的关系。性的图腾即男女间各有各自信仰及供奉的图腾，男性所供奉图腾往往不让女子再为供奉，女子所供奉图腾亦不让男子供奉，此或因实行族外婚制的影响。图腾记号在各国亦有不同，如澳洲以云雨霜霰日月星雹烟水海等为图腾。美洲以图腾标记为图腾柱，长柱上雕刻图腾的形状树立各家族的入口。在中国人民有图腾崇拜的习尚者应推四夷之间为最浓厚。如鸟官龙官虫种犬种之称即是。在古书中有猺族奉狗为祖，突厥奉狼种为祖皆属之。还有我国的姓氏，有很多从古代图腾记号转变而来的，如马岳钱柏水云虞石鱼等，这些皆是我们老祖宗崇拜图腾记号的遗产呢。

（五）灵物崇拜

灵物（fetish）系葡萄牙语意为法物，其对象常系琐屑的无生物，信者以为其物有不可思议的灵力，可由以获得吉利或邂去灾祸，因而加以虔拜。其对象常以小石、树干、旧帽、红色破布为之。马达加斯加岛土人，每一家中都悬挂一个篮子于北方屋梁上，篮中放着一个灵物或一块石头或一朵花或一枚树叶，这灵物是家庭的灵物，一家的人皆当信赖他，希望得保护可免受灾害。原始人类所以崇拜灵物有两种解释：一是以为有精灵附托；一是以为有神秘的超自然力的关系。

（六）偶像崇拜

偶像崇拜的例子在中外都是很多。在中国如五岳、财神庙、关帝庙、城隍庙、土地庙这些地方，皆是偶像崇拜的大本营。偶像崇拜的范围是跟着偶像而来的，偶像的范围很广，无论哪一国家大凡有庙宇寺院教堂都有偶像，也可以说都有偶像崇拜。我们不问偶像种类有多少，范围有多广，但我们可以这样替偶像规定：凡是经过人工雕刻或控塑以成某种形状不管他是略加涂抹的石头，或一块土块，或一抔泥土，我们统称他为偶像。意大利强盗祈祷于圣母俄罗斯马利亚像前，请保佑他们成功许把脏物作祭献，农人做坏事的时候把神像遮蔽起来使他看不见，皆其例也。

（七）活人崇拜

古代的政治无不是"朕即国家"的制度上，土地人民皆在独揽统治权的君主掌握之中，同时所依托的信仰，亦就是"神即宇宙"的宗教，天地万物皆在创造主宰者上帝掌握之中。所以活人崇拜即依神权而立的。当朕即国家形成之后，一般被统治的人认他们的统治者（如酋长等）具有无上威权，他只可支配人，而人却没有权力去支配他，因为被统治者智识浅陋，生了一种抑己尊人的心理，所以对于统治的言论，只有服从，只有敬畏。同时统治者握着被统治者的弱点，自命天之骄子，使用他的权威，使被统治者屈服没有反抗。这样一来，活人崇拜的思想便在被统治阶级萌芽了。如从前中国对皇帝称曰天子。日本对他们的皇帝称谓天皇，凡关他们名字相同的声音都不敢说及，对于皇帝的宫室，称谓"天上之云"。皇帝的声音誉曰"雷声"。皇帝所用灯火称曰"电光"。这些都是崇拜活人很好的佐证。

（八）鬼魂崇拜

鬼魂到底有没有，到现在还是未决的问题，在古代各宗教的书中虽有鬼魂的记载，但究竟是真是假，还不敢断定。不过人类所以发生鬼魂的观念，据斯宾塞等研究，却有两种原因：一以活动的能力为标准，常以无生物当做有生命看待。二以为物体变更有外界内界之区别，外界固能变化，内界身体亦能变化。身体的变化便是死，人死之后，关于精神的去处遂生信仰。一说人死之后的精神转附于世界的另一物体，另一说人死之后的精神能独立存在不附于物体可以自由行动，不受任何的钳制。至于对鬼魂起崇拜之心则因相信死人既能存在。又因为他脱离躯壳能自由来往，不受空间及时间的束缚，所以较生时更有能力以作祸福。

（九）祖先崇拜

祖先崇拜本是鬼魂崇拜及活人崇拜的联合体。其崇拜理由约有三点：1. 原始人类以为万物皆有灵魂，形体不过是暂时的住所，所以人死之后，仍有鬼魂存在世间。唯此鬼魂的饮食费用仍须子孙供奉，故有祭祀及烧纸钱之事，不然，祖先不乐子孙必得灾祸，此为崇拜祖先之一因。2. 古代被统治者承认统治者有无上威权，父权母权也附带的增高了。因为父母也是统治阶级的一员，他们对于子女是有无上威权的，做子女的人，因为父母具有监护的责任，所以自己的行动到处受父母牵制，而父母的命令只有服从，这是父母在生的情形。至于父母死了，做子孙的人因为平常受父母或祖父母管束惯了，所以到了父母或祖父母死亡之后，凡为子孙的人以为祖先鬼魂冥冥之中，能观察子孙行为或加保护或施惩罚，这是祖先崇拜的第二因。3. 就是慎终追远的观念。他们说有了祖先才有我们，川广自源哪可不报答他呢？这是比较合理由的原因，有此三种原因，祖先崇拜遂保留到现在。如吠陀人（Vedahs）非洲尼草罗人，新加列赖尼亚人，（New Cale-donians）古代的罗马人闪族人及近世日本人、中国人都很著称。

以上九处都属低等宗教，至于高等宗教则有下列四种：

（十）　多神教

原始人类无论看见什么东西，只要该东西在他心理上觉得奇怪神异都加以崇拜，可是在较为高等的民族常由混乱无序的信仰变为有系统的各种较大的神灵信仰。然各有各的作用权力，吾人须一例加以崇拜。如问何以有风，因为有"风伯"。问何以有雨，因为有"雨师"。问何以有病，因为有"病魔"。至其他天神、水神、火神、土地神、死神、战神等名称甚多，不一而足，他们崇拜对象的虽不是每件物，而定每类所规定的神了。虽将各种东西归为各类的神，唯结果仍是很多，所以称为多神教。

（十一）　二神教

崇拜二神的人，他信宇宙间只有二位最有力量的大神。这二神各要占做宇宙统理者，一是具有慈悲的心肠施恩惠于人类，一是残暴凶恶的精灵。如波斯东北方人琐罗斯德（Zoroaster）创一种"祆教"，他的教义以为宇宙间的一切事物都可分为善恶两途：善神代表光明和真理，专用善良及温和的精灵为助手。恶神代表黑暗和欺骗，专差残暴的精灵为帮凶。这两种势力永远争持，人类的责任，就是在从善而排恶，否则死后就要入地狱，此祆教即二神教，唯中古回教兴起之后，祆教遂绝灭了。

（十二）一神教

有些学者说，文化最高的民族是一神教的，而多神教则大概行于文化较低的民族中。唯在野蛮民族似乎也有一个最高的神的观念，而在今日文化最高的民族中，亦不见得全无多神教的存在，所以一神教与多神教究竟孰先孰后，似不易论断。一神教承认宇宙间只有一个最伟大最有权力的神，这个神是创造宇宙，掌握人间贤愚贵贱吉凶祸福穷通寿夭的大权，人类所有的幸福，都是这位神所赐予的。假使你不信仰这位神，便不能得救。如耶教回教所信仰之上帝，印度吠檀多所崇奉的梵天，乃至中国儒家所信仰的天命，道家所信仰的大道，皆其例也。唯中国言天言道，较为圆通，不似耶、回之拘墟迹象，易滋人感耳。一神教中虽有"三位一体"的如基督教有圣父圣子圣灵三位合一位，然其最高神的观念，不在三而在一也。

（十三）佛教

印度之宗教至佛教乃发达于顶点。佛教为无神论，（Atheism）无可祈之神，无可事之主，并无媒介人间之祭司僧侣。佛教的始祖就是释迦牟尼（Sakyamuni），释迦为种族之名，意义是"能"。其族属于蒙古种。牟尼是寂静贤人之义，故合释迦言之，即是"能仁"或"能寂"，所以尊释迦族中之贤人。按之实际，释迦实名云悉达多 Siddhartha 译云义成。姓乔答摩（Gautama）乃云瞿答摩（Gotama）之裔，他是中印度劫比罗伐宰堵（Kapilavastu）的王子。约生于前565年4月8日，死于前486年。他七八岁时，从婆罗门学者受文事教育。从武士习诸武艺。16岁，纳拘利城主善觉之女耶输陀罗（Yasodhara）为妃，生一子曰罗怙罗。Rahula 悉达多王子自幼观感人生一世离不了生老病死的痛苦，同时又看见婆罗门教的阶级森严，极不平等，日夕思所以解脱，因此遂决舍妻子王位而出家。数年以后到尼连禅河（Nairannianna）畔的毕钵罗树下，敷吉祥草，东向而跏趺坐，端身正念，发大誓愿曰："我今若不证无上大菩提，宁可碎是身，终不起此坐。"（见《方广大庄严经·第八》）于是历49日睹明星始恍然大悟，遂创出一种宗教，就是佛教。他的教义以"诸行无常"、"诸法无我"、"涅槃寂静"为主，简称谓三法印。以此三种可以印定诸法，能令永舍感业苦，是可归依，故名曰印。今以次胪列：

1. 诸行无常——诸行即一切自然现象及社会现象。无常即非长久之意。合而言之，诸行无常即一切自然现象社会现象相续转变皆非长久的。今先依普通说：就生理方面有生老病死之代谢。世界方面有沧海桑田之变迁。这些无论何人都会知道的。更就哲学家言：希腊哲学家赫拉克利特（Herakleitas 536—475 B.C.）说："万物皆流转"；又说："吾人不能二次站在同一河流之中。"孔子说"逝者如斯，不舍昼夜"。更进而为科学之说明：则太阳系之天体皆逐渐发生，最后必归坏裂，而人的身体血轮回转新陈代谢，七年以后身体细胞全非故我。总此无常之义，已可决定。唯佛教修习瑜伽，亲证宇宙万有，种现重习，刹那刹那皆非皆相。譬如人一生中，年龄少壮衰老有殊，视力明昧亦随之而异，然此少壮衰老，非突然而来，突然而往，必随年月而壮而老又年月者又积时日而成，彼时日者又积分秒刹那刹那而成，所以人的视力，不但随少壮衰老而有异。乃至刹那刹那而有异，直谓之前一刹那之人，绝非后一刹那之人，亦无不可。其恍若一相的绵延，正如电影之相续，妄情的执著而已。

2. 诸法无我——诸法宇宙万有的简称。无我含有无主宰无实体之意味。诸法无我者，谓宇宙万有无有主宰或真实体性，非徒指人类已也。怎样说宇宙万有无有真实体性？以宇宙万有不从

"自生"，不从"他生"，不从"共生"，不从"无因而生"，乃待各因众缘然后得生故。举例说：如像农人生产米谷。在表面上，仿佛是他一个人生产出来的。实则所用的土地肥料种子农具等等东西。都是靠别人的生产得来的。如果没有这些东西，他绝不能把米谷生产出来。再如织工所织的布，更明明是要靠农人种棉花运输工人运送，商人卖棉花纺工纺纱。机器工人做机器，建筑工人建筑工场，以及其他种种别人的工作，才能变成布的。宇宙间一事一物既从各因众缘具备，然后得生，所以在佛教教义看来，宇宙间就无所谓主宰了。

3. 涅槃寂静——涅槃梵语之音译，此云圆寂。圆者不可增，寂者不能变壤，即说明宇宙万有之体性，亦即无为法也。因为宇宙万有虽变动不居顿生顿灭，然宇宙万有之法则则常住不变，本来寂静，自性涅槃，遍一切位，遍一切法，唯是一味无有变易，故曰涅槃寂静也。

三　宗教的起源

关于宗教的起源，有下列各种学说：

1. 巫术学说——巫术学说是旧派人类学者英国佛莱则氏（Sir James George Ffazer）所倡导的学说，他在《金枝》（*The Golden Bough*）大著中提出他所宣扬的"宗教之巫术的起源说"即所谓"层次说"。他以为宗教发生是后来的事，在宗教尚未发生时，已有了巫术的存在，后来人类心理进步方渐转入宗教，所以要知宗教的起源必须追溯到巫术去。巫术的作用是依照神灵所指示的意旨及仪式去管教人民驱逐鬼魔及尊重神灵，他的基础就是对于自然现象有统一性的信仰。他们以为履行适当的仪式，再加以相应的符咒，绝不会不能达到所期望的目的。佛莱则说

"在人类演进中巫术的发生早于宗教，这是很可能的事。换言之，最初人类只试用符咒法术以控制自然，到后来才用祈祷祭祀的柔和方法，以献媚及讲和于反复不测严重易怒的精灵"。

2. 鬼魂学说——鬼魂学说系拉布克（Sir John Lubbock）与斯宾塞（H. Spencer）同持是说。拉氏在他大著《文化起源论》（*Origin of Civilization*）一书，主张原始时代的人民觉得灵魂可以脱离肉体而存在，故肉体虽死而鬼魂仍在。斯宾塞在他所著《社会学原理》（*Principles of Sociology*）第一篇社会的基础，以为研究原始人心理的捷径，莫如宗教。他的学说有三种要素：一以恐惧（fear）为宗教的情绪的根本。二以鬼魂的观念为宗教发生的原因。三以祖先崇拜为最原始的宗教。他说原始人类多以日月山川鸟兽为他们的祖先，而这些东西具有伟大奇异的魔力，又每个民族或部落酋长死后，他的子孙以为他们的鬼魂寄托其他的物体里面依然存在，最后的结果，这个死后酋长自然而成为神灵了。因为相信鬼魂，故此说又名宗教起源的鬼魂说。

3. 万物有灵说——万物有灵说（Animism）是英国人类学家泰娄氏（Edward B. Tylor）所创，泰娄在他的《原始文化》（*Primitive Culture*）一书认为原始人类觉得宇宙万物充满了各种各样的精灵，无论是天上天下草木鸟兽无不有精灵存在，这些精灵在万物本身原来就有的，不过在人的特别名为鬼魂而已。他的学说最重要有三点：（1）精灵的信仰为宗教根本性质。（2）打破狭窄的旧宗教定义，把他扩大使能包括较为广漠的实际宗教现象。（3）根据精灵的存在物推论宗教系自原始即有的。

4. 马那学说——马那（Mana）这个名词是美拉尼西亚（Melanesia）的土语，科特雷顿（R. H. Codrington）在《美拉尼西亚》（*The Melanesians*）一书最先介绍过：后来复有钟斯（William Jones）、马列（R. R. Marett）、罗威（R. R. Lowie）等

都采用此种学说，他们以为一种超自然的力或权威是最初崇拜的对象，万物的活动都是由于这种能力注入其中，无论什么东西得到了它便会显出灵妙动作。唯原始人类何以会觉得宇宙间有这种力，根据他们的学说约有三种：（1）原始人类对于周围事物觉得会生灭会变动，一定有神秘的力量在里面。（2）原始人类当举行祭祀巫术的时候，感觉得心理上有一种力的压抑。（3）儿童对父母有敬畏之心于是转此敬畏，觉得宇宙亦有不可思议的威力。

　　以上四种宗教起源的学说，第一种巫术学说，主张巫术在宗教之前，遂以巫术为宗教的起源。唯据汤麦史氏（W. I. Thomas）说："理论上宗教和魔术虽可分别，其实凡有人心的存在两者无不同时存在，实际上都是混合，难判其先后。"这是批评坚持巫术有纯粹独存的一个时代的错误。第二种鬼魂学说注重祖先及鬼魂二点，证以实际情形殊属错误，因为在原始部落还未曾有祖先崇拜必在较高文明中方才发现。至于说各种宗教都起于鬼魂亦未尽然，试看原始人类以为一块石头等的自身就有不可思议的力量，并不等于相信死人的复身鬼魂附在东西上面，就可知道了。第三种万物有灵说太侧重生物及人类自身，对于低等宗教的存在物——即非人格——不能有所说明，是其缺点了。第四种"马那"学说应当被欢迎来说明原始的宗教，但"马那"与精灵并没有先后的问题，如果要把精灵拖在"马那"之后，那就和巫术学说以为在宗教之先是同一错误。总之，原始人类心理非常复杂，巫术鬼魂精灵，错杂并出，唯环境不同，人的信仰有所偏重，若用一种去解释未免犯以独证论的毛病，实际上宗教的发生有多种因素。

　　1. 原始人类对于自然环境无法去抵抗；就是自然界的压力如大风大水大火寒暑野兽等也无法去控制。其原因就是人类自身尚无能力造出许多有用的东西帮自己去控制自然，于是必觉得宇宙有无上的威权。屈服膜拜，那是必然的了。

2. 原始人类不但不能抵抗自然。同时原始人类对于自然界因知识薄弱，没有方法去解释。加以森罗万象变化很快，遂起了恐惧的心理，斯宾塞说：宗教建筑在恐惧的情绪上，实在很有卓见。

3. 因为原始人类惊惧的结果，必认宇宙间各个物体里面必定有一种马那，我们知道一个人当他康健无灾无病的时候，他对于宗教可以不发生很浓厚的兴趣，反之一个人在贫病灾难交迫之中，对于宗教渐渐发生好感了。这为什么，无疑地是因为自己恐惧过度，恐怕自己夭亡遇害，而求神灵保护了。原始人类对于自然界所发生的恐惧，较之现代人类何止万倍，对于宇宙间物体中认有一种马那——能力来保护自己使他们安逸的过活，这样一来，宗教思想又怎样不养成呢？

4. 人类毕竟比其他动物灵动些，多半能用类推联想的方法。譬如我们见到甲的现象，使你不自主的类推到乙的现象，同时又可联想到丙了，原始人类看见人类有心理作用，无形中会联想到万物也有灵，加以自然界变化的迅速，又怎得不认为万物有灵呢？人类本身既有灵魂必须祭祀，以避祸得福，祖先崇拜遂由此萌芽了。

以上各种是原始宗教起源的一般情形，至于以后比较高等宗教发生信仰其起因，约有下列四种：

1. 人类天天在那里适应环境，所涉的范围至为复杂，假使平心静气去注意祈祷礼拜或静坐，时常有感到奇幻神秘的灵境，（实由于幻想）这种神秘灵境的获得，愈加其信仰。梁漱溟先生说：宗教偏重情志的生活，不能用理智去解释，的确不错。

2. 宇宙间自然现象及社会现象至为繁复，虽然一物有一物之理，一事有一事之理，唯在人类知识没有充分发达的时候，总觉得有一个造物主或主宰者来做万有的根据，这种由造物者及主宰者之推想，确是一般宗教的起因。

3. 人生下来就有欲望，有了衣食住行还想有知识，这是数类的无穷。有了数万元价值的资产还想有数十万元的资产，这是数量的无穷。有了中学生的知识还想有大学的学问，有粗衣淡饭还想锦衣玉食，这是质量的无穷。可是要求全部欲望的充分满足，因限于环境常不易办到，惟其不易办到常生苦闷，又因苦闷遂看轻现世注重来生，这种由对人世不满及图满足，亦宗教起因之一种。

4. 由环境所促成和同情心的驱使，这是佛教的起因，佛教的始祖释迦牟尼，他幼年的生活本极优美，但他看见婆罗门教把境中人民分为婆罗门（Brahman），管理祀神和教士；刹帝利（Kshatriya）执掌军政的国王和贵族；吠舍农工商的平民；首陀，被征服的奴隶；阶级太森严。他又看见众生离不了苦恼，因此他抱了救世悯人的思想，创立一种伟大的宗教。

四　宗教的将来

人类经过长时期的奋斗已跨进科学的阶段，自达尔文（Charles Darwin）发表《种类原始》及《人类原始及类择》二书以后，无异把宗教送入它自己的坟墓，目前仅有的宗教躯壳虽仍在那里寄生，也不过苟延残喘而已。我们若站在科学立场去细心体验，将来的宗教必趋崩溃。其理由有二：

1. 事实方面——宗教产生最大的原因，系由不能控制自然对自然生起敬畏之心，及由于智识不能解释自然界及人事界现象。可是我们的祖宗几千年的困苦艰难的奋斗，对于控制自然几乎不成问题。我们不是神仙也可以和几千里外的人讲话，不是鱼也可以入水，不是鸟也可以腾空，没有和他心通也可以窥见别人的心肝肺腑。诸如此类，哪一件不是食科学之赐。至于解释自然及人事现象亦有相当贡献，我们欲知物质组成的元素及变化，有"化学"替我们解释，我们欲知物体之状态及变化，有"物理学"替我们解释；我们欲知道动植物生活之现象及生命来源，有"生物学"替我们解释；我们欲知各生命中有意识无意识活动之状态，有"心理学"替我们解释；我们欲知疾病发生的原因及状态，有"医学"、"生理学"、"变态心理学"替我们解释；至于人事界我们欲知国家的原理原则，并能切实地应用，应研"政治学"；欲知社会规则随着政治经济而发达之一种较有强制性确定性的人类行为规则，应研"法律学"；欲知消费生产交换分配底经济基本行为，应研"经济学"；举凡自然界及人事界现象，时至今日，差不多都可以运用科学求真的精神去解释。诚然，不能解决的问题各学科中未尝没有，唯这些问题正待本科学精神学人、不断的努力求谋解决，断不能因科学不能予吾以宇宙之第一义就依恃宗教，因为本科学精神继续不断的努力尚有解决的可能，假使一味依靠宗教，这些未决的问题，就永远无法解决了。

2. 论理方面——低等宗教所含的迷信，稍有知识的人亦知其伪，唯有少数学者研究学理遇有难题，在无可如何之中，或有归诸主宰或上帝，如德国生理学家勒依猛（Reymond）谓运动之起源，生命之原因，感觉与意识之发生，物质与力之本质诸根本问题，皆为自然科学所不能染指。宗教家遂以此提高宗教之地位，以为科学家亦须信仰上帝，殊不知对于上帝或神之信仰，在论理方面略加推究，即知其说皆不能成立。若谓神能创生万物，则神或上帝亦必由他物所创生，若有他物创生，因则无穷，亦已失掉主宰义。若云上帝无因而自生者，则万物何不自生，又何须彼上帝为因而生呢：盖依逻辑公式，其理有不可逃者，试表解如下：

　　凡能生他物者其体亦必由他所生——大前提

　　神既能创生他物——小前提

　　故神亦必由他物所创生——断案

　　若承认神为他物所创生，则已失其万能权威；并且展转推求，根本因不可得。但成一种戏论。若谓神不从他生则亦不能生他物，夫何以故，彼此异因不可得故。兹依因明三支式，立论如次：

　　汝神不能生他物——（宗）

　　以不许从他生故——（因）

　　若不从他生者皆不能生他物，（同喻体）如虚空等。（同依）

　　若能生他物者其体皆从他生，（异喻体）如桃李等。（异喻依）

　　故知立全知全能之人格神为万物的创造主，不但为事实所不容，单就论理上推想已经是不许了。

　　我们从事实及论理两方面看来，低等宗教固无所用。就是比较高等的宗教唱神权主宰之说，也毫无根据。将来世界是科学的世界，只有最富理智的宗教才能存在，感情宗教虽极力提倡只成强弩之末，理智的宗教虽多数人未及注意，仍然可以存在，因为是存在不存在以有无客观价值为断的。

　　附注：本稿曾在厦门佛学分会讲过，甚感诸友生之热烈听讲，复得学弟天慧君详为笔记，因附一言，以志弗谖。——虞愚识。时民国廿五年六月六日。

释迦牟尼所处的社会和他的思想学说中几个显著的特色[*]

　　佛教有上下二千五百年左右的悠久历史，传播的地域非常广泛。从佛教的发源地印度为起点，南方由锡兰而及于缅甸、暹罗、南洋等地；北方则由中亚西域渐及中国、朝鲜、日本等地。随着佛教的传播，曾引起国际文化的交流，应当肯定是一件有意义的事。

　　大家知道，佛教是公元前486年由释迦牟尼在印度创立的。正像其他宗教一样，佛教并非个人创造的而是社会现实环境的产物。但释迦牟尼所处的是什么性质的社会呢？他的思想学说的发生与发展的社会根源何在？认识过程中的根源又何在？他的思想和其他思想学说又具有哪些显著的特色？它在今天是有什么历史性的联系？这篇文章多据印度现代学者德比普罗沙德·查陀拍杜耶也（Debiprosad Chattopad hyaya）之说，结合自己初步的体会，很粗略地来解答这些问题。正确结论的获得当然还有待于继续深入研究。

---

　　* 本文原载《现代佛学》1959 年第 9 期。——编者

一　释迦牟尼所处的社会的性质

佛陀诞生于释迦族（Sakiya-gana）牟尼是寂默贤人的意思。"释迦牟尼"就是尊崇佛陀为释迦族中的贤人。没有问题，释迦牟尼是佛教的创始人，同时是具有印度古代人类自由平等友爱传统的杰出的思想家。释迦牟尼的思想与他所处的社会是分不开的，因此，我们要谈他的思想学说中显著的特色，首先谈他所处的社会是属于什么性质的社会是有必要的。关于这个问题，现代印度学者德·查陀拍杜耶也把所掌握的资料，依据历史观点，作了科学的说明。他认为释迦牟尼时代虽处在奴隶制社会，但佛教的印度有很多地方仍然存在着原始共产主义或它有力的残余，而佛陀自身继承了古代人类关于自由平等友爱的传统。这个说明和苏联历史学者认为是："家长制形式的奴隶制关系与相当多的原始公社结构的成分相结合，是古代印度制度的基本特点。奴隶占有制的发展并没有完全摧毁古代印度的公社"的论断基本是一致的[①]。这些看法值得我们重视，同时也看出要说明佛陀所处的社会的性质，资产阶级学者是完全无能为力的。

德·查陀拍杜耶也首先告诉我们：佛陀所处的时代有许多"族"的存在。假如"族"这个字的意义是部落社会（或者是这种社会有力的残余），假使这些社团的组织一直到瓦解的时期（即野蛮时代的中段）是原始共产主义社会，那么，我们就可以在佛教记载中看出当时佛教的印度有相当多的地方是原始共产主义。明确这一点，这并不是说印度在佛陀时代是处在原始共产主义社会，这仅仅是意味着古代社会不平衡发展的规律。

---

① 印度译本《苏联百科全书》，第60页。

　　在佛陀时代以前印度并不是没有国家权力，在佛陀降生前两千年或三千年印度河流域曾经目睹其存在。但印度并非一个小国，由于不平衡发展的规律，印度所发生的变化速度和方式都不一样。一些部落区域，时至今日也尚未消灭。1881 年印度皇家公报说道"史前世界残余仍然遍布在印度境内"，或者"直到今天仍然有石器时代的残余"，这是个有力的说明和依据。在佛陀时代这些区域必定更多。在那时候部落社会一定尚保持着更单纯的形式，因为商人、传教士和募招劳工的人员还没有像以后那样大量地渗透到那些地方。

　　古代印度河流域的情况不是古代恒河的情况，恒河是佛教兴起的地方。这并不是说王权及国家机构在佛陀时代并不出现于印度东北部。"恒河流域多少世纪以来都有国王，远在佛教崛起以前，整个印度很快出现了君主政府的统治。"这是事实。由《本生经》（jatakas）所提供的证据说来，我们可以推测当时商品已达到相当高的水平。由于贸易的发达与金属货币的出现，我们听说商人们如何积资致富；我们读过一些关于商人骆驼队远足旅行的描写，我们还听到过方块铜币的使用，其重量达 146 克，这种铜币加上私商的印鉴，以示保证其重量和纯度。

　　德·查陀拍杜耶也认为所有这些无疑是真实的，然而还不是佛教印度的全部情况。因为由佛教和其他记载看来，相当大的地区是处在原始共产主义影响之下，这也不奇怪，因为它是由不平衡发展的规律产生的结果。如果说我们过分地看重这一点，唯一的解释是：直到今天印度的历史学家几乎将这个问题完全忽略了。但重要处正在这里。因为我们无法理解早期佛教，假如不理解佛陀如何从原始共产主义社会取得灵感的话。

　　关于佛陀时代许多氏族的引证说明佛陀在世时周围都是原始共产主义社会，或至少是那社会非常有力的残余。早期佛教传说最使人注目之点，即其记忆中仍保留有如下事实：君主制的阶级社会怎样在平等社会的废墟上出现，私有财产怎样随着农业的出现而产生的。这就是此一重大变革演进的根源。我们在《大事譬喻》（Mahavastu-avadana）一段看到这种回忆。

现在依据德·查陀拍杜耶也所引的沙司特礼（H. P. Shastri's）学者对于这故事的介绍，把它翻译如下：

开始人们习惯于靠着爱情粮食滋养生活于幸福之中，他们如此的生活下去。他们所行是正义的行为，后来就出现了瓦尔那（Varna）（种姓）的区别：有些是好的瓦尔那，有些是坏瓦尔那。好瓦尔那的人轻视坏瓦尔那的人，虚荣就出现了。这一出现，正义行为就死亡了，而他们所赖以滋养的爱情和糖蜜也干涸了。他们就去寻觅新的粮食的源泉，他们首先发现菌类的植物，后来发现了草木植物。不久，又发现许多谷物叫做"三利丹那"（Sali-dhana）那时没有人有存粮的观念，但是屯集观念在人们脑海中逐渐生长起来，贪欲也增长了。随着性的区别的感觉也发生了。开始时配偶的观念在他们看来是不对的。终于配偶的习惯逐渐巩固下来为人所接受，家务就成为妇女的事情。

同时，屯粮的贪欲大大发展，他不仅需要耕地的技术而使土地集体占有变成不可能。田地需要分配给个人耕种，每人耕地需要划分地界并规定不得侵犯别人界限，这些规定继续了一些时候。

后来，新的复杂情况开始发展。有些人想："好，这是我的土地那又是我收获的东西。假如收获不好呢？"如是他打定主意："不管允许不允许我将由别人的田地采集谷物。"他的行窃被第三者捉到，第三者饱打了他一顿并叫他为盗贼。那盗贼叫起来："看！兄弟们，我被人打，我被人打，这是不公平，这是不公平。"

于是盗窃，不忠实和刑罚就出现了。

于是大家集会决定：推举一人来照顾每人的地界。这个人必须强壮聪明并对大家负责。每人以生产品的一部分给这个人作报酬。他将处罚罪犯：保护正直的人并照顾每人应有的一份额。

大家选出这个人，同意将收获的六分之一提出作报酬。在大家同意之下，他成为印度贵族（raja）。这就是怎样印度贵族叫做"摩诃三曼陀（Mohasammata）"或"大"的一致同意（GreatConSent）。

沙司特礼正确地指出后来对这故事固然有所歪曲，但是它的远古的意义无疑可以发现的。它的要义就是如上所述。这个故事在佛教以外的古代印度文学中是独一无偶的故事。曾经有人指出《摩诃婆罗多》史诗（Mahabharata）文学保留着阶级前期社会过渡到阶级社会的纪述，那是真实的。在佛教言语中我们应特别注意是在故事中从未看到上帝或造物主。强烈的唯物主义态度——虽然是原始的和朴素的——贯穿在故事之中。在这里面没有提到可以叫做超自然的东西。

其次，正如沙司特礼正确坚持的意见，这故事也显露了当时对王权的轻蔑。这就是佛教传统的特色。沙司特礼认为佛教具有独一无二的特色，就是从来没有把国王看做上帝的化身。关于这一点沙司特礼指出：在纪元 5 世纪月称（Chandrakirtti）怎样说国王是人民的公仆，说："你仅仅不过是人民的公仆，而你的薪金就是收获的六分之一，你不应该傲慢。"①

---

① 译自 D. Chattopadhyaya, Some Problems of Early Buddhism, Source of Buddhist Jdeals。

　　总括起来说：佛陀所处的社会有很多地方仍然存在着原始共产主义或其有力的残余。而在平等社会的废墟上出现的国家的权力，构成了佛教传说中一份生动活泼的纪念，它拒绝给予国王以非常的尊重。

　　作为古代印度杰出的思想家释迦牟尼所处的社会性质和他的自由民主思想源泉，大略就是这样。

二　释迦牟尼思想学说中的几个特色

　　过去有些资产阶级学者这样说："印度的哲学思想是静止和停滞的热带的思想，它是出于低级种姓哲人或惰性文化的人民所创造的。"甚至连伟大的古代印度杰出的思想家释迦牟尼，前牛津大学教授威尔逊（H. H. Wilson）于大英百科全书中也认为是后来信徒构想的人物，寇恩（H. Kern）和叟那尔（E. Senart）更异口同声地说：佛陀出于构想，无异太阳神话[①]。虚无主义者这种武断，无法使人同意。我们知道，过去杰出的人物，其生平言行，因被人赞叹、渲染夸大、神话化，以至于失去其历史真实性，是常有的事，何止是释迦牟尼？例如我国夏禹治水工作是忘我的。因为他具有这种服务的精神，就产生和在人间兴风作浪的水神共工大战了一场的神话[②]；难道这是历史真实么？当然不是。释迦牟尼的神话就更多更广了，我们知道，释迦牟尼在世时说要断除我慢，在《长阿含经》承认他不能回答一切问题，他不是一个无所不知的人。涅槃时又明明说要"依法不依人"，佛陀谦虚的态度和本身的地位性质是非常鲜明的。但是因轮回学说

---

　　① 　深浦正文著：《佛教研究法》，第57页。
　　② 　《淮南子·本经》。

而对于佛陀的本生加以推求，因而赞颂佛陀的故事而有瑞应的传说。这种本生故事和瑞应传说，虽经后人附会，逐渐增加，但这两种的说法很早就有了。佛陀在世时，就有"如来死后有生与否"的疑问的提出，到了释迦牟尼入灭以后，佛徒对于先师的伟大人格，更为崇仰，因本生、瑞应，就益使释迦牟尼神话化了。又因玄理的探讨，结果主张佛陀就是法身。我们稍为研究一下大众部、一说部、出世部、鸡胤部的佛陀论[①]和大乘的三身说，就会感到把人的佛陀被神的佛陀所替代不是偶然的。我们认为释迦牟尼这个人是明确的存在，不能因有神话性而一笔抹杀他的历史真实性；同时也不能因为有历史的真实性而盲目接受他的神话性。自从1898年培丕（W. C. Peppe）于却比罗伐窣堵国（Kapilavastu）发掘佛陀的舍利塔（塔中舍利函盖完固）以后，更无可怀疑。而且近代对佛陀的生平和出生时代，也有了进一步的鉴定。

生在公元前486年的释迦牟尼，是古代中印度劫比罗伐窣堵国的人。姓乔答摩（Gautama），名悉达多（Sidhdartha）。那时候印度是处在奴隶制度，社会存在种姓制度或叫做等级制度。马克思在"资本主义生产以前各形态"中指出："一个种姓同另一种姓有所区别，各种姓之间不许被婚姻混乱……每一种姓有自己独特的不变的职业。"种姓的产生和原始形式的分工有关，马克思和恩格斯指出："印度人和埃及人所实行的分工的原始形式，产生了这些民族所具有的国家和宗教的种姓制度。"[②]

种姓一词为梵语"瓦尔那"（varna）和后起的"雅提"（ja-ti）的意译。"瓦尔那"意指颜色或品质，"雅提"意指族籍。

---

① 窥基：《异部宗轮论》，第14—17页。

② 郭沫若译：《德意志意识形态》，第83页。

英语则译为"卡斯特"（caste）意指"阶级"。但是种姓与阶级是有区别，种姓是孤立的，内婚的以世袭职业相结合的人类集团，而阶级乃是一些集团，由于它们在一定社会经济结构中所处的地位不同，其中一个集团能够占有另一个集团的劳动。种姓制度苏联学者通用等级制度是比较恰当的。古代印度的种姓分有四种：（1）刹帝利（Kstriya），包括王族、王亲、地方小邦的首领和战士。国家的统治权，是由刹帝利掌握的。（2）婆罗门（Brahmana）属于最高级的。高的有国王顾问。低的是祭司，他们利用宗教势力来控制人们的精神世界。（3）吠舍（Vaisya）包括手工业者、商人、农民、牧人，他们向国王贵族纳税，他们绝大部分是被剥削者和被压迫者。（4）戌陀罗（Sudra）包括平民和奴隶。据《奥义书》记载，戌陀罗与其他三种种姓分开。其他三种种姓同有诵吠陀和祭神的权利，到了相当年龄可依宗教生活而得到新的生命，所以叫做再生族（Dvija），戌陀罗不能这样，只有依俗文学的叙事诗及俗话之类而得一点宗教的意味，所以叫做一生族（Ekajata）。这样，前三种种姓和第四种种姓之间矛盾非常显著，就是前三种种姓之间也存在着矛盾。刹帝利有不断扩张自己的统治权的要求，而吠舍随着手工业的发展，也有参加政治的愿望；婆罗门根据宗教的教义，要求进一步控制人们的精神世界。因此当时思想界的反映，比较复杂和混乱，反婆罗门种姓，形成了一种不可抗拒的洪流。

　　释迦牟尼的青年期，就是生长在这种思想环境中，加上他的祖国，处在摩竭陀（Manadha）和拘萨罗（Kasala）两大国之间，处境十分艰难。奥西波夫说："在北乌德与摩竭陀并立的有跟它竞争的拘萨罗国。未生怨王企图牺牲拘萨罗来扩大自己的领土，但是战争不分胜负就结束了。在对摩竭陀战争后不久，拘萨罗王毗荼达跋无端指摘释迦族没有把释迦王族的高贵女儿而把一

个女奴嫁给他，是骗了他，于是对释迦族开战。这次进攻释迦族
几乎被歼灭为结局，只有少数人逃命。但是，在征服释迦人以
后，拘萨罗发生了骚乱，并且如传说所报道，道路上充满了盗
贼。这显然有助于摩竭陀的击破拘萨罗并把它并入自己的版图。
在 5 世纪，摩竭陀是北印度最大的国家。"① 虽然灭释迦族的惨
剧发生在佛陀晚年，但也可想见那时候释迦族的外患隐忧和危
机了。

　　释迦牟尼被现实生活活生生的景象所感触而要求彻底解脱的
途径。一部佛经这样说："统治国家和占有大量财富的君主们，
彼此进攻，贪求无厌，不知满足。如果这些人不停止这种行为，
浮沉于无常巨流之中，为贪婪和肉欲所俘虏，那么，谁又能在世
界上和平生活？"② 在 29 岁时，他毅然决然离开宫廷生活，跑到
摩竭陀首都王舍城（Raiagrha）附近隐士修行的地区去学习参
访，苦行深思了 6 年，但没有得到圆满的解决，于是决心放弃苦
行开始恢复正常生活，在树下沉思的时候，悟得了缘起（Pratit-
yasamutpata）的道理。他认为世间不是永恒的，没有主宰的，而
且有可能趋向于清净这一边。人生由于无明（Avidya）不了解缘
起的实相，引起一系列的痛苦。痛苦是有原因的，可以被克服的
并且有克服的方法。于是他建立了四谛、十二因缘的理论，主张
正确信仰（正见）、正确决断（正思维）、正确言论（正语）、
正确行动（正业）、正确生活（正命）、正确努力（正精进）、
正确思想（正念）和正确的自我精神集中（正定）的中道实践，
就是初转法轮。坚持人靠着自己力量，通过道德和智慧的完成而
达到解脱，与婆罗门的梵天创世说和祭祀升天的宗教行为进行斗

---

① 奥西波夫著：《十世纪前印度简史》，第 24 页。
② 译自　D. Chattopadhyaya, Some Problems of Early Buddhism, Starting Point。

争，同时也向极端纵欲派和极端刻苦派进行斗争。

佛陀曾告比丘说："出家人应避两边趋于中道。或沉于纵欲，卑陋俗鄙，至为无益，或专苦自身，亦痛苦而无效。"①

佛陀不仅把"缘起"作为他的理论的基础，而且有意地仿效原始共产主义社会组织他自己的机构——僧迦团体。在僧团中，打破了种种界限，对一向被人歧视的戍陀罗种姓平等看待。在一定的程度实现了废除种姓制度的理想。下列的证据可以阐明这种看法。

佛经中世尊亲口说出："信徒们，正如巨流虽多，恒河、阎牟那河、阿夷罗跋提河、萨罗互河、莫醯河，当它们汇入大海洋，便失去旧名和旧的宗系，只保留一个大海洋的名字，同样信徒们，这四个等级，贵族、婆罗门、吠舍、戍陀罗，当他们依照佛法及教义的规定，放弃他们的家庭变成无家之人，舍掉本人的姓名和世系，只戴一个苦行者名称，他们是追随着释迦之子的苦行者。"② 佛经曾记载，佛陀与阿阇世王（Ajatasatru）对话，这对话说明佛教在僧团黄色袈裟之前国王和奴隶一律平等。他问阿阇世王："假如一个奴隶或国王的仆从披着黄色的袈裟，像僧侣一样的生活，无论在思想上或行动上，都没有可谴责之处，那么你会不会说：仍然让这个人做我的奴隶和仆人，侍候我，向我叩礼，执行我的命令，使我尽情享乐，恭貌怡声唯我的话是听？"阿阇世王答道："不，世尊，我将向他叩礼，请他坐，给他所需要的衣食住，当他病的时候，而我给予医药和应有的照顾与护持。"

释迦牟尼以这样的理论和行动，在当时恒河的南北以摩竭陀

---

① 见《转法轮经》。

② 译自 D. Chattopadhyaya, Some Problems of Early Buddhism, Political Reforler.

与拘萨罗为中心的地带广事宣传，得到广大人民的信仰，尊他为佛陀（大彻大悟的人）。特别是得到刹帝利和吠舍的支持，因为释迦牟尼反对婆罗门的专横，对于刹帝利和吠舍利益很有帮助，所以给予佛陀大力的支持，捐献了说法的道场和一切供养，这就是僧团的物质基础。例如卑鲁贝那（Veluvana）一度为国王的乐园被频毗娑罗王作为礼物献给佛陀。有钱商人名为给孤独（Anathapindika）将舍卫逝多林（Jetevana）作为礼物献给佛陀。这是很值钱的礼物。据说给孤独为寻找一个地方值得给佛陀和他的弟子居住，唯有王子逝多（Jeta）花园符合一切要求。但王子拒绝出卖。经过长期谈判，给孤独花了黄金足以铺满舍卫逝多林全部土地。他买到这个花园献给佛陀后来成为佛陀心爱的住所①。马克思昭示我们："一部宗教史，若不探究宗教的物质基础是不会合科学的。"② 这句话对于我们学习佛教史，特别是早期佛教的人是有着深刻意义的。

释迦牟尼坚持一切众生都是平等，他所吸收的弟子，固然不拒绝那些贵族商人和婆罗门。像帝梨富娑（Trapusa）和跋利迦（Bhallika）两个首先皈依的信徒，原来是商人。第二个皈依的是耶舍（Yasa），他是波罗奈斯富家的后裔；他的父母和妻子都听过佛陀的教法并成为信教的优婆塞与优婆夷。耶舍许多朋友，在波罗奈斯地方贵族青年都受戒为僧。佛陀由优楼频罗（Uruvela）旅行到王舍城，在那地方频毗娑罗王听佛说法就宣布自己为奉佛的居士。传说王舍城的舍利弗（Sariputtu）和目犍连（Moggal—lana）都是婆罗门家的儿子，以前又是善阇那（Sanjaya）的学生，都披起黄色的僧服。但是释迦牟尼也吸收了许多出身微贱的

---

① 译自 D. Chattopadhyaya, Some Problems of Early Buddhiam, Political Reformer。
② 马克思：《资本论》卷 1，第 393 页。

弟子：像优波离（Upali），他原来是理发匠。善尼达（Sa-nlra）是一个清道夫。茶帝（Sari）是渔夫之子而难陀（Nanda）是牧牛之人。这两个行脚僧是一个奴隶和出身于高贵阶层的女人结婚所生的。吒波（Capa）是猎鹿之人所生的。潘喃（Parma）和潘昵迦（Punnika）是女奴。苏曼揭罗玛达（Sumanglamata）是织席人的女儿和妻子而苏哈（Subha）是铁匠的女儿。可见在佛陀自己建立的僧团中，他完全无视由于出身职业或社会地位而产生的一切特权与限制，并扫除一切有关礼仪或社会的不纯的专制法令所引起的种种障碍或限制。释迦牟尼所以获得广大群众的拥戴，特别是被压迫和蹂躏的人，下等阶级、妇女、穷人、负债的人、奴隶，都把佛陀看做伟大的"救世主"，并非偶然。他在各地游行教化了四十五年，来往于拘萨罗、摩竭陀和安伽之间，有的学者认为他的足迹也到过西部俱卢地方。最后以八十岁高龄，在拘尸那揭罗国（Kusinagara）金河的西岸入了涅槃。他的遗教流传就形成了佛教。

就释迦牟尼的生平和思想说，除了虔诚的佛教徒所信仰、所膜拜、所修持外，其思想最为突出的为一般研究印度史、印度哲学史者所不能否认而给予公平的评价的，约有下列几点：

（一）否定了印度四种不平等的种姓制度——公元前四五世纪时，在印度特别是印度的北部，奴隶制国家，有了很大的发展，作为维护这原始奴隶制国家的种姓制度就盛行了。释迦牟尼生于种姓制度盛行之际，独能不为因袭制度所囿，于举世沉迷种姓残酷压迫剥削之日，抛弃了王位，以一个乞士身份，独唱"一切众生悉皆平等"的学说，以与严格主张种姓制度的婆罗门教战斗。

"佛陀在他千百篇训诫中都攻击婆罗门教的专横，社会种姓制度不平等。他同情穷人的苦难。当佛陀宣布他一生的使命就是拯救人类脱离苦难的时候，他的使命就有了伟大的社会意义。"①

据说原来的种姓只有四个，但随着社会经济的发展各个种姓内又再细分为无数的等级。在今天的印度"不可接触者"的人数有 6000 万人左右，绝大多数是农村中的农业工人（雇农）。"不可接触者"在社会是被歧视的。不准他们进寺院，不准和"洁净者"同桌吃饭，他们的子女不能进学校。这样一种等级制度，无疑是妨碍了印度劳动人民的团结和斗争；妨碍了印度经济的迅速发展的。马克思早在 1853 年就说过：

> 等级制度是印度进步和强盛道路上的基本障碍（见《不列颠在印度统治的未来结果》）。

过去印度的奴隶主、领主、地主以及英帝国主义都曾竭力维持这种反动的制度。印度独立以后，随着印度人民的日益觉醒，等级之间的歧视，必将被彻底扫除。在 1948 年印度国会曾经通过了废除等级制度的议案。1956 年，印度"不可接触者"发起改信佛教的运动，到了 1957 年年底皈依佛教的人数据说达 600 万人左右。也可以看出"不可接触者"对于最早主张废除种姓制度的释迦牟尼，是何等的向往，何等的敬慕。佛陀的思想，至今还有历史性的联系就不难想见了。

（二）不承认创世神的看法——佛教本来就没有上帝的地位。阿来司·业梯（ALice Getty）所著《北方佛教中的众神》，（Gods of Northern Buddhism）大家公认是后来杜撰的东西。据说佛陀本身热烈地驳斥关于神的存在的一切传说论证。在他和给孤独谈话，佛陀曾经这样论辩过：

> 如果世界是自在天（Iswara）所创造的，那么，世界就应该没有变化和毁灭，没有痛苦和灾难，没有正确和错误。

---

① 巴罗拉曼摩尔蒂：《佛教哲学》，《学习译丛》1958 年第 8 期。

因为一切纯洁和不纯洁的东西都是从他那里产生的。如果一切有情所发泄的哀乐爱恶都是自在天所创造,他本身也一定会有哀乐爱恶,假如他具有这些,怎能说他是至善无疵呢?如果大自在天是个创造者而一切有情必须屈服于他的权力,那么,为善行仁又有怎么用处?由于所有事业都是他所创造而被他视同一体,那么,是和非一定是等同的。但是,如果忧伤疾苦是其他原因所引起,那么,自在天就不是一切的起源。既然如此,为什么所有存在的东西也不应该无因而有呢?如果自在天是造物的主宰,他的行动或是有目的,或是无目的。如果是有目的的行动,就不能说他至善至美的,因为目的是为着满足欲望。如果他的行动没有目的,他一定像疯子或乳婴。复次,如果自在天是创造主,为什么人们不虔诚服从于他呢?为什么人们在迫切的时候,要向他祈求祷告呢?为什么人们要崇拜许多神呢?所以通过理性的论断而证明自在天这一概念是错误的,所有这些矛盾的说法,都应该加以批判。

这一篇乃是今天流传的古代哲学作品中反对神权的第一次宣言。佛陀不承认有创世神,很自然地引起现代神学者伤脑筋,因为宗教的本质是相信上帝而我们在佛教中所看到的却是一个无神的宗教的惊人现象,因而有人倡议应当修改宗教的定义才能适应佛教;另一种合理的倡议,就是改变对早期佛教的态度而不亟亟于认为佛教是宗教①。像苏联彻尔巴次基（Th. Stcherbatsky）就这样说:"佛教历史初期的主要思想,就是'初转法轮',很难

---

① 译自 D. Chattopadhyaya, Some Problems of Early Buddhism, Religion without God。

说他是代表一个宗教。"①

关于这个问题，我们不打算去讨论佛教在发展过程中是怎样加强一般宗教的成分，终成为宗教的一种，而只想说明早期佛教何以具有不承认创世神这种思想。康士坦丁诺夫说："文化史证明，在原始社会初期就没有任何宗教和宗教观念。"② 英乔治·汤姆逊（G. Thomson）认为："家庭和上帝一样是和私有财产结合在一起。"那意味着阶级前期社会的特点它还不需要上帝的观念。因为这种社会还不需要为人民提供救治一切民生疾苦的缓和剂。他又说："宗教的特点就是相信上帝和祈祷祭祀。最野蛮的民族不知有神，也不知祈祷和牺牲。同样当我们深入研究文明人类史前的历史，我们会发觉他们也没有上帝祈祷和牺牲。"如果佛陀思想的源泉是原始共产主义，他怎样会提倡对创世神的信仰呢？释迦牟尼不承认有创世神，据汤姆逊的研究，我们可以得到一种具有社会根源的解释了。

复次，释迦牟尼不承认有创世神，还须在他的认识过程中寻找它的根源。

作为释迦牟尼的主导思想——缘起思想，是对当时印度思想界的转变说和积聚说进行意识形态斗争的过程中产生的。在当时印度思想界里主要的因果学说有两种：一主张从一种总的原因辗转变化成为复杂的万变，这叫做转变说；二主张从多数的原因，也就是多数的分子以各样型式结构成复杂万象，这叫做积聚说③。佛陀认为这些学说都是不正确的。特别提出"缘起"这一种解释来。"缘起的意义本来指着事物间因果的关系而言。着重

---

① 拙译自彻尔巴次基：《佛家哲学》，见《现代佛学》1959 年第 2 期
② 康士坦丁诺夫：《历史唯物主义》，第 462 页。
③ 字井伯寿：《佛教思想研究》，第 52 页。

在'缘'字；说'起'不过是表示缘的一种功用而已。"① 如用公式来表示，即"某某的生起乃由于有了某某为缘"。他认为宇宙间各种现象，都是由相互依持，互生作用才得存在。所谓"此有故彼有，此生故彼生"。或者更正确些说："彼有故此有，彼生故此生"彼是此的缘，此依着彼而起。缘起学说是佛陀最基本的思想。佛陀否认有创世神，其论据或认识根源可以说就在于缘起。宇宙间各种现象既然都是由于互相依持互生作用才得存在，所以不可能有创世神了。这是很有力的逻辑证明。

（三）**具有古代社会的民主的性质**——现代印度学者德比普罗沙德·查陀拍杜耶也说：佛陀不生于现代，他的阶级系属不能用现代的标准加以衡量。所以，我们不能断定早期佛教是不是民主性质，除非我们面向两个问题。第一，古代社会所理解的民主是哪一种方式？第二，佛陀对民主政体的态度是怎样，可是早期佛教怎样和民主联系起来？

他依次答复这些问题：

第一，古代社会所知道的民主方式是所谓部落的民主，所以添上"所谓"两个字，因为在历史上讲起来，民主是国家的一种形式，而国家是由一个阶级对另一个阶级专政的机构。相反，部落社会是阶级制度前期的社会，那时候没有国家。其体制就是原始共产主义社会。

感谢摩尔根（Morgan）伟大的研究，我们知道依据历史发展的规律，由生产工具生产技术发展的结果而有原始共产主义社会的崩溃和国家在其废墟上的产生。他还昭示我们支配着这原始——阶级前期社会的原则是极端民主的。而佛陀所知道的民主只是这一种的民主。

---

① 吕澂：《缘起兴实相（上）》，见《现代佛学》1954 年第 5 期。

　　对于第二个问题的答案是佛陀不仅把原始共产主义社会当成他灵感的根源；并且在意地仿效这个模型组织他自己的机构。但是假使从这一点推论佛陀是共产主义者，我们将应加以批判的一种错误，那就是——在古代历史文献中去发现现代的内容。原始共产主义社会或阶级前期社会是与共产主义或没有阶级的社会不同的。二者有质的区别。前者是早期佛教灵感的来源，它说明佛教的局限性和佛教的伟大。局限性是非常明显的。佛教并没有鼓起社会革命，恰恰相反，它变成一个国家正教，为人民缓和了它应当先打倒的一些不合理的东西。同时我们也不应忽视它的伟大。因为佛陀由阶级前期社会得到许多启发，所以至少佛教在早期的组织和意识形态，一般说来没有受到阶级社会的特殊性质的幻象所束缚的。[①]

　　律藏的大品（TheMahavagga of the Vinayapitaka）告诉我们：在受具足戒的时候到会比丘一定要询问来受戒者是否具有任何一种不能当比丘的缺点。其次，受戒者的戒师必须取得至少有十个人组织的法定人数的比丘会议的正式允许，受戒者才能够在僧迦面前出现。经初步询问之后，传戒师对僧迦这样说：

　　　让僧迦、大德们，听我说：某某愿受具足戒由传戒师（Upadhyaya）授予。可敬的同道们，有同意传戒师授予某某以此丘戒者，请默许，如有不同意者请发言。

　　　我第二次这样对你们说：让僧迦（其他词句如前）。

　　　我第三次这样对你们说：让僧迦（其他词句如前）。

　　　某某已受具足戒乃从传戒师某某授予。我是这样理解，僧迦同意这件事所以默许。

　　关于地方僧团的职务，摩嵪丹（R. C. Majumdar）曾这样

---

　　① 译自 D. Chattopadhgayaya, Some Prolems of Early Buddhism Two Questions。

描写：

　　　　地方僧团是依据严格的民主原则来管理的。僧众大会为最高权力机关。大会议程是细致地规定着。

　　首先，每个僧团所有受过具足戒的比丘是大会的成员，每个成员都有投票权。除非所有有资格的成员出席，如不出席正式宣布他们的同意，没有任何会议是合法的。最低法定人数一定要出席，会议才算是合法的。

　　大会依法召开后，动议者首先对到会的比丘宣布他准备提出的议案……然后，就问到会比丘是否批准这个议案提问一次或三次。这样问了一次或三次以后，如大家缄默不言，议案自然通过。如果有人提出反对或异议，则由多数来决定。大会举行正式投票，并为此任命收票人。

　　其次，佛教对僧团中的私有财产的态度，我们援引摩葜丹的话如下：

　　　　个人和团体的关系是根据佛教律藏中的一般规定：每一件东西都属于僧团所有，不是属于任何个别的僧人；后者只能享有那些已经分配给他的东西。即使分配给比丘使用的东西，都认为是僧团的财产。由于遵守这一个教义在比丘死后，僧团就变为他的遗产的所有者。

　　从德·查陀拍杜耶也的启发与联系到佛教受戒的仪式的实际，地方僧迦的职务和佛教僧团中的私有财产的态度，佛陀灵感真正源泉是什么，他的意模仿的是什么样的组织机构，是非常清楚了。必须指出：原始共产主义社会的特征，有酋长公选制，生产品共同所有制，以及劳动人人都得参加，私有财产还未产生等等。释迦牟尼虽然有意仿效原始共产主义社会的模型来组织僧团，但是那时的僧迦团体是由既无家庭又无财产的隐士所组成的，他们一个月集会两次，忏悔他们的罪恶，从事严肃的修炼，沉思和哲学的辩论而并没有从事生产劳动。就是分配给比丘享用的东西，都认为是僧团的财产，任何个别的僧人不可得而私，但是僧团的财产也纯接受由赠与或供养而来，可见二者之间有着本质差别，绝不能把它们混淆起来。可是我们也不能忽略它们的联系的一面，忽略了它们的联系，对于佛陀依据什么来组织他自己的机构的源泉，就很难理解了。我这里说佛陀的思想具有古代社会的民主性质，也仅仅是指出僧团组织原则曾受到古代社会的民主的启示而已。

玄奘在中印文化交流史上的
主要贡献*

一　前言

　　玄奘，河南洛州缑氏县（今河南偃师县南境）人，俗家姓陈，本来的名字叫做祎，生于隋开皇二十年（600）[1]，卒于唐麟德元年（664），是我国历史上一位伟大的人物。他少时穷困，跟着他的二哥长捷法师住在洛阳净土寺。他 11 岁时（隋炀帝大业时代），敕旨要在洛阳选度 227 个和尚，他便出家了。出家以后，由于自己的刻苦钻研，青年时期对佛教哲学就有很深的造诣。在认真钻研的过程中，发现许多不能解决的问题，特别是对于当时流行的《摄论》、《地论》，他认为两家有关法相学说有分歧，遂怀有统一全部佛学解释的迫切要求。这时（626 年）恰巧有一位中印度学者，叫做波颇蜜罗多（明友）来华，介绍当时

---

　　* 本文是作者为中国海交史研讨会提供的论文。——编者
　　① 玄奘卒于麟德元年（664）2 月 5 日，这是没有疑问的。因生年不详，享寿岁数，就有 63 岁、69 岁等等不同说法，现在依据显庆四年（659）玄奘表启自陈："岁月如流 63 年飙马已至"一语，上推生年应在隋开皇 20 年（600）年，享寿 65 岁，较为可信。

那烂陀寺宏大的讲学规模，以及佛家一代宗师戒贤所校的《瑜伽师地论》，并肯定这才是总赅佛家学说的途径。玄奘就更立下西游求法的壮志。贞观二年（628），他从长安出发到兰州，应当地人士请求，讲《涅槃》、《摄论》和《般若经》，西域商人有参加旁听的，回去以后，便将玄奘打算赴印求法消息传开了。贞观三年，因北方连遭灾荒，朝廷准许道俗四出就食，玄奘潜行到瓜州、过了玉门关外五烽、度莫贺延碛，到了伊吾、高昌，再横绝中亚细亚，渡过锡尔河、阿母河两条大河，越过帕米尔高原西部，通过铁门、再翻过大雪山，历尽艰险困难，完成了远涉西方的旅行，终于到达印度，入那烂寺戒贤之门，从事佛学研究。他游学印度 17 年，除在那烂陀寺学习 5 年而外，还费 2 年时间，跟杖林山胜军学习《唯识抉择论》、《庄严经论》等，又到各地参学，当时所有的佛学大小各种学说，他几乎都学遍了。对各派学说，不但能融会贯通，还有所发展，成就湛深，在印度学术界获得崇高地位。回国以后，又以极其坚强持久的劳动，主持翻译工作 19 年，在中印文化交流史上作出了巨大的成绩。他通过翻译、讲授和记述自己的经历，把印度哲学（如《胜宗十句义论》）、印度佛学、逻辑学（因明）、历史、地理等介绍过来，在中印文化交流史上起了极大的推动作用。玄奘，不但是一位大旅行家、大翻译家，同时又是一位大思想家、大逻辑学家、大地理学家。

玄奘离开我们已经 1320 年了。近百年来，中外学者对佛教哲学，逻辑以及历史地理各方面的研究，随着历史的进展，都有了很大的进步，远非唐代的旧观，但我们缅怀先哲的成就，深深感到玄奘为追求真理，万里远征，置生死于度外，在赴印的漫长道路上，一个困难接着一个困难，一个胜利接着一个胜利，终于完成了西游印度的宏愿，并取得学术上卓越成就的这种精神，充分表现了中华民族勤劳、勇敢的高贵品质。时至今日，还是值得大书特书的。我们知道，西行求法的人，在玄奘以前，有法显（公元？—420 年），在玄奘之后，又有义净（635—713 年）。但玄奘所遭遇的困难与所获得的成绩，在中国求法史上却是空前的，因此就更为人们所崇敬。鲁迅先生晚年，对当时流行于资产阶级和小市民之间的一些失败主义论调，非常愤慨地说："我们从古以来，就有埋头苦干的人，有拼命硬干的人，有为民请命的人，有舍身求法的人，虽是等于为帝王将相作家谱的所谓'正史'，也往往掩不住他们的光耀，这就是中国的脊梁"①。真的，如玄奘舍身求法，一往无前，就是封建社会也掩不住他的光耀。现在人民政权建立起来了，玄奘为中印文化交流留下贡献的那种排除各种艰难险阻、埋头苦干的大无畏精神，当然更会发射它的光芒了。

　　到底玄奘在中印文化交流史上有哪些主要贡献，值得我们学习和景仰呢？我想，这是人们很想具体了解的问题。关于玄奘只身往印度取经的大无畏精神，素为民间文学作品所歌颂；如宋人话本《大唐三藏取经诗话》、吴昌龄的杂剧《唐三藏西天取经》以及明代吴承恩百回本《西游记》，都描绘唐三藏往西天取经故事。尽管以上这些作品所描述的情节，不符合历史真实，尽管吴承恩笔下所刻画的唐僧形象和玄奘这位历史人物的真实性格有许多不同，但都足以表明玄奘只身赴印度取经，行程数万里之遥，历时 17 年之久，这件惊人的壮举本身的震撼人心。玄奘为什么被誉为中国唐代大旅行家，当时是怎样到达印度的；在印度怎样遍游各国，这些问题，中外学者撰文论

---

　　① 鲁迅：《中国人失掉自信力了吗？》，《鲁迅全集》第 6 卷，人民文学出版社1973 年版，第 92 页。

述的不少。玄奘的弟子慧立写的 8 万余言的《大慈恩寺三藏法师传》、道宣的《续高僧传》、智升的《开元释教缘》、靖迈的《译经图记》、冥祥的《玄奘法师行状》、刘轲的《大遍觉法师塔铭》以及法国朱理安的《玄奘的生平和他从 629—645 年在印度旅行的历史》。汤姆斯·瓦特的《论玄奘在印度的旅行》等等，都详细记述玄奘西游的经过。我们通过这些文献，就能了解玄奘这位大旅行家怎样排除万难完成他的赴印计划。至于玄奘在中印文化交流史上有哪些主要贡献呢？这一点，翻译工作者以及研究哲学、逻辑、地理的人们都很想了解。这篇文章拟将所知的点滴，提供参考，希望能抛砖引玉，得到诸位的补充和指正。

二　玄奘在中印文化交流史上的主要贡献

玄奘在中印文化交流史上究竟有哪些贡献呢？我认为主要的有下列四个方面：

（一）具体表现在佛典翻译方面

玄奘从印度回国以后，唯一的任务，就是想把他带回来的梵文经典，逐步译成汉文，把印度的佛教经典以及印度文化，全面而有系统地介绍过来。玄奘为了更好地完成这个任务，避免在长安作无谓应酬，耽搁时间，本拟到少林寺专心从事翻译工作[①]，但是唐太宗李世民有意借重他，特别给予优厚的待遇，想借此来争取全国的佛教徒和邻邦，巩固他的封建统治，就留他在长安弘福寺译经，由朝廷供给所需，并召集各地精通佛学和文学语言学的人才，分任证义、缀文、正字、证梵等职，组织规模完备的译

---

① 玄奘：《请入少林寺翻译表启》，见《大慈恩寺三藏法师传》卷九。

场。玄奘自贞观十九年五月到龙朔三年冬月，连续进行了 19 年有计划有系统的翻译。译出的书共有 57 部，13335 卷。翻译过程和所译种类，大抵可分为三个阶段：

第一阶段，从贞观十九年五月到二十三年。这 5 年的时间，译出瑜伽行学派的以《瑜伽师地论》为本，以《百法明门论》、《五蕴论》、《显扬圣教论》、《摄大乘论》、《杂集论》、《辨中边论》、《唯识二十论》、《唯识三十论（颂）》、《大乘庄严经论》、《分别瑜伽论》为支的所谓"一本十支"的典籍。

第二阶段，从高宗永徽元年到显庆四年，这十年的时间，译出了以《发智论》为身，以《集异门足论》、《法蕴足论》、《施设足论》、《识身足论》、《品类足论》、《界身足论》为足的所谓"一身六足"论著。

第三阶段，从显庆五年到龙朔三年，这 4 年的时间，译出《大般若波罗蜜多经》600 卷。

这三个阶段庞大的翻译工作，玄奘都是按计划步骤辛勤刻苦来完成的。慧立为玄奘写传记，叙述玄奘的翻译情况，有这么一段："每日自立程课，若昼日有事不充，必兼夜以续之，遇己之后，方乃停笔。"可见玄奘翻译态度非常认真，哪一天进度不能完成，夜里加班加点还得补上，时间抓得紧。

玄奘在中国译经史上，可以说是结束了一个旧的时代，又开辟了一个新的时代。我们可以先从玄奘以前的译经情况来看。汉桓帝、汉灵帝时，最初的译师是西域人安世高兴支娄迦讦。他们译出各自熟习部派（阿含等类）和大乘（般若等类）佛典。东晋对译经事业贡献较大者有 3 人：释道安废除"格义"，即用外书比拟佛教的做法。提倡直接翻译的方法，又建立翻译组织，追求把经、律、论三者完备地翻译出来，这对佛典翻译起了很大推动作用。鸠摩罗什（印度人，生在西域龟兹国），运用达意的译法，一变过去朴拙的风格，介绍龙树一系的学说。法显为了广求经律，远游印度、锡兰等地，带回了好些经典并努力翻译，这有助于当时教学风气的转变。此后南北朝有不少重要译家，像菩提留支、真谛等，分别介绍龙树以后的大乘瑜伽学说。他们译出的书各有人专门研究，根据研究经论的不同，培养出楞伽师、地论师、摄论师等。从东汉到南北朝的中外译家的翻译，虽各有贡献，但总的说来，数量和质量都远远比不上玄奘。

玄奘所译的佛典，不仅"文质相兼，无违梵本"（道宣语），而且系统地深入地反映了公元 5 世纪前后印度佛学的全貌。印度佛学从弥勒、无着、世亲相承而下直到陈那、护法、戒贤等，已确定分为因明、对法、戒律、中观和瑜伽等五科：（1）因明科，玄奘虽然只译了商羯罗主的《因明八正理论》和陈那的《因明正理门论》两种，但已足传佛家逻辑有关能立（证明）和能破（驳斥）的精要，而且他所译的弥勒《瑜伽师地论》100 卷，其中也有古因明资料（如"七因明"等），足供参考。（2）对法科，阿毗达磨，意译对法，就是对教说解释的一种法门。对法一科，小乘以《阿毗达磨俱舍论》为中心，大乘则以《阿毗达磨集论》为中心。玄奘不仅把这两部代表作都翻译出来，同时又将《俱舍论》以前的根本典籍"一身六足论"和《俱舍论》以后的《顺正理论》、《显宗论》以及糅合注释《集论》的《大乘阿毗达磨杂集论》等，都原原本本翻译了出来，这样，一方面可以看出小乘对法到大乘对法的发展过程；另一方面又可以比较对法论和瑜伽论不同的所在。（3）戒律科，大乘戒律以瑜伽为正宗。玄奘译《瑜伽菩萨戒本》传大乘戒精要，并辑出"受戒羯磨"为践履笃行的依据。要想研究佛家小乘戒到大乘戒的具体演变情况和区别，玄奘的译传是值得重视的。（4）中观科，玄奘特地翻译了护法的《大乘广百论释》十卷，这部论释虽然仅解释

《百论》的后半部，但已经抉择了中观学派缘起性空学说的精神实质。（5）瑜伽科，这种以弥勒所讲的《瑜伽师地论》为本，另有《百法明门》、《五蕴》等论为支的所谓一本十支，玄奘差不多全数翻译出来而且进行讲述。而瑜伽一系最后发展的唯识学说，玄奘又糅合亲胜、火辨、汉陀、德慧、安慧、净月、护法、胜友、胜子、智月十大论师的学说为《成唯识论》，一名《净唯识论》，这是一部解释世亲《唯识三十论（颂）》而属于集注性质的书，如要研究唯识学说，在世亲以后是如何发展的，《成唯识论》是必读之书。以上五科，可以说是公元5世纪印度佛学的精华，绝大部分都是由玄奘传译到中国汉地来的[①]。由这些翻译所流传的印度佛家学说，不仅影响到中国佛学史、中国哲学史，而且是国际佛教学者，研究汉语系北传佛教取之无尽的源泉。

玄奘在回国致力佛典翻译期间，还应东印度童子王的请求，将中国哲学的经典著作——《老子·道德经》，译成梵文，流传于迦缕波国。同时，又应印度佛学界的请求，将中国流传已久的《大乘起信论》，从汉文译成梵文，寄给印度，这些翻译工作，在中印文化交流事业上，无疑地起了相互了解相互学习的作用。

（二）具体表现在唯识哲学方面

印度佛学史可以并已经为史学家分为三个时期，他们称之"三转法轮"。在这三个时期佛家一直忠诚于动的、无法的、生存之流的中心思想。然而在它的历史上曾经有两次——公元1世纪与5世纪——对于原则的解释发生根本变化，有属于它自身的崭新的中心思想。大体说来，假如我们计算一下，自公元前500年开始，佛学在它出生地实际存在1500年，这段时间平均分为三个时期，每时期约为500年。佛家哲学的第一时期的学说概括

---

① 吕澂：《奘净两师所传的五种佛学》，见《现代佛学》1956年1月号。

为"四谛"、"五蕴"等，主要是阐"我空"思想。主要学派有"一切有部"和"犊子部"。佛家哲学的第二时期的学说概括为"两谛"（俗谛和真谛），主要是阐明"法空"思想，主要代表者有龙树、提婆和清辩，创立中观学派。佛家哲学的第三时期的学说概括为"三性"（依他起性、遍计所执性和圆成实性），主要是阐明"外境空"思想，主要代表者有无着与世亲、陈那与法称创立唯识学派。玄奘对唯识学派学说的整理和研究，付出很大的力量。他游学印度的时候，在杖林山胜军居士处学习唯识两年，回国之前，把那烂陀时代解释世亲的《唯识三十论（颂）》及十大论师的注书共有 2500 颂，都收集起来。玄奘要收集这么多的注书，并不是容易的事。特别是护法的注书。原来护法在印度只付托一位玄鉴居士珍藏，以待知者，不轻易示人，玄奘因为在印度学术界获得极大的声誉，竟能得到护法的注书并把它带回来。玄奘译经到了最后阶段，即准备移住玉华宫专译《大般若经》之前，他本来打算将《唯识三十论（颂）》的十大论师的注书全部翻译出来，以总结瑜伽一系的学说，并决定由神昉润色、嘉尚执笔，普光检文，窥基纂义，后来因采纳窥基的建议，改用编纂办法，糅合十大论师学说于一书，而且只留窥基一人独任笔受，编译而成《成唯识论》。玄奘虽然没有把十大论师的注书全部译出，但也可见他对唯识学说的重视。他在回国以前，应戒日王的邀请，在曲女城无遮大会上，为驳斥南印正量部般若毱多（智获）破大乘论的异说，用梵文写成的《制恶见论》600 颂，因为没有译成汉文，玄奘和般若毱多彼此往返的争辩，无由窥其全貌，但从窥基所写的《成唯识论述记》中我们还可以看出玄奘的主要思想，而这些主要思想正是他在唯识哲学上的贡献。

1. 解答正量部师般若毱多的难题——正量部是部派佛学犊

子部分化出来的一个学派。他们的学说中，有些唯物主义因素。正量部认为色（物质）心（精神）的法两种现象，各不相同。色法有时暂住，心法则刹那生灭，因而主张色、心分离，各自独立。这一点和唯识哲学主张心是最殊胜，色法是心法及心所有法所变现的影像，色不能离心及心所而独存，恰恰对立。正量部又认为心之缘境，可以直取，不得另变影像。这又和唯识哲学主张心之缘境，只是人们交遍宇宙的潜在功能（种子），托物的自体（本质尘），依感官（根）而变现的影像（相分），至于物之自体，则非人之耳目所能亲缘，又根本对立。唯识学说在印度盛行之日，正量部势力仍未衰歇，南印摩腊婆国特盛，西印信度国次之。南印正量部师般若毱多破唯识哲学集中在"所缘缘"这一问题上。唯识哲学自从陈那（450—520 年）发表《观所缘缘论》以后，认为识托质而变似质之相，就是所缘缘。如天上月亮，能缘之识托月亮之质而生，就是第二个"缘"字的意思，而复变似月亮的影像，就是"所缘"的意思。因此，陈那主张能缘是内识，所缘也是内识。般若毱多抓住这一点，作了 700 个颂的《破大乘论》重新提出破大乘的说法。他认为即使识托质而变似质之相为所缘缘是正确的话，但唯识哲学，向来主张"正智"缘"真如"时，不许带有似如之相，那么，所缘真如望能缘正智，就没有所缘缘义了。假使承认正智缘如，也有似如之相，就违反唯识哲学所崇奉的经论。般若毱多这一驳斥，可谓击中要害，因为"正智"缘"如"时，既非真如为所缘缘，那么，诸识缘一切境相时，就都没有所缘缘义了。相传唯识论者，经过 12 年时间，没有人能救得了所缘缘义①，一直到玄奘写了一部 1600 颂的《制恶见论》才解答了这个问题。玄奘解答般若毱多

---

① 延寿：《宗镜录》卷十。

所提的难题，乃将"带相"分为"变带"和"挟带"两种：陈那所主张的识托质而变似质之相，仅就"变带"一义（即再变现相状）而言。这种"变带"义，玄奘认为不适用于"正智"缘"如"上面。"正智"缘"如"问题，乃属于"挟带"性质问题。所谓"挟带"，就是逼近亲附的意思，也就是能缘"正智"挟带"真如"体相而起，能所不分冥合若一的意见。玄奘根据"挟带"一义，对般若毱多进行了反驳斥。《成唯识论述记》记载玄奘反驳般若毱多这样说："汝不解我。带者挟带。相者体相。谓正智生时，即挟带真如体相而起。'智'与'真如'不一不异。'真如'非相，非非相，故此真如是所缘缘。"① 玄奘认为"正智"缘"如"，正智是能缘，真如是所缘，所以是不一；能所冥合若一，所以又是不异。真如不是一件东西，所以说非相；但"真如"是诸法实性，没有被曲解为种种施设形象的本来面目，是绝对真实，所以说非非相。通过玄奘这一解围之后，唯识哲学的营垒又重新巩固起来，而陈那"变带"一义，也可以并行不悖。玄奘在唯识哲学上的贡献，这是一点。

2. 对"见分""相分"是同种还是别种进行一个总结——玄奘游学印度 17 年，贞观十九年回国，全部精力几乎都用在翻译方面，他在印度用梵文所写的——《会宗论》3000 颂、《制恶见论》1600 个颂和《三身颂》300 个颂，都没有流传下来。一般公认为玄奘自撰的，唯有《三类境》一颂载在《成唯识论掌中枢要》卷三中；《赞弥勒四礼文》载在《法苑珠林》卷十中，论五种不翻，为周敦义《翻译名义集序》所称引而已。

玄奘自撰的《三类境》一颂，虽只有寥寥 20 字，却是他对当时印度唯识学说中，有关"见分"、"相分"是同种还是别种

① 窥基：《成唯识论述记》卷四十四。

进行争辩所作的一个总结。当时唯识论者主张识有"见"、"相"二分。如一张目而陡然了别案上笔砚等影像，笔砚等影像为相分，了别笔砚等影像的功能为见分。见分为能缘能觉，相分为所缘所觉。见分是能别，相分是所别。见分托相分而起，相分挟见分而生，因作用不同而分"能"，"所"。即一个识体有这两种功能。但对"见分"和"相分"，究竟是同种（同一潜在功能）。还是别种（不同潜在功能），各有不同主张，概括起来，约有四说：

（1）主张"见分"、"相分"及"本质尘"（物之自体）三法皆同种。

（2）主张"相"、"见"、"质"三法二种生，"见"别种"相"与"质"同种。

（3）主张各识之"见"、"相"两法同种生。

（4）主张各识"相"、"见"，无论何时皆属别种。

玄奘认为要解决"相"、"见"二分是同种，还是别种，要随着性境、独影境、带质境而定，不能一概而论。他的三类境一颂是这样说的：

　　　　性境不随心。独影唯从见。带质通情本。性种等随应①。

（1）性境（实境），"相"、"见"别种。如缘根身（身体）、器界（世界），托本质尘而缘，"相分"、"见分"不同种。性境不是随心所欲。如缘泰山必在山东，缘团圆月必在十五夜，"相分"与"见分"别种。根身器界如与"见分"同种，那么，根身器界皆"大种"（坚、湿、暖、动）"造色种"（色、声，香、味、触等）变现，"大种"与"造色种"也有觉性，就讲不通

---

① 窥基：《成唯识论掌中枢要》卷三。

了。它的三性（善、恶、无记）不定。如实五尘（色、声、香、味、触）唯无记性，不随能缘五识（眼识、耳识、鼻识、舌识、身识），通善、恶、无记三性。

（2）独影境（幻觉）"相""见"同种。如意识缘龟毛、兔角、石女等，不托质而缘，故"相"、"见"同种。独影境虽然也有"相分"，但此"相分"为"见分"遍行所执相，所以说"独影唯从见"。善、恶、无记三性也是同种。

（3）带质境（错觉），虽随心生，而必仗本质，虽带本质又与本质不符。如冥冥夜行，认绳作蛇，叫做"带质境"。蛇境心生，而必仗彼绳，绳本非蛇，而认绳作蛇。所以叫做带质境。仗本质生，带似本质，故通于"本"，由情而起，自变相生，又通于情，所以说通"情""本"。此境异于性境，纯仗质而不随情，又异于独影境，只随情而不仗质。一分与"质"同种，一分与"见"同种。两头（指"见"及"质"）烁起，因而名为带质境。带质之境，判性不定，若从"见"说，是有复无记性；若从"质"说，是无复无记性。可见玄奘《三类境》一颂，虽寥寥20个字，联系历史实际，乃就印度当时唯识论者，对相分和见分究竟是同种还是别种问题的争论，进行了一次总结。

以上两点，都是玄奘在唯识哲学上的贡献，解答了"真如"是所缘缘，和"相""见"是同种还是别种是随着三境的不同而不同的问题，实际是将印度唯识哲学推进一大步。至于后世所传的《八识规矩颂》一书，无论从思想内容及其所表现的形式来看，都有可疑之处，认为并非玄奘的手笔，这里就不介绍了。

至于玄奘回国以后所译的有关唯识经论和他所传播的唯识思想，不仅由他的门人窥基、慧治等在中国汉地开创了唯识宗，辗转到朝鲜、日本各地，而且这种唯识思想，在中国哲学史上，也发生深远的影响：明清之际，王船山（1619—1692 年）颇治相宗，有《相宗络索》之作行世。戊戌变法运动领导人物之一谭嗣同（1865—1895 年）曾引用唯识微生灭（量变）的思想，来做他的改良主义理论之一的根据。正因为只承认"微生灭"，所以对旧的社会制度，只能抱着改良主义的态度，不敢进行根本推翻，在他所著的《仁学》中，强调："意识断则我相除；我相除则异同泯；异同泯则平等出，至于平等，则洞彻彼此，一尘不隔，为通人我之极致矣。"参加资产阶阶民主革命与立宪保皇派进行论战的章炳麟（1869—1936 年），在《国故论衡》"明见"篇中，曾运用与西洋逻辑、中国《墨经》作比较，中年有《齐物化唯识释》之作，晚岁在苏州设章氏国学讲习会，诸子略说，尤喜引用唯识思想来比附诸子。他说："老子之道最高之处：第一看出常字；第二看出无字；第三发明无我之义；第四倡立无所得三字。"论儒家，他说："孔子不居教人，多修己治人之言，及自道所得，则不限于此，修己治人，不求超出人格，孔子自得之言，盖有超出人格之外者矣。子绝四，毋意毋必毋固毋我。毋意者，意非意识之意，乃佛法之意根也。有生之本，佛法谓之阿赖耶识。阿赖耶无分彼我，意根执之以为我，而其作用在恒审思量。有意根即有我，有我即堕入生死。颠狂之人，事事不记，唯不忘我。常人作止语默，绝不自问谁行谁说，此即意根之力。欲除我见，必先断意根。毋必者，必即恒审思量之害。毋固老固即意根；念念执著，无恒审思量，无念念执著，斯无我见矣。"又说："杨子云迂腐，不如孟荀甚远。然论性谓善恶混，则有独到处。于此亦须采佛法解之，若纯依儒家，不能判也。佛法阿赖耶识，本无善恶，意根执著阿赖耶为我，乃生根本四烦恼，我见我癡我爱我慢是也。我见与我癡相长，我爱与我慢相制。由我爱而生恻隐之心。由我慢而生好胜之心。孟子有见于我爱，故云性善。荀子有见于我慢，故云性恶。杨子有见于我爱我慢交互为用，故云善恶混也。"以上三家，受唯识宗思想的影响，至为明显。陈寅恪认为"若玄奘唯识之学，虽震荡一时之人心，而卒归于消沉歇绝"①。这种论断，还是流于表面，不符合历史的实际。如要了解唯识思想在中国哲学史上所发生的影响，加强印度唯识哲学特别是玄奘的唯识思想的学习和研究，仍然是一件重要的工作。

（三）具体表现在因明学方面

因明（即佛家逻辑）在印度逻辑史上是一个重要体系。"因"梵语为"醯都"，含有理由、原因、知识之因诸义。"明"梵语称为"费陀"，含义略当于汉语之"学"字。这门学问是由佛家瑜伽行学派的论师弥勒、无着、世亲、陈那、法称、法上等在尼也耶派 16 个范畴中有关逻辑思想逐渐建立起来的。最初它偏重辩论术的探索；继而建立能立（证明）能破（驳斥）学说，最后形成一个认识论逻辑体系。它所要分析的是我们论辩的思维。这个题目分为三个主要部分：讨论知识的起源、知识的形式和知识的语言表现。这三个主要题目叫做感觉、推理和推论式。但是在讨论当中，也可以把感性作为我们对外在真实的知识的原始来源，把智力作为产生这种知识形式的来源，把推论式作为充分表达这一认识过程的语言形式而从事研究。因此，因明既包括认识论，又包括形式逻辑。

玄奘游学印度的时候，参访精通因明的论师很多，见于传记

---

① ……《相宗络索》一书，原为先开比丘而作，全书不逾一万九千言，为条三十有一，对佛家相宗之基本概念，析之颇精，出之甚显，既与一般之理解迥有殊别，且有与《八识规矩颂》互相印证，唯言及如来藏·阿赖耶识，则兼采《楞严》、《起信》之说，与唯识原旨不尽符合耳。吾人欲知唯识思想在中国哲学史之影响，不能不留意《相宗络索》之一作也。（拙作《相宗络索点校后序》节录，1963 年 5 月中国人民大学油印本）。

的就有僧称、戒贤、南侨萨罗国智贤和杖林山胜军等几家，跟他们反复学习了陈那《因明正理门论》，商羯罗主《因明入正理论》等作，对于因明有很深的造诣。在回国之前，玄奘对因明的贡献，具体表现在对胜军"诸大乘经皆是佛说"一量的修改与在戒日王主持的无遮大会上所立的"唯识量"相传胜军40余年立了如下一个三支比量说①：

　　　　诸大乘经皆佛说宗——论题
　　　　两俱极成非诸佛语所不摄故因——论据
　　　　如增一等阿笈摩喻——论证

　　此量流行很久，没有人能发现它的逻辑谬误。可是玄奘到了杖林山之后，详加研究，发现胜军此量原来的论据或中词，对小乘学派说来有它随一不成过（即论敌认为中词缺乏真实性）的逻辑谬误。因为小乘学派不承认大乘经典是佛说，便可提出如下质问，究竟像自许《发智论》两俱极成非佛语所不摄故，汝大乘经典佛语呢？还是像《增一等阿笈摩》等两俱极成非佛语所不摄故，汝大乘经典亚佛语呢？玄奘把据改为"自许极成非诸佛语所不摄故"。"两俱"二字删去，在极成之上用"自许"预加限制的言词来简滥。这样改正之后，不仅这一论据或中词与"诸大乘经"这一小词有必然联系，同时，这一论据或中词，只能容纳"佛说"（大词）的《增一阿笈摩》，而绝不容纳非佛说的《发智论》，完全符合了因之三相即理由或中词的三个特征的精神。当然，要解决诸大乘经是不是佛说，必须占有丰富材料，在历史科学的观点指导下，从大量材料中引出正确的结论，不是单靠一因明的三支比量所能为力，但仅就因明证明方式与善于运用预加限制的言词来说，玄奘确实做到无懈可击，不愧为胜年的

---

　　①　陈伯达：《论谭嗣同——近代中国思想史稿之一》，（人文印务社）。

高足，而且是青出于蓝而更胜于蓝了。至于玄奘在戒日王召开的九遮大会上所立的唯识量原文是这样[①]：

真故极成色不离于眼识宗——论题

自许初三摄眼所不摄故因——论据

犹如眼识喻——论证

玄奘在论题的主辞"色"上所以要加"极成"二字，因为参加无遮大会小乘、大乘别宗，各种学派的人都有，假使只说"色"，就各有各的解释。玄奘一说"极成色"，知道是指大家所一致承认的视觉的对象，"色"这个概念就明确了。宾辞解说"不离于眼识"，有人会认为这样主张是和世间相违反，因为一般人都认为视觉对象（色境）是离视觉（眼识）而独立存在，所以玄奘又用"真故"来预加限制（即寄言简别），表明这样的主张是依据唯识义理亚非泛泛之谈。

论据是说明"色"之所属。玄奘所宗瑜伽行学派将宇宙万有归为十八界，复分六类（即六根、六尘、六识），每类有三：就是根、尘（境）、识。色境定不离于眼识，眼根就不一定，所以说："初三界摄"，又简别说"眼所不摄"，意思就是说："自许初三除眼（根）随一摄故"。今表解如下：

$$
初三
\begin{cases}
眼所摄——不定（色境、初三摄故非定不离于\\
\qquad 眼根）\\
色所摄——正、成\\
识所摄——定、自不离自（色境，初三摄故定\\
\qquad 不定离于）
\end{cases}
$$

此初三界所对，各家也有不立的，所以加"自许"来简别。但极成色之为自宗，初三界所摄，则为立论者与论敌所一致承认

---

①　章炳麟：《诸子略说》上，章氏国学讲习会出版。

的，所以没有"随一不成"过。这里所加"自许"，只简初三，不贯所摄，故与一般所谓"为自比量"（为自己推理）不同。

玄奘这种证明方法，在因明叫做"以总立别"。"色境"一界是别，初三界摄是总，总属于一类的，一定有必然联系，所以可用类推法来证明，本来大乘学派立根、尘（境）、识，即依据能缘所缘而设。凡有能所缘的关系一定是和合，这一点小乘也是承认的。不过，小乘与其他学派，都以"眼根"为能缘，唯识学派则以"眼识"为能缘。因为眼根只能"映照"而不能"了别"，所以真正能缘是眼识而非眼根。玄奘立这个量，用"初三摄眼（根）所不摄故"来做论据，用眼识做同喻（正证），无非是要启发"色不离于眼识"这一论题，也就是对唯识"同体不离"的论点有所理解。因为他考虑周到，避免了逻辑上各种谬误，所以经18天没有人能驳倒它，创造了运用因明攀登高峰的一个光辉记录。

贞观十九年玄奘回到长安，二十一年（647）就在弘福寺译出商羯罗主的《因明入正理论》。因明一词，梵本原来没有，乃玄奘为表示此论的性质才加上的。商羯罗主意云骨璅，是指自在天苦行时形销骨立之象。作者双亲少无子息，从天象乞便有生育，因而以天为主，立名为商羯罗主，亦称天主。从这一传说可以推知作者家庭当属于婆罗门种姓。窥基《因明大疏》说他出于陈那门下，今从他的著作对于陈那晚年成熟的量论学说很少涉及，他可能是陈那早年的弟子。本论之名"入正理"，含有两层意义：其一，陈那早年关于因明的重要著作是《正理门论》文字简奥，不易理解，本论之作即为其入门阶梯，所以称为入正理；其二，正理是因明论法的通名，本论为通达论法的门径，所以称为入正理。

本论的全部内容，在开头有总括一颂说："能立与能破，及似唯吾他。现量与比量，及似唯自悟。"这就是后人通说的"八门（能立，似能立等）二益（悟他、自悟）"实际包含了诸因明论所说的要义。

这八门二益虽然不出陈那诸论的范围，但本论是作了一番整理补充的工夫的。特别是在似能立一门里，依照宗、因、喻三支整理出三十三过，并举了适当的例证，极易了解。

《入论》辨别三支过失那样的精细，完全是以构成论式的主要因素"因的三相"为依据。这三相即遍是宗法性，同品定有性、异品遍无性。三相的理论虽然从世亲以来就已组成，又经过阵那用九句刊定而渐臻完备，但到了商羯罗主才辨析得极其精微。像他对于因的初相分析连带推论到宗的一支，需要将宗依即有法（论题中的主辞）和能别（论题中的宾辞），从宗体（整个论题）区别开来，而主张宗依的两部分须各别得到主论者和论敌的共同承认而达于极成。因此在似宗的九过里也就有了能别不极成、所别不极成、俱不极成三种，这些都是陈那著作中所未明白提出的。另外，他对因的第二、三相的分析，连带将陈那所立因过衷的相违决定和四种相连一一明确起来，不能不说是种学说上的发展。

《入论》是一部极其精简的著作，词约而意丰，但仍包括不尽，所以在论末后总结一颂说："已宣少句义，为始立方隅。其间理非理，妙辩于余处。"这是要学者更参照陈那所著的《理门》、《因轮》等论而求深入的。

玄奘于贞观二十三年（649）又在弘福寺译出陈那《因明正理门论》。书名因明一词，梵本原来也没有，译者为要表示此论的性质才加上去的。大藏中另存义净（635—713）所译《因明正理门论》一卷，论本部分和奘译完全一样，仅仅开头多了"释论缘起"一段。这一段最后说："上来已辩论主标宗，自下本文随次当择。"可见义净拟译的是一种释论而非论本，他只译了一点，后人取奘译论本凑足一卷，录家因而误传，大藏中亦相沿未改。

作者陈那，传说是世亲门人，擅长因明。共有关因明的著书凡有八论，《正理门论》即共一种（见义净《南海寄归传》卷四）。八论除理门外，余七为《观三世论》、《观所缘论》、《因门论》、《似因门论》、《取事施设论》及《集量论》。其中《因门》、《拟因门》二论，现不传，余有汉译或藏译本。陈那因明著述，可分两个时期：前期以论法为中心，后期以认识论为中心，《集量论》为后期代表作，《正理门论》则为前期代表作。故门论开首即标出宗旨："为欲简持能破义中真实，故造斯论。"全论共分两段：第一大段论述能立及似能立，第二大段论述能破及似能破。

《门论》首段分真能立和立具。在真能立方面，唯取随自意乐而立宗义，并须避免种种相违的似宗。此类似宗可分析为五：一自语相违，二自教相违、三世间相违、四现量相违、五比量相违。其次，依因之三相改五支论式（宗、因、喻、合、结）为三支比量，使因明证明开始具有演绎推理的必然性。论式中的因（或中词）须立敌共许，方能令敌生忆念，依此忆念方生了智，依此了智方能成宗。所以违背因之初相——遍是宗法性（遍有法皆具此因），就犯四不成过：一两俱不成、二随一不成、三犹豫不成、四所依不成。依因之后二相——同品定有性与异品遍无性，配合成为九句，此为因的真似的刊定。九句就是：一同异品共有，二同品有异品无。三同品有异品俱，四同品无异品有，五同异品均无。六同品无异品俱，七同品俱异品有，八同品俱异品无，九同品俱异品俱。在这九句中，只有第二同有异无与第八同俱异无是正因，第四、第六属"法自相相违"，其他五种都犯

"不定"遇。(威利布萨那的《印度逻辑史》，认为发现二、八为正因，据他所知道的是以陈那为第一人。)二、八所以成为正因，其关键不在于同有或同俱，主要是在于异无。如立"声是无常，所作性故，同喻如瓶，异喻如空"。同品之瓶。有"所作性故"这个因，而异品之空却没有，同有异无，当然是正因。但如立"声是无常，勤勇无间所发性故，同喻如瓶如闪电，异喻如空"。这"勤勇无间所发性故"因，于瓶有，而于闪电无，虽不同于第二遍有，而依"勤勇无间所发性"因，仍只成立声是无常空，不会成立声是常宗，所以也是正因。玄奘所译因明论书。对于因正第二相，不译成同品遍有性而译成同品定有性，正是体现了陈那将正因分为同有异无和同俱异无两类精神。陈那由第四、第六句和正因相反的方面，又发展说有四相违与"相违决定"的相违因。在喻支方面，陈那又明确了论式上"合"和"离"的正确做法。同喻的合作法，是以因(中词)合宗(大词)，什么法上有所作性，就什么法是无常。异喻陈那的离做法是由宗离因，举例说：什么法是常，什么法上便没有所作性。反此，就有倒合、倒离之遇。

其次，谈到立具，即是现量与比量。现量有四：(1)五识，(2)和五识同起的意识，(3)贪等心所的自证分，(4)定中离教分别的瑜伽现量。比量有两层：(1)从现量式从比量而来的审了宗智，这是远因，(2)忆因之念，才是近因，因为由于回忆才明白因与宗有必然的联系，如正面了解有烟应有火，所作应是无常，反面也明确了无火必无烟，常必非所作，可见比量的决定智(果)实合审宗智(远因)与忆因念(近因)而生。至于陈那为什么只说现比二量，其根本理由，就是所量之境不外自相(特殊)与共相(一般)。事物的本身或者它的特定的意义。各依附着它的本身而不通到其他方面的叫做自相。譬如风声，无关其他的声音，就是事物的本身，无常只指风声而不指其他。这叫做特定的意义，都是属于自相，如有法体或义像缕贯华，那就是共相。譬如"声"的概念，通于人声、钟声、鸟声、树声、雨声等。又如"无常"的概念，通于瓶盆草木鸟兽等，都属于共相。认识自相的叫做现量，因为是对现在事显现现成证知的。认识共相的叫做比量，因为是有持三相推比才决定知道的。在人类知识的领域内。除了自相共相，再也没有所量之境。所以能知之量，也只限于现量和比量，不容增减。

《门论》第二大段述能破与似能破。在能破方面，可分为六类。（1）支缺（缺一有三，缺二有三而无全阙）。（2）宗过。（3）因过不成。（4）因过不定。（5）因过相违。（6）喻过。似能破方面，用以上能破的标准，衡量过去所以的过类，只取其十四种：似宗过破有一，叫做常住相似。似缺因过能破有三：（1）至不至相似，（2）无因相似，（3）第一无生相似。似喻过破有二：（1）生过相似。（2）第三所作相似。似不成因破，凡有四种：（1）无说相似。（2）第二无异相似。（3）第二可得相似。（4）第一所作相似。似不定因破有九：（1）一同法相似。（2）异法相似。（3）分别相似。（4）犹豫相似。（5）义准相似。（6）第一第三无异相似。（7）第一可能相似。（8）第一可得相似。（9）第二无生相似。似相违破有一，叫做第二所作相似，除了重复以外，共有十四过类。欧阳竟无先生说："似破违类，足目《正理》凡二十四，《如实》所列为二十二，《方便心论》亦列二十，天主《入论》摄入立中曾无一列。因明所需，若论克实，即一能立已摄无余。然立破迭为宾主。即方便必辟四门。譬如立支，唯一宗因已堪自悟。以故尼乾法称废喻有文。然必悟他。他非易了，故凡孤证来足畅情，以是对治相违及与不定，喻又须二。此亦如是，立破既开四门，似破须更列类，陈那

《理门》酌古准情，刊以定类列为十四。"① 这是很确切的论断。

《门论》详于立破，对于现比量论述则较少，这表示陈那在著此论时，还保留一些旧观点，并未形成量论（包括认识论和逻辑）的整个体系。但作者不久即以《门论》为基本资料，而另著《集量论》不再以现比量为能立的资具，而以独立的地位，大成了量论的组织，所以《门论》也含有从证明驳斥到认识的逻辑体系的过渡的意义。

译者玄奘在印度游学时，对于因明反复钻研，有极深的造诣。他回国五年继译商羯罗主《入正理论》之后，就译出了陈那《正理门论》，可见他对因明的重视不是一般的，因明在当时是一门崭新的学问，译本既出，玄奘又口授讲义，所以他门下诸师，奉为秘宝，就作注疏。《入正理论》以大庄严寺文轨和慈恩寺窥基注疏最为流行。轨疏四卷，制作较前，后称"旧疏"。基疏八卷，解释繁广，后称"大疏"。奘门最后唯窥基一系独盛，他门下慧沼相继撰《义断》三卷，《纂要》一卷、《续疏》（这是补足基疏末卷的）一卷；再传智周，又撰《前记》三卷，《后记》二卷，都是简别他家异义而宣扬基师之说的。此外还有道邑的《义范》三卷，道献的《义心》一卷，如理的《纂要记》一卷，也是发挥基师学说的，可惜已佚失不传。《正理门论》注疏可考者，有神泰的《述记》一卷（今存本不全），太贤的《古迹记》一卷，大乘光的《记》二卷、圆测的《疏》二卷，文轨的《疏》三卷，净眼的《疏》三卷，胜庄的《述记》二卷，憬兴的《义钞》一卷，道证的《疏》二卷、《钞》二卷，玄范的《疏》二卷，定宾的《疏》六卷，文备的《疏》三卷、《注释》一卷，崇法师的《注》四卷，以上可惜大都已佚失不传。此外，

---

① 陈寅恪：《审查报告三》，载冯友兰《中国哲学史》卷末。

窥基《因明大疏》尝引本论诠文（日人宝云等尝引用以注疏本论），但也详前略后。

　　玄奘回国以后，对因明的贡献，不仅表现在翻译二论和讲授上，还表现在纠正吕才对因明的误解上。永徽六年（655）尚药奉御吕才，对玄奘所译因明二论，发生许多误解：如"生因"与"了因"，本来是指立论者的启发作用和论敌的了解作用。而吕才却认为，只能说"了"，不能说"生"。日本秋条善珠所著《因明论疏明灯钞》保存了吕才有关"生因""了因"的论旨与对之批评的一段话。

　　居士吕才云：谓立论言，既为"了因"，如何复说作"生因"也？论文既云"由宗等多言开示诸有问者未了义故说名能立"。虽然以"了"为名，"因"亦不宜别称：不尔，岂同一因之上，乃有半"生"半是"了因"？故立论言，但名"了因"，非"生因"。

　　此虽实见，义实未通，非直不齿于前贤，亦是无惭于后哲。立言虽一，所望果殊，了宗既得为生智，岂非所以此乃对所生"了"，合作二因，难令生了半分？吕失实为孟浪。如灯显瓶。既得称"了"，能起瓶智，岂不名"生"？……①《大唐大慈恩寺三藏法师传》卷八也提及这一问题。

　　"（吕才）且据生因，了因。执一体而亡二义，能了、所了，封一名而惑二体"。②再如"宗依"和"宗体"，原来"宗依"是指论题中的主解或宾辞，宗体是指整个论题。吕才却主张留"依"去"体"以为宗。

　　又如"喻体"和"喻依"，本来是指混成设言判断的肯定方

――――――――――

①　《大正藏》卷六八，第 258 页。
②　《大正藏》卷五十，第 265 页。

式否定方式及其例证，吕才却主张去"体"留"依"以为喻。
还有：《因明入正理论》解释宗支。有一句奘译是："极成能别
差别为性。"这一句的意思，如用现代汉语翻译，就是说"论题
是由立论者和论敌一致认识的宾辞区别了而成的"。而吕才改
"差别性故"为"差别为性"。玄奘感到这些错误是相当严重的，
正如窥基在《因明大疏》所批判："或有于此，不悟所由，遂改
论云差别为性，非直违因明之轨辙，亦乃暗唐梵之方言。辄改论
文，深为可责。"因而玄奘亲自和吕才展开争辩。真理必须反复
辩论而后明，疑似必经辗转推求而后见。通过玄奘的耐心说服，
吕才才辞屈谢退。唐段少卿《酉阳杂俎》有这样一段记载："慈
恩寺……初三藏翻因明，译经僧栖玄以论示尚药奉御吕才，才遂
张之广衢，指其长短，著《破义图》。其序云：'岂谓象系之表，
犹开八正之门，形象之先，更弘二知之教？'立难四十余条，诏
才就寺对论。三藏谓才云：檀越平生来见太玄。诏问须臾即解。
由来不窥象戏，试造旬日即成。以此有限之年，逢事即欲穿凿。
因重申所难，一一收摄，析毫藏耳，衮衮不穷。凡数千言，才屈
不能领，辞屈礼拜。"①

　　正因为吕才对因明译本在文字上产生不少误解，玄奘从此就
更加强翻译中润文、证义工作，并请求朝廷派文学大臣协助。即
此一端，不难看出玄奘对待因明的解释和翻译是何等认真严肃。
这种治学精神永远是值得我们学习的。至于吕才的哲学，有唯物
主义和无神论的光辉思想，那是另一回事，和他对因明译本发生
误解不能混为一谈。我们不能因为他对因明译本有所误解，而抹
杀他的唯物主义和无神论的光辉思想；同样，也不能因为他有唯
物主义和无神论的光辉思想而否认他在因明译本上的误解。这

---

　　①　慧立本：《大慈恩寺三藏法师传》卷八。

样，才是实事求是的态度。

这里值得提出的就是：玄奘在印度游学时，对于因明反复钻研。为什么只译商羯罗主的《入正理论》和陈那前期代表作——《正理门论》而不译陈那晚年代表作——《集量论》呢？

根据苏联科学院院士澈尔巴茨基的看法认为："最能使人讲得通的解释，将是玄奘自己对佛教宗教这一方面更加有兴趣。而对逻辑与认识的探索，则只具中等兴趣。"① 我们认为这种看法，还是值得商榷的。因为陈那及其他人的因明虽以认识论（唯识）为理论基础。但在玄奘心目中，可能认为因明更重要的是研究证明（能立）和驳斥（能破）。玄奘所译陈那《正理门论》。第一大段论述证明和虚假证明；第二大段论述驳斥和虚假驳斥。玄奘所译商羯罗主的《入正理论》，虽然不出八门二益，但在虚假证明（似能立）一门里，依照论题（宗），论据（因），论证（喻）三段论式，整理出三十三种逻辑谬误，仍然不出证明和驳斥的范围。陈那《正理门论》详于证明和驳斥，把感觉知识与推理知识作为证明的资具，到了晚年造《集量论》分为六章：一说到感觉作用，二说到为自己而推理，三说到为他人而推理，四说到理由或中词的三个特征以及那已驳斥过的要把比较作为单独的证明方法的主张，五驳斥了口证，六说到三段论式。可以看出《集量论》是属于认识论的逻辑著作，在前期《正理门论》的基础上，迈进了一大步。

其次，再从玄奘译《成唯识论》以护法学说为正宗来推测，玄奘对陈那认识论学说，也许不能完全同意：（1）护法主张每一有情无量种子（潜在功能）皆含藏于"阿赖耶识"，陈那则认为阿赖耶识不过是"灵魂的假扮"；（2）陈那就缘见分的功能，

---

①　慧治：《因明入正理文断》。

仅立"自证分"，因为陈那认为缘"相"之"见"，如不被缘，则此"见"后应不能忆，因为不被缘的缘故，如不曾更之境。然过去之"见"，今竟能记忆，故知"见分"起时，同时有"自证"以缘"见"。到了护法则就缘"自证分"的功能，更立"证自证分"。如自证分缘"见分"，"证自证分"即缘"自证分"。至于缘"证自证分"又为"自证分"，因为护法认为"自证分"与"证自证分"都是"现量"所摄，可相互为缘，不必再立第五分，而"见分"或量（正确）或非量（不正确），不能缘"自证分"，所以必须立"证自证分"。玄奘在印度虽然钻研过陈那《集量论》，回国以后，不译《集量论》，仅译商羯罗主《入正理论》和陈那前期代表作——《正理门论》，主要原因是玄奘对因明研究的对象和对因胡的理论基础看法问题，而不是兴趣浓淡问题。

尽管玄奘只译《入正理论》与《正理门论》，但是通过他的翻译、讲授和他的弟子的注疏，对于因明仍有所发展有所创造，今归纳为几个要点，分述如下：

1. 区别论题为"宗体"与"宗依"。宗体指整个论题，宗依则指论题中的"主解"或宾辞。窥基说："有法《论题的主辞）能别（论题的宾辞），但是宗依。而非是宗（整个论题）。此依（主辞与宾辞二依）必须两宗共许（两宗谓立论者与论敌），至极成就。为依义立，宗体方成。所依（主辞宾辞）若无，能依（整个论题）何位？由此宗依，必须共许。"至于宗体，乃指整个论题。窥基说："此取二中互相差别不相离性，以为宗体。如言'色蕴无我'。色蕴者，有法也；无我者，法也。此之二种，若体若义，互相差别。谓以色蕴简别无我，色蕴无我，非受蕴无我，及以无我简别色蕴，无我色蕴，非我色蕴。以此二种，相互差别，合之一处，不相离性，方是其宗。"又宗体在遍所许宗（即普遍的，如眼见色，彼此两宗普遍共许）、先业禀宗（即自宗的，如佛家立诸法定，数论立有神我）、傍准我宗（即旁推的，如立"声无声"旁推及"无我"）、不顾论宗（即随意的，随乐者情；所乐便立。如佛家立佛法义，不顾他义，为成自故。或者善外宗，乐之便立。不顾自我，为破他故）里。唯取第四不顾论宗，随自意乐而建立，不受任何拘束（随自，说明随立论者自所乐故。意乐，发言的原因，由于意乐，才发出言论）。他又说："今简前三，皆不可立。唯有第四不顾论宗，可以为宗，是随立者自意所乐。前三者皆是自不乐故。"

2. 为照顾立论发挥自由思想，打破顾虑，提出"寄言简别"的办法就不成为过失。如果只是自宗承认的，加"自许"；他宗承认的加"汝执"；两家共认又不是泛泛之谈，则加"胜义"或"真故"等，这样就有了自比量，他比量，共比量的区别。窥基说："凡因明法，所能立中（能立指因、喻，即是论据与论证）所立指宗即是论题，若有简别，便无过失、若自比量，以'许'言简，顾自许之。无他随一等过。若他比量'汝执'等言简，无违宗等失。若共比量，以'胜义'等言简，无违世间，自教等失。"玄奘、窥基在这方面的发展，不仅在三支比量（三段推理）的运用富有灵活性，同时对于当时佛家立量以及理解清辨、护法等著作，均有很大帮助。

3. 立论者的"生因"与论敌的"了因"，各分出言、智、义而成亦因，正意唯取"言生"、"智了"。从立量使别人理解来说。六因是应该以言生因（语言的启发作用）和智了因（智力的理解作用）二因最为重要。窥基说："分别生、了虽成六因，正意唯取言生、智了。由言生故，敌证解生；由智了故，隐义今显，故正取二，为因相体，兼余无失。"又说："由言生故，未生之智得生；由智了故，未晓之义今晓。"

4. 每一过类都分为全分的、一分的，又将全分的一分的分为自、他、俱。如"现量相违"（论题与感觉相矛盾），析为全分的四句：（1）违自现非他；（2）违他现非自；（3）自他现俱违；（4）自他俱不违。一分的亦析为四句：（1）违自一分非他；（2）违他一分非自；（3）自他俱违一分，（4）自他俱不违。其他过类，也分为全分的一分的两类四句（以正面对自许、他许、共许而为三句，反面全非又为一句）。这种分析发自玄奘，由窥基传承下来。如依《基疏》分析，在宗过（论题错误）中，有违现非违比，乃至违现非相符，有违现亦违比，乃至违现亦相符，错综配合，总计合有二千三百零四句。这虽不免类似数学演算，流于形式化，但在立破相对的关系上，穷究了一切的可能，不能不说是玄奘对于因明的一种发展。

5. 有体无体。《基疏》推究有体与无体约有三类：（1）有体无体，指别体的有无。有体，意即别有其体，如烟与火，各为一物；无体意即物体所具有的属性。如热与火，热依火存，非于火外别有热体。（2）指言陈的有无。言陈缺的叫无体，不缺的叫有体。（3）此类又分三种：第一，以共言为有体，以不共言为无体。第二，约法体有无以判有体无体。第三，以表诠为有体，如立"声是无事"，即是表诠；以遮诠为无体，如立"神我是无"，即是遮诠。这三种有体无体，就宗、因、喻三支分别来说，就不是固定一种。宗的有体无体，意取表诠遮诠。《基疏》所谓以无为宗（谓无体宗），以有为宗（谓有体宗），即指此而言。因的有体无体，意取共言，不共言。共言有体之中又分有无二种，以表诠为有体，以遮诠为无体。喻体的有体、无体亦取第三表遮之义。喻依的有体、无体，指物体的有无。有物者是有体，无物者是无体。如立"声是无常"，其"无常"法，表诠有体。如瓶等喻，有物有体。又如立"过去未来非实有"宗，其

"非实有"，遮诠无体。以"现常"为因，其言有体。"若非现常见非实有"，遮诠无体。"如龟毛"喻，非实有物，故亦无体。《基疏》解释有体无体，不是纯依一个意义，要视宗因喻三者分别判定。一般说来，异喻作用在于止滥（即预防"中词"外延太宽，通于大词的对立面），不妨用无体之法为喻依。至于三支之有体无体，就应当互相适应，有体因喻成有体宗，无体因喻成无体宗。然亦不可拘泥，在"破量"亦得用有体因喻成无体宗，如大乘破经部，立"极微非实"宗，"有方分故"因，"如瓶等"喻。此宗的有法（主辞）"极微"，大乘不许为有体，能别（宾辞）说它"非实"，即是遮诠。

以上五点，虽散见在《基疏》之中，但寻其来源咸出自玄奘的传授。相传玄奘为窥基讲唯识，圆测（613—696）去窃听抢先著述，窥基很有意见。玄奘对窥基说，圆测虽为唯识论作注解，却不懂因明，便以因明之秘传之窥基[①]。这些话虽不尽可信，但不难看出《基疏》对因明的论述，尽出诸玄奘，而以上五点也不妨看做玄奘对因明的贡献。

最后，简单地谈一下有关《入正理论》的作者与《正理门论》的影响问题。《入正理论》在汉族只有玄奘一种译本，其在我国西藏，《入论》曾有过两种译本。初译的一种是从汉译本重翻，题为（*Takad mahi bstan-bess rigs-pa-ta hjug-pa*）这是汉人胜藏主（sin-gyan-ju）和度语教童（ston-grigs）所译，并经汉人法宝校订，但误题《入论》作者之名为方象（Fang-Siang 即域龙的同意语，乃陈那一名的翻译）。后译的一种是从梵本直接译出，题为（*In had-marigs-par hiug-pahiego*）。这是迦湿弥罗一切智护（Saruajna raks ira）和印语名称幢祥贤（gra-gepa ngyal-mtehan

──────────

① 窥基：《因明入正理论疏》。

dpal fgan-po）所译，时间较晚，故在《布敦目录》等旧录上未载。这一译本，大概是受了旧译本误题作者名字的影响，也将著论者题作陈那，并还错认《入论》即是陈那所作的《正理门论》，而在译题之末加上一个"门"（ego）字。以上两种译本都收入《西藏大藏经丹珠尔》中，经译部第九十五函，但德格版、卓尼版均缺第二种译本，又第二种译本 1927 年 V. Brphattachasya 校勘出版。收在 g. c. s. no. 39 为 nyayāpravesa 之第二部分。

就因为西藏译本上一再存在着错误，近人威利布萨那《印度逻辑史》中依据藏译详细介绍了《入正理论》，也看成它是《正理门论》，同本而出于陈那手笔，由此在学者间对于《入论》与《门论》是一是二，以及作者是陈那还是商羯罗主，引起很长久的争论，始终未得澄清认识。其实，如要相信最早传习《入论》的玄奘是学有师承的，那么，他说《入论》作者为商羯罗主，也一定是确实不容置疑的。至于《入论》和《门论》全为两事，则玄奘另有《门论》的译本存在，更不待分辨而明了。

陈那《正理门论》，玄奘于贞观三年在弘福寺译出之后，他门下诸师，虽竞作注疏。但只有神泰的《述记》一卷（今存在不全）其余都佚失不传，直至近代研究《门论》才较多，成果也较多。举其荦荦大者来说：

（1）欧阳竟无撰：《因明正理门论本叙》（1930 年）将此论的要义以及和《入正理论》与法称因明的同异详略问题，作了极其扼要的叙述。

（2）吕澂与释印沧合撰：《因明正理门论本证文》（1927 年），此作对勘《集量论》，考正释文，注出同异，可助理解，兼明学说的渊源。

（3）丘檗撰：《因明正理门论斠疏》六卷，依据证文广为辑引解释，据其例言："斠疏辑成，棼难匪易，一疑之析，动经浃句，一词之出，遍征众籍，采缀纶贯，几经审慎。"显见他费了不少功力。

（4）日人宇井伯寿撰：《因明正理门论解说》（1929 年），篇首有序论，将陈那的因明、《正理门论》在因明的地位以及西欧与印度学者对《正理门论》及《入正理论》混淆的说法，都作了相当详尽的批判叙述。其解释部分，除依据旧说，更采取欧西学者新的研究并征引梵本，作出正确的解释。宇井伯寿于 1950 年，更将《正理门论》译成日文，列入所著东洋的论理附录。

（5）意大利人杜芝（G. Tucci）将《正理门论》译成英文（*Hgāyamukha of Qignāga*，*Heidolleny* 1930）对照《集量论》，详加附注。

（四）具体表现在印度和中亚诸国的古代地理等方面

玄奘于唐贞观三年（629）秋天离开高昌赴印度求法，经历西域各地，于贞观十九年（645）到达长安，将带回来的经典安置在弘福寺之后，便日夜兼程，向洛阳进发，谒见唐太宗李世民于仪鸾殿，报告赴印取经经过。李世民除迎慰甚厚外，即对玄奘建议说："佛国遐远，灵迹法教，前史不能委详，师既亲睹，宜修一传，以示未闻。"于是玄奘根据自己游历见闻，进行编写。到唐贞观二十年（646）七月就写成《大唐西域记》十二卷，他把去国十七载，历程十万余里的 138 国的所见所闻记载下来。这 138 国，其中玄奘亲历的 110 国，传闻的 28 国，玄奘书中并未一一标明，仅在记各国方位时，用从何方行至某国，或但说从何方至某国，以示区别。玄奘为了写好西域记，除了根据自己亲身见闻外，还参照印度有关记载和各国文献。

《大唐西域记》是怎样写成的呢？在《西域记》的开头那一页上，标明它是玄奘翻译同时是辩机编辑的。不过，我们这里不能按字面意义来理解"翻译"这个词，所能理解的是这部书所提供的资料，是玄奘从外国得来的。有的作者这样说：玄奘把这些材料提供给辩机，辩机把它写成传记；也有作者这样说：玄奘继续地把应予记载的事实情节提供给辩机，然后由辩机把它编成连贯的叙事文。

从内容看，这部《大唐西域记》是以玄奘的旅行为经，地理的叙述为纬编纂而成的。它一方面是玄奘的西域纪行；另一方面又是唐代的世界地理志。全书共十二卷。第一卷，顺着玄奘的往程，记述了高昌以西的北道 34 国；第二卷至第十一卷，顺着玄奘印度的旅行，记述五印度 82 国；第十二卷顺着玄奘离印回国的归程，专门记述西域南道 22 国，所以它是玄奘的西域巡礼记。不过，这部书一开头总说南瞻洲（gamfu）的构造，并专门探讨各国的自然环境和社会文化，它在跋语中说得最明显：

推表山川，考采境壤，详国俗之刚柔，系水土之风气。

可见这部书不仅是佛迹巡礼，同时也是按着旅行的顺序来记述的地理志。正因为这部书的重点在于记述地理，而不在记游历行程的次序，所以不详旅行的年月，我们对玄奘游历的各国，根据传闻记载的各国，这些国家的交通作一概观，那就能容易理解玄奘旅行及以印度为中心的世界地理情况，并进一步理解《大唐西域记》的内容结构。

这 138 个国家的概况，自高昌算起，经中亚以至印度，都有详细的记载。除西域诸国，特别注意记述种族，王统及其建国的传说，语文的异同，它们相互联系或隶属的关系外，对其他各国的记载在《大唐西域记》中，几乎都有一定的形式，即按国境山川疆域大小，都城、气候、物产、人情、风俗、伽蓝、僧徒、天祠、外道、佛迹的顺序记述，已成为现代研究西域和印度史学，古地志学、考古学一种最基本的材料，这是玄奘编写《大唐西域记》价值之所在。

以《大唐西域记》闻名的这部汉文记述，是中国、日本、朝鲜经典佛书之一。汤姆斯特考证它有好几种版本。这些版本无论原文以及附加注和解说方面都颇不相同。这些版本的第一本是学者所知道的寒山《西域记》。它是私人出货刊印的。实际上，这是近代在苏州重印的明朝提供佛教寺院使用的佛书中的一种。这本书大体和日本印度局图书馆中所收集的佛教书籍中的版本一致。这本书或者是类似明朝的版本，似乎是西方学人所知道的这部著作的唯一版本。第二部是一部保藏在福州附近的一个大佛教寺院的图书馆中的版本，代表较旧的形式，也许是北宋在 1103 年收藏的版本。它在各方面都优于普通的明朝版本。第三部是旧的日本版本有很多印刷上和其他错误，而且文字跟其他版本很不相同，它是宋朝版本的翻版。第四部是以评论式的版本出现的。刊印于日本出版的佛书全集的修订本中的，这是根据朝鲜公认的版本印刷的。其中印了宋元明版本的各种异文，这些异文，有的仅仅是字的写法不同。许多地方都常有错误的朝鲜版，提供了有价值的纠正。

在翻译方面，近一百年来，玄奘《大唐西域记》，有好几种文字的译本。除了清代乾隆初年（1736—）我国西藏地区有工布查布（Mgon—po shyabs）的藏文译本以外，在 1857 年朱理安出版了《大唐西域记》的法译本，标题为《据 648 年玄奘之梵译汉西域记译成法文》（*Mèmsrn ius les contseeo occidentals traduise du Sanscrs en chiuais en tan 648 pan Hiouen、Ihcang, du chinaio en gianeais*），此书被这位知名的翻译家认为是他从汉文译出而在 1853 年出版的《玄奘传记和从 629 年至 645 年在印度旅行的历史》一书的补编。后一部作品，朱理安早已经用讨论这本书所提过的有关国家的有趣的《地理文献》（*Oosumento Geagiap Higueo*）补充过。朱理安所译的《西域记》是一部有重大价值的翻译，显示了他对于汉语的惊人知识。这部书广为研究印度、中亚细亚的历史、地理、考古学和宗教学学者所采用，它被认为是研究这些学科的权威著作。虽然以毫不怀疑的信心来接受译者的译文和印证是不明智的。不论在玄奘的生平或西域记载方面，人们对难解文句或段落的译文，不表赞同或加以非难，则不无可疑之处。

把《大唐西域记》译成西方语言的其他唯一译文，是俾尔（S. Beal）的英译本。这种译本出版于 1884 年，书名为《译自玄奘的汉文本的佛教徒关于西域的记载》（*Buddhist Records of the Western World Tans lated from the Chinese of Hiauen Iheang*）这个标题可以表示译者的特性，读者不妨将这一译本的标题和朱理安的标题比一比。俾尔的译作一部分是从汉文译过去的；另一部分是从法文译过去的。在此译本中，使朱理安译本逊色的许多出自疏忽的错误已被纠正过来，而书中的注解，则给学者提供了新旧西方权威的许多参考资料。

关于《大唐西域记》的研究，除我国古代丁盖甫（谦）的《西域传考证》外，外国学者汤姆斯·瓦特有《论玄奘在印度的旅行》之作；1912 年日人崛谦德根据此作加以研究，著了解说西域记，1941 年日本继续出版的还有足立喜六的《大唐西域记之研究》上下两厚册。这部著作凡《西域记》中地理、悉注出现在地名，附地图及论文多篇，取材丰富，足供参考。

总之，玄奘《大唐西域记》是世界研究印度和中亚诸国的古代地理等最重要的著作。从这部书的各种版本，各国文字译本和各国学者的研究成绩来看，不能不说它影响之大了。

三　简短结论

玄奘在中印文化交流史上的贡献是多方面的。无论在翻译、唯识哲学、因明以及印度和中亚诸国的古代地理方面的成绩都是惊人的。列宁昭示我们："判断历史的功绩，不是根据历史活动家没有提供现代所要求的东西，而是根据他们比他们的前辈提供了新的东西。"① 又说 "应当明确地认识到，只有确切地了解人类全部发展过程所创造的文化，只有对这种文化加以改造，才能建设无产阶级的文化，没有这样的认识，我们就不能完成这项任务。"② 只有这样，才能实事求是地对待玄奘在中印文化交流史上所作的贡献，批判地吸收其中一切有益的东西作为我们此时此地从事翻译、哲学、逻辑以及古代地理研究的借鉴。愚草此文章，深感玄奘法师之饷遗我们的精神财富，至多至厚，通过大家的钻研、发掘，我觉得有极其光明灿烂之将来排在我们面前。

---

① 《列宁全集》第 2 卷《评经济浪漫主义》。
② 《青年团的任务》。

变文与中国文学[*]

一　前言

印度佛教传到中国而史籍有明文记载的，以汉永平八年（65）明帝诏书里提到楚王英奉祀佛陀并供养佛徒为最早。和印度佛教相随而来的天文历法、音乐、绘画、音韵、建筑、医方等等，也莫不丰富了中国人民文化的生活。至于译籍、文物等遗产，更是丰富惊人，早为国际所珍视了。单就汉文学史而论，六朝时代的论辩文和志怪小说；齐梁以来文的骈化和诗的律化，都显然地受着印度的影响。"受佛教影响最深刻的变文"，它在中国文学发展史上是结成了难解难分的关系。敦煌千佛洞变文的发见，使中国中古时代的社会经济史和人民文学史的研究，增加了一大批新的史料。变文的发现，始于何时？它的来源和实际功用怎样？它的组合方式和主要内容又是怎样？它对于后代中国文学又发生了什么样的影响？这篇文章就是想粗略地来讨论这些问题。

＊　本文原载《现代佛学》1958 年第 11 期，署名"秋乐"。——编者

二　帝国主义分子盗窃敦煌文物与变文的发现

1879 年，帝国主义分子匈牙利地学会长洛克齐（L. deLoc-zy）和斯希尼（Szecheny）借口考察地质到甘肃省敦煌县，看到千佛洞壁画壮丽，认为稀世之珍，归欧后把这个消息透露出来，那时交通不便，未曾引起文化贩子们的注意。1907 年 5 月，英帝国主义分子匈牙利人斯坦因（S. Aurel Stein）在西北"游历"，知道敦煌千佛洞一个石室中藏有大批的古代钞本，于是串通了千佛洞的道士，盗窃了七千卷运到伦敦，纳之大英博物院；其中有西藏文典籍部分则由大英印度局保管。不久，这消息被法帝国主义分子伯希和（M. Paul Pelliot）知道了，也偷盗去两千卷，运到巴黎分三处陈列。佛画、佛像陈列于吉麦博物馆，绘画、工艺品、版画、绣帛之类陈列于鲁渥尔博物院中，书籍则保管于国民图书馆中之写本部。"到中国盗宝去"，在欧美文化贩子中成为风气，我国腐朽的清朝政府在人民的义愤督促下，将被盗窃剩下的残余部分运归北京，目前保存在北京图书馆的有九千多卷，而流传私人手中的，也不下一千卷。合计起来，石室藏书总数，大概有两万多卷。

这些钞本，除了十分之九的佛经和少数道教、景教、摩尼教的经典，以及经、史、诸子书籍，各种账籍之外，也有中国失传的文学作品，如从《珠玉抄》中发现刘知几诗几十首，白行简的发卖禁止之赋也在这里面。长诗有韦庄《秦妇吟》，歌曲有《太子赞》、《孝子董永》、《季布歌》等，用白话写作的小说则有《唐太宗入冥记》、《搜神记》等，这一项珍贵遗产的发现，使我们对古代文化史，特别是在宗教史和文学史研究上获得了宝贵的原始资料，而变文的发现则又是文学史上最重要的部分。因为有了它们，宋代话本文学，诸宫调的来历，明清二代的宝卷、弹词及鼓词，才逐渐得到了正确的解答。

三　变文的来源和当时的需要

变文的产生并不是偶然的，它有它的来源和适合于它的时代的需要。它的来源主要是佛经，它的需要是传教。初期的作品，并没有多大的文学价值，不过是佛教的宣传品，不过后来这种体裁在民间逐渐流行，作者逐渐改变其宗教的内容，而易以历史故事、民间故事、英雄故事的叙述，这样就渐变为一种民间通俗文学的新形式了。

我们知道，东汉以来，翻译的佛经很多，但在当时文化只是被少数知识分子掌握，同时在雕板印刷也还没有发明的情况下，要使佛教深入民间是不容易做到的。因此，就逐渐产生一种"唱导"的制度。梁释慧皎高僧传叙述这种制度由来说：

> 唱导者，盖以宣唱法理，开导众心也。昔佛法初传，于时齐集，止宣唱佛名，依文教礼。至中宵疲极，事资启悟，乃别请宿德升座说法，或杂序因缘，或旁引譬喻。其后庐山慧远，道业贞华，风才秀发，每至齐集，辄自升高座，躬为导首，广明三世因果，欲辩一齐大意。后代传受，遂成永则。

又描写它的效果说：

> 谈无常则会心形战慄，话地狱则布泪交零，征昔因则如见往业，核当果则已示来报，谈怡乐则情抱畅悦，叙哀戚则洒泣含酸。于是阖众倾心，举堂恻怆，五体输席，碎首陈哀，各各弹指，人人唱佛。

从这两段文，可以看出唱导制度的主要目的是弘扬佛教。因为要引起听众的兴趣，不得不"杂序因缘，旁引譬喻"；因为要加强宗教的气氛，又不得不在无常、地狱、昔因、当果、怡乐、哀戚各方面加以文学上的夸张渲染的手法了。

这种宣传方法，到了唐代，更发展为"俗讲"。担任这种俗讲的和尚，名为"俗讲僧"。他们在寺院开讲，叙述各种佛教故事，连说带唱，描摹表演，艺术很高，得到各阶层人民的爱好，赵璘因话录和段安节乐府杂谈都提到在唐穆宗时代俗讲法师文淑的故事，他的号召力能使"听者填咽寺舍"，他的艺术是"其声宛畅，感动里人"。从俗讲史料中，我们可以看到最初的变文，只限于宣传佛教，到后来史事英雄故事等也都讲起来了，于是变文成为一种民间讲唱的文艺。但在敦煌文库未打开以前，俗讲文学究竟是个什么样子，谁也不知道；敦煌文库打开后，我们才看见这种讲唱的真面目。这一类的作品，随着在俗讲中不同场合的应用而有缘起、讲经文、押座文（讲经前之催声。此等文学，大约均以数十联韵文构成）等不同的名称，但其中大多数都称为变文。事实上，变文就是俗讲之话本。变文，是指刺取佛经中神通变化故事而敷衍成文，以便作通俗宣传的一种文学上的作品。《维摩诘经·佛国品第一》说："既见大圣以神变，普观十方无量土。"凡是用图画显示经中神变之事，称为"变相"，如灵山变、净土变、降魔变，都是变相。而用文字显示经中神变之事，就称为"变文"。或简称为"变"。至于非佛教故事，因其体制相同，所以也归诸变文之列。

四　变文组合的方式和主要内容

中国文学的体裁是单纯的。骈文是骈文，散文是散文。章太炎先生说：

> 骈文散文，各有短长。言宜单者不能使之偶。语合偶

者，不能使之单。周礼仪礼，同出周公，而周礼为偶，仪礼则单，盖设官分职，种别类殊，不偶则头绪不清，入门上阶，一人所独，为偶则语必冗繁。又文言春秋，同出孔子，文言为偶，春秋则单，以阴阳刚柔，非偶不行，年经月纬，非单莫属也。同是一人之作而不同若此，则所谓辞尚体要矣。

变文作品，既然是一种讲讲唱唱文学，因此采取散文骈文和韵文组合起来的文体，使听的人感兴趣。组合的方式，大致有下列三种：

第一，先用散文讲述故事，再用韵文将所述故事重复地歌唱一遍。这样重复的做法，是作者使人易于记忆。像"维摩诘经变文"持世菩萨卷就是这种样式。

第二，散文只是用作引子，而韵文则用来详加铺叙。这样散文和韵文两部分，不但没有叠床架屋之嫌，而且互相关联，互相帮助，显然是比较合理的方式。像大目乾连冥间救母变文，就是这种样式。

第三，在叙述和描写的时候，散文和韵文交织使用，形成一种不易分割的混合体。像伍子胥变文，就是这种样式。

至于句法方面，散文部分，有很拙劣的白话，也有很通俗的骈文；韵文部分大约可分长偈短偈二种，短偈大抵都是七言八句，近于七言律诗。长偈上章，一律七言，或间用三、三、七言的句法，或迭用三、三、七言的句法，特别喜用复句，极反复歌咏之致。至长偈大章句法，或一律七言，或间用三、三、七言的句法，或迭用三、三、七言的句法。不过都是用平韵，没有复句。这一切，几乎是后来一切讲唱文学所采取的共同形式。至于像虞舜至孝变文，通篇用六言叙述，那是一种变体，并不是正常的体制。

从现存的变文材料来看，内容可分为佛教故事和非佛教的史事与民间故事两大类。在讲唱佛教故事的变文中，以"维摩诘经变文"的结构为最宏伟。维摩诘所说经它本身就是一部富有文学意味的经典。三国时即由吴支谦译出，后来鸠摩罗什又重新翻译，文字极优美，罗什的门弟子即为这部经作注疏。这部经主要内容，近人欧阳竟无先生曾作扼要的介绍：

> 其事则文殊问疾，维摩显通，须弥得座演不思议法门，香国得食作无文字佛事。大士闻尽无尽法以去，维摩取妙喜世界以来。自始至终无非现通，是故维摩诘经又名不可思议解脱法门经也。

"维摩诘经变文"的作者，把握住了这部不朽的经典而作为他自己创作的依据，逞其才华，逞其想象力的驰骋，也便成就了一部不朽的创作。可惜残缺不全，我们无由窥其全貌。根据目前已经知道的：被藏在巴黎国家图书馆的第二十卷，才叙到释迦叫持世菩萨去问病。敦煌零拾所载的持世菩萨问疾第二卷，才叙到魔王波旬欲以美女破坏持世的道行。北京图书馆所藏的文殊问疾第一卷才叙到文殊去问病的事。尽管这样，但从局部推测全体，仍然可以认识到它是一篇壮丽的史诗，现在试举持世菩萨中的一段为例，看看变文究竟是个什么样子：

> 〔经〕云：时魔波旬从万二千天女，状帝释鼓乐弦歌，来诣我所。

这是原经文的一段，以下就是演为变文：

> 是时也，波旬设计，多排婇女嫔妃，欲恼圣人。盛装奢华，艳质希奇，魔女一万二千，最异珍珠千般结果，出尘井（菩萨二字简写），不易恼他，持世上人如何得退。莫不盛装美貌，无非多着婵娟，若见时姣巧出言词，税调者必生退败。其魔女者，一个个如花菡萏，一人人似玉无殊。身柔软

兮新下巫山，貌娉婷兮才离仙洞。尽带桃花之脸，皆分柳叶之眉。徐行时若风飒芙蓉，缓步处似水摇莲亚。朱唇旋旖，能赤能红；雪齿齐平，能白能净。轻罗拭体，吐异种之馨香；薄缴挂身，曳殊常之翠彩。排于坐右，立在宫中。青天之五色云舒，碧沼之千般花发。罕有罕有，奇哉奇哉。空将魔女娆他，亦恐不能惊动。更请分为数队，各逞逶迤。擎鲜花者殷勤献上，焚异香者备切虔心，合玉指而礼拜重重，出巧语而诈言切切。或擎乐器，或即吟哦，或施窈窕，或即唱歌。休夸越女，莫说曹娥。任伊持世坚心，见了也须退败。大好大好，希哉希哉。如此丽质婵娟，争不妄生动念。自家见了，尚自魂迷；他人见之，定当乱意。任伊修行紧切，税调者必见回头；任伊铁作心肝，见了也须粉碎。……

以下是魔王化作帝释共魔女们鼓乐艳歌从天上下来到持世菩萨之室，极尽文字上夸张之手法。接着是转入七言诗偈，叫做"吟"又加上间以三七言，叫做"韵"。

（吟）魔王队仗离天宫，欲恼圣人来下界；广设香花中供养，更将音乐及弦歌。清冷空界韵嘈嘈，影乱云中声响亮。胡乱莫能相比并，龟兹不易对量他。遥遥乐引出魔宫，隐隐排于霄汉内，香燕烟飞和瑞气，花擎缭乱动祥云。琵琶弦上弄春莺，箫笛管中鸣锦凤。扬鼓杖头敲碎玉，秦筝丝上落珠珍，各装美貌逞逶迤，尽出玉颜夸艳态。个个尽如花乱发，人人皆似月娥飞。从天降下闭乾坤，出彼宫中遮宇宙。乍见人人魂胆碎，初观个个尽心惊。

〔韵〕波旬是日出天来，乐乱清霄碧落排。玉女貌如花艳坼，仙娥体是月空开。天挑强逞魔菩萨，美质徒夸恼圣怀。鼓乐弦歌千万队，相随捧拥竟徘徊。夸艳质，逞身材，窈窕如花向日开。十指纤纤如削玉，双眉隐隐似刀裁。擎乐器，又吹唯，婉转云头渐下来。……

经中原文仅有二十一个字，可是当时俗讲僧将它扩充成一千多字的变文成为这样佛魔斗争有声有色富丽生动的创作，其想象力与创造力是惊人的，这正是受佛典翻译文学影响的结果。我们知道：印度古代学者是极善于静坐冥想，产生另一种神秘天地，所以佛教文学的作品，也最富于想象力。他们的脑海不知道有多少世界，有多少有情，动不动就是"遍法界、虚空界、众生界"。他们富于冥想，表现在创作力上，一写就是几十卷几万字的长诗，这一种文学的输入，对于一向偏重于现实世界观的中国作家来说，在扩大思想领域方面的启发作用是相当大的。

关于佛教故事的变文，除上述最宏大的"维摩诘经变文"以外，还有"阿弥陀经变文"、"妙法莲华经变文"、"父母恩重经变文"、"譬喻经变文"、"八相成道变文"、"大目乾连冥间救母变文"、"降魔变文"诸种，这里就不再举例了。大概这些演述佛教故事的变文，在民间普遍流行，于是有人依其组合方式，易以非佛教的史事与民间故事的变文。甚至把当时的民族英雄张义潮（刘复拟名为西征记，见敦煌缀琐）、张维深的事迹也编成变文来讲唱，这自然是适应群众的要求。民众在当时，一面虽然有宗教信仰，但另一方面也有文艺的爱好，并且希望在俗讲中能听到他们所喜爱的东西。这就是说，俗讲最初虽然是佛教的宣传方法方式，但它形成一种俗讲文艺之后，就不能不随群众的爱好为转移，在内容方面是多样化，在描摹表演方面，更是通俗化了。如伍子胥的壮烈，王昭君的哀怨故事，都是最受当时群众欢迎的，也尽入于俗讲僧的变文中去了。这里必须指出：俗讲文学体裁确立之后，民间自由运用，内容不断扩充，为当时民众所喜爱，因而描摹表演的机会就非常地多了，所以后来的变文，不仅由男子讲唱，也由女子讲唱了。全唐诗中吉师老有看蜀女转昭君变一诗：

> 妖姬未著石榴裙，自道家连锦水渍。檀口解知千载事，
> 清词堪叹九秋文。翠眉颦处楚边月，画卷开时塞外云。说尽
> 绮罗当日恨，昭君传意向文君。

"清词堪叹九秋文"，可见讲唱者持有话本；"画卷开时塞外云"，可见讲唱的时候又有图画作辅助品。巴黎藏伯字四五二号为"降魔变文"。述舍利佛征服六师外道故事中的"劳度叉斗圣"一段。卷子背面有图画，每段图画都和变文相应；这不但可以给吉师老诗作注脚，同时也证明讲唱之时展开图画作辅助是真实的情况了。

五　变文对于后代中国文学的影响

变文在中国文学史上起了很大的影响，这是郑振铎先生早在"中国俗文学史"中就肯定过的。他说："在变文没有发展以前，我们简直不知道'平话'怎么会突然在宋代产生出来？'诸宫调'的来历是怎样的？盛行于明清二代的宝卷弹诗及鼓词，到底是近代的产物呢，还是'古已有之'的？许多文学史上的重要问题，都成为疑案而难于有确定的回答。……发现了变文的一种文体之后，一切的疑问，我们才渐渐的可以得到解决了。我们才在古代文学与近代文学之间得到了一个连锁。"从这些话，变文如何影响于后代中国文学已不难想见了。实际，从宋人话本、鼓子词、诸宫调、宝卷、弹词、戏曲、小说各方面，我们都可以看到变文在中国文学史上所发生的深厚的影响。总之，变文是近几十年才发现的重要文献，有了它，在中国和西域中古史的研究增加了可贵的史料；有了它，在古代文学与近代文学之间得到了一个连锁；有了它，在祖国文学的园地中提供了一个可以使用较

长的篇幅来容纳丰富的想象力和创作力的可能性。变文初期的作品是为佛教服务的。但当它在民间普遍流行，作家们就依其样式，采取一些能够体现人民的思想感情的题材来从事创作，于是写历史故事的变文，写民间故事的变文，写当时的英雄故事的变文，就应运而生，并影响到宋人话本直至戏曲、小说各方面；也正因为这样，才成为中国文学史不可分割的部分。这就是说：变文产生于佛教的宣传，但终于摆脱了佛教故事的范围而扩充非佛教故事范围，发展成为后来讲唱文学的样式。从佛教的角度来看，佛教故事的变文是变文的正宗，但从文学的角度看，非佛教故事的变文倒是主要的。里面有继承的东西，也有发展新生的东西，我们正需要用辩证方法从普遍联系来理解它，从变化发展来理解它了。

参考资料

章太炎：《文学略说》。

欧阳竟无：《藏要二辑叙——维摩诘所说经》。

周一良等编：《敦煌变文集》。

试论屈原作品[*]

屈原是中国文学史上第一个伟大的爱国诗人。过去无论在怎样黑暗的统治下，他的作品都一直受着人们的尊重；现在人民政权建立起来了，他的作品当然更要放射出万丈光芒了。1953年世界和平理事会号召全世界人民纪念的四大文化巨人，屈原就是其中的一个。这充分说明了他的作品已经是属于全人类的。屈原的人格到底是怎样的？稍为读过他的代表作《离骚》的人，都可以看到一点轮廓。但他的作品在思想方面，进步性在哪里？局限性又在哪里？在艺术方面，创造性在哪里？特殊的风格又在哪里？在总的方面，他的作品有哪些成就？对以后的文学又发生了什么样的影响？这篇文章就是想初步地来讨论这些问题。

先谈思想方面的进步性：

（一）**富有人民性**——古典文学中的人民性是文学史上重要问题之一。资产阶级文学史，从来不曾提出这个问题，实际上也不可能提出这个问题，因为他们过去同现在、看社会与文学，总以个人为出发点，以为个人在历史过程当中，在文化与文明发展

* 本文原载《厦门大学学报》1954 年第 5 期。

当中都起着主要的作用。他们以个人为出发点，当然不可能提出人民性问题。《联共（布）党史》指出："历史的科学要想成为真正的科学，便不能再把社会之发展史归结为帝王将相之行动，归结为国家侵略和征服者的行动，而是首先应当研究物质资料生产者的历史，劳动群众的历史，各国人民的历史。"这个正确的论断对于解决古典文学中人民性问题，具有非常重要的意义。

人民是历史真正的主人。文学中的人民性是历史的范畴。因此它一方面是随着历史现实的改变而改变，另一方面则随着这个概念所包含的历史内容而有所不同。有人类童年时期的古代叙事诗中的人民性，有古代奴隶制度时期作品中的人民性，有封建制度时期作品中的人民性，有资产阶级兴起时期作品中的人民性，有革命民主主义时期作品中的人民性。而在古典文学中，凡是反映人民的感情愿望，暴露统治阶级的丑恶罪行和发扬爱国主义民族意识的东西，我们想，这应当是可以认为有广义的人民性的作品，并作为遗产的一部分而予以接受。拿这个标准来衡量屈原的作品，就见得它都表现得非常全面而又彻底的。现在逐项分析如下：

1. 反映人民的感情、愿望和要求。一个封建社会的作家如果没有体验被压迫者的生活和人民的思想感情，就不会借由文学作品抬起头来的。屈原本来是贵族的一分子，寄养在庙堂之上。他二十六岁便做了怀王的左徒。那是他一生最得意的时候，年纪轻、地位高、记性强、学问博。正如司马迁《屈原列传》所说："博闻强志，明于治乱，娴于辞令。入则与王图议国事，以出号令；出则接遇宾客，应对诸侯。王甚任之。"但不久即被谗去职，怀王渐渐和他疏远了。后来虽也怀着反侵略的大志出使齐国，但不久又在连横派勾结楚国卖国贼的毒计下失败了。他虽然做过三闾大夫，教育楚国的青年，但不久也得到"荃蕙化而为茅"(《离骚》)的悲哀。他虽然怀着爱国的热情，对内政外交作原则性的指导，但不久又受到放逐的处分了。公元前 299 年，怀王信听张仪的话要到秦国去，屈原苦苦劝阻的结果，不但不能生效，自己反而被放逐到汉北去了，公元前 296 年，在"怀王卒秦，秦人归其丧于楚，楚人皆怜之，如悲亲戚。秦楚遂绝"的情况下，他又奉召回朝。因秦国的势力发展太快，顷襄王（怀王子）禁不住威胁，忘了杀父之仇，与秦修好。屈原坚持抗秦，又被放逐到江南去。这些被谗、失信和放逐，诱导了屈原的反抗性的生长。屈原的作品所以会热切地关心到人民，正是因为自己逐渐处在被压迫者的生活中的缘故。《离骚》说："长太息以掩涕兮，哀民生之多艰"；"怨灵脩之浩荡兮，终不察夫民心"；"民生各有所乐兮，余独好脩以为常"；"皇天无私阿兮，览民德焉错辅……瞻前而顾后兮，相观民之计极"；"民好恶其不同兮，惟此党人其独异"。《抽思》说："愿摇起而横奔兮，览民尤以自镇。"《哀郢》说："皇天之不纯命兮，何百姓之震愆，民离散而相失兮，方仲春而东迁。"这些诗句，一方面表现屈原念念不忘人民的疾苦；另一方面对于楚王又表现了无比的愤恨。他为什么念念不忘人民的疾苦呢？正因为他有同情人民、热爱人民的心肠。他希望怀襄两王能励精图治，无非是为人民免受许多折磨和灾难；他抵抗"虎狼之秦"的无理侵入，无非是为楚国人民能安居乐业。屈原在内政的措施上，在外交的主张上，直接间接都是为人民的。它反映着人民的感情，同时也符合了人民的愿望。无可否认的这是他的作品最基本的特点。

2. 充分地暴露楚国统治集团的丑态和罪行。《离骚》说："众皆竞进以贪婪兮，凭不厌乎求索"，这是说统治集团喜欢追求的是声色货利；"惟夫党人之偷乐兮，路幽昧以险隘"，这是说统治集团苟且偷安必然地会把国家和人民的命运带到暗昧险狭的绝路上去;"羌内恕己以量人兮,各兴心而嫉妒",这是说统治集团的人都是抬高自己、打击别人,互相嫉妒,矛盾重重。《惜诵》说:"矰弋机而在上兮,罻罗张而在下;设张辟以娱君兮,愿侧身而无所",这是暴露统治集团进谗方法的周密;"故众口其铄金兮,初若是而逢殆",这是暴露谗言毒狠与威力。《离骚》说:"众女嫉余之蛾眉兮,谣诼谓余以善淫",这是暴露统治集团惯于造谣。《怀沙》说:"玄文处幽兮,矇瞍谓之不章,离娄微睇兮,瞽以为无明。变白以为黑兮,倒上以为下;凤凰在笯兮,鸡鹜翔舞。同揉玉石兮,一概而相量。"这是他把统治集团的混乱,加以无情的揭露。怀王和顷襄王听信谗言执迷不悟,所以屈原在第一次放逐汉北(公元前 299 年)发出"怀朕情而不发兮,余焉能忍与此终古"(《离骚》)的呼声,第二次放逐江南(公元前 287 年?)发出"知死不可让,愿勿爱兮,明告君子,以为类兮"(《怀沙》)的哀鸣了。

3. 极高度地表现了对祖国的热爱。当时的楚国,雄据江淮,地大物博,并不是没有前途的国家。看刘向的"横则秦帝,纵则楚王"(见《战国策叙录》)的话,正可以看出它在七雄中的地位。为什么这样一个有前途的国家,弄到"民生多艰"的地步,更进一层陷入"民离散而相失兮,方仲春而东迁"的结局呢?这当然是因为新兴地主经济已得秦国的支持和六国新兴地主商人的内应及楚国王朝的贪婪腐败已成为一种局势了。但在民族矛盾成为主要矛盾的时候,正可以唤起人们对国事的关心,所以言行一致的爱国诗人屈原,一边看到乱离时代人民的痛苦而掩涕太息;一边也因国家的多难,在保卫国土上,抱了"虽九死其犹未悔"的决心,他要唤醒楚国的国魂,他坚决和连横派作尖锐的斗争。他一心一意要建设富强康乐的楚国来。所以他一方面"余既滋兰之九畹兮,又树蕙之百亩"(《离骚》)的负起教育青年的大任；一方面，在实际的工作中，又是"奉先功以照下兮，明法度之嫌疑"（《惜往日》）的竭忠尽智，为国经营。他希望"国富强而法立兮，属贞臣而日娭"。而他的施政的态度又是"秘密事之载心兮，虽过失犹弗治"（《惜往日》），这样一来，楚国就可以逐步走上富强康乐的大道了。但屈原正在为国勤劳、干得顶起劲的时候，却遭受了谗人的嫉妒。昏庸的怀王又不明是非，"荃不察余之中情兮，反信谗而齌怒"（《离骚》），我们的诗人，便从此坠到苦痛的深渊里去了。当怀王客死于秦的时候，屈原作《招魂》，他叫怀王不要上东方去，因为东方有"长人千仞""十日并出"；他叫怀王不要到南方去，因为南方有"雄虺九首，吞人以益其心些"；他叫怀王不要上西方去，因为西方有"赤蚁若象，玄蜂若壶些"；他叫怀王不要到北方去，因为北方有"增冰峨峨，飞雪千里些"；他叫怀王不要上天去，因为天上有"一夫九首，拔木九千些；豺狼从目，往来侁侁些"；他叫怀王不要到地下去，因为幽都有"土伯九约，其角觺觺些"（《招魂》）；四方上下既这样可怕，所以叫怀王一定要回到楚国来。他看楚国是个极人间可悦之境，论衣饰，则有"秦篝齐缕，郑绵络些"；谈宫室，则有"高堂邃宇，层台累榭"；言饮食，则有"胹鳖炮羔，有柘浆些"；论女乐，则有"陈钟接鼓，造新歌些"，"二八齐容，起郑舞些"；言歌舞，则有"吴歈蔡讴，奏大吕些"；谈博弈，则有"菎蔽象棋，分曹并进"。这种对四方上下的厌恶，肯定楚国是人间乐土连天国也不如的情调，具体说明了对祖国一草一木的热爱，同时使楚人读了对祖国自然有特别亲切之感。春秋战国的时候，一个知识分子，在他的本国得不到人家的重视，常常投奔到其他国家去找出路。屈原之所以不离开楚国，并不是不能，而是不为。他本是亲齐的合纵派的中坚，又是出使过齐国的人，假如肯到齐国，齐国就是不给他以政治上的实权，至少也可以让他做一个"论政而不干治"的顾问，他始终不肯离开楚国，无非是希望自己的政治理想能够实现。当他第二次被放逐江南的时候，他无时无刻不怀念自己的首都。《哀郢》说："曼余目以流观兮，冀壹反之何时？鸟飞反故乡兮，狐死必首丘。信非吾罪而弃逐兮，何日夜而忘之？"屈原宁可在楚国过着流亡的生活，也舍不得离开自己的祖国和人民。如果我们拿屈原这种精神和当时一般知识分子比较起来，就见得一般知识分子往往在这国家失意了，就跑到别的国家去找富贵，他们丝毫没有国家观念，十分可鄙。而屈原念念不忘人民，念念不忘祖国，就更觉崇高可敬了。冯雪峰说："很明显，在屈原以他对于昏庸政治的忧愤和深切的爱国思想而反映出来的人民性，就是到了今天也是很有价值的，这是伟大屈原的辉煌特色。"这是一个极其扼要和正确的概括。

秦国用暴力来把楚国灭掉，这是楚国人民时时刻刻所不能忘怀的。而屈原作品时常提到怀王，希望怀王能回心转意为楚国前途着想，"恐皇舆之败绩"、"伤灵脩之数化"、"哲王又不寤"都是他谋国心情的写照。所以到了秦末，被压迫的楚国人民，在"楚虽三户亡秦必楚"的政治号召下，团结起来反抗暴秦的时候，项梁就从民间找到一个放羊的人，据说是楚怀王的孙子，名字叫做"心"，因为纪念故国，就立他做楚怀王，合力击秦。从重立怀王这件事情，我们不也可以看出这是完全受着屈原爱国热情的文学作品的影响么？

以上表现人民的感情愿望和暴露楚国统治集团的丑态和罪行是反映熊氏王朝和楚国人民的矛盾。极高度地表现了对祖国的热爱是反映楚国与秦国的矛盾（秦国屡次侵略楚地）。矛盾存在于现实中，不是屈原任意制造出来的，而是伟大的诗人从斗争生活中感到或发掘出来的。屈原作品所以伟大，因为他反映着现实的矛盾。亦惟其能反映现实，所以他的作品富有人民性。

（二）**富有积极浪漫主义和现实主义的色彩**——从表面上看，屈原的作品是具有浓郁的浪漫主义色彩的，但我们不好把现实主义和浪漫主义对立起来。正如高尔基有名的分析："文学上有两种基本的潮流或倾向，便是现实主义和浪漫主义。正确地不加修饰地描写，人和人的生活条件叫做现实主义……浪漫主义中我们必须区别出两个完全不同的倾向：一个是被动（消极）的浪漫主义——粉饰现实，努力使人与现实相妥协，或使人避开现实，在自己的内心世界作无益的躲匿，使人沉溺于人生命运之谜，爱、死等等思想中，把人牵引到不能用'思辨'直观所能解决，而必须由科学来解决的谜里。积极的浪漫主义，则企图强固人们生活意志，在人们的心中唤醒对现实及一切压迫的反抗心。"（《我的文学修养》）可见积极的浪漫主义的基本精神仍然是现实主义的。屈原的作品，有时直接描写现实，有时写对现实的情感，有时写内心的愿望和要求，正是积极浪漫主义精神和现实主义精神结合的范例。在这一点上，他和庄子根本不同。庄子时代，由于没落领主们已经没有政治上的反攻力量与勇气，对现实都感到失望。由失望便从老子复古论转到出世方面去，"独与天地精神往来，而敖倪于万物，不谴是非，以与世俗处。……彼其允实，不可以已，上与造物者游，而下与外生死、无终始为友。"（《天下篇》）正和其没落贵族的生活意识完全适应着。屈原绝不在自己内心世界作无益的躲匿，他敢正视现实，为了唤醒对现实及现实的一切压迫的反抗心，"卒没身而绝名兮，惜壅君之不昭"，（《惜往日》）是骂壅君。"心纯庞而不泄兮，遭谗人而嫉之"，"信谗谀之溷浊兮，盛气志而过之"（《惜往日》），"众谗人之嫉妒兮，被以不慈之伪名"，（《哀郢》）是骂谗人。"邑犬之群吠兮，吠所怪也。非俊疑杰兮，固庸态也"（《怀沙》），是骂群小的无是非，无黑白；对于庙堂的统治者表现出极坚强的反抗性。他的骨头是硬的，没有奴颜和媚骨。在伤心与失望中，他神游天国想去控诉人间的罪恶，可是通天国的门户也是紧闭起来的。我们要知道他神游天国并非出自对天国的爱慕，而是出于对人间的不满。屈原的幻想，还是建筑在现实世界的基础之上的。他最后的自沉，我们不能把他和那些轻蔑生命的哲人，或厌世的宗教家比拟，因为自沉对于他是以身殉国难，同时也是一种理想——一种基于对于人民和祖国的无比热爱的理想。

由此可知屈原的作品是伟大的，我们应该珍视这一份宝贵的遗产而予以接受。但是有人要问：屈原的作品是不是有它的缺点或局限性？要解答这个问题，须知每一文学作品里所包含的，一方面是作家的主观思想；另一方面是作品的客观思想。作家的主观思想是指作家的世界观、人生观等等。这些看法和作家给予自己作品的题材以怎样的解释有关。客观思想，是指作品所反映现实的深度和广度。这就是说：通过它表现出什么样的社会实质，通过它究竟反映了哪一些阶级矛盾等等。根据这个标准，我们说屈原作品在文学发展史上所以有崇高的地位和极大的价值，是在于他能反映现实的矛盾的客观思想，而不在于"彼尧舜之耿介兮，既遵道而得路"（《离骚》）的主观思想。因为这种主观思想，是根据历史上的人物加以他自己的理想的装饰，更正确地说，是历史上未曾实现的乌托邦。文艺报社论"屈原和我们"说得最透辟："我们应该加倍注意的，不是他的一套政治理想，而是他的实际的政治态度和斗争；后者是充分地反映了历史的现实矛盾的。他反对楚王的昏庸腐败，反对秦国在战争中的暴虐，无论怎样总是反映了人民的疾苦和要求及其和统治者之间的矛盾的。"所以无论作家所着眼的是民族的全部或发展中的任何一个时期，只要他的作品对于现实愈能描绘（不使中间有任何歪曲），那就愈能充分地达到他的写作的目的，愈能获得不朽的文艺价值。因此，过去的作家的世界观、人生观、政治理想尽管和我们有距离，甚至是很落后的，但是只要他们具有广阔的生活经验和知识，只要他们在生活反映上有相当程度的真实，那么他们的作品对我们还是很有意义的。屈原思想的进步性和局限性，应当从这一角度来理解。其次，在当时的历史条件的限制下，他认为君王是祖国的象征，爱祖国爱人民一定要通过忠君来体现的，因此他只能站在没落贵族中进步分子的地位来批评政府，他不可能站在人民立场来反抗政府。他怨恨熊氏王朝昏庸腐败，只能希望楚王的觉悟。所以司马迁《史记·屈原列传》曾说道："屈平既嫉之，虽放流，眷顾楚国，系心怀王，不忘欲反，冀幸君之一悟，俗之一改也。其存君与国而欲反复之一篇之中三致志焉；然终无可奈何，故不可以反，卒以见怀王之终不悟也。人君无愚智贤不肖，莫不欲求忠以自为，举贤以自佐，然亡国破家相随属，而圣君治国累世而不见者，其所谓忠者不忠，而所谓贤者不贤也。"他眼看楚国将亡，又无法挽救这种危局，不可能看见新的社会力量，他不懂得依靠人民、凭借人民的力量勇敢地向敌人作正面的斗争。这是屈原思想不可解决的矛盾，因此他的诗篇，充满着孤独、抑郁、幽怨、悲观的气氛。这也不能不说是他思想上的局限性了。

其次，我要谈他的艺术的特点和创造。

（一）**采用民间艺术形式并加以发展**——屈原是中国文学史上最早采用民间艺术形式并加以发展的一个诗人。郭沫若先生说："中国的诗，在屈原手里起了一次大革命的。屈原的文学革命便是采用了民间体，扩大了民间体而形成了一种特殊的形式。屈原创造出来的骚体和之乎者也的文言文，就是春秋战国时代的白话诗和白话文。"又说："他在文学史上，成就了一大革命。他在文学史上，对诗歌有最大的成就，是一个文学史革命诗歌革命者。他把民间文学扩大起来，成为与生活配合的新文学。以活泼的新文学来代替了古板的贵族文学。中国古代文学异常简短，而离骚是洋洋洒洒的长篇大作。而且自屈原以来，还没有见过离骚这样好的长诗，似乎不仅是空前，而且近于绝后了。"这些话是完全正确的。公元前5世纪，楚国南部沅湘之间以及西北部涌现了大批有组织的民歌，那就是楚辞中的《九歌》。《九歌》是楚国古代一套完整的祭歌，也是一种相当原始的宗教歌舞。据王逸说，当日因篇章杂乱，词句鄙陋，屈原曾把祭歌加了一番整理。其实，九歌是楚国真正的民间文艺，但屈原是最可能和最恰当的加工者。《九歌》十一篇都是祭神唱的，东皇太乙是天神，云中君是云神，湘君和湘夫人是配偶神（水神），大司命是主寿夭的星神，少司命是主灾祥的星神，东君是日神，河伯是水神，山鬼是山神。人民何以要祭祀这么多的神？这是和他们的生产劳动分不开的。陆侃如先生说："九歌的特点有三：一词句非常秀美；二理想非常高洁；三表情非常真挚。"楚民族既有这样优美的民间艺术，屈原被放逐以后，流转四方，对于民间艺术由接触而发生爱好，必然影响他的创作。我们就屈原的九章来和九歌互相比较，就觉得两者风格有极相似之处，譬如《九歌》《山鬼》中描写辰沅的景色是："表独立兮山之上，云容容而在下。杳冥冥兮羌昼晦，东风飘兮神灵雨。……雷填填兮雨冥冥，猿啾啾兮狖夜鸣。"《九章》《涉江》写溆浦的景色也是："深林杳以冥冥兮，乃猿狖之所居。山峻高以蔽日兮，下幽晦以多雨。霰雪纷其无垠兮，云霏霏而承宇。"后者对于崇山幽林的浩瀚景象的描绘，深深地受了前者的影响，可以说是表里相映的了。陆侃如先生说："我们当知楚辞之所以自成一派，固有待于屈原之发挥光大，而九歌实开其端。屈平喜欢用美人香草之名，不能不说是九歌所启示，故他写忠君之思而我们却不觉其酸腐。"不过，我们要知道屈原并不是无目的地叙述和描写一些美人香草，不，在他笔下的美人香草不仅代表着美丽的事物，而且包含着作者所赋予的意义情感和理想，因此才能给我们一种崇高而又伟大的感觉。

（二）大量采用楚国的方言——方言是活在人民口头上的语言。据瑞安李翘考证：屈原作品用名词方言有三十四：如"芰"（菱）"蒚""茮"（白芷）"宿莽"（冬生草）"卉"（百草总名）"苏"（草）"棘"（草木刺人）"蟋蟀""蝇""蚊""豨""豬""闾阖"（门）"潭"（渊）"瀛"（池潭中）"濑"（湍）"梦"（泽中）"坛"（中庭）"闾"（里）"堁"（风动尘）"轵"（铼嫭）"辀"（九辕）"泭"（编竹木）"蔽"（五博）"棋""奴"（笼）"筹"（结草折竹以卜）"长铗"（长剑）"键""褋"（四襌衣）"嫛"（姊）"堵敖"（君无号谥者）"灵子"（巫）"娃"（好）"䁤"（驴瞳之子，谓之䁤，引申为美目貌）"诼"（愬）等是。形容词有十八：如"修"（长）"陂"（倾）"搏"（园）"凭"（满）"爽"（羹败）"家"（安静）"独""㷟"（特）"遥""謇"（一作"寋"口吃，亦楚人语词，若"羌"字之类）"嫱"（美）"嫇"（静）"窈"（美）"贪婪""汩""摇"（疾行）"远"（越）"掩掩"（同时发也，掩同也）"欸"（叹也）等是。动词有十五，如"刿"（续）"搴"（取）"侘傺""咍"（相啁笑）"悼"（惧或哀）"爰"（哀）"逞"（快）"媱"（戏）"嬉""遭"（转）"睇"（眄）"阘"（相窥视）"耆"（举也）"曝"（晒乾物）等是。语词有二："羌"（王逸在《离骚》的"羌内恕己以量人"下注云："羌"楚人语词，言"卿何为也"。近人郭沫若先生认为这种解释是蛇足，很多地方都讲不通。据他的看法，"羌"字有些地方是当成"乃"，有些地方是当成

"而"，有些地方只是表示感叹）"些"（楚人语词，沈括《梦溪笔谈》曰：今夔峡湖湘人，凡禁咒语末皆称"些"乃楚人旧俗）等是。"离骚"二字，近人游国恩先生认为也是楚国的方言。他说："《汉书·扬雄传》载雄旁《惜诵》以下至《怀沙》之一卷，名曰'畔牢愁'。'牢愁'古叠韵字，同在'幽'部；韦昭训为'牢骚'。后人常语谓发泄不平之气为'发牢骚'，盖本此义。'牢愁''牢骚'与'离骚'古并以双声叠韵通转。……其声再转又为唐人语的'憀恅'。"这个见解是正确的。自于屈原大量采用方言——民间口语，所以他的作品特别生动，特别受人欢迎。

（三）大量吸收神话和传说——"神话"和"传说"都是民间的口头创作，但两者之间却有不同。神话是说明或解释事物的起源，传说是叙述一件故事没有说明的意思。神话就是古代的科学和哲学，传说是古代的历史。我们如离开生产劳动忽略古代社会生活的全部现象是不会了解神话和传说的基本精神的。《天问》是屈原作品最奇特的一篇，他一口气提出一百七十多个问题，却丝毫不觉得单调，那么错综变化却又非无条理可寻。它是古代神话传说的总集。如后稷教民稼穑，农民视为神主。关于后稷身世的传说：他的妈妈姜嫄是到野外履巨人迹而怀孕的，生下他来以为不祥之物，弃于隘巷，送于平林，投于冰上，都能得救，后来成为农业专家。关于这种传说，屈原再三问道："稷为元子，帝何竺之（'竺'毒的意思）？投之冰上，鸟何燠之？"这是说帝喾元妃姜嫄，因履巨人之迹而首生稷，上帝应当爱护他，为什么反而苦毒他呢？后来稷被扔在冰上，为什么会有许多鸟儿，用翅膀来温暖他呢？关于夏禹治水传说应龙一画地，水就顺着流，因为感到他的伟大，所以说他出生的时候是剖开鲧的肚子跳出来的。屈原就提出这样的疑问："应龙何画？河海何历？鲧何所营？禹何所成？"这是说：大禹治水，怎么样应龙一画地，水就顺着流？天下的河海很多又离着很远，他怎样亲身都到过呀？鲧是怎样经营的呀？禹又是怎么成功的呀？又如古代神话，十个太阳经天的时候，禾稼全枯焦了，人民无所食，帝俊派后羿到人间，射了九个太阳，变成金乌的羽毛，纷纷落在地上，这是原始人民在烈日当空劳动的幻想。屈原就提出这样的疑问："羿焉弹（射）日？乌焉解羽？"像"该秉李德，厥父是藏，胡终弊于有扈，牧夫牛羊？"是反映着两个畜牧主之间的战争的；"恒秉李德，焉得夫朴羊？何往营班禄，不但还来。"是反映田猎生活的。其他自然界的神怪如雄大的毒蛇有九个脑袋，一下子出现忽又没啦（"雄虺九首，儵忽焉往？"），石林兽会说话（"焉有石林，何兽能言？"），又有能吞大象的灵蛇（"灵蛇吞象，厥大何如？"），北海之外，日光照不到的地方，有人面蛇身的独龙，他一睁眼就是白天，一闭眼就是黑夜（"日安不到，独龙何照？"）。这些都是渔猎人民在劳动生活中创造出来的神话。本来神话和传说都是原始人民实际生活的反映，屈原《天问》杰作，一方面以他那"博闻强志"的资质，把古代神话和传说集中起来；一方面用搜集真理的眸子把古代神话和传说看为文学资料，看它们好像一束光明的箭，因而迫不及待地向着悠悠的苍天猛力放射。这样，就使他的作品更加丰富，更加生动了。

　　（四）**想象力非常丰富**——文学创作有如列宁所昭示，是"无条件需要保证个人的创作性个人好尚的宽大原野，思想和幻想形式和内容的广泛的原野"。屈原是过去中国诗人中想象力最丰富的一位。我们以他的杰作《离骚》为例，《离骚》就是牢骚，是屈原作品中想象力最丰富的一篇。描写对楚国政治的希望与憧憬，表现了一个由追求到幻灭的程序。开头从家世叙起，有一点像自传体裁，其次说他对祖国的忠诚和热爱，对谗佞的憎恶，对现实的恶势力搏斗，对人民的关怀，明显地指出他所拥护的是为人民大众谋福利的政权，反对的是剥削人民的官僚政客。因为失望了，曾一度起了归隐的思想，但马上扑灭它，重新肯定了与恶势力战斗的真实。屈原对于人生是极端留恋的，换句话说，他肯定人世为有价值的。这样他为什么反有厌弃人世与凌空遨游的思想呢？这固由于他对现社会的失望，但导火线却起于他的姊姊女婆劝告他的话，使他思想上发生极大的矛盾（这毋宁说是他与时代思想的矛盾），女婆的主导思想是老庄思想，不主阳刚而主阴柔，劝他明哲保身与世推移，劝他放弃理想，放弃婷节。屈原觉得一切人不了解他都不要紧，只有亲爱的女婆不了解他是最痛苦的事。因此，他感到荒凉的人世，是不可久留了，掀起厌弃人世与凌空遨游的思想。他先找重华去控诉人世的罪恶，然而重华没有答复他，他徬徨了。这是喻他追求的幻灭之一。在"耿吾既得此中正"的心理状态下，他想到天国去控诉，在他起程的时候，发生交通工具的问题，但是他终于克服了一切困难，到达了天国之门，可是天国的帝阍（守门者）望而拒绝他，他伤心连天国里都没有好人存在，也没有正义和是非，他又陷入苦闷里去了。这是喻他追求的幻灭之二。向重华和天国去控诉既然如此失望，他抱着饥渴的心情，去追求古代的美女，希望在爱神温暖的怀抱里，摆脱现实的痛苦。因此他到春宫追求神妃，希望由下女先达情于神妃，他叫雷师驾着云彩去找宓妃之所在，但是她晚上在"穷石"过夜，早上又到"洧槃"去洗头发，显示着她的高贵和骄傲，虽然是很美丽却毫无礼貌，屈原获得的仍然是失望。这是喻他追求的幻灭之三。他望着瑶台看见了有娀国的美女，即简狄，又引起他追求的兴趣。他曾托鸩鸟去做媒，鸩鸟不但不肯，反而离开他。想托雄鸠去做媒，又怕它秉性轻佻靠不住。因此转托凤凰，凤凰虽把赠品送给简狄，但时间过迟，高辛氏已先他而娶了。这是喻他追求的幻灭之四。在徬徨里，他又想趁着少康未娶之时向有虞的两个阿娇去求爱，但在"理弱而媒拙兮，恐导言之不固"的状态下，又失败了。这是喻他追求的幻灭之五。一桩桩的追求，一桩桩的幻灭，苦闷的灵魂得不到解救。不得已又去找灵草、小折竹请"灵氛"占卜，占卜结果劝他离开楚国，但热爱祖国的屈原，又有一番思想斗争了，因此他又去请教"巫咸"，巫咸仍然是劝他远游自疏，因此他又安排了一个凌空遨游的计划。在起程当中，他的车驾的威仪是非常堂皇富丽的，没有一点寒酸气。在遨游当中，徐行高亢，神志幽扬，表示着天才的骄傲，似乎得到人间烦恼的解脱，但想不到：

陟升皇之赫戏兮，忽临睨夫旧乡。仆夫悲余马怀兮，蜷局顾而不行。

他又从天空重新回到祖国的怀抱，其实他又何尝愿意离开楚国呢？（这样，用仆夫和马作衬托，是更加动人地来表现屈原对于祖国的热爱。）在伤感中，幻想到重华和天国，幻想去追求古代的美女，也莫非是象征着他政治的理想而已。这种幻想的丰富，象征的美丽，上天下地，涉水登山，连最高的想象力又贯穿着崇高的思想，在中国古代的诗人中，应推第一。如果我们认识到屈原大量吸收神话和传说，作为文学的养料，就不难理解他如何运用最高的想象力，驰骋于广漠的原野了。

屈原是我们中国最初一个伟大诗人，同时又是一个伟大的爱国主义者，他的作品乃是高度思想性和高度艺术性的高度结合，成为两千多年来不可企及的典范。他在中国文学史上最大的成就，就是解放诗律的桎梏和转变写实的诗风。《诗经》的句子，有一言至九言成句者，如细衣"敝"字"还"字，是一言；"祈父""肇礼"是二言；"振振鹭""螽斯羽"是三言；"谁谓雀无角"是五言；"我姑酌彼金罍"是六言；"知我者谓我心忧"是七言；"我不敢效我友自逸"是八言；"无金玉尔音而有遐心"

是九言；长短固然没有定制，但统观全诗，大概都以四言为正体，其余仅一两句杂在四言之间而已。到了《九歌》出世，诗体的解放开了端，但等到屈原才正式成立了诗体的新形式。他运用了楚国的方言，古代的神话和传说，以及南方民间歌谣中的自然韵律加以洗练提高的。郭沫若先生说："后来的诗句的变化几乎是为屈原一人所尝试尽了的。这项工程无论怎样不能不说是屈原的天才之所致。屈原之所以成就这项工程的重要原因，我看就是因为他利用了自成天然的歌谣体。他是利用了歌谣的自然韵律来把台阁体的四言格调打破了。屈原，可以毫不夸大地给他一个尊号，是最伟大的一位革命的白话诗人。"其次，是转变写实的诗风为浪漫的诗风。他把瑰丽的文辞，浓郁的感情，丰富的想象，怀疑的精神等等，都尽量会合到他思想的核心，使他的诗歌表现出特殊的风格。刘勰《辨骚》说："至于讬云龙，说迂怪，丰隆求宓妃，鸩鸟媒娀女。诡异之辞也。康回倾地，夷羿弊日。木夫九首，土伯三目。谲怪之谈也。依彭咸之遗则，从子胥以自适。狷狭之志也。士女杂坐，乱而不分，指以为乐，娱酒不废。沉湎日夜，举以为欢，荒淫之意也。摘此四事，异乎经典者也。"刘勰是用"诗教"的眼光来批评屈原的，其实这四点正是他的文学的特殊风格。不过有一点必须明确的是：屈原是有民族的立场，人民性的倾向，爱国主义的热情，以及宁死不屈的牺牲精神。他的文学的特殊风格，都是从这里出发的。如果我们把屈原诗篇的基本精神实质抽去，那么"诡异"、"谲怪"、"狷狭"、"荒淫"就成为毫无意义的东西了。

　　风格，就一般的含义说，是指渟贯于作家的所有作品中的思想和艺术的基本特征的统一性。屈原作品的特殊风格的形成，除基本的斗争生活和其他作家有不同外，还有各种条件，我们必须从地域宗教和音乐各方面去追求，才能得到圆满的解答（参用刘大杰先生说，唯将地域、宗教、音乐作为"条件"看，与刘先生不同）。

（一）**地域的**　楚民族在江淮一带的南方，是一块得天独厚的地带，土地肥沃，物产丰富，山川佳丽，处处与北方不同。刘勰《文心雕龙·物色篇》说："若乃山林皋壤，实文思之奥府：略语则阙，详说则繁。然屈平所以能洞鉴风骚之情者，抑亦江山之助乎？"这正是说明屈原作品相应地受了地域的影响。

（二）**宗教的**　《汉书·地理志》说："楚人信巫鬼而重淫祀。"商被周灭亡以后，它的文化分为两支：一支由周人手下在北方发展；一支由徐楚手下在南方发展。商人是迷信鬼神的民族，巫风极盛。这种思想虽被注重实际的周人抛弃，但在楚国丰饶美丽的自然环境中，却找到了它的温床。所谓男觋女巫，在今天看来，是一种迷信，然巫教僧侣的权力在殷代的政治上，简直能左右王室。巫教僧侣手中的神意，在政治上主要表现方式则为"贞卜"。在这种巫术中却孕育着无限的神话和传说。这些都成为屈原作品的必要条件之一。《天问》的神话，《离骚》的天国，《招魂》的幽都，都是明显的含有宗教意味的标记。

（三）**音乐的**　《吕氏春秋》《仲夏纪》《大乐》说："楚之衰也，作为巫音。"说巫音是起于楚的衰落，这是错误的。巫音是楚调的特征，是一种富于神秘性与想象力的音乐。这对于屈原作品有了极大的影响。王逸《楚辞章句》说："昔楚国南郢之邑，沅湘之间，其俗信鬼而好祠，其祠必作歌乐歌舞以乐诸神。"《九歌》便是当时民间巫歌的词句，它们最初是依附于音乐舞蹈的，还没完全达到独立的境地。至于屈原作品，在当时是可歌的，与贾谊、枚乘以下的辞赋只能供讽颂而不能配音乐的大不相同。这是深深地受了巫歌的影响。

毛主席说："唯物辩证法认为外因是变化的条件，内因是变化的根据，外因通过内因而起作用。鸡蛋因得适当的温度而变化为鸡子，但温度不能使石头变为鸡子，因为二者的根据是不同的。"（《矛盾论》）地域宗教和音乐三者当做"条件"看，对屈原作品是有一定的影响的，但是主要还得通过屈原的现实生活（根据）才能起了那么大的影响。这是我们研究屈原作品特殊风格之形成时所应该注意的。

关于屈原作品的思想方面和艺术方面，已说得不少了。现在剩下还有一个问题，必须附带讨论的，那就是屈原作品对以后文学发生什么样的影响的问题了。

屈原的作品在中国文学史上起了极大的影响，这是刘勰早在《辨骚》中肯定过的。他说："……故能气往轹古，辞来切今，惊采绝艳，难与并能矣。……枚贾追风以人丽，马扬沿波而得奇，其衣被词人，非一代也，故才高者苑其鸿裁，中巧者猎其艳辞，吟讽者衔其山川，童蒙者拾其香草。"从这些评语，屈原的作品如何影响于后代，已不难想见了。不过刘勰所说比较广泛一些；详其实际，屈原作品对于后代文学的影响主要有下列几方面：

（一）**辞赋方面**：司马迁说："屈原即死之后，楚有宋玉、唐勒、景差之徒者，皆好辞而以赋见称，然皆祖屈原之从容辞令，终莫敢直谏。"宋玉的作品据《汉书·艺文志》的《诗赋略》有16篇，却未提到散文的著作，现在所存者只有14篇，唯《九辩》一篇公认为宋玉所作，《招魂》一篇的著作权应归屈原。其余12篇都有伪讬的嫌疑。《九辩》说：

> 悲哉秋之为气也。萧瑟兮草木摇落变衰。憭慄兮若在远行，登山临水送将归。泬寥兮天高而气清。寂寥兮收潦而水清。……坎廪兮贫士失职而志不平。廓落兮羁旅而无友生。

他这一段对于秋天的描写，确是很成功的文字。宋玉虽不一定是屈原的弟子，但熟读过屈原的作品而深受其影响是无可怀疑的。景差《汉志》却没有记载他的作品，今传《大招》一篇。王逸说："大招，屈原之所作也。或曰景差。疑不能明也。"朱熹即断定《大招》为景差作品。他说："……然今以大言小言赋考之，则凡差语皆平淡醇古，意亦深靖闲退，不为词人墨客浮夸艳逸之态，然后乃知此篇决为差作无疑也。"唐勒作品《汉志》说有赋四篇，可惜早已散失，现在所能考见的只有郦道元《水经注》《汝水》引他《奏士论》的一节：

> 我是楚也，世霸南土；自越以至叶，垂弘境万里，故号曰万城也。

此外，汉代辞赋的体制，是从屈原作品蜕生出来的。项羽的《垓下歌》，刘邦的《大风歌》，完全是楚声不必说，即以贾谊《吊屈原赋》和《惜誓》二篇作品而论，不异屈原苦闷灵魂的再现。吊屈原就是吊自己，惜誓是哀屈原，同时也就是哀自己。因为他怀才不遇流谪长沙，生活境遇都和屈原有些类似。到了刘向以艺术形式相同为标准，除宋玉以外，再加上东方朔、庄忌、淮南小山、王褒诸人和他自己的作品编成一集，名为《楚辞》，刘向的原书失传了，现在可以看到的，只有王逸的《楚辞章句》。王逸又把自己《九思》的作品加进去，到了朱熹《楚辞集注》把唐宋模仿的作品，也加进去，这样屈原的艺术形式范围就更加扩大了。当然我们今天觉得真能代表战国时代的南方文学主要的作家只有屈原，一方面因为他是楚辞文体的创造者，他的作品最富人民性和现实主义精神；另一方面他的作品占《楚辞》一书最大部分。虽然从辞赋的演变来看，由铺采离文、歌功诵德的"汉赋"，变为抒写胸臆、表现玄想的魏晋的"短赋"，再变为南北朝唯美主义的"骈赋"，更变为唐宋的"律赋"和"文赋"，在这演变过程中，这些赋和当代的社会基础、学术思想以及文艺的思潮当然是分不开的，但这种辞赋的艺术形式渊源于屈原是完全可以肯定的。一部辞赋史可以说就是一部受屈原影响的一种特殊文艺作品的历史。

（二）**诗歌方面**：中国过去诗人，绝大部分都受了屈原作品的影响，这里只能举几个例子来谈谈：唐代最伟大的诗人李白和杜甫对于屈原都是赞扬备至的。李白《江上吟》说道："屈平词赋悬日月，楚王台榭乐山邱。"杜甫《最能行》说道："若道土无英俊才，何得山有屈原宅？"从这些诗句，李杜对屈原的敬慕，就不难想见了。我们从李白、杜甫作品的人民性和现实主义精神看来，都很明显地受屈原作品的影响。

李白是屈原、陶潜以后的大诗人，他与杜甫为唐代诗坛两颗长明的星。李白虽是一个雄放不羁的诗人，但忧时感愤，也常常从诗篇流露出来。开元中，他因为杨妃之谮去国，心中极不痛快，作《雪谗诗》。天宝中，北讨奚契丹，勤于兵，他反对战争，作《战城南》。天宝末，李林甫乱政以至安禄山破长安，明皇奔蜀，作《还别离》、《蜀道难》、《枯鱼过河泣》，这些作品富有人民性，不过都是通过浪漫主义的形式而表现出来的。在这点上，他很像屈原。也说明李白并不是终日"狂醉于花月之间"的。至于《梦游天姥吟留别》说：

> 海客谈瀛洲，烟涛微茫信难求。越人语天姥，云霓明灭或可睹。天姥连天向天横，势拔五岳掩赤城。天台四万八千丈，对此欲倒东南倾。我欲因之梦吴越，一夜飞渡镜湖月。湖月照我影，送我至剡溪。谢公宿处今何在，绿水荡漾清猿啼。脚着谢公屐，身登青云梯。半壁见海日，空中闻天鸡。千岩万转路不定，迷花倚石忽已暝。熊咆龙吟殷岩泉，慄深林兮惊层巅。云青青兮欲雨，水澹澹兮生烟。列缺霹雳，邱

峦崩摧。洞天石扉，訇然中开。青冥浩荡不见底，日月照耀
金银台。霓为衣兮风为马，云之君兮纷纷而来下。虎鼓瑟兮
鸾迴车，仙之人兮列如麻。忽魂悸以魄动，怳惊起而长嗟。
惟觉时之枕席，失向来之烟霞。世间行乐亦如此，古来万事
东流水。别君去兮何时还？且放白鹿青崖间，欲行即骑访名
山。安能摧眉折腰事权贵，使我不得开心颜。

那是明显地从屈原的作品吸取其精华而创造出来一种新的风
格了。

　　杜甫更是有意识地继承屈原作品中人民性和现实主义精神的
优良传统。他三十五岁以后，历游南北，见到不少的人民的灾
难，不仅自己时在饥饿的边沿上，连他寄寓在陕西奉先的幼子也
饿死了。因而对社会的本质得到了深刻的认识，其《兵车行》、
《丽人行》、《自京赴奉先咏怀五百字》等诗篇，都开始反映了当
时民众受战祸兵役的痛苦，揭露贵妃姊妹的华贵与声威和统治阶
级压迫剥削人民的悲剧。安史之乱起来了，因为他和祸乱相终
始，一切残酷的现象他看过，一切的痛苦他尝过，所以曾创造
《留花门》、《洗兵马》、《三吏》、《三别》等不朽的诗篇。四十
八岁弃官以后，已无意宦途，中间虽入严武幕，为参谋半载，也
是为生活所迫。但对国家大事仍然不去于怀，譬如《即事》言
和亲的失策，《恨别》晶李光弼的入燕，《建都》叹进谏的无因，
《王命》忧吐蕃的东侵，《西山二首》悯松州的被围，《黄河二
首》哀蜀民的受困，这些作品都是所谓"以在野之身致献曝之
愚"者，杜甫的诗歌最富有政治性和爱国主义精神是和屈原分
不开的。许多人以为杜甫入蜀以后只有逍遥恬静的作品，这是片
面的看法。至于《石龛》说：

　　熊罴咆我东，虎豹号我西；我后鬼长啸，我前狨又啼。
天寒昏无日，山远道路迷。驱车石龛下，仲冬见虹蜺。伐竹

者谁子？悲歌上云梯。……

又《天末怀李白》说：

> 文章憎命达，魑魅喜人过。

又《梦李白二首》中说：

> 魂来枫林青，魂返关塞黑。……水深波浪阔，无使蛟
> 龙得。

这些诗句，很明显地是受屈原《离骚》、《招魂》的影响。他说："气劘屈贾垒"就是像这一类的作品吧！

　　晚唐诗人李贺也受了屈原作品的影响。李贺是个贵公子，养尊处优，既不能像李白那样的雄放不羁，更不能像杜甫那样艰苦奋斗。他只是个唯美主义者，平生最喜用险怪而又鲜艳的字眼，雕塑最富有色觉、听觉、嗅觉、触觉的诗句。有了这种倾向，屈原作品中美丽的形象就把他吸引住了。试读他的《天上谣》：

> 天河夜转漂回星，银铺流云学水声。玉宫桂树花未落，
> 仙妾采香垂佩缨。秦妃卷帘北窗晓，窗前植桐青凤小。王子
> 吹笙鹅管长，呼龙耕烟种瑶草。粉霞红绶藕丝裙，青洲步拾
> 兰苕春。东指义和能走马，海尘新生石上下。

又如《巫山高》云：

> 碧丛丛，高插天，大江翻澜神曳烟。楚魂寻梦风飔然，
> 晓风飞雨生苔钱。瑶姬一去一千年，丁香节竹啼老猿。古祠
> 近月蟾桂寒，椒花坠红湿云间。

又如《昌谷北园新笋》四首其二云：

> 斫取青光写楚辞，腻香春粉黑离离。无情有恨何人见？
> 露压烟啼千万枝。

　　像这类作品所用的辞藻，显然是胎息自屈原的。怪不得杜牧批评他的诗说：

　　盖骚之苗裔。理虽不及，辞或过之。骚有感怨刺怼，言及君臣理乱，时有以激发人意。乃贺所为，得无有是。贺能探寻前事，所以深叹恨古今未尝经道者。……贺生二十七矣。世皆曰：使贺且未死，少加以理，奴仆命骚可也。

姚文燮《昌谷诗注序》亦说：

　　白（指李白）近乎骚者也；贺则幽深诡谲较骚为尤甚。

　　但杜、姚的评语是过高一些，我觉得李贺受屈原的影响，恐怕只停留在艺术技巧上，若论到思想性，怎能和屈原相提并论呢！

　　此外如南宋郑思肖，亦深受屈原爱国主义精神的作品的影响。郑思肖，字忆翁，号所南，我们从他这些名字，就知道他寓有不忘故国的意义。他是福建连江人，一个太学生，宋亡，隐居吴下，坐卧不北向，誓不与北客交，闻北语掩耳疾走，有《所南集》，号其堂曰"本穴世界"，影射"大宋"之义（"本"字之"十"置下，则"大宋"）。尝著《大无工十空经》（"空"字去"工"加"十"，也就是"宋"字）。画兰不画土，无所凭借。人问其故，他回答道："土为番人夺去，汝犹不知耶？"其爱国的热诚不能不说是受屈原作品的启示。他曾自画兰一卷题说：

　　纯是君子，绝无小人。深山之中，以天为春。

又自题墨兰说：

　　一国之香，一国之殇。怀彼怀王，于楚有光！

又说：

　　求则不得，不求或与兴。老眼空阔，清风万古。

他画兰，他题诗，无异是屈原哀怨的情感的再现了。

　　说到近代，鲁迅先生也是深受屈原作品影响的一位。他在《汉文学史纲要》说道："……在韵言，则有屈原起于楚，被谗放逐，乃作离骚，逸响伟辞，卓绝一世。后人惊其文采，相率仿率，以原楚产，故称楚辞。较之于诗，则其言甚长，其思甚幻，其文甚丽，其旨甚明。凭心而言，不遵矩度，故后儒之服膺诗教者，或訾而绌之，然其影响于后来之文章，乃甚或在三百篇以上。"他认为楚辞对后代的影响可能甚于《诗经》，这种看法是很正确的。关于《离骚》他有这样的话："其辞述已之始生，以至壮大，迄于将终，虽怀内美，重以修能，正道直行，而罹谗贼。于是讬言遐想，称古帝，怀神山，呼龙虬，思佚女，申纾其心，自明无罪，因以讽谏。次述占于灵氛，问于巫咸，无不劝其远游，毋怀故宇。于是驰神纵意，将翔将翔，而眷怀宗国，终又宁死而不忍去也。"他把屈原一首最长的诗，作了极扼要的说明。关于《天问》他在《中国小说史略》说道："若求之诗歌，则屈原所赋"，尤在《天问》中，多见神话与传说，如"夜光何德，死则又育？厥利维何，而顾菟在腹？""鲧何所营？禹何所成？康回凭怒，地何故以东南倾？""昆仑县圃，其尻安在？增城九重，其高几里？""鲮鱼何所？魁堆焉处？羿焉弹日？乌焉解羽？"是也。他曾经对许寿棠先生说：《天问》是中国神话和传说的渊薮。真是一语破的。而胡适在《读楚辞》说："天问文理不通，见解卑陋，全无文学价值。我们可断定此篇为后人杂凑起来的。"可见是胡说八道了。

鲁迅先生的旧诗，吸收屈原文学遗产，如《无题》其二云：

一枝清采妥湘灵，九畹贞风慰独醒。无奈终输萧艾密，却成迁客播芳声。

据许寿棠先生《亡友鲁迅印象记》统计，鲁迅先生 1903—1934 年的旧诗题涉及屈原的词句有 18 处之多。又鲁迅先生采屈原《离骚》的话作《彷徨》的题词：

朝发轫于苍梧兮，夕余至乎县圃。欲少留此灵琐兮，日忽

忽其将暮。吾令羲和弥节兮，望崦嵫而勿迫。路漫漫其修远
兮，吾将上下而求索。

许寿棠先生说："这八句正写升天入地，到处受阻，不胜寂寞傍
徨之感。"可见鲁迅先生对于屈原作品的爱好并赋予一种新的意
义了。不过有一点必须明确的，就是鲁迅先生是极其广博地吸收
在他以前的优良文学遗产作为创造现实主义作品的养料，屈原作
品是其中的一种，超过这样的限度，如果说他是单源于屈原作
品，那就非常错误了。

　　（三）戏剧方面：郑振铎先生说："把屈原的故事写为剧本
的，有元代的睢景臣的《屈原投江》，可惜不传于世。明代的郑
瑜有《汨罗江》，叙的是屈原在汨罗江上遇到渔父，写出《离
骚》来。他把《离骚》的全文都引上了。清初的尤侗写了《读
离骚》，也是借着屈原的悲剧的生活而发泄他自己的牢骚的。周
文泉的《补天石传奇》八种，……其中有《纫兰佩》一种，就
是写屈原故事的。他叙述屈原投江时为仙人所救。徒步赴赵国乞
师，大破秦兵。楚怀王亦潜逃回国，以屈原为令尹。张仪、靳尚
均得到应有的下场。这剧离开事实太远。但表现出作者对于屈原
的同情与其主观的愿望。"又说："嘉道年间的一个女作家吴频
香写的一篇《饮酒读骚图》（一作《乔影传奇》）的短剧。这个
短剧，把封律社会的女子被压抑的感情，尽量地倾吐出来，她欣
羡男子的自由生活，自己悲叹着'束缚形骸'，竟改扮作男装穿
戴巾服，一边饮酒一边诵读'离骚'。"从郑振铎先生所介绍的
这些作品，不难看到屈原作品在戏剧方面的影响，至于郭沫若先
生的历史剧《屈原》，在适应民族解放战争的具体情况，大力地
表扬这个伟大诗人的人民性，是大家所熟悉的，在这里就勿庸介
绍了。

　　从"辞赋""诗歌""戏剧"三方面，我们可以看到屈原在

中国文学史上所发生的深厚的影响。至于屈原那种忠直不屈与贪污腐败的执政者反抗到底的精神，无形地感动了中华民族，成了全民族甚至全世界敬慕的人物，其重大的影响就难以在这里估计了。

杜甫在诗的形式方面的创造[*]

　　新内容需要新形式，这是一个非常重要的艺术法则。新形式的创造往往是经过长期的熔铸工夫的。在最初阶段往往要借用旧的形式、旧的方法，甚至旧的技巧。鲁迅先生《论旧形式的采用》一文说得最透辟："旧形式的采取……正是新形式的发端，也就是旧形式的蜕变……是采取，必有所删除，既有所删除，必有所增益。这结果是新形式的出现。"这一点在杜甫对诗形式的创造上也明显地表现出来。

　　杜甫对诗形式的创造是相当全面的。除五绝殆无创格可言，其余乐府、五古、七古有创格，就是五律、七律、五言长律、七言绝句也有创格。现在依次分论如下：

　　（一）乐府　　乐府创自西汉，后人拘于声律，大抵陈陈相因，沿袭既久，甚至有把诗辞与题解分开；齐梁以后流弊更甚。蔡宽夫说："齐梁以来，文士喜为乐府辞，往往失其命题本意。"详其实际，如蔡邕的《饮马长城窟》，言离别之情而不及力役之苦，可见在东汉时已经是这样了。唐初这种作风没有改变。开元

　　*　该文是虞愚先生《杜诗初探》一文中的一个章节。——编者

天宝时代，以李白英气勃勃、狂放不羁的伟大诗人所写的《远别离》、《公无渡河》等诗篇，词调格律虽超出古人，但题目仍是沿袭乐府旧题，难致自标新意；反观杜甫就大不相同了。

杜甫因事命题，解放前人的一切束缚，如《哀江头》、《兵车行》、《哀王孙》、《洗兵马》，就是最明显的例子。这些作品为张籍、白居易、元微之新乐府的鼻祖。与杜甫同时代的元结所写的《舂陵行》、《系官引》，也算是解放古乐府的作品，但篇数不多，才力亦薄，论其影响就远不及杜甫了。

（二）五古　五言古体两汉魏晋但有谋篇，宋齐以后谢灵运、顾延年、鲍照、谢朓各家始有琢句；到了杜甫就兼讲练字。如《望岳》的"荡胸生层云，决眦入归鸟"，《木皮岭》的"仰看塞大明，俯入裂厚坤"；《青阳峡》的"林回硖角来，天窄壁面削"（上句得之远望，下句得之近见。天窄就是"峡外绝无天"之意），都是有名的奇句。韩昌黎所谓"险路破鬼胆"，实从杜甫开其端。

复次，从西汉以来，五古长篇除《孔雀东南飞》外殊不经见；其他大抵是一丘一壑，一览无余。到杜甫《奉先咏怀五百字》与《北征》两篇局面始弘，如入阿房、建章，千门万户，眩人心目。同时结构整然，一丝不乱，气力雄厚，到底不懈，尤不易到。韩昌黎写《南山》模拟《北征》，篇幅加长达百有二韵。铺张排比虽与《北征》相等，但是布局、用意、遣词，都有鼓衰力竭之感。以韩昌黎诗坛健将尚复如此，其他则更勿论矣。《石遗室诗话》云："涛园说诗时有悟入处，近年在上海与苏堪诸人作温经会，不止胸有左癖矣。尝云：昌黎《南山》诗连用五十一'或'字。《北征》已有'或红如丹砂，或黑如点漆'之句，实则莫先于小雅《北山》：'或燕燕居息，或尽瘁思国'，十二句连用十二'或'字。余谓《北山》将苦乐不均两两

比较，视《南山》专状山之形态，有宽窄难易之不同。《北征》
到底竟住，斩截可喜；《南山》则不免辞费，故中多复处。如
'或戾如仇雠'非即'或背若相恶'乎？'或密若婚媾'非即
'或向若相佑'乎？'或随若先后'非即'或连若相从'乎？其
余'或赴若辅辇'与'或行而不辍'；'或妥若弭伏'与'或颓
若寝兽'，大同小异之处尚多。故昔人谓《北征》不可无，《南
山》可以不作。且其叠用'若'字、'如'字、'或'字，又本
于《高唐赋》之'湫兮如风，凄兮如雨，若生于鬼，若出于
神'；《神女赋》之'耀乎若白日初出照屋梁，若明月舒其光，
晔乎如华，温乎如莹'；《洛神赋》之'翩若惊鸿，宛若游龙，
仿佛兮若轻云之蔽月，飘飘兮若流风之回雪，皎若太阳升朝霞，
灼若美蕖出绿波，肩若削成，腰如约素，或戏清流，或翔神渚，
或采明珠，或拾翠羽'诸句来也。等而上，《淇澳》之'如切如
磋，如琢如磨，如金如锡，如圭如璧'；《板》之'如埙如篪，
如璋如圭，如取如携'；《荡》之'如蜩如螗，如沸如羹'，《三
百篇》早有之矣。"（见《石遗室诗话》卷十九）这是切论。昌
黎《南山诗》连用五十一个"或"字，正是鼓衰力竭的一种表
现，和杜甫《北征》能将许多不同情绪归拢一篇而得和谐之美，
把辞朝恋主之情、征途所历可伤可畏可喜可痛之景、归家悲喜之
状，以及属望中兴之志一一写出，是不可同日而语了。胡小石先
生说："《北征》为杜诗中大篇之一。盛唐诗人力破齐梁以来宫
体之桎梏，扩大诗之领域。或写山水，或状田园，或咏边基，较
前此之幽闭宫闱低徊恩怨者，有如出永巷而驰康庄。至杜甫兹篇
则结合时事，加入议论，撤去旧来藩篱，通诗与散文而一之，波
澜壮阔，前所未见，亦当时诸家所不及（元结同调而体制未
泓），为后来古文运动家以笔代文者开其先声。后来诗人如元和
中韩退之，如宋代庆历以来宋诗作者欧、王诸家以至江西诗派，

至近世所谓同光体，其特征大要皆以散文入诗，其风气几无不导源于杜，亦可云自《北征》一篇开端。"又云："《北征》，变赋入诗者也。题目《北征》即可见之。其结构出赋，陈叔皮《北征》、曹大家《东征》，潘安仁《西征》，皆其所本，而与曹潘两赋尤近。其描写最动人处如还家见妻一段，则有蔡文姬《悲愤》、左太冲《娇儿》两作之长。其胪陈时事，直抒愤懑，则颇得力于庾子山《哀江南赋》。杜极称庾诗赋曰'清新庾开府'。《哀江南》在赋中为新也，《北征》在诗中亦为新也（杜短韵亦多得力庾子山拟咏怀诗）。总之《北征》一方则奄有众长，一方又独抒己见，两者结合，诚所谓古为今用也。"①

（三）**七古** 杜甫七言体，除一部分步武初唐和沾染高、岑作风而外，尤多创格。柏梁体是自述的，《八仙歌》是杜甫代别人叙述的，显然不一样。而且有的两句为章，有的三句为章，有的四句为章，前后错出，不避复韵（"眠"字"天"字再押，"前"字三押）又没有起结。这是第一点。

《杜诗镜诠》《曲江三章章五句》说："题仿三百篇，诗则公之变调"，这个评论是很切当的。这三首诗前后转韵，不取一致（第一首仄平互转，第二首两仄互转，第三首两平互转），音节如急管繁弦，笔势似生龙活虎，前苦楚而后悲壮，于张衡《四愁诗》、鲍照《行路难》之外独树一帜。这是第二点。

《荆南兵马使太常卿赵公大食刀歌》逐句用韵是柏梁体，却又用转韵，自成一路（《镜诠》）。《王兵马二角鹰》大体和《大食刀歌》同，而"中有万里之长江"及"恶鸟飞飞啄金屋"两句独不用韵，从心所欲，自我作古。这是第三点。

《短歌行》"王郎酒酣拔剑斫地歌莫哀，我能拔尔抑塞垒落

_____

① 胡小石：《杜甫〈北征〉小笔》，见《江海学刊》1962 年 4 月号。

之奇才"与李白《宣城谢朓楼饯别校书叔云》"弃我去者昨日之日不可留，乱我心者今日之日多烦忧"，都是以十一个字为句，为长句起法创格。这是第四点。

杜甫《沙苑行》、《瘦马行》、《高都护骢马行》、《李鄠县丈人胡马行》、《韦讽录事宅观曹将军画马图引》、《天育骠骑歌》等诗篇，同是咏马，用意迥别，表现手法也各有不同。杜甫自许"沉郁顿挫，扬雄可跂"（《进雕赋表》），虽是对全部诗篇的特殊诗风的自我鉴定，但是七言古体把沉郁顿挫的诗风，更加突出地表现出来。这是第五点。

具备以上五点，杜甫七古无论在篇法、章法、字法、句法，都富有创造性，为后人开无数法门。

（四）**五律**　五言律创自阴铿、何逊、徐陵、庾信，到了唐初而声律更加完备。陈子昂、杜审言、沈佺期、宋之问继起，风格高超，堂构差不多已经完成。与杜甫同时代的又有李白、王维、孟浩然三家，分途竞进，各辟五律疆土，杜甫要在诸家之外另创新路，当然比较困难。可是沈德潜说："子美独辟畦径，寓纵横排奡于整齐之中，故应包含一切"（《说诗晬语》）。这评语又应如何来理解呢？笔者认为杜甫的五律不独意旨沉刻、气象万千，非他家所及；仅就格律来说，如"生还今日事，问道暂时人"（《喜达行在所》），"由来强干地，未有不朝臣"（《有感》），"受谏无今日，临危忆古人"（《遣忧》），"谁怜一片影，相失万重云"（《孤雁》）之类，都是以十个字为一句，词意浑成，对仗工整，古今寡俦。沈佺期《杂诗》"可怜闺里月，偏照汉家营"；张九龄《望月怀远》"情人怨遥夜，竟夕起相思"；孟浩然《留别王维》"欲寻芳草去，惜与故人违"；李白《送友人》"此地一为别，孤蓬万里征"，均以十字为句，然工整多不及杜诗。就中唯有"欲寻芳草去"一联差堪与杜诗比肩。

其次，连章法应用到五律虽不从杜集开始，然有起有结，有分有合，于错综之中寓整齐之势，脉络分明，一丝不乱，也是前人所未有。如《陪郑广交游向将军山林十首》，第一首"不识南塘路"起是欲去未去；二首"百顷风潭上"是初到境；三首清池、四首旁舍是入门所见；五首"随意坐莓苔"是方坐；六首"野老来看客"是坐已久；七首出门回首是归时情景。次第章法井然，不似后人作连章可随意多寡，颠倒次置。《重游何氏五首》，一首重来休沐地，二首大迎曾宿客，三首自今幽兴熟，四首就"看君用幽意"推开说，五首将"到此应常宿"合拢说。处处是重游而非初到。《秦州杂诗二十首》写景、咏物、记事、言情，井井有条，前后又连成一气，都是明显的例子。李白《宫中行乐词》多至八首，亦属五律（或编在乐府），未见所谓"连章法"。吴伟业《读史杂感》、《病中别令孚弟》即学此体，章拳一事，眉目分明；唯在全体联系方面就不如杜诗了。翁方纲说："杜五律有唐调亦有杜调"，是有根据的说法。

宋荦云："律诗盛于唐而五律尤盛。神龙以后，原杜沈宋开其先，李杜高岑王孟诸家继起，卓然名家。子美变化尤高，在牝牡骊黄之外"（《漫堂说诗》）。东陆云："少陵五律其法最多，颠倒纵横，出人意表。"二子均谓杜甫五律高出诸家，后人殆无异词。惟其所谓变化者，不独用意推陈出新，前无古人，即以构造法而言，亦非他家所及。兹特举出杜诗五言律之构造法数种如下：

1. 全虚法，例如《捣衣》

　　　　亦知戍不返，秋至试清砧。已近古寒月，况经长别心。
　　　　宁辞捣衣倦，一寄塞垣深。用尽闺中力，君听室外音。

全首情真。捣衣，代戍妇言情也。徐苶山云：此作通首全虚法也。题系捣衣却不从题面着想，先想其人，想其时，想其心，且

想及其捣衣音。篇中用"亦知"、"已近"、"况经"、"宁辞"等
虚字，曲曲传出捣衣者之幽哀、苦况、别绪，情致之缠绵如何
哉！学则由悟入，则虽淡淡写来，亦觉笔楮之间灵气飞舞矣。更
补一言者，结末之"君听"二字，为戍妇将寄衣于夫而言。然
"君"字不必专指其夫，似欲引天下之同情，知兵乱之可哀而早
为之所也。全首概属言情，故谓之全虚法。

2. 全实法，例如《野望》：

清秋望不及，迢递起层阴。远水兼天净，孤城隐雾深。

叶稀风更落，山回日初沉。独鹤归何晚，昏鸦已满林。

故应麟曰：律诗句句写景，无言外之意，则堆积寡味。今此诗乃
全实体也。破题之清秋层阴，颔联之水天城雾，颈联之叶风山
日，结联之独鹤昏鸦，悉是景物，而此中有言外之意存焉。昏鸦
满林而独鹤晓归，盖喻人皆有家而己独无也。全首皆系写景，故
谓之全实法。

3. 逐句相生法，例如《宿白沙驿》：

水宿仍余照，人烟复此亭。驿边沙旧白，湖外草新青。

万象皆春气，孤槎自客星。随波无限月，的的近南溟。

比诗起二句用"仍"字"复"字，可知水上旅行非一日矣。颔
联叙景，将白沙驿青草湖之白沙青草四字拆开倒装以协韵，后半
则专叙情思也。自第一句水宿而及第二句人烟，自人烟而及第三
句驿边，自驿边而及第四句湖外，自湖外而及第五句万象，自万
象而及第六句孤槎，自孤槎而及第七句波上月，以至于南溟，谓
之逐句相生法。的的是昭着貌，南溟者，天池也。

4. 对面生情法，例如《月夜》：

今夜鄜州月，闺中只独看。遥怜小儿女，未解忆长安。

香雾云鬟湿，清辉玉臂寒。何时倚虚幌，双照泪痕干。

此诗即景生情逐层生发。杜老身在长安，家在鄜州，当月夜而思

家人之思己，一也。联想及儿女之不解思己，不言思儿女，情在言外，二也。想闺中人看月之久，而至鬟湿臂寒之意中境，三也。预计他日团聚彼此对月而消别恨，四也。层层皆对面写来，如此谓之对面生情法。刘后村诗话：故人陈伯霆读《北征》诗戏云：子美善谑，如"粉黛亦解苞，狼藉画眉阔"，虽妻女亦不恕。刘风诰云：公知其一耳，如《月夜》诗云："香雾云鬟湿，清辉玉臂寒。"则闺中之发肤云浓玉洁可见。又云："何时倚虚幌，双照泪痕干"，其笃于伉俪如此。

5. 明示法，例如《房兵曹胡马》：

　　　　胡马大苑名，锋棱瘦骨成。竹批双耳峻，风入四蹄轻。
　　　　所向无空阔，真堪托死生。骁腾有如此，万里可横行。

作诗之法极言之，不外明示暗示二种。此诗为明示之一例，盖劈头即点明胡马，以下乃写马之骨骼才德，篇法句法字法无不称意，明示之法宜如此也。黄生曰："上半写马之状，下半赞马之才，结归房君，此作者诗法。"张来曰："马以神气清动为佳，不在多肉，故云'锋棱瘦骨成'。批，削也。"《齐民要术》："马耳欲小而锐，状如斩竹简。"卢注："太宗叙十骥，耳根尖锐杉竹难方。""竹批双耳峻"本此。曹洪白马耳中生风，足不践地，"风入四蹄轻"本此。笔者认为就咏马言之为明示法，然结处为胡君曹写照，却不道破，谓之兼有暗示法亦无不可。

6. 暗示法，例如《萤火》：

　　　　幸因腐草出，敢近太阳飞。未足临书卷，时能点客衣。
　　　　随风隔幔小，带雨傍林微。十月清霜重，飘零何处归。

暗示者，前例明示之对反，诗中不明出题之事物名称，唯用烘云托月之笔，以描写情状。如此诗首言种之贱，次言性之阴，三四近看其多暗而少明，五六远看其潜形而匿迹，末言时过将销此辈直置身无地，不点出题中之萤火是也。浦二田曰："鹤注，谓指李辅国辈以宦者近君而挠正，良不为凿，盖以出腐草比刑余之人也。"唯宋牧谓不当如此拘泥，大丈夫耿耿不为萤爝微光，于此自不无相关；世之忽明忽晦，又岂止一李辅国，则见此诗而自愧矣。学者观大旨可也。

此外，杜甫五言律之构造法尚有四虚法（如《怀锦水居止二首》第一首）、四实法（如《登兖州城楼》）、二实二虚法（如《中夜》）、实包虚法（如《暮春题寒让西新赁草堂》五首之一）、阔大半细法（如《送翰林张司马南海勒碑》）、景叠意二法（如《禹庙》）、一气直下法（如《子规》）、前开后合法（如《喜达行在所三首》第二）、顺叙法（如《哭长孙侍御》）等九种，这里就不一一去分析了。

（五）七律 唐初七律拗体，始于陆敬、沈叔安、许敬宗。当时体制初辟，格律未成，非有意矜奇。到了沈佺期的《龙池篇》、崔颢的《黄鹤楼》、李白的《鹦鹉洲》，笔力才开始豪纵；然诸家偶一为之而已，而在杜集中几成为家常便饭。如《卜居》、《至后》、《野望》、《九日》、《滟滪》、《昼梦》、《即事》、《赤甲》等篇，都是七律拗体。从一句（如《题郑县亭子》）以及全首（如《郑驸马宅宴洞中》），不拘一例，这正说明杜甫的鸿材健笔，不是前贤的格调所能束缚。可是他写到正体七律，其句法之多样也是并世诗家所罕见的。倒装句，如"香稻啄余鹦鹉粒，碧梧栖老凤凰枝"（《秋兴》）；逆换句，如"更为后舍知何地，忽漫相逢是别筵"（《送路六侍卫入朝》）；开阖句，如"花径不曾缘客扫，蓬门今始为君开"（《客至》）；流水句，如"岂有文章惊海内，漫劳车马驻江干"（《有客》）；借对句，如"酒债寻常行处有，人生七十古来稀"（《曲江二首》）；壮丽句，如"锦江春色来天地，玉垒浮云变古今"（《登楼》），"无边落木潇潇下，不尽长江滚滚来"（《登高》）；跌宕句，如"若遭白发不相放，羞见黄花无数新"，"世乱郁郁久为客，路难悠悠常傍人"（《九日》），"江天漠漠鸟双去，风雨时时龙一吟"（《滟滪》）。总之，七律发展到杜甫可以说是达到最高峰，此后虽有无数作品，但很难超越这个高峰了。

杜甫入蜀以后，在七言律诗上用力更勤，写出了不少名篇佳句，最有代表性的是三组诗：《咏怀古迹五首》、《诸将五首》与《秋兴八首》。卢世㴊曰："杜诗诸将五首，咏怀古迹五首，此乃七言律命脉根柢。子美既竭心思，以一身之全力庙算运筹，为古人写照，一腔血悃，万遍水磨，不唯不可轻议，抑且不可轻读，养气涤肠方能领略。"陈廷敬云："秋兴八首命意炼句之妙，自不必言。即以章法论，分之如骇鸡之犀，四面皆见，合之如常山之阵，首尾互应。"这些评语都是很确切的。

（六）**五言长律**　唐初五言长律，大抵以简练曲重胜，干局很小，不易回旋，所以很少夹叙夹议作品。杜审言《和李大夫嗣真奉使存抚河东》到四十韵；沈佺期《答魑魅代书寄家人》到四十八韵，篇幅加长，中间也有些议论，境界才开始扩大。到了杜甫从数十韵而开拓到一百韵，实为后代百韵长律的开路先锋。杜甫而后，白居易有《代书诗一百韵寄微之》，又有《渭村退居寄礼部崔侍郎翰林钱舍诗一百韵》、《东南行一百韵》，宋王禹称有《谪居感事诗一百六十韵》，都是取法于杜甫，但从思想性与艺术性来作比较，就不及杜诗多矣。杜甫《秋日夔府咏怀奉寄郑监李宾客一百韵》为格律所拘，词藻所掩，虽不能与《咏怀五百字》及《北征》并肩，然诗笔奇变，波澜壮阔，亦极长律之大观。除个人生活之外，可以说是唐代乱离时代的一幅画图。读这首诗，使我们如临大海，眼前有无穷无尽的水和天，永无止息的波涛，诡谲绮丽的风光，与一种不可抗拒的排山倒海的气概。

（七）**七言绝句**　五言绝句与七言绝句在杜集中占少数。五绝四十余首，七绝九十余首，非杜甫致力所在，犹李白之于七律一样，殆无创格可言。七绝喜用拗体，与七律一部分类似，其不守前贤格律，不讲风韵，实开宋元诗派。杨伦说："绝句以太白少伯为家，独创别调颓然有不可一世之概。"卢德水说："巧于用拙，长于用短者也。"李东阳说："子美漫与诸绝句有古竹枝意（刘禹锡新竹枝属此派），跌宕奇古，超出诗人蹊径"（《麓堂诗话》）。这些均属确论。不过杜甫能以七绝代柬（如《从韦二明府续处觅绵竹》），能以七绝论诗（如《戏为六绝句》），能以七绝代替诗颂铙歌（如《喜闻盗贼蕃寇总退口号五首》），不能不说是七绝的创格了。

汉字的书法艺术[*]

我对书法是比较爱好，从小就感兴趣。我十几岁的时候在上海读书，对书法的热爱到了狂热的地步。当时上海有许多书法家我都不认识。我为了找到他们就买了一本《上海指南》，上面有各名家的地址。我带上自己所临写的三希堂等作品，毛遂自荐地去到各个弄堂去找。结果我都找到了，他们都给了我很大的鼓励。当时我正在上学，边学习边练字。如今也不是很成功的。中国的文化范围很大，包括少数民族。我们应该讲"中国汉族书法艺术"，比如中国文学史，《诗经》、《楚辞》等都是汉族的，我们不能以汉族来代表全国。我们中国有"声明文物"之邦之称，就是说我们中国有丰富的文化。"声明文物"包括了中国的文化。"声"，是说我们的语言属于声，音乐也属于声；"明"是有色彩的东西，包括服装、绘画都是明，就说有色彩的东西；"文"就更多了，文字、文法、文体、文献，所以文包括许多东西；"物"则指凡是经过人类智慧创造出来的东西，也是属于中

　　* 本文原载《论中国传统文化——中国文化书院讲演录》第 1 集，三联书店1988 年版。——编者

国文化的。只有两点不属于中国文化，一个是自然界的现象如起风、下雨，二是生理上的新陈代谢。所以中国的文化面是很广的。书法是我们汉族的文字，而且把它当成艺术来重视了，既然是艺术，那么它的特点与特色在什么地方？这里面有三个问题：第一个是书法的生理基础，包括神经系统的联络，其中有八个要素。神经系统的联络当指人的身体。这里的基本动作，比如眼动、指动、腕动、肘动、腰动，这在外国是没有的。因外文字都是较小的，我们的书法有时要写很大的字，故全身都要动作。第二是用笔的方法，包括许多特定的方法。第三个问题是关于中国书法的美学思想，下面我结合自己的体会给大家讲一下。

一　书法的生理基础

写字不是一个简单的动作。写字一般人写，书法家也是写，但有联系也有区别。书法家写的字是有法的，他不是一般人写的清楚而已，他里面要讲究很多东西，所以书之成法，里头有许多东西要学的。日本人不叫书法，叫"书道"。日本有三道，一个是"花道"，就是怎样插花；第二是茶道，怎样泡茶；第三就是"书道"。其中花道与茶道是必修课，书道是靠自己的兴趣。这里向大家说一下，日本人写字的兴趣比我们大的多。我们现在也提倡写字，可小学生安排一点书法课，有的学生今天砚台没有带，明天笔没有带，不够重视。去年陈云同志提出，"中小学生要注意写字"。

在日本，同他们接触，他们全国有三十几处书法团体。他们的正月初一有好多甚至几百个小学生，练习写字，比现在的体育场还要大，日本人常说，写字，中国是他们的老师，现在看来老师们的练习，还不如学生了呢。青出于蓝，他们的字有所创新。

书法这个东西，是体力劳动与脑力劳动相结合。大家都有体会，特别是写大字，浑身的力量都用上了，很吃力。书法不是简单的动作，在生理学上来讲，它是感觉与活动的结合。那么感觉同动作是生理基础的问题。写字在神经系统有八个要素。第一个，由视网膜接受要写的字的笔画；第二，视觉印象的传达，由视网膜传到大脑视觉中心；第三，由视觉以及别种联想；第四，把这个神经冲动的传达，由视觉中枢而到指、手及臂的联系到运动中枢；第五，把这个神经冲动的传达，由书写运动中枢，进入到手臂；第六，由筋络的运动，所包含的书法运动；第七，运动的感觉的神经的冲动，由从筋络运动感觉回到运动中枢，再用上面所讲的第五、六两个步骤，去帮助更正以控制书写运动；第八，所要写的字以视觉印象用上面一、二、三、四、五、六这些步骤去控制。写中国字时，这些运动都是存在的。所以给大家介绍一下，这也可以说是洋为中用。可见写字的时候，神经系统的联络是相当复杂的，因为我们一般看东西有一个刺激，由视觉神经传达到中枢神经，来认清这是某一物质。就是有什么刺激，就有什么反应。

二　书法的基本动作

写字不是一个简单的动作，要注意五种动作。第一个眼动。眼动要给大家讲一下。我们看东西眼睛是动的，不是脑动。根据心理学分析，第一个叫做识别具，识别具是我们写字的时候，一停止时间的认识就是我们看碑帖，看范本眼停的时间。第二个叫回复眼动。我们写碑帖时，第一笔下笔后因为看不清楚或怕错，再看时，叫做回复眼动。再一个叫"扫势"。就是前面一行最后一个字，到第二行的头一个字叫"扫势"。就是前后要呼应。眼动是写字不可缺少的。第二部分是"指动"，"指动"是用指头拿笔时的动。写小字指动多，写大字要腕动。腕动就是运用腕力，才能做到能提、能住、能疾、能轻、能重，没有腕力是做不到的。所以第三是腕动。第四是肘动，肩臂展开，肘动腕平。这是运用肘时应注意的。最后是腰动，用腰力要动全身，而全身的重力在腰，腰有问题是不能写大字的。

　　第二个问题是执笔的方法与用笔的方法。执笔，写字的头一个问题就是拿笔，怎么拿是个大问题。执笔过去有很多的讲究，中国有人说是三指执笔法，有的主张四指在外一指在内，还有的人"一把抓"。日本人写字把纸铺在地上，三个笔一起用，一支笔蘸墨，一支笔蘸半墨，一支笔蘸水，太简单化了。他们叫做前卫体。我不主张三指共执，也不主张四指在外，写大字没办法只能一把抓。我们一般优良的传统是五指共执，不是一把抓，而是有一定的程序，有一定的拿法，是中国古老的传统。五指共执的优点是使每个指头都能发挥它的作用，能够掌握全局，灵活地运用。第二个是用笔的方法。用笔的方法很多，按照颜鲁公写字的方法讲，"屋漏痕"，道出了用笔的方法。"屋漏痕"，第一是中锋，一直灌下来；它不是瀑布，而是漫漫的注下来；它是活的，而不是死的；要有一点水分，每一点一滴都有水分；它的生命是活的。王羲之是书圣。他写黄庭经。有个故事叫换鹅，王羲之为什么爱鹅呢？我想这与写字有关系。鹅这东西可以吃，也可以叫，王羲之不是为此，而是与他写字连起来。鹅的身体对他有启发作用。鹅最美的地方是颈。王羲之的换鹅就取于这一点，所以艺术是相通的。有人写"郑文公"，要懂得红绸舞。舞红绸是个技术，又软又轻飘，但它的每一点都能指挥，要懂得这一点才能写"郑文公"，我举两点，一是"永字八法"，一是"蔡邕九势"。"永字八法"不用多讲，大家都知道。一点为侧，二横为勒，三竖为努，第四钩为趯，第五左上为策，第六左下为掠即撇，第七右上为啄即短撇，第八右下为磔即捺。蔡邕九势，范围较广，蔡邕是很有名的书家，主张"九势"，头一个是"藏头"，藏头是逆起，写字一定要懂得用笔。有的人买来字帖看一笔写一笔不行，要研究怎样用笔，一定要藏头。第二个是"护尾"，保护尾巴，护尾是反收，收笔的时候反收叫护尾。但蔡邕九势有一个问题要补充，中间不能空。还有一个"圆中"，中间要饱满、顶头、鼠尾、螳螂肚。画兰花也要懂这三种笔法。第四是"奇笔"。第五是"跃笔"，就是笔在纸上跳起来，有鱼跃、横跃，还有"掠笔"，好像老鹰看见下面有一个小鸡，一掠而过。第七是"鳞笔"，视平而不平有层次。第八是勒笔，横勒、混鳞、势勒为规。第九是"蘸笔"。这里，我谈一下写字学什么帖好？帖当然很好，像颜鲁公的帖。范文澜先生的《中国通史》把故宫中的原帖印在书上，与现售的大为不一样。我不主张大家写一种字，要因人而异，因材而用。我主张请他写一张大字、一张一字，天生与谁相近就学谁，米南宫、柳公权、颜真卿，都可以。

三　书法的美学问题

什么叫美，争论很大，西方论美的观点不一致，中国也是这样。孟子讲，充实就叫美，庄子也讲美。有的偏重客观，有的偏重主观，书法与音乐也就当然有美存在。书法列为艺术，没有美就不能列为艺术，但是美来源于物质的本身呢？还是来源人呢？美既是客观存在，也不能离开人的欣赏。如果否定客观存在，那就无所谓美不美了。有人讲，字怎样才算美呢？字好坏没有标准，懂与不懂、有修养与没有修养的人之间距离是相当大的。大家都喜欢写字，距离就不大了。中国字是方块字，美表现在什么地方呢？我认为中国美学的基本思想是，阴阳刚柔。这一点同西方大美学家有相同之处。美学云，刚美、柔美，中国书法不外乎这两点。中国书法北派写碑，南派写帖，写帖的人不赞成写碑。我认为各有所长，一般碑的字刚，碑刻在石壁写的要刚，刻在石头上粘得住，"风雨不动安如山"；北派也不一定全是刚。帖的字较柔，一个是阳刚，一个就是属于柔美，有的是刚健之美，帖较婀娜的多。像颜鲁公为刚美，曹全碑也很秀美，所以也不尽然。我感到，高山是阳刚，流水是柔美。写字的两种美可以用一副对子表达，一边六个字："骏马，秋风、冀北"，写大字；"杏花、春雨、江南"，写小字。小字写得俊美为宜。我个人对中国书法美的体会：第一是刚柔相济，既要注重气概，又要注重俊美，还要耐看。第二是美的东西要粗细结合，体现在音乐上是高音低音，刚柔相济，粗细结合。中国的字有音乐性，体现在粗细结合。第三是意连笔不连。意思连，笔不要连，笔连大多不好。还要补充一点，注意整体美。不要顶天立地，要懂图案。写一篇文章也要有整体之感。当然书法中的美学问题很多，不一一探讨了。

作者论著目录

专　　著

《因明学》，中华书局 1936 年版。

《中国名学》，正中书局 1937 年版。

《书法心理》，商务印书馆 1937 年版。

《印度逻辑》，商务印书馆 1939 年版。

《怎样辨别真伪》，商务印书馆 1944 年版。

《虚白楼诗集》，（线装自选诗集），厦门风行印刷社 1949 年版。

《虞愚自写诗卷》，厦门大学出版社 1989 年版。

《虞愚文集》（3 卷），甘肃人民出版社 1995 年版。

主要论文

《因明的基本规律》，《现代佛学》1950 年第 9、10、11 期。

《印度逻辑推理与推论式的发展及其贡献》，《哲学研究》1957 年第 5 期。

《因明学发展过程简述》，《现代佛学》1957 年第 11 期、1958 年第 1、2 期。

《试论因明学中关于喻支问题—附论法称对"喻过"的补充》，《现代佛学》1958 年第 8 期。

《试论因明学中关于现量与比量问题》，《现代佛学》1958 年第 12 期。

《〈因明正理门论〉的内容特点及其传习》，《现代佛学》1959 年第 1 期。

《法称的生平、著作和他的几个学派——重点介绍〈量释论〉各章次序所引起的争论》，《现代佛学》1962 年第 1 期。

《玄奘对因明的贡献》，《中国社会科学》1981 年第 1 期。

《因明在中国的传播和发展》，《哲学研究》1986 年第 11、12 期。

《法称在印度逻辑史上的贡献》，《哲学研究》1989 年第 2 期。

《〈因明正理门论〉简介》，《中国佛教》（三），知识出版社 1989 年版。

《演绎推理上之谬误》，《民族杂志》1935 年第 3 卷第 3 号。

《逻辑之性质与问题》，《时代精神》1942 年第 8 卷。

《唯识心理学大意》，《民族杂志》1935 年第 3 卷第 6、7 号。

《宗教的科学研究》，《民族杂志》1936 年第 4 卷第 7 号。

《唯识学今释》，《时代精神》第 7 卷，第 2、3、4 期（1942 年）。

《唯识学的知识论》，《哲学评论》1947 年第 10 卷第 6 号。

《释迦牟尼所处的社会和他的思想学说中的几个显著的特色》，《现代佛学》1959 年第 9 期。

《慈恩宗》，《中国佛教》（一），知识出版社 1980 年版。

《〈大乘百法明门论〉简介》，《中国佛教》（三），知识出版社 1989 年版。

《玄奘在中印文化交流史上的主要贡献》，本文为提交中国海交史研讨会的论文。

《〈中国哲学史〉评》，本文写作时间不详。

《莱布尼兹元子论简述》，《读书通讯》165 期（1948 年 9 月）。

《费希特哲学述评》，《读书通讯》165 期（1948 年 9 月）。

《文化的性质及其种类》，《青年中国季刊》第 1 卷第 1 期（1939 年）。

《科学艺术与人生》，《读书通讯》151 期（1948 年 2 月）。

《试论屈原作品》，《厦门大学学报》1954 年第 5 期。

《变文与中国文学》，《现代佛学》1958 年第 11 期。

《汉字的书法艺术》，《论中国传统文化——中国文化书院讲演录》第 1 集，三联书店 1988 年版。

《杜诗初探》，写作时间不详。

讲演记录整理稿

《因明学概论》，本文为虞愚先生 1982 年 9—12 月在中国社会科学院哲学所举办的佛学讲习班上的讲演记录整理稿。

《说"有"谈"空"话"因明"》，本文为虞愚先生 1987 年 4 月 18 日在中国佛学院讲课录音的整理稿。

《印度佛教思想史略》，本文是虞愚先生在中国佛学院讲授《印度佛教思想史》的讲稿之一。

作 者 年 表

虞愚（1909—1989），原名虞德元，字竹园，号北山，祖籍浙江省山阴县（今绍兴市）。

1909 年农历 8 月 15 日出生于福建省厦门市。少时就读厦门市敦品小学。

1922 年（13 岁），能背诵《杜诗镜铨》，写诗填词，撰写对联，并鬻字助学。

1923 年（14 岁），考入厦门同文中学。其间，开始阅读梁启超、章太炎的佛学著作。

1924 年（15 岁），读印光法师文钞，并写信给法师，表达仰慕之情。

同年，母亲逝世，痛彻心脾，颇思研究佛典，遂赴武昌佛学院学习。后因祖母病重返厦门继续就读厦门同文中学。

1926 年（17 岁），书写"五洲大药房"巨幅招牌，一时名噪厦门。书坛名宿欧阳桢赠诗一首："款门客是德元钦，问取金丹换骨无；好向浮屠寻智永，相期并世有欧虞。"

因家居厦门广平巷，年少即负才名，与师长辈的诗书名家谢云声、苏警予被誉为广平三杰。

1927 年（18 岁），完成《三希堂法帖》临摹。

1928 年（19 岁），同文中学毕业，赴南京支那内学院从欧阳竟无先生研究因明唯识之学。

同年，为南普陀寺书写咏和太虚法师诗。

1929 年（20 岁），考入上海大夏大学预科。课余，携所临《三希堂法帖》，遍访名家求教。于右任在临本上题词："佛家道家造像之传于今者，因修养深也。竹园弟以青年而精研佛学，作书复有天才，勉之勉之，他日皆当大成也。"刘海粟为临本书写"美在斯"三字。曾熙指教："……南帖婀娜，北碑刚健，你既要学帖也要学碑。"虞遂由帖入碑。

1930 年（21 岁），大夏大学预科毕业，离沪返厦。

1931 年（22 岁），考入厦门大学教育学院心理学系。因家贫，以鬻字、兼课、投稿三种收入维持至大学毕业。经太虚法师推荐，到闽南佛学院兼课，有机缘阅读大量因明典籍并亲受太虚法师教诲。

同年秋结婚。夫人林逸君，号梅庐，厦门人，通文学，善小楷，家居咏诵切磋，称竹梅侣。

1932 年（23 岁），晋谒避乱来厦的著名教授、诗人陈衍（陈石遗）先生。陈衍对虞的书法及所写诗歌赞美有加，以一首七绝见赠："总角工书世已称，更殷年少缀文能。断章正好望吾子，青眼高歌老杜陵。"虞即赋七律奉答："新诗见赠情深厚，期许言辞不在多。才可经纶守丘壑，老逢危乱走关河。早为南北

东西某，一付悲欢离合歌。拟共拂衣江海去，秋山迢递渺烟波。"陈衍有"第五句用檀弓语，极见浑成"评语，遂将此诗及虞的其他诗作十数首选入《石遗室诗话》，并称"书法闯北魏之室，诗不暇苦吟，自有真语"。

同年，编写《南普陀寺志》。

1934 年（25 岁），厦门大学毕业，即留厦大预科，任理则学教员兼省立厦门中学课程，至 1936 年。

同年，发表第一篇论文《因明学发凡》。

1935 年（26 岁），发表《墨家论理学的新体系》、《演绎推理上之谬误》、《唯识心理学》。

1936 年（27 岁），3 月，与十数朋辈，在虎溪岩修禊，写下"鹭海"二大字（石刻）。

同年 8 月，赴南京求职，于右任邀留监察院。先任院报编审，后任于右任办公室主任，负责撰拟应酬文字。

同年，《因明学》由太虚法师作序，中华书局出版，作大学用书。后，中华书局出版《世界名著介绍》一书，《因明学》名列其间。

同年，发表《演绎逻辑与因明》、《宗教的科学研究》。

同年，以书作文天祥《正气歌》参加全国美展，受到好评。随后该作品被收入商务印书馆出版的书法卷中。

1937年（28岁），作为中国哲学会会员出席中国哲学第二届年会，宣读论文《互涉的原理》。沪战爆发后返厦，失业家居，埋头著书。参谒请益弘一法师，深受法师书法的影响。

同年，《中国名学》由正中书局出版，《书法心理》由商务印书馆出版，于右任题写书名。

1938年（29岁），厦门沦陷，只身辗转由港粤转汉入渝，在监察院复职至1940年年底。

同年，又遇随支那内学院迁川的欧阳竟无先生，聆听先生讲课，深受教诲。

同年，《因明学》再版。

1939年（30岁），《印度逻辑》由商务印书馆出版。

1941年（32岁），1月，到贵州大学任教，历任理则学讲师、副教授，至1942年12月。

3月，《因明学》第三版问世。

1943年（34岁）起，赴闽西长汀任厦门大学哲学、文学专业副教授。

1944年（35岁），《怎样辨别真伪》由商务印书馆出版。

1945年（36岁），随厦门大学由长汀迁回厦门，仍任哲学、文学副教授。

1946年（37岁），晋升教授。

同年，应邀赴台湾讲学。

1947年（38岁），再次赴台讲学并举办《虞愚书法展》。

同年，发表《杜诗五言作法举例》、《唯识学的知识论》。

同年，撰写太虚挽辞并长序，总结太虚对佛教八大贡献。后，书写太虚法师舍利塔铭。

同年，以"辉光天在抱，钩索月窥椽"楹联一幅，获上海全国美展一等奖。

1948年（39岁），发表《科学、艺术与人生》、《费希特哲学评述》、《莱布尼兹元子论简述》。

同年，线装自选诗集《虚白楼诗》出版，收入诗作百余首。

1949年（40岁），发表《康德不可知论述评》、《辩证法的发展》。

1950年（41岁），被派往苏州政治研究院学习。

1951年（42岁），由苏州政治研究院分配，仍回厦门大学，任中文系教授至1956年。

同年，发表《因明的基本规律》。

1953年（44岁），获厦大校长王亚南聘，任厦大逻辑教研组组长。

同年，应陈嘉庚先生函聘，为厦门集美鳌园撰联：

慨曩昔烽火弥天毓物培材在危难中坚持下去

喜今兹楼台如画移花补竹从废墟里创建起来

1954年（45岁），发表《试论屈原作品》，该文随后被作家出版社收入《楚辞研究论文集》。

同年，应陈嘉庚先生函聘，为厦门大学新建临海半月形大体育场题写"上弦场"横额（石刻），并撰书七言对联：

自饶远势波千顷

渐满清辉月上弦

同年，应厦门市委函聘，为厦门海堤纪念碑书写碑文（石刻）。

1955年（46岁），因"胡风集团案"被停教反省，隔离审查。

1956年（47岁），中共福建省委书记叶飞代表省委对虞的"胡风问题"进行甄别，恢复名誉，赔礼道歉。

同年8月，奉国务院调令进京，参与《佛教大百科全书》的编纂，撰写《慈恩宗》、《因明正理门论》、《因明入正理论》等条目。除写作外，还任中国佛学院教授，为学僧和高校进修教师讲授《因明学》、《印度佛教思想史》等课程，直至1982年。

1957年（48岁），发表《印度逻辑推理与推理式的发展及其贡献》、《因明学发展过程简述》。

1958年（49岁），发表《法称"逻辑—滴论"的分析》（英汉译文）、《试论因明学中关于喻支问题》、《佛典翻译与中国文学》、《试论因明学中关于现量和比量问题》。

1959年（50岁），发表《因明入正理论的内容特点及其传习》、《释迦牟尼所处的社会和他思想学说中几个显著的特点》、《龙树辩证法的基本特征》和《佛家哲学》（英汉译文）。

1961年（52岁），发表《试述部派佛教》。

1962年（53岁），发表《真实与知识》（英汉译文）。

同年，为厦门鼓浪屿日光岩大殿书写长联。

1964年（54岁），为画家丰子恺的《护生画集》第五集书写配画诗。

同年，为泉州书写弘一法师纪念馆匾额，为泉州开元寺撰《弘一书法简介》。

1966—1969 年（57—60 岁），"文化大革命"中被打成"反动学术权威"，曾一度与赵朴初同受"群众专政"，两人劳动中一起赋诗，苦中作乐。

1970—1972 年（61—63 岁），经中国佛教协会军代表批准，免于下放东北干校劳动，回厦门养病。

1972 年（63 岁），经军代表准许，由厦返京宣武门寓所。为此，赋诗抒怀："宣南已是三年别，留命归来喜可知。大国足稽天下士，长城或待北山诗。……"

同年，接钱钟书先生回信。信中赞虞诗作："吟讽数过，旧瓶新酒，酌古斟今，调无不谐、词无不适。以时事入前代格律中，大似李光弼之入郭子仪军中也。较之同载诸作，所谓岂以一鳞角媲彼万牛毛者。"

1976 年（67 岁），3 月 29 日，妻子林逸君于北京病逝。虞作七绝 28 首哭之。

4 月 5 日，天安门发生"四五运动"，虞赋诗《读天安门诗抄》：

清明吟祭动黄昏。
弥天雄句同传檄，
匝地鲜花为诉冤。
河岳英灵终不泯，
乾坤正气赖长存。
新编颜系兴亡史，
又见长征肇纪元。

豪杰峥嵘华国门，

同年，出任《中国佛教》编委会编委。

1978 年（69 岁），加入中国古代文学理论学会。

同年，启功先生题赠命题诗：

凌霜健翮任天游，
眼底云程万里收。
恰似北山豪兴发，
惊人诗句老横秋。

1979 年（70 岁），受聘为中国社会科学院文学研究所兼职研究员。

1980 年（71 岁），出席在广州召开的中国逻辑史研究会并被聘为顾问。

同年，旧作《慈恩宗》一文被编入《中国佛教》出版，并由日本渡边隆生教授译成日文、加注，收入《龙谷大学论文集》。

1981 年（72 岁），全国书法家协会成立，当选为协会理事。

同年，国务院成立全国古籍整理出版规划领导小组，成员有叶圣陶、冯友兰、启功、张岱年、虞愚等。顾问为钱钟书、季羡林、俞平伯等。

同年，在天津出席第二次中国逻辑史学术讨论会。

同年，发表《玄奘对因明的贡献》。

1982年（73岁），调入中国社会科学院哲学研究所，任中国哲学史研究室研究员。

同年，刘培育等编的《因明论文集》出版，共收入1949—1979年发表的21篇文章，虞愚的9篇（包括2篇译文）文章收入其中。

同年，赴山东泰安出席第三次中国逻辑史学术讨论会。

同年，出席中国逻辑史研究会在京召开的抢救因明座谈会。

同年起，受聘为导师，培养我国第一个因明学硕士研究生。

1982年末至1983年春（73—74岁），为中国社会科学院哲学研究所举办的因明和佛学讲习班讲课，向30多位学者系统讲授因明发展史、《因明入正理论》等课程。

1982—1985年（73—76岁），与杨化群、黄明信共同主编《中国逻辑史资料选·因明卷》。

1983年（74岁），出席在敦煌、酒泉召开的全国首届因明学术讨论会，致开幕词并赋诗明志：

燕南雁北羣贤集，
握手敦煌遥可知。
绝学相期同发越，
高文何止闻藩篱？
由来后浪推前浪，
自是多师为我师。
玄奘法称遥可接，
冥探正理报明时。

同年，发表《虞愚教授谈：因明在中国的传播和发展》、《杜甫在诗形式上的创造》。

同年，"苏和仲山高月小，范希文心旷神怡"一联被选入中日书法交流展览会作品集。

同年，为岳麓书院撰写楹联：

千百年楚材导源于此
近世纪湘学与日争光

1984年（75岁），中国文化书院在北京成立。院务委员会主席为梁漱溟，导师有梁漱溟、冯友兰、季羡林、虞愚、启功等。

同年，发表《开拓因明研究的新局面》。

1985年（76岁），日本高野山金刚寺为纪念弘法大师举办"日中青少年竞书大会"，虞以中方审查委员身份访日。期间，应邀往龙谷大学作《中国唯识学特质》学术讲座。

同年，以中国社会科学院哲学研究所代表团副团长再次赴日本讲学，交流书道，作《中国书道之艺术》专题讲座。

同年，为中国社会科学院哲学研究所举办的因明和中外逻辑史讲习班讲授因明课程。

1986 年（77 岁），8 月，应邀赴青岛，参加"中西文化讲习研讨班"讲演。

1986—1987 年（77—78 岁），应邀为沈有鼎教授的博士研究生巫寿康指导博士论文《〈因明正理门论〉研究》。这是我国第一篇关于因明的博士论文。该论文在答辩中得到专家们的一致好评。

1987 年（78 岁），为中华书局再版《因明学》重新写序。

1988 年（79 岁），因肺癌在北京住院，后转厦门第一医院治疗。在病榻上，完成《虞愚自写诗卷》和重要因明论文《法称在印度逻辑史上的贡献》。

1989 年（80 岁），7 月 28 日在厦门逝世。

（虞琴整理）